高铁走出去的法律保障研究

亏道远 著

人民出版社

目　　录

前　言

当今世界正在经历新一轮大发展大变革大调整,世界多极化、经济全球化、社会信息化、文化多样化深入发展,全球治理体系和国际秩序变革加速推进,和平、发展、合作、共赢的发展趋势正在逐步形成。共建"一带一路"是我国参与全球开放合作、改善全球经济治理体系、促进全球共同发展繁荣、推动构建人类命运共同体的中国方案,经过持续的夯基垒台、立柱架梁,"一带一路"建设成果显著,正在向落地生根、持久发展的阶段迈进。在推进"一带一路"建设工作五周年座谈会上,习近平总书记指出,要"一步一个脚印推进实施,一点一滴抓出成果,推动共建'一带一路'走深走实,造福沿线国家人民,推动构建人类命运共同体"。① 法治是深入推进"一带一路"建设的基础支撑,是防范和降低"一带一路"建设各类风险的重要途径,是"一带一路"建设行稳致远的核心保障,因此,持续夯实"一带一路"建设的法治基础,完善和创新"一带一路"建设规则体系,运用法治思维和法治方式,深化法治合作交流,对推动共建"一带一路"走深走实具有重要意义。

一、完善和创新规则体系,推动共建"一带一路"向高质量发展转变

规则和法治是"一带一路"走向世界的通行证,是应对各种不确定性风险

---

① 《习近平关于中国特色大国外交论述摘编》,中央文献出版社 2020 年版,第 100 页。

和挑战的安全阀。只有建立科学、合理、公平、公正的规则体系,使"一带一路"建设的参与各方有规可循,才能形成良好的发展秩序,也才能推动共建"一带一路"以基础设施等重大项目建设和产能合作为重点,解决好金融支撑、投资环境、风险管控、安全保障等关键问题,实现向高质量发展转变。

一要坚定维护现行国际法律体系,充分尊重共建各国法律法规。"一带一路"建设不是另起炉灶、推倒重来,而是实现战略对接、优势互补。所以"一带一路"建设必须根植于现行国际法律体系,以《联合国宪章》为宗旨,遵守现行的国际法规则和国际惯例。同时,在参与国内,还必须遵守参与国的法律法规,尊重参与国的领土主权、文化习俗和宗教信仰。只有这样才能赢得世界各国的普遍认同,获得参与国的信任和支持,把"一带一路"建设的朋友圈做大做强。

二要不断完善国内法律体系,努力实现与国际法律体系对接。每个国家的法律都扎根于本国的现实环境,深受其历史文化、社会制度、宗教信仰、生活习俗等影响,所以各具特色,具有较大差异。中国法律体系扎根于中国大地,由中国五千年历史文化和现代社会制度共同孕育,具有鲜明特色。虽然,在经济全球化背景下,随着我国改革开放不断深入,一些法律法规已经逐步与国际接轨,但离共建"一带一路"的现实需求还有一定距离,在广度和深度上还有提升空间。因此,应该根据"一带一路"建设的现实需要,准确研判,选择亟须改善的领域,如贸易、投资、金融、反恐、环境保护、知识产权保护等领域,尽快实现与国际规则对接,满足"一带一路"建设需要。

三要积极推动国际规则和共建国家法律制度创新,提升全球治理的法治水平,实现"一带一路"建设的中国法治贡献。在积极完善国内法律体系的同时,应该推动不合理、不公平的国际法律规则修改完善,尤其是在强权政治、霸权主义背景下制定的规则,以及极为不利于发展中国家的规则,应该联合共建国家推动修改完善。面对"一带一路"建设新领域产生的规则需求,则应该倡导推动制定新规则,如跨境电商运营、高速铁路建设运营等标准和规则,应该积极推动制定。对于"一带一路"法治化水平不高的共建国家,应该帮助和支持其完善法律制度,改善法治环境,提高法治水平。通过推动国际规则和共建国家法律制度创新,推动建立更加公平、公正、合理的国际秩序,实现"一带一路"建设规则之治,向高质量发展转变。

二、运用法治思维和法治方式,共同绘制
"一带一路"精谨细腻"工笔画"

习近平总书记指出:"过去几年共建'一带一路'完成了总体布局,绘就了一幅'大写意',今后要聚焦重点、精雕细琢,共同绘制好精谨细腻的'工笔画'。"①下一阶段,如何贯彻习近平总书记的指示,将共建"一带一路"做精做细是摆在我们面前的现实问题。法治是推动"一带一路"建设做精做细的重要保障,它需要运用法治思维和法治方式,将共商共建共赢的理念,以合作、共赢、开放、包容的态度,实实在在地落实于"一带一路"建设过程中,积土成山,积水成渊,不断推动共建"一带一路"建设走深走实。

一要运用权利思维实实在在推进"一带一路"项目建设。项目是共建"一带一路"造福共建国家人民的载体。在项目的选择上,需要从保障共建国家人民权益出发,雪中送炭、急对方之所急,选择建设共建国家人民亟须解决的项目;在项目实施上,需要完善工作机制,切实保障各类主体的权利,确保项目建设如期顺利完成。

二要运用理性思维积极开拓"一带一路"建设市场。不断开拓市场是共建"一带一路"的重要保障,但在市场开拓上不能盲目进行,需要运用理性思维,搭建更多促进公平贸易平台,引导有实力的企业发展跨境电商等贸易新模式,让共建国家人民在"一带一路"建设的点点滴滴中感受到切切实实的合作

---

① 《习近平关于中国特色大国外交论述摘编》,中央文献出版社 2020 年版,第 101—102 页。

共赢。同时,还要注重贸易平衡,不能只顾眼前利益,导致过度贸易顺差,使共建国家人民产生负面情绪,要在基本的贸易平衡中实现互惠互利。

三要运用规则思维为"一带一路"建设提供金融保障。金融是经济的血液,是推动"一带一路"建设项目落地生根的前提,所以要加快制定金融支持共建"一带一路"的政策规则和吸引社会资本投资共建"一带一路"建设项目的规则体系,通过规则的制定、实施,让金融企业和社会资本投资者安全、合法、放心地支持"一带一路"建设。同时,还要通过规则的完善,以规则思维合理合法有序地推动人民币国际化,为共建"一带一路"便利化提供支持。

四要运用责任思维开展"一带一路"建设的民生救援。敢于责任担当是共建"一带一路"成败的关键,所以在"一带一路"建设过程中,各类主体应该具有责任意识,以高度负责的态度扎扎实实推进各类项目建设,不仅注重当地环境保护,而且在完成具体项目建设的同时,要力所能及地帮助当地群众解决困难,积极履行社会责任。如中国中铁在亚吉铁路修建过程中,为当地民众免费打井,帮助解决当地居民的用水困难,赢得当地群众的高度点赞。

五要运用程序思维共同防范"一带一路"建设的各类风险。"一带一路"共建国家多存在政局不稳、宗教复杂、法治不健全等风险隐患,所以在共建"一带一路"过程中,伴随着政治风险、社会风险和法律风险,这就要求参与"一带一路"建设的各类主体培育风险防范意识,切实做好风险防范。程序是各类风险防范的有效保障,所以各类主体在共建"一带一路"过程中,必须以程序思维规范投资经营行为,以合理合法的程序从事经营业务,防止遭到各类势力的攻击和陷害。

三、深化法治合作交流,为共建"一带一路" 构建良好的法治环境

合作交流是澄清事实、消除误会和化解矛盾的重要途径,共建"一带一

路"的过程,既是扎扎实实推进项目建设造福共建国家人民的过程,也是消除误会、构建信任的过程。深化共建"一带一路"的法治合作交流,既可以化解争端、消除误会,还可以共同防范风险,确保共建"一带一路"走深走实,造福共建国家人民。

一要开展法治研究交流合作,探索共建"一带一路"法治难题的解决途径。学术交流是互学互鉴、增进友谊的有效途径,积极开展共建"一带一路"法治领域的学术交流,既可以消除法治领域的误解歧视,增强互信,还可以通过对"一带一路"建设中如单边挑起贸易争端、单方毁约等法治难题共同开展研究,充分发挥各方智慧,寻找科学合理且各方认同的解决途径,搭建起"对话的黄金法则"。

二要加强高端法治人才联合培养,为共建"一带一路"提供优质法律服务。优质的法律服务是共建"一带一路"走深走实的重要保障,在共建"一带一路"过程中遇到的法律难题,如墨西哥高铁中标三天后即被撤销、马来西亚东海岸铁路被暂时取消、美国西部快线单方终止合作等问题,不仅需要政治斡旋,更需要提供优质的法律服务维护权益。而优质的法律服务必须有优质的法治人才,优质法治人才是构建良好法治环境的基础,共建"一带一路"需要的优质法治人才必须具备扎实的法学功底,精通国际法律规则和东道国语言,熟悉东道国的社会制度和文化习俗,且具有丰富的法律实战经验。目前,这样的法律人才还比较稀缺,需要通过高校、企业和"一带一路"建设参与国共同努力培养。

三要共建科学合理的争端解决机制,及时化解"一带一路"建设中的法律纠纷。"一带一路"共建国家关系复杂,而且在社会制度、文化习俗等方面与我国存在较大差异,所以共建"一带一路"过程中存在法律纠纷不可避免,也不能回避,需要我们以共商共建共享为原则,考虑各方需求和复杂因素,借鉴和整合目前现有争端解决机制,构建集协商调解、商事仲裁和司法合作为一体的综合性争端解决机制,确保共建"一带一路"过程中能够公平公正地解决纠纷、化解矛盾。

四要积极开展司法交流合作,确保纠纷裁决结果能够得到及时执行。法律争端的裁决必须得到执行才能切实化解矛盾,达到定分止争的效果,但很多共建"一带一路"参与国并未加入民商事裁决相互承认与执行、司法文书送达等国际公约,导致很多争端裁决结果很难落到实处。所以,在共建"一带一路"的过程中,需要不断加强司法合作交流,增进司法互信了解,推动各参与国加入相关国际条约;同时,也要积极构建相关机制,切实保障共建"一带一路"法律纠纷裁决结果得到执行。

综上所述,"一带一路"建设需要不断注入法治元素,完善和创新规则体系,开展法治合作交流,培育法治意识,营造法治氛围,以法治思维和法治方式扎扎实实推进项目建设,才能走深走实,造福共建国家人民,推动构建人类命运共同体。

绪　　论①

一、研究的背景

（一）中国高铁发展的辉煌成就

近年来,中国高铁在经历引进、消化、吸收、创新、再创新以及集成创新之后,短短数年内,攻克了高温、低寒、高密度、大规模和长距离运营等难题,驰骋于中国广袤大地之上,承载着中国城市间繁忙的运输任务。截至2022年底,全国铁路运营总里程达到15.5万公里,其中高铁4.2万公里,占世界高铁总里程的2/3以上,稳居世界第一。② 中国高铁已经成为名副其实的交通大动脉,是中国产业转型升级的成功典范,是"中国制造"向"中国创造"转变的具体践行,是实现中国交通强国梦的核心支柱。一些权威机构和媒体高度评价中国高铁,世界银行马丁·芮泽认为:"中国已经建成世界上最庞大的高速铁路网,其影响远远超出了铁路部门,还包括改变城市发展模式、增加旅游和促进地区经济增长。现在,许多人的出行比以往任何时候都更加便捷和可靠,这个网络还为未来减少温室气体排放奠定了基础。"③不少观察人士认为,虽然日本也在海外大力推销其高铁技术,但是中国高铁往往更具优势。④ 世界银

---

① 由于高铁走出去遇到的法律问题与普铁走出去遇到的法律问题没有本质性区别,因此在没有特殊说明的情况下,本书研究的对象不局限于高铁走出去,也包括普铁走出去。

② 国家铁路局:《国家铁路局工作会议在京召开》,2023年1月30日,国家铁路局网:https://www.nra.gov.cn/xwzx/xwxx/xwlb/202301/t20230113_339564.shtml。

③ 《世行报告认为:中国高铁经验可供他国借鉴》,《参考消息》2019年7月12日第14版。

④ 罗兰:《中国高铁落户美国西部》,《人民日报(海外版)》2015年9月19日第2版。

行发布的《中国高铁:建设成本分析》报告称,中国高铁的建设成本仅是发达国家平均水平的 2/3。在中国建设时速 350 公里的高铁,单位建设成本通常为 1700 万至 2100 万美元,而欧洲高铁为 2500 万至 3900 万美元。① 中国高铁的成功快速发展引发世界各国高度关注,中国高铁的建造技术、发展速度、安全性能等各项指标得到了国内外各界的高度认可。

(二)国际高铁市场的广阔前景

在不断做大做强国内高铁的同时,中国高铁凭借技术过硬、成本低、工期短、实践运营经验丰富和性价比高等优势走出国门,尤其在"一带一路"倡议下,高铁作为设施联通的重要载体,吸引了众多国家的高度关注。目前,中国承建或参与建设的安伊高铁二期工程、麦麦高铁、亚吉铁路、蒙内铁路、雅万高铁、中老铁路等已经建成通车,匈塞高铁、中泰铁路等已经成功中标并开工建设。另外,俄罗斯、印度、马来西亚、越南等国家都有大规模修建高铁的规划,并且对中国高铁表现出浓厚的兴趣,国际高铁市场具有广阔的发展前景。有学者分析,当前全球 233 个国家和地区中拥有高铁的仅占 6.4%,但有 20 多个国家和地区有修建高铁的规划,里程数超过 5 万公里。② 有学者整理分析,综合世界各国铁路网未来 15 年规划,预计到 2030 年全球铁路新建里程约 9.6 万公里,其中高铁里程约 4.5 万公里。③ 从长远看,修建高铁是未来世界交通运输发展的重要趋势,未来国际高铁市场具有广阔前景。

(三)"一带一路"倡议下中国高铁走出去面临的风险挑战

在憧憬高铁发展美好未来的同时,必须清醒地认识到"一带一路"倡议下

① 侯露露:《中国高铁,拉美之旅故事多》,《人民日报》2015 年 1 月 21 日第 23 版。

② 赵艺帆:《"一带一路"倡议下我国装备制造业"走出去"对策研究——以高铁为例》,《商讯》2019 年第 16 期。

③ 徐飞:《中国高铁"走出去"的十个重大挑战》,《人民论坛·学术前沿》2016 年第 14 期。

中国高铁走出去并非一帆风顺。近年来,高铁走出去过程中面对的各种风险和挑战,如项目中标、项目推进中的困难,装备走出去过程中遇到的知识产权纠纷责难,班列运行过程中遇到的安全保障问题,等等,说明高铁走出去暗藏各类风险,需要进行深入研究。其中最为突出的风险为政治风险、社会风险、安全风险以及法律风险。法律风险中最为棘手的主要表现为知识产权风险、劳动风险、环境风险以及税务风险,因此,本书立足于"一带一路"倡议下高铁走出去的法律现实需求,对"一带一路"倡议下高铁走出去知识产权风险、劳动风险、环境风险以及税务风险的表现形式、产生原因等进行深入研究,并针对性提出防范策略。同时,正视"一带一路"倡议下高铁走出去法律人才匮乏的现实,深入研究高铁走出去法律人才培养的目标定位、知识体系需求,并有针对性地提出"一带一路"倡议下高铁走出去法律人才培养途径,切实为高铁走出去提供法治保障。

二、研究的现状

近年来,随着高铁走出去持续升温,国内学者开始逐步关注高铁走出去相关问题,研究"一带一路"相关问题以及企业走出去相关问题的文献较多,但专门研究高铁走出去问题的文献不多,而且主要集中在高铁走出去问题、现状及对策,以及高铁技术和战略管理等方面。樊一江(2010 年、2011 年)从高铁"走出去"是世界的召唤与中国的期待,中国高铁要消除软肋、冲出阴霾,世界需要中国高铁"给力"等方面进行了研究。方明远(2010 年)从铁路产业走出去的基础理论、中国铁路产业改革发展现状、国际铁路市场复兴、国际铁路市场环境、铁路发展及其影响因素的经济统计、铁路企业国际竞争力评价指标体系及实证、提升中国铁路产业国际竞争力的宏观政策等方面,对中国铁路企业走出去战略进行了研究。高柏、甄志宏等(2012 年、2015 年)则从高铁与中国21 世纪大战略、高铁对国内发展的战略意义、公共及私营部门在促进高铁发展中的作用以及高铁带动下的向西开放与新疆外向型产业发展等方面,对高铁战略发展问题进行了研究。张晓通、陈佳怡(2014年)对中国高铁"走出去"的成绩、问题与对策进行了研究。陈安娜(2014年、2015年)对我国高铁"走出国门"的机遇与挑战以及中国高铁对实现国家"一带一路"倡议的作用等方面进行了研究。刘红(2015年)从服务"一带一路"倡议下职业院校助力高铁"走出去"进行了研究。中国农业银行国际金融部课题组(2015年)对泛亚铁路的意义、困境及市场机遇进行了研究。徐策、邹磊对推进我国装备业走出去进行了研究。李继宏(2015年)对中国高铁"走出去"面临的机遇与挑战进行了研究。门瑢(2016年)对"一带一路"倡议背景下高铁走出去与会计信息质量问题进行了研究。路铁军(2016年)对高铁"走出去"的问题与路径进行了研究。刘云等(2016年)对高铁设备商竞争力比较及我国高铁"走出去"对策进行了研究。徐飞(2017年)从中国高铁全球战略价值、"一带一路"与中国高铁走出去以及高铁时代的大学担当三个角度,较为系统地研究了中国高铁走出去问题。宋汝欣(2017年)则以实践案例为基础,较为系统地研究了中国推进高铁"走出去"面临的政治风险。胡海晨等(2017年)对中国高铁国际化发展的影响因素与对策进行了研究。吴昊南、刘笑晨(2018)从案例分析的视角对中铁建墨西哥高铁招标失败案例进行了研究。金水英等(2019年)对中国高铁走出去可持续发展进行了研究。李学伟(2019年)对中国高铁的历史发展进行了研究,认为中国高铁是新时代经济社会发展的重要引擎。沙首伟等(2019年)则从基于能力素质和知识结构联动的视角,对高铁走出去海外人才培养进行了研究。孙永福等(2019年)从中国高铁走出去发展背景、世界铁路建设需求及中国高铁走出去战略布局、实施战略、保障措施等方面,对中国高铁走出去的发展战略进行较为系统的研究。张文松(2019年)则从文献计量分析、SWOT分析、市场分析、运作模式分析、标准、风险、人才培养、战略定位、战略任务、代表性项目分析等方面,对"一带一路"倡议下中国高铁走出去战略进行了研究。总体而言,对高铁走出去宏观层面的研究,虽然近两年已经有较大起色,但仍然处于初级阶段,还需要进一步细化、深化,以更好地满足高铁走出去的现实需求。

然而,相对于高铁走出去的宏观层面研究,专门对高铁走出去法律问题进行研究的文献则更少,而且主要集中在专利保护方面。唐学东(2016年)对中国高铁"走出去"之专利战略进行了研究。饶世权、陈家宏(2017年)对中国高铁"走出去"的内在知识产权联盟机制以及中国高铁走出去的知识产权战略模式选择进行了研究。刘云等(2017年)对中国高铁实施走出去战略的专利策略进行了研究。冉奥博等(2017年)对中国高铁走出去战略下的专利策略进行了研究。陈家宏、刘鑫(2019年)对影响中国高铁走出去的知识产权风险因素进行了研究。高铁走出去的其他法律问题只有少部分学者进行了研究,而且没有突出高铁,只是对一般铁路走出去的法律问题进行了研究。宣增益(2017年)从铁路对外工程承包、铁路装备出口、运营管理、知识产权、国际货物联运等方面,对铁路走出去法律问题进行了研究。王平(2017年)以《卢森堡议定书》为背景,从轨道滚动设备国际利益保护国际法律制度的概念、事前保护国际法律制度、违约条件下轨道滚动设备国际利益保护、破产事件中轨道滚动设备国际利益保护、"一带一路"视角下加入《卢森堡议定书》的重要意义和立法选择等方面,较为系统地研究了轨道滚动设备国际利益保护法律问题。

总体而言,目前学者对高铁走出去的法律保障问题触及不多,研究不够深入、不够全面,尤其是对高铁走出去的劳动保护、环境保护、税务征收、法律人才培养等方面,很少有文献涉及。因此,就研究现状而言,高铁走出去法律问题的理论研究无法满足高铁走出去的现实需求,亟须深入研究,尤其是需要对"一带一路"倡议下高铁走出去实践中较为突出的知识产权保护、劳动保护、环境保护、税务征收等问题、风险及风险产生原因进行深入研究,并为高铁走出去相关风险防范提出切实可行的应对策略。而且,尤其重要的是还应该对高铁走出去法律人才培养方面进行深入研究,为高铁走出去提供法治人才保障。

三、研究的主要内容

（一）"一带一路"倡议下高铁走出去实践案例梳理及问题、风险分析

案例梳理分析是发现问题及风险的最好途径,本书立足于高铁走出去的现实案例,从梳理分析高铁走出去的实践案例入手,对高铁走出去成功项目案例、失败项目案例进行梳理分析,同时对中国高铁装备走出去,中欧班列发展情况进行分析。从具体案例梳理分析中总结出高铁走出去存在的问题,以及面临的风险。

（二）"一带一路"倡议下高铁走出去知识产权保护问题、风险及应对策略研究

知识产权保护是高铁走出去重要的法律问题,本书立足于知识产权保护的现实案例,从梳理分析企业走出去典型案例出发,探寻企业走出去知识产权保护的共性问题。在此基础上,针对"一带一路"倡议下高铁走出去的特殊性,分析高铁走出去面临的知识产权风险,以及风险产生的原因。针对知识产权风险及其产生原因,有针对性地提出高铁走出去知识产权风险防范对策。

（三）"一带一路"倡议下高铁走出去劳动保护问题、风险及应对策略研究

劳动保护是高铁走出去遇到的重要法律问题之一,本书立足于劳动保护的现实案例,从梳理分析企业走出去遇到的劳动保护典型案例出发,探寻企业走出去劳动保护的共性问题。在此基础上,针对"一带一路"倡议下高铁走出去的特殊性,分析高铁走出去面临的劳动风险,以及风险产生的原因。针对劳

动风险及其产生原因,有针对性地提出高铁走出去劳动风险防范策略。

（四）"一带一路"倡议下高铁走出去环境保护问题、风险及应对策略研究

环境保护是高铁走出去的重要法律问题之一,本书立足于环境保护的现实案例,从梳理分析企业走出去遇到的环境保护典型案例出发,探寻企业走出去遇到的环境保护共性法律问题。在此基础上,针对高铁走出去的特殊性,分析高铁走出去面临的环境风险,以及风险产生的原因。针对环境风险及其产生原因,有针对性地提出高铁走出去环境风险防范策略。

（五）"一带一路"倡议下高铁走出去税务征收问题、风险及应对策略研究

税务征收是高铁走出去遇到的重要法律问题之一,本书立足于税务征收的现实案例,从梳理分析企业走出去遇到的税务征收典型案例出发,探寻企业走出去税务征收的共性问题。在此基础上,针对高铁走出去的特殊性,分析高铁走出去面临的税务风险,以及风险产生的原因。针对税务风险及其产生原因,有针对性地提出高铁走出去税务风险防范策略。

（六）"一带一路"倡议下高铁走出去法律人才培养问题研究

人才是高铁走出去能否成功的关键因素,各项工作的顺利开展都需要人才的保障。法律人才是高铁走出去化解纠纷矛盾、防范各类风险的关键。本书从高铁走出去法律人才的供需矛盾分析出发,对高铁走出去法律人才培养进行目标定位,对高铁走出去法律人才培养的内涵需求进行深入剖析,并从高铁走出去法律人才培养的知识体系、培养途径以及保障条件三方面提出应对策略。

四、研究的主要方法

要想得出正确的研究结论,必须运用科学的研究方法,本书结合"一带一路"倡议下高铁走出去遇到的实际法律问题,主要运用的研究方法有历史分析、价值分析、经济分析、比较分析以及社会分析等方法。

(一)历史分析方法

本书通过梳理分析过去几年中高铁走出去的实际案例,包括梳理分析"一带一路"倡议下企业走出去在知识产权保护、劳动保护、环境保护、税务征收等方面的典型案例,发现高铁走出去遇到的实际问题,以及企业走出去遇到的知识产权保护、劳动保护、环境保护、税务征收等方面的共性问题,再从实际问题中分析高铁走出去可能面临的知识产权风险、劳动风险、环境风险和税务风险。在此基础上归纳总结实践经验,吸取优点、总结不足,并从具体的历史案例中提炼出风险防范的具体策略方案,将其上升为理论,指导高铁走出去具体实践。

(二)价值分析方法

本书将通过价值分析方法判断"一带一路"倡议下高铁走出去面临风险的可能性及危害性,同时通过价值分析方法逐一判断:高铁走出去知识产权风险防范策略的可行性、合理性及合法性;高铁走出去劳动风险防范策略的可行性、合理性及合法性;高铁走出去环境风险防范策略的可行性、合理性及合法性;高铁走出去税务风险防范策略的可行性、合理性及合法性。并以价值分析方法判断高铁走出去法律人才培养的目标定位和培养策略的合理性、可行性。

(三)经济分析方法

本书将运用经济分析方法对"一带一路"倡议下高铁走出去的知识产权

风险、劳动风险、环境风险、税务风险等进行成本效益分析,判断风险发生的可能性及危害。同时运用经济分析方法对知识产权风险防范策略、劳动风险防范策略、环境风险防范策略以及税务风险防范策略进行合理性和可行性判断,对高铁走出去法律人才培养策略进行合理性和可行性判断。

(四)比较分析方法

本书的研究试图通过比较日本、德国、法国和加拿大等国家的高铁走出去过程中遇到类似法律问题的处理方法以及实践经验,进行归纳总结,借鉴他国的教训和实践经验,为我国高铁走出去战略实施提供法律保障。但是,在实际研究过程中,未能找到更多可靠案例和文献支撑各国比较研究,只有少量文献涉及相关问题。因此,在具体研究中,比较分析方法主要运用于一般企业走出去遇到的知识产权共性问题、劳动保护共性问题、环境保护共性问题以及税务征收共性问题研究,并通过共性问题研究分析"一带一路"倡议下高铁走出去面临的知识产权风险、劳动风险、环境风险及税务风险。

(五)社会分析方法

本书将运用社会分析方法对"一带一路"倡议下高铁走出去面临的具体社会环境进行分析,包括高铁走出去知识产权风险产生的社会环境因素,劳动风险产生的社会环境因素,环境风险产生的社会环境因素,以及税务风险产生的社会环境因素,从具体的东道国社会环境差异中分析高铁走出去面临的具体风险及风险产生的具体原因,进而有针对性地提出风险防范策略。

第一章 "一带一路"倡议下高铁走出去的实践梳理及问题、风险分析

实践是问题的直接来源,只有弄清楚目前高铁走出去的实际状况,才能清晰地掌握高铁走出去遇到的真实问题和面临的具体风险,进而从法学视角有针对性地提出制度完善措施,为高铁走出去提供政策制定依据和实践理论指导。鉴于此,本章从高铁项目走出去、高铁装备走出去和中欧班列开行实践三部分进行梳理。

第一节 "一带一路"倡议下高铁走出去的实践梳理

一、高铁项目走出去实践

(一)安伊铁路

安伊高铁是从土耳其首都安卡拉至伊斯坦布尔的高速铁路,全长 533 公里。2005 年,由中国铁建股份有限公司牵头,联合中国机械进出口公司以及土耳其两家公司共同组成的合包集团成功中标二期主要路段。中标路段全长 158 公里,合同金额 12.7 亿美元,设计时速 250 公里,于 2014 年 7 月 25 日全线建成通车。2016 年,安伊高铁二期在成功运营两年后,由中国铁建牵头的合包集团完全移交土耳其铁路总局,这条连接了土耳其首都安卡拉与其最大

城市伊斯坦布尔的高速铁路,改善了两地交通,日均上座率超过七成,①安卡拉新高铁站也开始投入使用,如今已经成为安卡拉的新地标。

(二)雅万高铁

雅万高铁全长 150 公里,连接印度尼西亚最大城市雅加达和第四大城市万隆,最高设计时速 350 公里,建成后雅加达到万隆的车程由原先的 3 个多小时缩短至 40 分钟。在雅万高铁项目的争夺中,中日两国展开了激烈竞争,双方都志在必得。印尼政府于 2015 年 9 月取消了中日两国雅万高铁方案而改建中速铁路,之后又在中国承诺提供项目贷款无需印尼政府担保的条件下,于 2015 年 10 月 16 日与中国企业正式签署雅万高铁项目。历经波折,最终由中国铁路总公司牵头组成的中国企业联合与印尼企业以合资方式共同建设,成立中印尼高铁公司(KCIC),其中印尼占 60%,中方占 40%。中国成功获得从技术标准、勘察设计、工程施工、装备制造到物资供应、运营管理和人才培训等全方位整体走出去的第一单高铁项目。2016 年 3 月,项目公司 KCIC 与印尼交通部签署雅万高铁特许经营协议,并很快完成了高铁线路规划审批、特许经营协议、建设许可、环评和详细设计等各项准备工作。2017 年 4 月 4 日,中印尼承包商联合体完成了 EPC 合同的签署,5 月 14 日,国开行与 KCIC 就雅万高铁项目正式签署贷款协议。2018 年 6 月项目全面开工,开工初期项目曾遭遇征地难及延长线路等困难,但后续在各方共同努力下,雅万高铁项目实施顺利。2020 年以来,雅万高铁项目中方参建企业克服人员设备短缺、防疫压力上升和雨季施工难度大等不利影响,努力开展各项建设工作。项目建设者坚持疫情防控和生产施工并重,通过合理调配现场资源,有力保障了项目建设平稳有序推进。

2023 年 10 月 17 日,经过近 2000 多个日日夜夜,打通了 13 座隧道,架设了 56 座桥梁后,在中印尼双方共同努力下,雅万高铁顺利开通。雅万高铁是

① 参见齐慧:《中国铁建助推"一带一路"高质量发展——这些新地标都是"中国造"》,2020 年 7 月 6 日,见 http://ydyl.people.com.cn/n1/2019/0507/c411837-31071484.html。

中国高铁首次全系统、全要素、全产业链在海外落地,其开通令当地交通体系实现升级,能够大幅加速沿线人员流动、货物流通,铺就融合之路、开放之路、共富之路。① 据媒体报道,2023 年 11 月 17 日,雅万高铁正式开通运营 1 个月,累计发送旅客 38.3 万人次,单日旅客上座率最高达 98.7%,客流呈现强劲增长态势。② 雅万高铁,这块共建"一带一路"合作的"金字招牌",承载着中国智慧、中国方案,助力印尼加速奔向现代化,跑出印尼民众幸福"加速度",书写了中印尼合作共赢的新篇章。③

(三)匈塞高铁

匈塞铁路连接匈牙利首都布达佩斯与塞尔维亚首都贝尔格莱德,始建于 19 世纪末,目前为单轨铁路,全长 350 公里,其中匈牙利境内 166 公里,塞尔维亚境内 184 公里。经现代化改造之后,匈塞铁路将成为客货共用电气化双线铁路,最高设计时速 200 公里,预计建设工期 2 年,由中国铁路总公司牵头组成的中国企业联合体承建,建成通车后两地运行时间将从 8 小时缩短至 3 小时以内。该项目是国家"一带一路"倡议的重点项目,同时是中国—中东欧 16+1 合作的旗舰项目,匈塞高铁改造完成之后经马其顿与希腊比雷埃夫斯港相连,打造"中欧陆海快线"。与传统绕行非洲最南端的好望角海运线路相比,中国出口欧洲的商品可以从希腊转运铁路直接深入欧洲腹地,运输时间缩短了 7—11 天。④ 匈塞高铁是我国在欧洲参与建设的第一个铁路基础设施项目,全部使用了中国列车和设备,是中国铁路标准与欧盟 UIC 标准进行对接和全面参与国际竞争的具体体现。匈塞高铁的建设显示着中国高铁在交通基

---

① 乔继红、汪奥娜、余谦梁:《中印尼共建"一带一路"合作的"金字招牌"——记习近平主席关心推动的雅万高铁正式开通运营》,《光明日报》2023 年 10 月 18 日第 3 版。

② 邓旺强:《雅万高铁:共建"一带一路"合作的"金字招牌"》,《人民日报(海外版)》2023 年 11 月 30 日第 5 版。

③ 邓旺强:《雅万高铁:共建"一带一路"合作的"金字招牌"》,《人民日报(海外版)》2023 年 11 月 30 日第 5 版。

④ 参见詹彩霞:《匈塞铁路,中国高铁挺进欧洲的桥头堡!》,2020 年 7 月 6 日,见 http://news.gaotie.cn/pinglun/2020-05-22/540477.html。

础设施建设上的技术实力和丰富经验,是中国高铁走进欧洲的最好名片。

2013 年 11 月,中国、匈牙利与塞尔维亚三国总理在布加勒斯特共同宣布将合作建设匈塞铁路。2015 年 11 月 24 日,在国务院时任总理李克强和匈牙利、塞尔维亚两国总理的共同见证下,三方签署了匈塞铁路合作文件。2015 年 12 月 23 日,匈塞铁路塞尔维亚段在塞尔维亚第二大城市诺维萨德举行启动仪式。2017 年 11 月 28 日,塞尔维亚境内贝尔格莱德至旧帕佐瓦段正式开工;2022 年 3 月,匈塞铁路贝尔格莱德至诺维萨德段(贝诺段)正式开通运营。据媒体报道,开通运营以来,贝诺段铁路将两地的通行时间极大缩短,每天开行列车 50 多列,已累计发送旅客约 450 万人次,最高日发送旅客 1.44 万人次。① 相对来说,匈塞铁路匈牙利段的建设遭遇了更多困难,在各方共同努力下,2020 年 5 月 19 日,匈牙利国民议会以 133 票赞成、58 票反对和 3 票弃权的结果,通过了匈塞铁路升级改造工程法案;同时,对中匈两国政府签署的《关于匈塞铁路项目匈牙利段开发、建设和融资合作的协议》表示支持。② 随后匈牙利段项目进入实施阶段,2023 年 10 月,匈塞铁路匈牙利段进入全面铺轨施工阶段。③

(四)蒙内铁路

蒙内铁路全长 480 公里,连接肯尼亚东部港口城市蒙巴萨和首都内罗毕,远期规划将连接肯尼亚、坦桑尼亚、乌干达、卢旺达、布隆迪和南苏丹等东非 6 国。铁路设计客运时速 120 公里、货运时速 80 公里,设计运力 2500 万吨,正线单线,为内燃机系统,是全部采用"中国标准、中国技术、中国装备、中国管理"的中国铁路全产业链"走出去"的成功案例,建成后内罗毕到蒙巴萨的行程从过去的十几个小时缩短为仅 4 个半小时。项目是肯尼亚实现 2030 年国

① 孙广勇、谢亚宏、黄炜鑫:《铁路建设　高质量共建"一带一路"的生动实践(共建"一带一路"·铁路建设)》,《人民日报》2023 年 10 月 11 日第 17 版。

② 参见《塞尔维亚总统:匈塞铁路将于明年 3 月开通运行》,2020 年 6 月 3 日,https://www.yidaiyilu.gov.cn/p/129457.html。

③ 孙广勇等:《铁路建设　高质量共建"一带一路"的生动实践(共建"一带一路"·铁路建设)》,《人民日报》2023 年 10 月 11 日第 17 版。

家发展愿景的"旗舰工程",于 2014 年 9 月开工,2017 年 5 月 31 日建成通车,由中交集团总承包,中国路桥公司承建,总投资达 38 亿美元,铁路建成通车后货物运输时间大幅缩短,降低物流成本超过 40%,而且铁路的建设拉动了肯尼亚国内生产总值 1.5% 至 2% 的增长。① 除了建设之外,铁路还签订了 10 年的运营维护期,截至 2019 年 3 月 10 日,蒙内铁路累计发送旅客约 264.2 万人,日均发送旅客 4083 人,平均上座率超过 97.1%;累计开行货运列车 4394 列,运输近 35 万个标箱。② 作为"一带一路"在东非的落脚项目与肯尼亚"2030 年远景规划"的旗舰项目,蒙内铁路的开通带给东非更多的发展机遇。蒙内铁路的建成对疏解公路运输压力、提升蒙巴萨港吞吐能力起到越来越大的作用,更为关键的是,铁路具有刺激区域经济发展的造血功能,通过铁路可以带动起沿线地区各类工业园区的建设,促进铁路沿线经济走廊、沿海经济走廊、蒙巴萨经济圈、内罗毕经济圈的形成。③

（五）亚吉铁路

亚吉铁路连接埃塞俄比亚首都亚的斯亚贝巴和吉布提首都吉布提,全长约 760 公里,设计时速 120 公里,总投资约 40 亿美元,由中国土木工程集团有限公司和中国中铁二局集团有限公司联合建设与运营,埃塞俄比亚段 70% 的资金和吉布提段 85% 的资金使用中国进出口银行的商业贷款,④建成后中方公司运营期为 6 年。该条铁路是东非地区首条现代电气化铁路,是中国在非洲建设的第一个集技术标准、设备、融资、施工、监理、运营管理为一体的全流程"中国元素"铁路项目,标志着中非合作在转型升级道路上迈出了重要一步。⑤

---

① 吕强:《蒙内铁路助力肯尼亚经济发展》,《人民日报》2018 年 11 月 12 日第 21 版。
② 参见陈家琦:《属于蒙内铁路的"一带一路"》,2020 年 7 月 6 日,见 http://news.gaotie.cn/gaige/2019-09-27/513691.html。
③ 元龙:《行驶在希望的东非大地上》,《光明日报》2019 年 4 月 20 日第 6 版。
④ 钟超:《亚吉铁路:横贯东非的钢铁丰碑》,《光明日报》2016 年 10 月 6 日第 1 版。
⑤ 钟贺晖:《中非互利合作转型升级新样板》,《光明日报》2016 年 10 月 7 日第 3 版。

该铁路项目于 2016 年 10 月 5 日建成通车,2018 年 1 月 1 日开通商业运营。建成通车后,亚吉铁路的货运能力是原来旧铁路的 10 倍,旧铁路以前每年运货最多 50 万吨,新的亚吉铁路年货运能力达到 500 万吨;客运速度从原来的两天时间缩短到 12 小时。① 据埃塞俄比亚有关部门统计,自投入运营至 2023 年初,亚吉铁路运能每年提高 25% 至 30%。② 据亚吉运维总经理、中国土木埃塞公司总经理郭重风介绍,自 2018 年开通商业运营至 2023 年初,亚吉铁路开行旅客列车 1802 列,旅客发送量近 53 万人次;开行货运列车 6179 列,货物发送量约 743 万吨,运营收入合计约 9.8 亿元人民币。2022 年,亚吉铁路运输收入实现历史性突破,达到盈亏平衡。③ 吉布提《民族报》评论称,通往繁荣和发展的亚吉铁路不仅会提振吉埃两国经济、增进人民往来,还能显著强化区域经济融合;埃塞俄比亚通讯社则认为,中国通过修建和运营亚吉铁路,为中非发展架起了一座互利共赢的桥梁。④ 埃塞俄比亚财政部部长指出,亚吉铁路在埃吉两国经济发展中扮演了重要角色,推动了工业化进程,提高了经济发展水平,也支撑了亚吉铁路沿线工业园区的发展。亚吉铁路的运营极大带动了当地基础设施建设,加速了当地城市的工业化发展,也推动了社区发展。⑤

(六)中老铁路

中老铁路起于中老边境口岸磨丁,北接中国云南的玉磨铁路,向南到达老挝首都万象市。全长 400 余公里,铁路客运时速 160 公里、货运时速 120 公里,项目建设内容包括 167 座桥、75 处隧道,全线共设 32 个车站(包括一个货

---

① 李志伟、吕强:《亚吉铁路承载经济发展心愿——访吉布提铁路公司总经理达巴尔》,《人民日报》2018 年 7 月 31 日第 3 版。

② 黄培昭:《"铁路让我们的日子越过越好"(共创繁荣发展新时代)》,《人民日报》2022 年 8 月 12 日第 3 版。

③ 王传军:《在东非高原描绘新蓝图》,《光明日报》2023 年 3 月 19 日第 8 版。

④ 景玥、黄培昭:《"亚吉铁路为我们的发展增添动力"(共建一带一路)》,《人民日报》2019 年 2 月 25 日第 3 版。

⑤ 王传军:《在东非高原描绘新蓝图》,《光明日报》2023 年 3 月 19 日第 8 版。

运车站），其中会让站 21 个,中间站 11 个。① 项目建设工期 5 年,总投资约 374
亿元人民币,2016 年 12 月全线开工,2021 年 12 月建成通车。全线采用中国管
理标准和技术标准建设,由中老两国合资的老中铁路有限公司负责全线建设和
运营管理,中国中铁、中国电建等下属多家单位参与工程建设,②是第一个以中
方为主投资建设、共同运营并与中国铁路网直接连通的境外铁路项目。③

中老铁路的建设已带动老挝当地 5000 余人就业,④它不仅连通了中国与
老挝,更是将泰国、缅甸等十余个共建"一带一路"的国家和地区的人民与商
品带入大发展格局之中。在中国和东盟国家间构建起一条便捷国际物流大通
道,铁路部门加强货物运输组织,持续打造"澜湄快线"货运品牌,探索培育
"中老铁路+中欧班列""中老铁路+西部陆海新通道班列"等铁路国际联运新
模式。通车以来,中老铁路有效促进了区域互联互通和互利共赢,为沿线经济
社会高质量发展注入了强劲动力。⑤ 中老铁路通车后,从云南昆明到老挝万
象的货运成本降低 40% 至 50%,老挝国内线路成本降低 20% 至 40%。截至
2023 年 4 月,我国有 25 个省份开行了中老铁路跨境货运列车,覆盖老挝、泰
国、缅甸、马来西亚、柬埔寨、新加坡等"一带一路"共建国家和地区,货物品类
由开通初期的化肥、百货等 10 多种扩展至电子、光伏、冷链水果等 2000 余种,
货值超 170 亿元人民币。⑥

（七）中泰铁路

中泰双方早在 2006 年就有合作建造高铁的意向,2009 年泰国阿披实政

---

① 马勇幼:《中老铁路项目举行全线开工仪式》,《光明日报》2016 年 12 月 26 日第 12 版。
② 赵益普:《中老铁路桥梁首架仪式在万象举行》,《人民日报》2018 年 12 月 3 日第 21 版。
③ 章建华:《中老铁路建设为老挝山区带去新气息》,《光明日报》2017 年 5 月 29 日第 4 版。
④ 章建华、郑志华:《中老铁路建设惠及老挝百姓》,《人民日报（海外版）》2019 年 2 月 26
日第 10 版。
⑤ 刘文杰:《开通运营 18 个月 中老铁路交出亮眼成绩单》,2023 年 8 月 5 日,见 ht-
tps://www.yidaiyilu.gov.cn/p/007MGNFA.html。
⑥ 王彦田等:《首趟中老铁路国际旅客列车正式开行 "友谊之路"再添新活力》,《人民日
报》2023 年 4 月 14 日第 6 版。

府开始与我方接触,表示将要修建五条以曼谷为中心的高速铁路,设计时速为250公里。2013年10月,中国与泰国英拉政府签订了《中泰关系发展远景规划》和《中泰政府关于泰国铁路基础设施发展与泰国农产品交换的政府间合作项目的谅解备忘录》,即俗称"大米换高铁"项目,中泰铁路合作取得实质性进展。2014年12月,中国再次与泰国巴育政府签订了《中泰铁路合作谅解备忘录》和《中泰农产品贸易合作谅解备忘录》,正式重启中泰铁路合作项目。到2017年,中泰双方设立的铁路项目联委会围绕相关问题进行了20多轮谈判,后经泰国总理动用临时宪法第44条的维和委主席特权,免除了10项相关法律对中泰铁路合作项目的约束,项目于2017年12月正式开工。①

目前所指的中泰铁路全长约870公里,设计时速为180公里,预留时速为250公里,连接泰国首都曼谷到与老挝接壤的廊开府,分为两期:第一期连接泰国首都曼谷到东北部呵呖府,全长约250公里;第二期连接呵呖府到廊开府。第一期工程已经于2017年12月21日在呵叻府巴冲县举行了开工仪式。② 据泰国国家铁路局局长透露,截至2023年1月中旬,中泰铁路一期工程总进度为16.72%,有望于2027年投运,二期工程预计2024年开工,力争于2028年投入使用。据泰国和老挝双方预期,中老泰铁路可能在未来3—5年内降低30%—50%的货物运输成本。③ 中泰铁路是泛亚铁路中线的重要组成部分,能够通过中老铁路与中国昆明连接,是我国将商品运输到南亚地区、东南亚地区的潜在渠道。④ 中泰铁路建成通车将进一步提升泰国在中南半岛的交通枢纽地位,为泰国经济发展注入新活力,并将惠及沿线各国,促进地区经济共同发展。⑤

---

① 马勇幼:《"一带一路"倡议下的互利共赢之路》,《光明日报》2018年1月3日第12版。
② 参见路炳阳:《中泰铁路一期工程完成设计 争取年内全面开工》,2019年8月8日,见 http://www.cb.com.cn/index/show/zj/cv/cv13455301260。
③ 孙广勇:《东南亚国家稳步推进铁路互联互通》,《人民日报》2023年3月14日第17版。
④ 《中泰老推进高铁项目建设》,《参考消息》2019年4月26日第16版
⑤ 杨舟、罗俊铭:《中泰铁路一期明天开工》,《人民日报(海外版)》2017年12月20日第1版。

（八）麦麦高铁

麦麦高铁连接伊斯兰教两座圣地麦加和麦地那，途经吉达、拉比格、阿卜杜拉国王经济城，全长约450公里，设计最高时速360公里，是世界首条穿越沙漠地带且时速最高的双线电气化高速铁路。项目于2009年启动，2018年9月全面建成，预计使用年限120年，项目建成通车后将麦加和麦地那两城间的通行时间由原来的4小时缩短到2小时。截至2021年初，年客运量突破1500万人次，列车准点率超过93%，上座率达82%，盈利水平逐渐提升，极大缓解了当地交通压力，旅程也变得更加舒适。① 该条铁路不仅实现了当地人多年的夙愿，更是以中国铁建为代表的"中国队"在海外参与高速铁路建设的重要见证。② 中铁建十八局集团和中土集团分别参与了项目不同标段建设。据中国企业在当地招聘的员工艾哈迈德回忆，麦麦高铁沿线多是沙漠山峦，路况复杂，气候炎热，气温高达55摄氏度，施工困难重重，不时袭来的沙尘暴还会造成电气设备、通信设施的磨损和侵蚀，工程技术面临巨大挑战。没有现成方案可借鉴，中国工程师们想办法、找材料、更新技术，最终保质保量地完成了工程。③

二、高铁装备走出去实践

装备走出去是高铁走出去的重要组成部分，而且是目前高铁走出去相对成功的领域。机车车辆是高铁装备的核心部分，自从1881年中国第一台机车"龙号机车"诞生以来，中国铁路机车车辆发展经历了从诞生、发展到辉煌的过程。1949年我国设立了铁道部厂务局专门负责铁路机车车辆发展事业，1966年变更为铁道部工厂总局，1975年变更为铁道部工业总局，1986年成立

---

① 颜欢等：《共建一带一路，让高铁跑出新天地》，《人民日报》2021年2月7日第3版。
② 参见伍振等：《沙特麦麦高铁上的"中国队"》，《人民日报（海外版）》2018年9月28日第10版。
③ 颜欢等：《共建一带一路，让高铁跑出新天地》，《人民日报》2021年2月7日第3版。

了中国铁路机车车辆工业总公司,2000年与铁道部脱钩,分别组建了中国南车集团公司和中国北车集团公司,归国务院国资委领导和监管。2008年中国南车分别在香港证券交易所和上海证券交易所上市;2009年中国北车在上海证券交易所上市,2014年在香港证券交易所上市。2015年经国务院同意,国务院国资委批准,中国南车股份有限公司和中国北车股份有限公司合并,成立中国中车股份有限公司,并在沪港两地上市交易。

据中国中车公司官网简介介绍,目前中国中车经营包括铁路机车车辆、动车组、城市轨道交通车辆、工程机械、各类机电设备、电子设备及零部件、电子电器及环保设备产品的研发、设计、制造、修理、销售、租赁与技术服务,等等。中国中车已经成为全球规模领先、品种齐全、技术一流的轨道交通装备供应商,建设了世界领先的轨道交通装备产品技术平台和制造基地,以高速动车组、大功率机车、铁路货车、城市轨道车辆为代表的系列产品,已经全面达到世界先进水平,能够适应各种复杂的地理环境,满足多样化的市场需求。据德国权威统计机构 SCI Verkehr 公司的报告统计,在世界9大类机车车辆产品中,中国中车拥有5项第一,即:电力机车、高速列车、客车、货车和地铁车辆。[1]中国中车在2018年销售收入超过位列第二的阿尔斯通和第三的庞巴迪之和,[2]而且近年来,公司出口成交额取得了快速增长,2011年至2015年的出口成交额年均递增30%以上。[3] 中国中车作为全球领先的轨道交通装备供应商,产业规模稳居全球轨道交通装备行业首位,国际业务体系遍布全球。近年来,中国中车通过明确品牌定位、建设高质量项目、消除文化差异等手段,打造受人

---

[1] 信息来源于中国中车官网的公司介绍,2023年8月13日,见 https://www.crrcgc.cc/g5115.aspx。

[2] 张鹏禹、曹瀛月:《中国轨道车辆凭啥在海外生了根?》,《人民日报(海外版)》2019年8月9日第10版。

[3] 信息来源于中国中车官网的公司介绍,2023年8月13日,见 https://www.crrcgc.cc/g5115.aspx。

尊敬的国际化品牌,也为央企品牌国际化提供了借鉴。①　中国中车经历了从"只进不出"到产品、技术、资本"走出去"的重大转变,创造了本土化制造、本土化采购、本土化用工、本土化维保、本土化制造的输出方式,产品出口105个国家和地区,成为国际市场的"抢手货"。②

当然,中国高铁装备走出去也并非一帆风顺,国际高铁装备市场竞争激烈,高铁装备巨头日本川崎重工、德国西门子、法国阿尔斯通和加拿大庞巴迪等都在积极保护和扩张自己的市场,甚至不惜使用各种标准限制手段、知识产权侵权手段、地方保护主义手段等遏制对手扩张,致使我国高铁装备走出去障碍重重。有媒体报道,中国中车2017年在海外市场的拓展不如预期中理想,2017年海外签约额仅完成约57亿美元(约359亿元人民币),为全年任务90亿美元的63%。中国中车2018年全年的营业收入为2190.83亿元,比上一年增长3.82%,其中在国内实现营业收入1997.16亿元,占比91.16%,海外市场实现营业收入193.66亿元,仅占比8.84%,③海外市场表现不佳,对公司营业收入贡献不大。

从高铁装备走出去的实践看,目前面临如下问题:其一,独立技术不够成熟,原始创新能力仍需提升。我国高铁技术先后学习瑞典、法国、德国、日本等发达国家,发展和形成的时间较短,要得到世界高度认可,还需要时间验证。另外,虽然我国高铁装备的专利数量处于逐年攀升态势,但相比国外高铁巨头企业,专利数量和质量仍需提升。其二,标准体系建设相对薄弱。高铁建设标准是其走出去最关键的问题,目前多数欧洲国家都采用欧洲标准,且制定标准的法则被欧洲和日本等高铁强国垄断,这是我国高铁装备走出去面临的巨大问题和挑战。而我国高铁装备制造业在设计、制造和认证等方面还缺乏规范、

① 王雅卿:《中国中车:从业务全球化到品牌国际化》,《国资报告》2023年第5期。

② 刘化龙:《产品"走出去"品牌"走上去"》,《人民日报》2019年1月7日第11版。

③ 参见《中国中车营收利润均增 2019年订单计划趋保守》,2019年8月24日,见https://finance.sina.com.cn/stock/relnews/hk/2019-03-29/doc-ihsxncvh6679821.shtml。

统一和完善的标准体系,尤其是缺乏世界普遍认可的标准体系,这导致我国高铁装备技术进入海外市场还需要先取得这些标准认证。其三,高铁装备品牌价值不足,知识产权保护有待加强。虽然中国中车集团已经进入全球 500 强,中国高铁装备品牌在国际上也逐步被接受,但相对于其他高铁装备巨头企业,中国高铁装备品牌的特点还不够鲜明,认可度还有待提升。另外,虽然我国已加强高铁装备知识产权的保护,但由于我国高铁装备技术是从国外公司引进、消化、吸收、创新、集成创新而成,在整体出口时,自主研发在某种程度上容易受到质疑。中国高铁装备走出去还缺乏足够话语权,知识产权仍然是制约我国高铁装备走出去的主要问题。

三、中欧班列开行实践

《中欧班列建设发展规划 2016—2020 年》指出,中欧班列(英文名称 CHINA RAILWAY Express,缩写 CR Express)是由中国铁路总公司组织,按照固定车次、线路、班期和全程运行时刻开行,运行于中国与欧洲以及"一带一路"共建国家间的集装箱等铁路国际联运列车,是深化我国与共建国家经贸合作的重要载体和推进"一带一路"建设的重要抓手。[①] 2011 年 3 月 19 日,开始运行由重庆开往德国杜伊斯堡的首列中欧班列,时称"渝新欧"国际铁路。为增强市场竞争力,中国铁路总公司于 2016 年 6 月 8 日正式启用"中欧班列"品牌,并且统一品牌标志、统一运输组织、统一全程价格、统一服务标准、统一经营团队、统一协调平台。[②] 目前,中欧班列规划了西中东三条通道:西通道最为繁忙,已经开通三条主要途径;中通道由内蒙古二连浩特口岸出境,途经蒙古国与俄罗斯西伯利亚铁路相连,通达欧洲各国;东通道由

---

① 参见《中欧班列建设发展规划 2016—2020 年》,2019 年 7 月 24 日,见 http://www.ndrc.gov.cn/zcfb/zcfbghwb/index_2.html。

② 参见《中国加快构建中欧铁路大通道 去年开行中欧班列 308 列》,2020 年 8 月 13 日,见 http://m.haiwainet.cn/middle/232591/2015/0120/content_28329271_1.html。

内蒙古满洲里(黑龙江绥芬河)口岸出境,接入俄罗斯西伯利亚铁路,通达欧洲各国。①

　　中欧班列自开始运营以来深受市场青睐,发展迅猛,从 2011 年的 17 列逐年成倍增长,2018 年,中欧班列共开行 6363 列,同比增长 73%,其中返程班列 2690 列,同比增长 111%,累计开行超过 12000 列,提前两年实现了《中欧班列建设发展规划 2016—2020 年》确定的"年开行 5000 列"目标。② 2020 年新冠疫情全球暴发,国际间航空、海运物流通道皆受严重影响,中欧班列凭借其分段运输的灵活优势,逆势前行,承担起中国与欧洲间抗疫物资运输大任。据中国国家铁路集团有限公司对外公布数据,2020 年中欧班列开行数量大幅增长,累计开行 12400 列,③同比增长 50%。为推动中欧班列高质量发展,国家发展改革委在 2020 年中央预算内投资中安排专项资金,支持区位条件优越、设施基础良好、运营规范有潜力的中欧班列枢纽节点城市(郑州、重庆、成都、西安、乌鲁木齐)开展中欧班列集结中心示范工程建设,促进中欧班列开行由"点对点"向"枢纽对枢纽"转变,加快形成"干支结合、枢纽集散"的高效集疏运体系。④ 截至 2023 年 9 月,中欧班列已累计开行 7.7 万列,通达欧洲 25 个国家和地区的 217 个城市,运送货物 731 万标箱,货值超 3400 亿美元,作为共建"一带一路"旗舰项目和标志性品牌,中欧班列开创了亚欧国际运输新格局,搭建了经贸合作新平台,有力保障了国际产业链供应链稳定,为世界经济发展注入新动力。⑤ 2011 年至 2022 年中欧班列开行情况见下表。

---

　　① 参见《中欧班列建设发展规划 2016—2020 年》,2019 年 7 月 24 日,见 http://www.ndrc.gov.cn/zcfb/zcfbghwb/index_2.html。

　　② 参见《中欧班列》,2019 年 3 月 4 日,见 https://www.yidaiyilu.gov.cn/zchj/rcjd/60645.htm。

　　③ 《中国国家铁路集团有限公司工作会议在京召开》,2021 年 4 月 20 日,见 http://www.china-railway.com.cn/xwzx/ywsl/202101/t20210104_111518.html。

　　④ 参见许维娜、夏晓伦:《发改委下达 2 亿元支持中欧班列集结中心示范工程建设》,2020 年 7 月 8 日,见 http://finance.people.com.cn/n1/2020/0706/c1004-31772675.html。

　　⑤ 《中欧班列,铺就共同繁荣发展之路(共建"一带一路"·中欧班列)》,《人民日报》2023 年 10 月 7 日第 7 版。

表 1.1 中欧班列开行数量及增长率①

年份	2011	2012	2013	2014	2015	2016	2017	2018	2019	2020	2021	2022
开行班列数量	17	42	80	308	815	1702	3673	6363	8225	12400	15000	16000
增长率	—	147%	90%	285%	165%	109%	116%	73%	29%	51%	21%	7%

可以看出,近年来中欧班列发展取得了辉煌成果,开行数量一路飙升,说明中欧班列具有强大的生命力,其在运输时间和运输成本等方面都有明显的优势,得到沿线各方的高度认可。当然,在看到辉煌成果的同时,也应该看到中欧班列发展的不足,目前中欧班列存在以下问题。

其一,货源不足,回程班列少,价格竞争激烈。面对急速增开的中欧班列,很多地方表现出货源相对不足,尤其回程班列更为明显,而且竞争不断加剧,争抢货源、竞相压价等恶性竞争偶有上演。有学者认为,出现这些现象的原因主要是市场定位不清且协调机制低效,在实际业务中未协调好中央与地方政府、线路平台公司、境内承运公司等国内主体之间的突出矛盾,导致中欧班列大部分线路尚未形成可持续发展的运营模式,在线路开通和运行班列过程中采取了不具备长期潜力的非理性措施,从而衍生出货源少、回程少、线路拥堵、价格竞争等问题。②

其二,各班列开行主体过度依赖政府补贴,未能充分发挥出市场配置作用。不可否认,在班列的培育期,政府的财政补贴对班列的运营是极其必要的,但财政补贴容易影响市场经济中"看不见的手"的资源配置作用,弱化了

---

① 表中数据来源于中国一带一路网等,2019 年 3 月 4 日,见 https://www.yidaiyilu.gov.cn/zchj/rcjd/60645.htm。2019 年数据参见卢山冰:《以实际成效力证"一带一路"巨大生命力》,《光明日报》2020 年 6 月 5 日第 5 版。2020 年数据参见《中国国家铁路集团有限公司工作会议在京召开》,2021 年 4 月 20 日,见 http://www.china-railway.com.cn/xwzx/ywsl/202101/t20210104_111518.html。

② 参见马斌:《中欧班列的发展现状、问题与应对》,《国际问题研究》2018 年第 6 期。

市场化的形成条件。① 而且,有些地方开行中欧班列依赖财政补贴,难以持续长久。

其三,国外部分线路基础设施落后,难以快速提升,无法满足急速增开中欧班列的运输需求。中欧班列开行途经多个国家,一些国家之间不仅存在轨距不同的换轨障碍,而且铁路基础设施相对落后,且凭借其国家能力,在短期内无法得到实质性改善。所以,中欧班列开行数量有限,直接制约着中欧班列的持续扩张。

其四,中欧班列量大且路途遥远,其安全保障困难。目前中欧班列遇到的安全保障问题主要有:一是货物被盗问题。货物被盗是中欧班列面临的最为突出的安全问题,目前已经有多家公司在运输过程中遭遇小件高价值货物被盗,而且出现团伙作案趋势。二是货物安检不到位导致的问题。除了货物被盗之外,中欧班列运输中还遇到部分国家和地区安检不到位导致的夹带走私品,或者夹带易燃易爆物品导致集装箱起火等情况。三是恐怖袭击问题。虽然目前中欧班列运行还没有遭遇恐怖袭击的具体案例,但鉴于以往恐怖分子对铁路运输的青睐,应该对中欧班列运输中的恐怖袭击风险给予足够重视,尤其是未来中欧班列开通旅客运输后,恐怖袭击风险将会更加紧迫。

其五,国际铁路货物运输规则不统一,导致中欧班列运输规则不协调。目前亚欧大陆存在两大国际铁路货物联运规则体系,分别是铁路合作组织成员国范围内适用的《国际铁路货物联运协定》(简称《国际货协》)和国际铁路联运组织成员国范围内适用的《国际铁路货物运输公约》(简称《国际货约》)。两大公约在适用范围、运价运费、铁路责任、赔偿程序、司法管辖等方面皆有较大差异,导致中欧班列在具体运输过程中适用国际规则冲突严重,而且中国只加入了《国际货协》,未加入更具影响力的《国际货约》,中欧班列运行协调难

---

① 董华英、吕宏芬:《"一带一路"倡议下"义新欧"班列运行的问题及措施》,《北方经贸》2018年第12期。

度较大。为解决两大公约冲突问题,联合国欧洲经济委员从 2005 年起开始推动国际铁路货物联运统一铁路立法研究工作,并努力推动两大公约的融合与统一。先后拟定通过了《关于在欧洲地区和欧亚铁路运输通道实现统一铁路法的观点性文件》《在统一铁路法领域欧亚铁路运输协作和活动的共同宣言》等多份文件,初步搭建了统一铁路法框架。2017 年,中国会同俄罗斯等七国铁路部门共同签署的《关于深化中欧班列合作协议》,成为中欧班列合作运行的主要依据。法治是中欧班列长远发展的重要保障,规则体系建构是以法治思维和法治方式保障中欧班列健康快速持续发展的前提,接下来还需要深入研究中欧班列规则体系,以保障中欧班列高效畅通运输为目标,以铁路运单透明统一、便捷高效及铁路提单物权化协同创新为载体,简化通关手续及检验检疫手续,统一适用范围、托运物品限制、运价运费、铁路责任、赔偿程序、司法管辖及诉讼时效等,努力推动国际统一铁路立法。

第二节 "一带一路"倡议下高铁走出去遇到的问题

通过梳理分析"一带一路"倡议下高铁走出去的典型实践案例可以发现,近年来,高铁走出去取得了一些成绩,很多领域实现了零的突破,有些项目实现了中国技术、中国标准、中国装备的全产业链输出,同时,我们也应看到,中国高铁走出去仍然处于起步阶段,还存在一些问题和风险,需要深入分析。

一、目标国建设高铁的强烈愿望转变成现实有效项目面临困难

高铁乃大国之重器,是中国现代装备业成建制国产化、从"中国制造"迈向"中国创造"的典型代表,①具有快速、安全、便捷、舒适、环保、节能等优势,是新时代最受欢迎的交通运输工具之一,尤其是中国、日本、欧洲等一些国家

---

① 徐飞:《中国高铁"走出去"战略:主旨、方略、举措》,《中国工程科学》2015 年第 4 期。

和地区高铁运输的成功发展,激发了很多国家修建高铁的强烈愿望。有学者统计,据 2016 年的世界各国铁路网未来规划,预计到 2030 年全球铁路新建里程约 9.6 万公里(不含中国),其中高铁里程约 4.5 万公里。在拟建高铁中,美国规划 11 条总长 1.7 万公里的高铁;欧洲计划投资 700 亿欧元建设 8 条总长 1.2 万公里的高铁;俄罗斯规划至 2030 年建设高铁和快速铁路 1.1 万公里;印度计划打造 1 万公里的"钻石四边形"高铁网,并升级改造 6.5 万公里既有铁路;此外澳大利亚、巴西、南非等国亦提出规模庞大的高铁建设发展规划。[①] 但是,目标虽然雄伟,目标转化成有效项目的概率却很惨淡,这几年来以上各国修建高铁的雄心基本没有得到在具体项目上的转化。欧亚高铁、中亚高铁、泛亚高铁和中俄美加高铁四条超大工程高铁建设设想,除泛亚高铁的中老铁路、中泰铁路有所进展外,其他项目都还在继续设想中沉睡。修建高铁工程巨大,需要投入大量的人力、物力和财力,且高铁的纯营利性不强,目前仅有为数不多的几条高铁能够实现盈利,因此,修建高铁很难吸引大规模的社会资本,大量资金需要国家投入,这样从愿望、争议到达成共识几乎是每个开始修建高铁国家必经的过程。中国高铁从修建愿望到真正项目落地生根,亦历经波折,反复争论,持续十余年。多年的实践考验证实,大多数国家修建高铁的宏伟目标基本未能实现,或项目暂缓,或项目取消,很少有真正成功推进的有效项目。

二、目标国确定建设高铁项目后面临激烈竞争

纵观目前进入招投标阶段的有限高铁项目,国际高铁强国都志在必得,竞争十分激烈。我国将高铁走出去作为国家对外开放战略实施的重要载体,努力整合相关资源开展高铁项目竞争;日本将高铁走出去作为安倍经济学的重要支撑,是振兴日本经济的重要手段和希望寄托;另外,德国、法国、加拿大以

---

① 参见徐飞:《中国高铁"走出去"的十大挑战与战略对策》,《学术前沿》2016 年第 14 期。

及韩等国家也都在积极推行高铁输出政策,尤其在高铁装备输出市场,德国西门子、法国阿尔斯通、日本川崎重工和加拿大庞巴迪与中国中车展开激烈竞争,争夺有限市场。面对如此激烈竞争的国际高铁市场,高铁走出去的具体项目竞争不仅考量各国的高铁技术实力、融资支持能力、沟通协调能力等核心竞争力,甚至还夹杂政治外交因素,情况极其复杂。如印尼雅万高铁,虽然最后中国高铁击败日本高铁成功中标,但其竞争之激烈、过程之艰难远超预期。竞标前后,两国高级领导人先后访问印尼,争取外交优势,同时,两国高铁企业都为印尼雅万高铁开出了最为优惠的竞标条件,导致印尼政府在政治外交和具体招标面前无法抉择,只能宣布放弃修建高铁方案,改为修建中速铁路,之后又在中国承诺提供项目贷款无需印尼政府担保条件下与中国企业正式签署雅万高铁合作协议,由中国铁路总公司牵头组成的中国企业联合体与印尼企业以合资方式共同建设。另外,在泰国高铁、印度高铁、缅甸高铁等亚洲高铁招投标项目中,中日之间的竞争亦极为激烈;而在欧洲、美洲等高铁市场,中国高铁则要与日本、德国、法国等高铁企业展开激烈竞争。因此,有效项目有限和竞争激烈是目前高铁国际市场的重要特征,在竞争激烈的国际高铁市场中,中国高铁走出去面临中标难的现实困难。

三、高铁项目成功中标后的建设面临风险与挑战

高铁建设工程巨大,工期漫长,尤其在国外建设高铁,往往会因建设国特殊复杂的国情及国际环境,以及征地拆迁难、标准限制多等原因,高铁项目中标后长时间内难以开工,或开工后难以顺利完成建设,致使中国高铁建设工期短、效率高和性价比高等优势无法像国内一样充分发挥。到目前为止,高铁走出去开工及其后施工较为顺利的项目,比较典型的有蒙内铁路、亚吉铁路和中老铁路等,虽然也遇到一些问题,但基本能较快解决。有些项目难以正常开工,有些项目虽然已经开工,但由于各种原因施工进展不顺利,比较典型的有墨西哥墨克高铁中标三天后即被撤销,没有开工机会;美国西部快线合作推进

不到一年,即遭美方单方终止合作;委内瑞拉迪阿铁路,因资金长期不到位被搁置;马来西亚东海岸铁路中途被叫停;中缅皎漂至昆明铁路,因缅甸公民组织和铁路沿线居民强烈反对遭搁置;莫斯科至喀山高铁,因项目的经济性和适时性未被认可而遭搁置。

四、高铁项目建成交付后实现盈利面临挑战

盈利是高铁走出去的重要目标,但是,目标国的安全环境、经济发展水平、居民习俗、历史文化等都是影响高铁运营成败的重要因素,国内成功的运营经验很难完全在国外复制,高铁项目建成交付后,难以通过良好运营获得当地居民的高度认可并实现盈利。如蒙内铁路、亚吉铁路、中老铁路和雅万高铁等项目都需要结合目标国的特殊国情,创新性地探索国外高铁运营模式。承建高铁的模式主要有 BOT、EPC、PPP 等。

以雅万高铁为例,雅万高铁采用 BOT(建设—经营—转让)模式建设,该模式存在较大的资金风险,原因在于采用 BOT 模式的项目主要靠建成后盈利实现创收,而能否盈利又受到诸多因素的影响。一般来说,BOT 模式更适合政治稳定、经济发达的国家,但印尼国内局势并不稳定,民族矛盾尖锐,高铁项目想要盈利需要长时间的积累,对中国企业的融资能力有更高的要求。高铁开通初期需要培育客流,雅万高铁为当地民众提供了新型出行方式,从雅加达到万隆仅用时 40 多分钟,加上停车时间,全程需 1 小时左右,更加高效便捷,然而票价也达到了普通火车票价的 3—4 倍,许多印尼民众反映雅万高铁票价过高。综合考虑时间和票价成本,加上印尼人生活节奏偏慢,民众未必会选择高铁出行。此外,中外文化差异也导致民众选择不同。中国人追求办事效率,高铁就是这种追求的典型体现,而东南亚有些国家民众普遍追求精神安静祥和。他们习惯了闲适的生活节奏,时间观念较弱,这种追求降低了民众对高铁的渴望。一旦上座率不足,高铁将面临难以盈利乃至亏损的风险。东南亚部分国家还缺少必要的高铁配套设施,难以保障高铁运营。一是电力资源不足,

高铁靠电力驱动,充足的电力保障是高铁运营的生命线。在印尼国内,除中部苏拉威西岛,其余各岛均存在电力供不应求的情况,并且用电需求与实际可用电量之间的缺口有进一步扩大的趋势。[①] 二是配套公共交通和接待能力不足。以终点站万隆为例,其公共交通并不发达,印尼民众普遍愿意乘坐普速铁路而非高速铁路去万隆,原因是万隆高铁站难以乘坐公共交通到达乘客最终目的地。从目前看,不仅是万隆,高铁走出去项目中大部分东道国都存在高铁沿途各站尚不具备容纳大量客流能力的问题,其公共交通等各方面配套措施都有待加强。有商机才会吸引来投资,若高铁上座率始终不高,就可能陷入"无人乘坐高铁——配套设施发展不起来——更无人乘坐高铁"的恶性循环。因此,高铁项目建成交付后实现盈利存在诸多因素制约,此问题应该给予充分重视。

第三节 "一带一路"倡议下高铁走出去面临的风险

高铁走出去竞争激烈、环境复杂,交织着各种利益博弈,在不同目标国面临不同的具体风险,尤其在"一带一路"共建国家建设高铁,情况更为复杂。总体而言,共性的风险主要表现为政治风险、社会风险、安全风险和法律风险。

一、高铁走出去面临的政治风险

政治风险是指因投资者所在国与东道国发生战争、内乱或者政治环境发生变化、政权更迭、政局不稳定等给投资企业带来经济损失的可能性。对外直接投资中面临的政治风险,可以宽泛地理解为东道国政府政治或政策变动或不稳定性导致的本国投资利益变动的不确定性。目前,许多"一带一路"共建国家,既受到外部大国博弈、邻国政治风险传导等困扰,又深陷内部民族宗教冲突、

---

① 参见严小青:《印度尼西亚电力市场概况及投资前景分析》,《中外能源》2017年第6期。

权力交替频繁、社会治安恶化等多重问题,政治风险实质上已成为"一带一路"建设深入推进与中国企业走出去的最大风险。[①] 中国社科院世界经济与政治研究所发布的《2017年中国海外投资风险评级报告》给出了主要35个共建国家的投资风险评估结果,认为"一带一路"共建国家的投资风险较高,其中政治风险为最大潜在风险。[②] "一带一路"共建国家,经济发展程度不同,政治体制、宗教文化、历史风俗等状况千差万别,有些区域更是地缘政治冲突爆发的高频地带,也是全球主要政治力量角逐的焦点区域,因此难以保障境外投资资金安全。[③]

由于高铁项目所需资金庞大,在各国都是关乎国计民生的重大项目,所以高铁走出去既是商业经济问题,也是较为敏感的政治问题。社会稳定与否、党派之争、宗教势力博弈以及民众对高铁的认可度等都是高铁项目能否成功输出的关键因素。尤其是"一带一路"共建国家大多地缘政治特殊,宗教势力复杂,加之国际高铁竞争对手的搅局,面临的政治风险更大。如泰国"高铁换大米"项目失败、墨西哥高铁撤销中标、美国西部快线公司单方毁约以及马来西亚铁路项目被叫停等,其背后都暗含着政治风险因素。

具体而言,高铁走出去面临的政治风险主要包括以下几方面:其一,政局不稳带来的政治风险。我国高铁走出去顺利与否,与东道国国内政治环境是否稳定密切相关。如我国高铁走出去的重点区域东盟地区国际关系复杂,部分国家政局不稳,各国经济发展水平差异大,长期以来是大国博弈的重点地区之一,在此区域输出高铁面临较大的政治风险。如缅甸的政治转型和民地武装问题、泰国和孟加拉国的政局动荡等,都会对我国高铁走出去产生重大影响。[④] 其二,

---

① 唐礼智、刘玉:《"一带一路"中我国企业海外投资政治风险的邻国效应》,《经济管理》2017年第11期。

② 孙南申:《"一带一路"背景下对外投资风险规避的保障机制》,《东方法学》2018年第1期。

③ 王树文:《"一带一路"PPP模式中风险分析及风险规避路径选择》,《东岳论坛》2016年第5期。

④ 参见张先军:《"一带一路"倡议下中国高铁"走出去"的风险和挑战》,《华南理工大学学报》(社会科学版)2018年第20期。

政权更替带来的政治风险。国外高铁项目建设一般需要5—8年,有时要经历几届政府,其中的不确定因素将大幅增加。如泰国总统巴育废除了英拉政府与中国达成的"高铁换大米"协议,马新高铁项目因政权更迭而取消,马来西亚东海岸铁路因政权更替而暂停,削减三分之一价格后复工。其三,政治博弈带来的政治风险。在国外修建高铁与国内不同,很多国家党派之争严重,而高铁作为东道国重要的基础设施建设,容易成为党派之争、政治博弈的焦点。美国西部快线与墨西哥墨克高铁的挫折,实质上都是政治博弈的结果。因此,东道国政治博弈是高铁走出去面临的重要政治风险之一。其四,政治体制差异带来的政治风险。中国高铁要想真正在东道国落地生根,必须要重视和了解东道国的政治体制。尤其是"一带一路"共建国家的政治体制呈现多元化和复杂化,其中越南、老挝是人民代表制国家,印度尼西亚属于总统制国家,而泰国实行君主制。不同的政治制度导致各国内部的决策方式不同。基于利益分歧,一国内部不同的政治力量对来自中国的高铁合作项目态度可能大相径庭。如在雅万高铁的竞标阶段,当时力推日本新干线的印尼贸易部长在内阁改组时被撤换,而留任了青睐中方技术的企业部长,不可否认,这对中方最终获得雅万高铁的建设权起到了很大的助推作用。再如欧亚高铁计划是中国以"一带一路"为依托,实现区域经济协同发展的重要战略构思。项目有三条线路计划,涉及17个国家,项目提出后,受共建国家国情多元化、诸多政治因素的渗透等影响,计划推进缓慢。①

总体而言,东道国国内政治环境对高铁建设带来的影响不容小觑。高铁项目工期长,一旦遇到政治突变,不仅高铁建设人员的人身安全不能得到保障,而且对于高铁后期运营安全也是一项严峻挑战,需要对该地区政局不稳、政权更替、政治博弈以及政治体制差异等带来的政治风险制定应对策略,做到未雨绸缪。

---

① 参见常青:《"一带一路"背景下中国高铁"走出去"的对策探析——以欧亚高铁为例》,《现代商业》2020年第3期。

二、高铁走出去面临的社会风险

高铁走出去是个系统工程,涉及因素众多,不仅仅是高铁技术和高铁标准输出,而且在缺乏高铁运营管理经验的国家,高铁建设完工后还需长期参与运营管理。因此,中国高铁技术人员和管理人员能否融入当地社会,与当地人友好相处,直接关系到中国高铁能否获得当地政府和民众的信赖与支持,进而实现中国高铁能够真正走进去的目标。由于文化渊源深刻地影响着人们的思维方式、工作习惯和与人交往的方式,而各国间的历史文化、宗教信仰、生活习惯和其他人文环境等差异较大,尤其是"一带一路"共建国家情况更加复杂,高铁走出去面临较大的社会风险。

其一,宗教信仰冲突、民族矛盾导致的社会风险。"一带一路"共建国家处于东西方多个文明交会地区,有不少政教合一国家,基督教、伊斯兰教、佛教等的矛盾与冲突,不同民族与种族的矛盾与冲突,呈现易突发、多样性、复杂化、长期化的特点。以中亚地区为例,中亚地区生活着一百多个民族和部族,是世界上各种文化、思想、宗教相互冲撞最激烈的地区之一,存在地区势力、部族势力对中央权威的挑战。比如,吉尔吉斯斯坦南北矛盾比较突出,吉尔吉斯族与乌兹别克族长期关系不睦,近年来政治和社会骚乱时有发生,①在这些区域建设和运营高铁会面临一定的社会风险。

其二,文化理念冲突导致的社会风险。对中国而言,"发展就是硬道理"的理念早已深入人心,中国对高铁建设一直本着积极的心态。但是部分东道国并不能直观感受到高铁给本国带来的积极影响,有些国家对中国的了解甚至还停留在 20 世纪八九十年代。因此,文化理念冲突带来的影响使高铁建设难以推进。比如,中泰铁路将穿越湄南河下游重要的水稻种植区,需要占用当地农民赖以为生的耕地,铁路建设和后期运营还可能破坏泰国北部森林和中

---

① 参见蒋姮:《"一带一路"地缘政治风险的评估与管理》,《国际贸易》2015 年第 8 期。

部平原的生态环境,当地民众的不满情绪会阻碍项目推进。① 墨西哥高铁项目要经过 3 个集体农庄和印第安人村落,任何稍有不慎的征地问题都可能引起沿线农民骚乱,不仅会对工期、成本造成影响,甚至会造成高铁项目泡汤。② 另外,尽管我国高铁技术已经较为成熟,但起步比较晚,与日本、德国等高铁发达国家相比,我国高铁的国际知名度还不够,东道国民众对中国高铁技术还不够了解,有些人甚至持怀疑态度。比如在 2015 年第二届泰国和中国贸易合作论坛上,有泰国商界领袖表示,泰国民众对中国产品仍保留着粗制滥造、假冒伪劣的印象。而想要消除东道国民众的消极印象,就需要构建稳定的民间沟通渠道和机制,需要时间来逐步融化。这些都是文化理念冲突带来的风险。

其三,媒体舆论误导导致的社会风险。部分东道国国内的反对势力,或与中国有利益冲突的国外势力,借助东道国国内媒体歪曲事实,制造中国高铁走出去的负面新闻,引导舆论。随着中国的高速发展,某些西方学者奉"文明冲突论""强国必霸"等观点为圭臬,用简单粗暴的逻辑炮制各种名词抹黑中国,中国高铁走出去也在国际舆论中备受污名,认为成本过低、名不副实者有之,认为污染环境、安全性堪忧者有之。而且,高铁的招标与建设过程,主要是东道国政府与海外企业之间的沟通交流,甚少听取东道国民众的意见,这种不够公开透明的形式存在弊端,导致东道国民众对高铁项目不了解、冷漠,甚至对高铁项目产生误解,很容易受到舆论传播的误导,对中国高铁项目怀有忌惮甚至反感情绪。例如,雅万高铁采用中国标准,资金、技术、人才都从中国引进,一大批中国工人参与雅万高铁建设。与印尼劳工相比,中国工人存在用工成本低、工作效率较高的优势,这在一定程度上给印尼劳工的就业造成了冲击,一些印尼民众随即认为中国工人是导致印尼失业率上升的"罪魁祸首"。一

---

① 参见邹春萌:《"一带一路"背景下的中泰铁路合作:积极影响与潜在风险》,《深圳大学学报(人文社会科学版)》2018 年第 1 期。

② 参见张健:《"一带一路"发展及中国企业"走出去"过程中的属地化管理问题分析》,《中国管理信息化》2018 年第 21 期。

些媒体夸大其词,称在印尼的中国工人高达 1000 万人,而据中方统计,在印尼的中国工人总数在 2.1 万人左右,仅占印尼劳动力总数的 0.5%,实际上对印尼当地劳动力的影响微乎其微。① 虽然在"一带一路"倡议背景下,两国政府和民间的交流合作日益频繁,但是日益密切的交往并没有显著提升印尼民众对中国的好感度。据 2016 年底的民意调查显示,印尼民众对中国的负面评价从 28%增至 50%,而正面评价则从 52%减至 28%,这也是 2005 年以来印尼民众对中国的负面评价首次超过正面评价。② 中国高铁网络建设的巨大投入、高速运行的安全隐患、工程质量不佳、高票价与低上座率间的矛盾等话题,都是国外媒体对中国高铁在起步阶段的主要负面评论,这成为它们断定中国高铁不具走出去能力和前景的基础。我国政府通过安全排查、降速运营和提升服务质量等多维手段,已建立起了一个受信任、负责任的中国高铁形象,但一些境外媒体无视中国国情进行报道,造成国外民众对我国高铁技术的安全性质疑难在短期内根除,中国高铁走出去的媒体形象受到一定程度的贬损。③

三、高铁走出去面临的安全风险

安全稳定的环境是开展互利合作、实现共同发展繁荣的必要条件。安全风险是高铁走出去面临的重大风险,尤其在"一带一路"共建国家输出高铁,其安全风险更大。"一带一路"建设涵盖 65 个国家,44 亿人口,民族众多,教派林立,中东、中亚、东南亚等地区的国际恐怖主义、宗教极端主义和暴力犯罪活动猖獗,东道国经济发展不稳定、高铁建设投资成本高等因素都会带来安全风险,严重威胁着"一带一路"共建国家和地区高铁建设及安全运营。高铁走

---

① 参见《印尼反华谣言疯狂流传 称中国 1000 万劳工在印尼工作》,2020 年 8 月 13 日,见 https://3g.china.com/act/news/1000/20161226/30112284.html。

② 参见《刘梓绚:雅万高铁工程进展缓慢原因探析》,2020 年 8 月 13 日,见 https://house.focus.cn/zixun/d841248a1d61e4fb.html。

③ 参见王斌:《中国高铁"走出去"的形象建构阻力与传播优化分析》,《新闻知识》2017 年第 12 期。

出去的安全包括人员安全、财产安全和环境安全,这些都是高铁走出去的前提。在项目调研、投标、施工以及运营管理各个环节,高铁走出去需要派遣各类人员前往高铁建设国家,长期从事相关业务,同时,高铁项目建设会产生巨额固定资产。因此,高铁建设国家的安全稳定环境对高铁走出去的人员安全和财产安全都极为重要。

其一,恐怖袭击导致的安全风险。恐怖主义的反弹和极端主义的泛滥构成了"一带一路"建设面临的最典型的非传统安全威胁。20世纪90年代以来,恐怖主义不仅破坏着海外企业的正常运营环境,而且直接威胁到各国企业对外投资安全、海外企业的人员和机构安全。近年来,以中资企业、华人为袭击目标的恐怖事件逐渐上升,直接威胁着我国在中东的工程项目和人员安全,影响到我国对外直接投资企业投资权益保障。① 因此,作为长期建设运营、能够产生巨额资产的高铁走出去项目,在这些区域将面临因恐怖袭击导致的安全风险。

其二,社会动荡导致的安全风险。"从地理上看,中国的海上丝绸之路和陆上丝绸之路与民族宗教矛盾复杂、热点问题众多的'世界动荡之弧'有着较高的空间吻合性。"具体来说,"一带一路"经过的多数国家和地区历史上就存在由于种族和宗教关系而引起的矛盾和冲突,20世纪中期构建起民族国家后,又由于诸多原因,如民族主义、极端主义和恐怖主义的泛滥,发展的滞后和严重贫困,以及移植西方民主后的"水土不服"和新旧体制的冲突等,形成了十分复杂的矛盾和冲突的连锁,武装冲突频繁发生。如中亚、南亚和西亚的一些国家存在历史上的矛盾纠葛、发展滞后等问题,与恐怖势力、宗教极端势力等结合在一起而形成了矛盾和动荡;中亚、中东的一些国家由于新旧体制的冲突而引起的政局动荡和结构失衡;②叙利亚、伊拉克、利比亚、也门等国目前尚

---

① 参见阴医文等:《"一带一路"背景下我国对中东直接投资:战略意义、政治风险与对策》,《国际贸易》2017年第4期。

② 参见刘中民:《在中东推进"一带一路"建设的政治和安全风险及应对》,《国际观察》2018年第2期。

处于内部冲突(教派冲突、族群冲突、部族冲突、政府与反政府力量对抗等)、外部干预、极端恐怖势力猖獗等多种危机之中,其政治、经济与社会重建遭遇严重挫折,安全环境十分险恶。[①] 因此,在"一带一路"共建国家和地区或邻近这些地区建设高铁时,可能会与这些地区的矛盾牵涉,甚至导致这些地区的矛盾激化,从而影响到高铁建设的安全进行。

其三,员工不规范行为导致的安全风险。高铁走出去项目建设、运营持续时间较长,中国输出的员工需要在国外工作较长时间,这些员工中大部分人并没有在当地学习和生活的经历,对当地风土人情、法律法规可能不够了解,也不适应,有时难免会产生消极情绪。如果没有得到及时缓解、消除,日积月累,可能会在具体行为中爆发出来,情况严重的可能会触犯当地治安管理法律法规甚至刑法。更有甚者,有些跟随企业走出去的员工不注重自身行为约束,不尊重当地习俗、文化尤其是当地禁忌,将自己置身于危险境地,遭遇当地群众强烈反对,甚至引发群体性冲突,危及人身安全与企业项目安全。因此,在高铁走出去项目建设、运营过程中,面临着员工不规范行为导致的安全风险,应该引起高度重视,提前防范。

四、高铁走出去面临的法律风险

有学者指出,中国企业走出去所面临的最大风险就是不熟悉当地的法律环境。[②] 高铁走出去的目标国多为不同文化、不同民族和不同语言的国家,各国法律法规差异较大。由于语言、文化等障碍,使得我们对目标国法律法规和司法习惯不够熟悉和精通,并且高铁走出去涉及的法律法规领域极具特殊性,缺乏专门法律人才,加之高铁技术输出管理经验相对不足,以及对国际高铁市

---

① 参见周平:《"一带一路"面临的地缘政治风险及其管控》,《探索与争鸣》2016 年第 1 期。

② 参见《中铁墨西哥项目被再次搁置,中企海外发展风险与挑战并存》,海外网:http://finance.haiwainet.cn/n/2015/0205/c352345-28388575.html,2015 年 8 月 10 日访问。

场运行规则不熟悉不精通和中国高铁标准还未得到世界性认可等原因,在中国高铁走出去的过程中,面临知识产权侵权风险,雇佣当地劳工的劳动风险,破坏生态环境的环境风险,税务引发的税务风险,以及汇率、招投标等带来的法律风险。这些风险如果得不到及时救济和化解,将会直接影响高铁项目中标,或中标后的顺利施工及运营。尤其在"一带一路"共建国家,其政策、法律体系与中国不尽相同,有些国家与中国可能属于不同法系,易产生法律信息不对称的风险。中国高铁走出去将面对项目所在国关于反垄断调查、企业业绩及从业人员资质、环保、财务税收、市场准入、劳动合同、知识产权等方面的严苛要求,还要面对社会政局不稳可能导致汇率、利率、税率剧烈波动等风险,但最为突出的是知识产权风险、劳动风险、环境保护风险以及税务风险。

其一,知识产权风险。中国高铁以其基础性、经济性、社会性、引领性等属性,已成为"一带一路"与"交通强国"战略的重要战略性技术支撑以及区域国家交通基础设施互联互通的首要选择和优先领域。[①] 有学者认为,知识产权问题是"一带一路"倡议下推动中国高铁走出去的关键制约因素,其知识产权风险所具有的多样性、复杂性与动态性,已经并将继续成为中国高铁技术出口与产业转移的核心议题之一。[②] 高铁走出去的知识产权风险体系由哪些因素组成,这些因素之间有怎样的关系,是两个迫切需要加以回应的学术与实践问题。伴随着高铁走出去活动的延伸及技术流动与项目运行实践,围绕高铁产业的知识产权风险已逐渐加剧,知识产权风险与国际制度协同、侵权与司法救济、技术性贸易壁垒、企业竞争力都存在密切的内涵交集和内生关系。[③] 因此,亟待对高铁走出去知识产权保护遇到的问题、风险、产生原因及应对策略等进行深入研究。

---

① 参见陈家宏、刘鑫:《影响中国高铁"走出去"的知识产权风险因素分析》,《中国软科学》2019年第8期。

② 参见路铁军:《高铁"走出去"的问题与路径分析》,《科技进步与对策》2016年第33期。

③ 参见吴汉东:《知识产权的制度风险与法律控制》,《法学研究》2012年第4期。

其二,劳动风险。高铁建设项目在创造大量就业岗位的同时,基于当地法律、法规、政策的限制性规定,或是基于成本、便捷等各种因素考虑,高铁建设、运营企业将会雇佣大量当地员工。而对于高铁走出去沿线大部分国家而言,受限于当地经济发展水平、思想观念、社会习俗等因素,当地劳工的文化水平、劳动技能和敬业精神等都难以与国内工人相提并论。因此,大量雇佣当地员工存在较大的劳动风险,具体表现为劳动效率低带来的工期延误、成本增加和质量无法保证等风险,以及因工资支付方式、社会习俗、文化理念和宗教信仰等冲突带来的罢工、员工之间矛盾冲突以及驱逐出市场等风险。另外,高铁走出去过程中,无论目标国如何限制,都将会有大批无可替代的技术人员、管理人员、翻译辅助人员等跟随项目进入目标国,参与高铁项目建设和运营。这些人员的行为、安全都是劳动风险的主要来源。因此,需要深入研究高铁走出去遇到的劳动保护问题、风险、风险产生原因以及应对策略,为高铁走出去提供劳动保护的实践指导和理论支撑。

其三,环境保护风险。有学者指出,环境保护法律风险严重阻碍了我国企业海外投资项目的顺利推行,也给我国企业和政府的国际形象带来不良影响。[1] 高铁走出去企业要遵守的环境法律包括各国签订的国际公约和东道国法律,而且二者不是选择适用,是同时适用。目前国际上关于环境保护的公约众多,在高质量共建"一带一路"实施过程中,高铁走出去企业需要充分了解和熟悉环境保护公约,避免违反环境保护公约带来的风险。另外,随着环境问题日益严重,一些国家的环境保护法律往往比公约的内容更为严格,惩罚措施更为严厉,在项目投资前如果没有充分了解项目所在国环境保护法律法规,走出去企业容易损失惨重。另外,项目利益相关者也会成为环境评价的重要考量因素,在高铁走出去过程中,虽然项目已经经过国家环境保护部门审批,也符合相应的国家、地区法律法规,但项目利益相关者的影响应受到足够重视,

---

① 李猛:《"一带一路"中我国企业海外投资风险的法律防范及争端解决》,《中国流通经济》2018 第 8 期。

在特殊情况下,还需要开展"项目环境意见公众咨询会"。因此,在高铁走出去过程中,环境保护风险始终伴随,需要对高铁走出去遇到的环境保护问题、风险及产生原因进行深入研究,并有针对性地提出环境保护风险防范对策。

其四,税务风险。高铁走出去需要面对东道国不同的税种、不同的纳税环境,同时还需要了解国内税收政策。在具体走出去过程中面临较多税收风险,如对各国税收政策不熟悉不了解导致的税务风险;既需要在东道国缴纳税金又需要在国内缴纳税金导致的双重征税风险;因国籍、种族等因素导致税收差别待遇、税收歧视的风险;因贸易纠纷或是两国经贸关系恶化导致的加征关税风险;因各国逐渐完善本国反避税体系且运用信息化手段监管纳税导致的难以合理避税风险;等等。这些税务风险都会制约中国高铁成功走出去,都会给高铁走出去造成不同程度的伤害,甚至导致项目失败。因此,需要深入研究高铁走出去会遇到的税务问题、面临的税务风险以及风险产生的复杂原因,并有针对性地提出风险防范对策,为高铁走出去提供税务保障。

综上所述,"一带一路"倡议下高铁走出去面临政治风险、社会风险、安全风险和法律风险,以法律保障的视角分析,主要体现在知识产权保护、劳动保护、环境保护以及税务征收四个方面。因此,本书将对"一带一路"倡议下高铁走出去面临的知识产权、劳动保护、环境保护、税务征收的问题、风险、成因以及应对策略进行深入分析,为高铁走出去探索法律保障途径。

第二章 "一带一路"倡议下高铁走出去知识产权问题、风险及应对策略[①]

科学技术的进步总离不开社会制度的创新,[②]理想的知识产权制度是持续激励创新的制度,也是自身不断创新的制度。[③] 创新是中国高铁技术的灵魂,中国高铁之所以能在较短时间之内赶上和超越竞争对手,达到世界领先地位,靠的就是中国高铁人的不断创新。但是如何将这种创新精神持续,如何让中国高铁在国际竞争市场中长期立于不败之地,就需要建立科学合理的高铁走出去知识产权保护制度,将创新成果稳固,并形成新的生产力。因此,通过梳理分析企业走出去的知识产权典型案例,探寻企业走出去知识产权保护的共性问题,并针对高铁的特殊性,详细分析高铁走出去知识产权面临的风险及风险产生的原因,进而有针对性地提出风险防范法律对策,对完善高铁走出去知识产权保护的法律法规以及政策制定具有重要的理论价值和实践意义。

第一节 "一带一路"倡议下企业走出去知识产权保护典型案例梳理分析

案例分析是发现问题的最佳途径,本部分旨在通过对企业走出去知识产

[①] 该章的部分内容曾发表,参见亢道远、张兰芳:《高铁走出去知识产权风险防范》,《河北法学》2017 年第 9 期。

[②] 高戚昕峤:《专利蟑螂:法理危机与遏制之道》,《河北法学》2016 年第 10 期。

[③] 吴汉东:《知识产权法的制度创新本质与知识创新目标》,《法学研究》2014 年第 3 期。

权保护典型案例进行梳理分析,探寻企业走出去知识产权保护遇到的共性问题,借助对共性问题的分析,寻找高铁走出去面临的知识产权风险及危害。

表 2.1 企业走出去知识产权保护典型案例梳理分析简况

序号	事件名称	事件经过	遇到的知识产权保护问题
1	重庆润通科技有限公司商标被抢注案	2011 年,润通公司停止与马来西亚产品进口商 M 公司的合作后,被该公司在马来西亚抢注了润通公司的核心商标"RATO",并要求润通公司支付转让费以获得其独家经营销售权。由于"RATO"商标是润通公司的核心商标且与该公司的英文名一致,在马来西亚已积攒了一定知名度,加之该商标被抢注后用于销售非润通公司的产品,已经影响到润通企业的商业信誉。基于此,润通公司积极应诉,并于 2014 年 10 月获得马来西亚高等法院胜诉判决。M 公司上诉后双方达成和解。①	商标权事前保护意识薄弱,被抢注。
2	中国宝钢 VS 美国 ITC 案	2016 年 5 月 26 日,美国 ITC 宣布对中国输美碳钢与合金钢产品发起"337 调查",调查共涉及宝钢、首钢、武钢等中国钢铁企业及其美国分公司共计 40 家企业。根据该调查程序,美方一旦裁定企业有违规行为,相关产品或被永久禁止进入美国市场。2017 年 2 月 15 日,在宝钢及其律师的不断努力下,美方被迫提出要求撤回商业秘密诉点的指控。2 月 22 日,美国 ITC 行政法官裁定终止商业秘密诉点的调查。②	遭美国"337调查",商业秘密保护艰难。
3	华为诉美国政府案	2019 年 3 月,华为向美国联邦法院提起诉讼,指控美国《2019 年国防授权法案》第 889 条违反美国宪法,请求法院判定该条款违宪,并永久禁止该限制条款的实施。③ 据了解,美国这一条款有违宪嫌疑,是为了阻碍新型科技公司进入美国市场。华为的 5G 通信技术在美国的推广受到严重阻碍。	贸易保护主义盛行导致知识产权风险。

---

① 详情参见《这家企业的俩知识产权案例发人深省 渝企走出去应多了解国际规则》,2020 年 7 月 4 日,见 http://cq.cqnews.net/html/2016-11/22/content_39576511.htm。

② 详情参见《成功应对美 337"窃取"商业秘密指控,律师披露中国钢企胜诉过程》,2020 年 7 月 4 日,见 http://www.xinhuanet.com/legal/2017-04/27/c_129577788.htm。

③ 参见《华为起诉美国政府:销售限制条款违反其宪法》,2020 年 7 月 4 日,见 https://baijiahao.baidu.com/s? id=1627364113768927658&wfr=spider&for=pc。

续表

序号	事件名称	事件经过	遇到的知识产权保护问题
4	波士顿科学公司起诉南微医学德国子公司 MTE 专利侵权案	2020 年 1 月,德国杜塞尔多夫地方法院判决南微医学对波士顿科学公司的专利侵权成立,赔偿金额最高可达 2682.96 万元,之后南微医学提起上诉,但对专利案可能产生的赔偿金额并未计提预计负债。另外,波士顿科学公司还以南微医学止血夹产品侵犯专利权为由,向美国特拉华州地区法院提起专利诉讼。此前,南微医学还因侵犯他人商标权、医疗损害责任纠纷被起诉。①	知识产权保护意识薄弱,侵权事件频发。
5	美国对华发起"337 调查"	经过三次修改后的"337 调查"申请门槛被大大降低,越来越多的美国企业开始利用 337 条款对进口产品提起侵权调查,以此达到遏制竞争对手进入市场的目的。2019 年,美国对我国企业已发起 14 次"337 调查",此前调查分别针对的是口袋打火机,皮卡车折叠盖板,牛磺酸产品,半导体器件、集成电路,光伏电池片,儿童背袋,塑胶地板,女性时尚服装,食品加工设备,LED 产品、系统及组件,触控移动设备,餐饮加工设备,控鱼钳及其包装产品等。②	贸易保护主义和恶性竞争等导致的被调查风险。
6	中欧贸易遭遇展会禁令	我国企业在欧盟的国际会展上屡遭重创,从汉诺威 CeBIT(国际信息通信暨软件技术博览会)到柏林 IFA(国际电子消费品展),都出现了参展产品因涉嫌侵犯知识产权而被查抄或者当即撤展,甚至是扣押参展人员的事件。此外,2006 年开始,欧盟就已依据与欧盟贸易额的大小以及欧盟海关每年查处的盗版和假冒产品出自该国比重的大小,列出世界上知识产权违规问题最严重的国家名单,其中包括中国,因此将面临着比其他国家更为严厉的知识产权保护措施。③	走出去企业知识产权保护意识淡薄,以及外国政府、地区贸易保护主义盛行,设置知识产权贸易壁垒导致知识产权风险。

① 参见《南微医学靓丽年报背后:诉讼缠身,专利纠纷赔偿风险或在眼前》,2020 年 7 月 4 日,见 http://finance.ifeng.com/c/7vtvputktYf。

② 参见《美国发起"337 调查":涉及 TCL、海信、联想公司回应》,2020 年 7 月 5 日,见 https://finance.sina.com.cn/stock/t/2019-09-28/doc-iicezzrq8916667.shtml。

③ 参见徐慧、周婕:《中国企业"走出去"遇到的知识产权问题及其原因探析》,《中国发明与专利》2015 年第 6 期。

续表

序号	事件名称	事件经过	遇到的知识产权保护问题
7	三一重工成功收购普茨迈斯特公司	普茨迈斯特公司在混凝土泵车制造领域的市场占有率长期居于世界首位,拥有世界最先进的技术和销售体系。三一集团于2012年1月31日联合中信产业基金投资顾问公司共同出资3.6亿欧元成功收购普茨迈斯特公司全部股权。① 此次收购的成功经验就在于三一集团事前打好知识产权基础,准备多元手段应对收购可能出现的风险。	运用知识产权奠定基础,采取多元手段保护利益。
8	龙头企业海外专利布局被提出异议	南京一企业申请的"限制线路电流或使电流分断的装置及其控制方法"在中国及海外多个国家和地区进行了专利申请和布局,并于2018年1月31完成在欧盟11个具体国家的指定生效。但2018年6月25日,瑞士某集团下属公司却针对此专利向欧洲专利局(EPO)提出了专利异议请求,企图阻止该专利的授权。同年12月,EPO判定该企业涉案专利全部专利权维持有效。②	竞争对手的恶意竞争,导致知识产权风险。
9	商标仿冒现象严重	杭州翰都实业有限公司自主研发的"uyustools"锯片在国际市场销路不错,但山寨仿版也困扰着该公司。但是翰都公司没有保护知识产权的意识,同时也不清楚保护知识产权的途径,因此损失严重。为了保护商标,该地海关总署主动进行备案,依法查处假冒伪劣产品。③	缺乏知识产权保护意识,不了解维权手段,导致知识产权利益受损。
10	莱伏顿公司诉通领科技公司专利侵权案	2004年通领集团公司生产的漏电保护断路器在美国市场掀起热销并占据了美国10%左右的市场份额,后遭竞争对手莱伏顿公司的强烈抵制。自2004年开始,该公司以侵犯知识产权为由在美国地方法院起诉通领公司的经销商,企图阻碍通领公司在美国市场的发展。通领公司为了保住市场积极应诉,最终获得了在6年内胜诉5次的辉煌成果。④	竞争对手以侵犯知识产权为由恶意诉讼,阻止进入相关市场发展。

---

① 参见刘佳芳:《知识产权提速"企业国际化"——三一"龙吞象"背后的思考》,《发明与创新》2012年第3期。

② 参见《南京一企业IPO前遭专利诉讼,知识产权部门助其顺利上市》,2020年7月5日,见 https://new.qq.com/omn/20191227/20191227A0FX1H00.html? pgv_ref=aio2015。

③ 参见《中国海关自主知识产权保护企业"走出去"》,2020年7月5日,见 http://www.xinhuanet.com//2017-04-26/c_1120877711.htm。

④ 参见范炜:《"走出去"企业海外维权问题——对浙江通领科技集团知识产权海外维权的深度调查》,《浙江经济》2011年第10期。

续表

序号	事件名称	事件经过	遇到的知识产权保护问题
11	"王致和"在德打赢商标侵权案	2006年,中华老字号北京王致和食品集团到德国申请商标注册时,发现商标已被德国欧凯食品进出口公司于2005年抢注。2007年1月,在双方协商未果后,王致和状告欧凯侵权,追讨其商标权。2007年11月4日,慕尼黑地方法院一审判决王致和食品集团胜诉,并判决欧凯公司停止使用该商标,以及判令欧凯公司到专利和商标局撤销此前的商标注册。①	注册商标不及时导致被竞争对手抢注。
12	江苏申锡公司在美诉讼	2008年3月,申锡公司展品在美国拉斯维加斯工程机械展会亮相,却被世界高空作业机械龙头企业Tractel公司起诉,状告申锡公司制造的吊篮核心部件提升机"外观侵权"和"不公平竞争"。2010年8月17日,美国内华达州地方法院判决申锡公司胜诉后,原告不服判决,再次向美国加利福尼亚州上诉法院提起上诉。一年半以后,这起耗时近4年、前后2次开庭总共耗费230多万美元的国际诉讼,以江苏申锡公司的完胜告终。该案不仅打破了美国行业巨头设置的贸易壁垒,维护了公平竞争,更捍卫了中国民营企业的尊严。②	行业巨头设置知识产权贸易壁垒,维权艰难。
13	思科诉华为案	2003年1月23日,美国思科公司起诉华为及其在美国的分公司,认为华为侵犯了其知识产权(思科公司认为华为抄袭了其网络操作系统的源代码、技术文档、命令行接口,侵犯了该公司在路由协议方面至少5项专利)。华为为了避免争端选择了和解,化解了矛盾,但并不能说明华为确实存在抄袭问题。	竞争对手利用知识产权诉讼制约中国企业走出去。

① 参见《中华老字号企业海外维权第一案"王致和"在德打赢商标侵权案》,《中国经贸》2009年第5期。

② 参见徐科威:《是知识产权之争更是贸易保护攻防战——江苏申锡公司在美诉讼二审再胜的启示》,《市场周刊(理论研究)》2012年第4期。

续表

序号	事件名称	事件经过	遇到的知识产权保护问题
14	八方电气被诉侵权案	2014 年 8 月,八方电气在德国参加欧洲自行车展会期间,收到德国杜塞尔多夫地方法院的诉状:新时代技研株式会社和新时代工程有限公司控告八方电气侵犯其欧洲发明专利 EP2143628B1 的专利权,不但要求八方电气停止生产和销售专利侵权产品,还初步确定赔偿金额 50 万欧元。① 八方电气主动采取反制措施,针对该项欧洲专利提起异议。历经 3 年时间取得诉讼胜利,确保了在行业内的发展地位。	拥有完全自主知识产权并积极应诉,维护自身利益。
15	澄海区百余家玩具企业商标被批量抢注	澄海区的玩具出口涉及欧美、中东、东盟的 140 多个国家和地区。2017 年,一名外籍商人将澄海区 120 多家玩具企业的字号及品牌名称以个人名义在智利工业产权局(INAPI)申请商标注册,主要涉及第 28 类玩具相关产品。该抢注行为一旦成功将阻碍澄海区相关企业的产品进入智利及南美周边市场,损失不可估量。在中国商标主管部门的支持下,澄海玩具协会联合企业赴智利展开维权。目前绝大部分商标已经收回。②	商标遭遇抢注,得到政府主管部门帮助,成功维权。
16	广州漫谱休闲用品公司商标被恶意抢注	广州漫谱是国内知名婴童用品厂商,所生产的婴儿游泳池、充气玩具、婴儿爬行垫及其他孕婴用品和电热水袋在国内市场独占鳌头。2011 年,该公司耗费巨资研发了全球首款宽度达 1.8 米的有声爬行垫,产品一经推出便引发广泛关注,在各大城市引发抢购热潮,美国、德国、韩国、日本等十余个国家的商家也纷至沓来,寻求代理合作。2012 年该公司决定将产品出口时,发现其中英文商标"漫谱"与"Mambary"在日本被曾经谋求合作的日本公司抢注。漫谱公司多次寻求协商却遭拒绝,最终只能向媒体披露却无法解决问题。	竞争对手为抢占市场而采取恶意竞争手段。

---

① 参见《看江苏企业如何应对涉外知识产权纠纷》,2020 年 7 月 7 日,见 https://finance.sina.com.cn/roll/2019-04-12/doc-ihvhiqax2057708.shtml。

② 参见《品牌出海防抢注 商标护航助远行》,2020 年 7 月 7 日,见 http://ip.people.com.cn/n1/2018/1016/c179663-30344165.html。

序号	事件名称	事件经过	遇到的知识产权保护问题
17	马可波罗瓷砖打赢商标海外维权战	2018 年 5 月,广东马可波罗陶瓷有限公司向赞比亚官方正式申请注册商标,被告知对方已提交商标注册申请,立即委托专业的知识产权代理机构向赞比亚官方提交异议答辩意见,同时申请撤销对方商标注册申请。经过多番努力交涉,赞比亚商标局于 2018 年 6 月裁决广东马可波罗陶瓷有限公司异议理由成立,宣布驳回赞比亚 WonDERFUL GROUP 商标申请,并发布广东马可波罗陶瓷有限公司商标授权公告。同年 11 月,广东马可波罗陶瓷有限公司收到赞比亚官方下发的"Marcopolo 及图形"商标证书,历时 23 个月的商标海外维权行动得以圆满落幕。	为维护中国陶瓷砖声誉积极应诉、打击抢注,最终获得胜利并且提升了国际影响力。
18	中药专利被抢注	继青蒿素被外国申请专利后,美国申请了我国的人参蜂王浆的专利;韩国获得了我国同仁堂的秘制配方,在世界 19 个国家申请了牛黄清心丸的专利,其每年的销售额达到了 7000 万美元;日本已经拿到了中国以芍药为首的四大专利授权且已经获得了《伤寒杂病论》《金匮要略方》中的 210 个中药配方专利。不仅如此,已经登记在册的中药专利被国外抢先注册的多达 1000 多项。	不注重自身传统知识产权的保护而导致专利流失。
19	制造侵权舆论争夺建设工程案	2011 年英国准备建设伦敦至苏格兰高铁,中国高铁经过激烈竞争之后击败了德国、法国等对手,英国宣布将采用中国高铁技术。但之后不久,日本高铁企业制造中国高铁侵权的谣言,指责中国高铁技术侵犯知识产权,利用"窃取"的技术出口,随后英国宣布放弃使用中国高铁技术,进而将连接伦敦和中部主要城市总价 45 亿英镑的高铁订单交给日本日立制作领衔的企业联合体。①	编造虚假侵权言论,恶意攻击竞争对手。

通过对企业走出去知识产权保护典型案例梳理分析,可以发现,企业走出去面临着复杂的国际环境,面临严峻的知识产权保护形势。实践中知识产权被任意侵犯、遭遇知识产权贸易壁垒、利用知识产权恶意竞争现象严重,同时知识产权维权救济困难现象也频频发生。近年来,伴随着高质量共建"一带

---

① 周扬:《中国高铁引进专利始末》,《中国发明与专利》2011 年第 8 期。

一路"深入推进,将会有越来越多的企业迈上走出去的道路,因此,认真分析"一带一路"倡议下企业走出去遇到的知识产权保护共性问题,总结海外知识产权保护的经验教训具有重要的现实意义。

第二节　"一带一路"倡议下企业走出去知识产权保护的共性问题

企业走出去在高质量共建"一带一路"背景下获得了更广阔的海外投资发展空间和难得的发展机遇,但也面临着前所未有的挑战,尤其在知识产权保护领域内的挑战更为明显。在经济全球化背景之下,企业能否抓住难得的发展机遇,从容面对海外投资法律风险,切实维护好自身利益,关键就在于能否实施有效的知识产权保护战略。纵观我国企业海外投资就能发现,知识产权纠纷是企业发展最大的障碍之一。[①] 企业走出去在知识产权保护方面存在以下共性问题。

一、知识产权被任意侵犯

（一）遭遇商标被抢注现象严重

盘点我国驰名商标在海外被抢注现象可以发现,"大宝"在美国、英国、荷兰、比利时、卢森堡被一名荷兰人注册;"红星"二锅头酒在欧盟、瑞典、爱尔兰、新西兰、英国等国家被一家英国公司抢注;"天坛"牌蚊香在马来西亚被抢注;上海冠生园食品总厂的"大白兔"商标在日本、菲律宾、印度尼西亚、美国和英国都曾被抢注;"龙井茶""碧螺春""大红袍""信阳毛尖"等多个茶叶的名称在韩国被一茶商注册为商标;[②]"红塔山""云烟"等香烟商标被菲律宾

---

　　① 　唐新华、邱房贵:《"一带一路"背景下海外投资的知识产权保护战略思考——以中国企业投资东盟为例》,《改革与战略》2016 年第 12 期。

　　② 　详情参见《盘点那些在国外遭遇抢注的中国商标》,2020 年 8 月 3 日,见 https://www.so-hu.com/a/127033880_361113。

商人抢注;等等。这些商标在国内已经积累了深厚底蕴,当商标在国外被抢注时,或需花高价购买,或需艰难维权,均给知识产权被侵害方造成了严重损失。

"一带一路"共建各国近年来经济发展较快,但总体上科技创新水平不高、知识产权整体拥有量相对较少、知识产权保护水平相对较低、知识产权法律制度不够完善,知识产权管理和执法状况相对较差,①中国企业投资这些国家面临非常复杂的知识产权环境。2020 年,中华商标协会海外维权委员会对 313 家中华商标协会会员企业在全球 184 个国家或地区进行了商标国际监测预警,发现有 58 家知名企业的商标有被抢注记录,年度被抢注比例高达 18.5%;有 34 家在"一带一路"共建国家有被抢注的记录,占 58.6%,与 2018 年同期的 33 家基本持平,其中,红塔烟草(集团)有限责任公司、维沃移动通信有限公司、湖南中烟工业有限责任公司等 7 家企业在 2 个及以上"一带一路"共建国家有被抢注的现象,其他 27 家企业在 1 个"一带一路"共建国家有被抢注的现象,2018 年同期,在相应数量区间的企业分别有 6 家和 27 家。②因此,商标被抢注依然是目前企业走出去遇到的重要知识产权保护问题,应该引起高度重视并提前防范。

(二)遭遇专利侵权或被侵权现象严重

专利是企业技术实力的象征,代表着企业的核心技术。专利侵权意味着企业无法继续使用该专利进行生产、销售从而实现盈利,严重情况下,企业的产品将会被扣押或者没收,而且一旦被判决侵权,将面临巨额赔偿。在走出去的具体过程中,不少企业因专利侵权纠纷导致客户信任度和采购意向降低而丧失市场份额,或陷入诉讼拉锯战而影响市场拓展,更有甚者因被判侵权而被

---

① 唐新华、邱房贵:《"一带一路"背景下海外投资的知识产权保护战略思考——以中国企业投资东盟为例》,《改革与战略》2016 年第 12 期。

② 马军:《中华商标协会海外维权委员会连续三年发布会员国际商标监测预警报告》,《中华商标》2020 年第 4 期。

迫退出市场。例如,海尔集团在 IFA(德国国际电子消费展会)被德国海关没收电视机等展品,造成展费及展品的经济损失。① 在地板锁扣专利 337 调查案中,美国国际贸易委员会(United States International Trade Commission,以下简称"USITC")下令禁止我国企业复合木地板(深圳燕加隆公司"一拍即合"锁扣地板除外)进入美国市场和在美国销售,沉重打击了我国地板企业在美国的发展。② 在无线星球公司(Unwired Planet International)起诉华为专利侵权一案中,英格兰—威尔士高等法院判决华为手机禁止在英国市场上销售并需支付 290 万英镑赔偿。③ Sisvel 公司诉海尔侵犯专利案中,德国杜塞尔多夫地区法院一审判决海尔停止销售涉案产品,提交账目并赔偿经济损失。④ 在中兴与麦克赛尔公司(Maxell)专利纠纷案中,美国地方法院裁决中兴赔偿 4300 万美元。⑤ 以上案例表明我国企业在走出去过程中面临严峻的专利保护问题,更有相关数据显示,2012 年我国的专利收益约 10.44 亿美元,而我们支付给国外的相关费用则是 177.49 亿美元,而美国、日本、英国在此项上都是顺差,尤其是美国,2012 年的专利许可费收入是 1241.82 亿美元,而其专利支出的费用仅为 38.90 亿美元。⑥ 可见,在企业走出去过程中,专利侵权现象严重,如果不重视专利保护或提前布局,将会给企业带来难以估量的损失。

"一带一路"共建国家知识产权环境复杂,在专利权层面也存在着侵犯我国企业专利权的现象。2016 年 6 月 27 日,华为公司以专利侵权为由,将三星

---

① 《中国企业在德国电子展遭查抄》,2020 年 8 月 3 日,见 http://news.sina.com.cn/c/2008-09-04/021814398686s.shtml。

② 参见王敏、安文:《从地板锁扣专利案谈对华 337 调查涉案企业积极应诉策略》,《经济师》2006 年第 11 期。

③ 《专利侵权,华为手机在英国惨遭禁售》,2020 年 8 月 3 日,见 https://www.sohu.com/a/149026422_453997。

④ 《长虹公司 7 年跨国专利诉讼终获胜利》,2020 年 8 月 3 日,见 http://www.cipnews.com.cn/cipnews/news_content.aspx? newsId=108262。

⑤ 详情请参见柳春:《浅析我国企业预防海外专利纠纷的策略》,《安徽科技》2020 年第 1 期。

⑥ 参见马晓慧:《"中国企业走出去"的专利问题》,《中国发明与专利》2014 年第 10 期。

公司等五被告共同诉至福建省泉州市中级人民法院,请求法院判令五被告停止侵权,并要求被告承担8000万元经济损失赔偿以及其他合理费用50万元。随后三星不服,发起了专利无效请求,专利复审委员会最终驳回了三星的请求,作出了专利有效的裁定。不仅如此,二者的诉讼还延伸至美国法院,最终以和解收尾。华为的维权胜利得力于领先的技术水平,而在华为之前不少企业在面对专利被侵权时并未积极维权,导致我国企业在海外市场上话语权不足。专利越来越成为国际竞争的核心要素,切实保护专利权不受侵犯是企业走出去的首要准则。

(三)版权问题面临挑战

自加入世贸组织以来,我国涉外版权纠纷涉及的范围不断扩大,从早期对计算机软件版权的诉讼扩大到图书、音像制品、影视作品、网络游戏以及网络信息传播权的纠纷,其中涉外数字版权的纠纷迅速增长,影响较大,[1]尤其是随着高质量共建"一带一路"的深度推进,涉外版权问题更加严重,"一带一路"涉及64个国家,跨越了中亚、西亚、南亚、东南亚、非洲及中东欧六大区域,辐射人口占全球人口总量的63%,共计44亿人口,[2]而且,共建国家很多都是多语种、多宗教的聚集地,各个国家的法律法规各不相同,加入版权国际公约也存在程度差异,致使版权问题变得更加复杂,[3]企业走出去存在着诸多版权方面的风险。如中国社交媒体应用程序"抖音"海外版"TikTok"是一款允许用户分享以歌曲为特色的短片应用程序,近年来在全球范围内迅速普及,2019年TikTok与三家欧洲音乐许可机构发生版权纠纷,并提交给英国版权法庭。在网络迅速发展的时代,如何切实保障版权不受侵犯以及不侵犯他人合

---

① 参见刘燕:《我国涉外版权冲突对知识产权文化建设的启示》,《兰州学刊》2011年第9期。

② 参见肖姝、张新娟:《浅谈"丝路书香工程"背景下的科技图书策划》,《出版参考》2018年第3期。

③ 许飚:《"一带一路"背景下艺术类图书如何"走出去"》,《新闻研究导刊》2019年第24期。

法版权,已然成为企业走出去过程中不可回避的问题。

由于"一带一路"共建国家大部分是发展中国家,版权保护意识差别较大,版权执法水平不一,因此发生版权被侵权的现象时有发生。例如,东南亚某一国家的著名培训机构使用的教材是复印北京语言大学出版的汉语教材。同时,随着数字产品走出去数量的增多,我国出版的数字产品在境外被侵权现象较为严重。如一些音像产品、电子书被复制或破解,境外有些公司未经我国出版企业授权就扫描制作电子图书进行销售,等等。① 图书版权贸易是新世纪知识经济的先导产业,是出版业未来发展的主流方向,更是当前中国文化走出去的主要方式。但在2013—2017年的中日图书版权贸易五年间,版权贸易的引进数量始终保持在输出数量的五六倍,虽然图书版权贸易输出引进失衡是一定阶段的正常现象,但大量的版权引进对国内社会化阅读尤其是我国本土出版业的发展都将会带来负面影响。② 这就意味着企业在加强自身版权保护的同时,必须重视在版权贸易中加快创新步伐以提升话语权。在海外也要高举保护知识产权的大旗,维护优秀文化产品的知识产权,必须把版权资源创造、版权运营、版权管理和版权保护放在重要位置。

(四)遭遇商业秘密泄露

商业秘密是指不为公众所知悉、具有商业价值且受权利人保护的商业信息。对企业而言,商业秘密与企业的核心竞争力紧密相连,商业秘密一旦被泄露,企业的经济价值就会遭受严重损害。在"一带一路"共建国家,知识产权保护制度建设两极化明显,许多国家商业秘密保护意识不足,导致在委托开发、共同投资、雇佣外国员工等经济往来中容易出现泄露商业秘密的情况。例如,在"中国钢铁企业联盟"与代表西方钢铁业联盟的"力拓"公司

---

① 参见戚德祥:《"一带一路"背景下中国图书境外版权保护策略》,《中国出版》2020年第3期。

② 参见卞娜娜:《"走出去"视角下中日版权贸易发展问题、成因及优化路径》,《河南科技》2019年第21期。

的铁矿石贸易谈判中,对方通过私下收买等方式大肆打探我方矿石贸易价格底线等相关商业情报,致使我方在谈判中处于被动地位,使得国家经济利益遭受重大损失。据报道称,在6年的时间里,"力拓"公司的商业间谍"迫使中国钢企在近乎讹诈的进口铁矿石价格上多付出7000多亿元人民币的沉重代价",而这代价更是相当于澳大利亚10%的GDP。① 商业秘密的泄露在给企业带来沉重打击的同时,也对该行业进入外国市场的战略布局带来挑战。

很多国有企业商业秘密直接关系国家核心利益,在特定条件下会转化为国家秘密。如果掉以轻心,损失的绝不仅仅是经济利益。② 我国企业走出去步伐随着国家不断推动愈发加大,境外投资的规模也与日俱增,但是企业在商业秘密保护方面缺乏专门制度进行规范,加之保密机构队伍不健全、管理水平不高,存在着较大的泄密风险。

例如,2016年5月26日,美国ITC对中国输美碳钢与合金钢产品发起"337调查",该调查共涉及宝钢、首钢、武钢等中国钢铁企业及其美国分公司共计40家企业。这是美国首次对中国钢铁产品发起"337调查"。根据该调查程序,美方一旦裁定企业有违规行为,相关产品或被永久禁止进入美国市场。2017年2月15日,在宝钢及其律师的努力下,美方被迫提出动议要求撤回商业秘密诉点的指控,同年2月22日,美国ITC行政法官裁定终止商业秘密诉点的调查。③ 中国钢铁企业的此次胜利是美国针对中国企业展开调查案件中商业秘密类案件的首次胜利,其意义非凡,企业应从中总结经验,不断完善针对商业秘密的保护措施,同时也为应对可能出现的商业秘密诉讼做足前期准备。

---

① 参见康均心、虞文梁:《论企业在涉外经济活动中的商业秘密保护——以"力拓案"为视角》,《武汉公安干部学院学报》2015年第1期。

② 常振明:《打造"一带一路"建设的保密长城》,《保密工作》2017年第10期。

③ 详情参见《成功应对美337"窃取"商业秘密指控,律师披露中国钢企胜诉过程》,2020年7月14日,见http://www.xinhuanet.com/legal/2017-04-27/c_129577788.htm。

二、遭遇知识产权贸易壁垒

知识产权贸易壁垒是在保护知识产权的名义下,对含有知识产权的商品,实行进口限制或者凭借拥有知识产权优势,超出知识产权所授予的独占权或有限垄断权的范围,不合理或者不公正地行使知识产权实行"不公平贸易"。① 随着中国经济迅速发展以及高质量共建"一带一路"的深度推进,近年来一些国家为抑制中国经济发展及限制中国对外出口贸易,频繁给中国制造各种壁垒限制。其中最为典型的就是知识产权贸易壁垒,部分国家经常恶意运用知识产权大棒打压竞争对手。如美国频繁发起"337 调查",以知识产权贸易壁垒的方式阻碍中国产品出口美国,②很多对中国出口贸易的知识产权方面调查已经超过反倾销、反补贴和保障措施方面的调查,成为使用最频繁的贸易壁垒手段。

愈演愈烈的知识产权调查已经成为中国出口企业的最大"痛点",中国出口企业将在相当长一段时间内深受美国知识产权调查的困扰。③ 从 1986 年美国针对中国企业发起首例知识产权调查开始,截至 2019 年底,中国企业一共涉案 278 起。从 2002 年开始,USITC(美国国际贸易委员会)对中国企业的调查案件急剧上升,共对中国企业发起 263 起调查,占历年对中国企业调查案件总量的 94.6%。2019 年甚至达到 25 起,占当年美国对外知识产权调查案件的 59.51%。④ 越来越明显的调查趋势应该引起中国企业的高度重视,且这些调查对中国企业的影响相较于其他贸易壁垒而言,制裁结果更为严厉。在

---

① 参见东瑞雪:《我国企业遭遇知识产权贸易壁垒的现状及策略探讨》,《内蒙古科技与经济》2018 年第 24 期。

② 王敏等:《知识产权贸易壁垒特征与中国的防范对策——以 337 调查为例》,《江苏社会科学》2016 年第 1 期。

③ 参见代中强:《美国知识产权调查引致的贸易壁垒:特征事实、影响及中国应对》,《国际经济评论》2020 年第 3 期。

④ 代中强:《美国知识产权调查引致的贸易壁垒:特征事实、影响及中国应对》,《国际经济评论》2020 年第 3 期。

182 起已经结案的"337 调查"案件中,80.32%的案件调查发现侵权事实存在,其中近 57.7%的企业受到了普遍排除令、有限排除令、结束和停止令等严厉制裁措施。① 尽管部分企业选择了和解或者以准许令裁决,但这些选择背后都附加了很多其他条件,最终企业甚至相关行业还是受到严重打击。不仅如此,一旦案件被确定为存在侵权事实,被要求退出市场的不仅是受调查的企业,可能还会包括一些类似产品或整个行业,制裁十分严厉。

贸易壁垒的设置同样体现在技术垄断上,尽管我国近年来科技发展速度快,但在部分领域还落后于日本、美国和德国等发达国家,处于被封锁的状态。例如,制造液晶显示器用到的 ITO 靶材还达不到韩国、日本的水平;国产大飞机用的航空钢材较美国使用的材料而言,超强度钢纯净度不够;尽管我国是全球最大焊接电源制造基地,但在深海水下焊接设备和全数字化控制技术上未跟上北欧的脚步;再如上游高端电子化学品,我国企业虽能进行制造,但由于关键指标不够先进拿不到订单,大量技术被国外垄断。核心技术是企业竞争的关键要素,如果核心技术上被垄断则意味着企业无法进行有效竞争,更无法进入该国市场进行长足发展。核心技术被垄断不仅意味着长期向高科技国家支付专利使用费、承担技术附属所带来的一系列不稳定因素,更意味着在各个层面失去话语权,失去原有的国际地位。因此,企业必须意识到只有以完全自主知识产权和过硬的技术进入市场,才能够有效避免国外设置的贸易壁垒,才能打破国外技术垄断。

三、频遭竞争对手利用知识产权恶意竞争

伴随着中国经济的崛起,一些国家的紧迫性明显加强,不惜使用恶意竞争手段来阻碍中国企业进入该国市场,频频发动恶意诉讼来阻碍中国企业在该国发展,利用知识产权管理部门在审查上制造障碍,利用舆论恶意中伤

---

① 参见王敏等:《知识产权贸易壁垒特征与中国的防范对策——以 337 调查为例》,《江苏社会科学》2016 年第 1 期。

中国企业,等等。竞争对手的不正当竞争手段给中国企业发展增加了不少风险。

（一）频繁对走出去企业发起知识产权恶意诉讼

恶意诉讼是指一方当事人没有合法或者合理的理由,故意起诉对方,获得不正当利益,进而损害对方合法、正当权利的行为。[1] 专利流氓是主要发起恶意诉讼的主体,由于其没有或几乎没有实体业务、本身不制造专利产品或者提供专利服务,而是主要通过积极发动专利侵权诉讼而生存,因此专利诉讼对其不会产生任何影响。但是被诉企业则需面临涉案专利产品无法销售等风险,并且一旦败诉,被诉企业还必须支付高额赔偿金,即使选择和解也需要支付巨额费用。随着我国科技水平的稳步提升,越来越多的高科技企业取得卓越成效,2015 年全球手机行业报告显示,该年全球智能手机销售量为 12.9 亿部,中国厂商的总销售量为 5.4 亿部,其中华为、小米等 7 个中国厂商荣登前十名。面对中国厂商如此卓越的表现,国外专利流氓们已将贪婪的目光投向了中国手机厂商。[2] 2015 年,知名专利流氓（NPE）Blue Spike 在美国向北京小米科技有限责任公司提起诉讼,一同被列上榜单的还有深圳通拓科技有限公司。2016 年 5 月,Uniloc 已将腾讯告上法庭,号称微信侵犯了它的两项专利;Uniloc 在此之前还起诉过华为侵权。手机通信行业自华为拥有独立创新的"鸿蒙系统"以后逐渐不为专利流氓公司所针对,但大疆无人机的遭遇表明专利流氓从未停止滥诉。近年来,大疆无人机迅速发展,无疑已经成为全球无人机行业的领跑者,客户遍布全球 100 多个国家,填补了国内外多项技术空白。据悉,大疆在全球消费市场的占有率约为 72%,在美国也有较高的市场份额。但在 2016 年,大疆被 Synergy Drone 公司告上法庭,称其侵犯了它在无人机操

---

[1] 　闫东伟、李星亿:《知识产权案件中恶意诉讼之探讨》,《中国发明与专利》2020 年第 1 期。

[2] 　郭子钰:《美国"专利流氓"四处状告侵权,中国高科技企业已被盯上》,2020 年 7 月 14 日,见 https://www.thepaper.cn/newsDetail_forward_1574846。

作领域的 5 项专利。此案最终虽以宣告专利无效为由阻断了专利流氓的进一步侵犯,但是诸如此类诉讼对中国企业的发展的影响,必须引起企业的思考。面对国外企业利用知识产权恶意竞争,我国企业应当积极应诉,力求维护合法权益,要加大科技创新的力度,用自主创新的知识产权去应对各类不正当竞争手段,提升企业知识产权竞争力。

(二)频繁利用知识产权监管部门打压竞争对手

上文阐述了企业通过恶意诉讼的方式对我国走出去的企业进行恶意攻击,除了诉讼途径,国外企业也善于利用该国国内的知识产权监管部门对我国企业实施行政阻碍。正如近年来,中美之间产业结构以及消费结构的差异造成中美之间较大数量的贸易顺差,虽然中国承担了产业链条上很多国家的顺差转移,这些顺差的最终受益者并非只有中国,但却成了美国对我国发起"337 调查"的借口。① 美国"337 调查"的主体是美国国际贸易委员会,其前身为美国关税委员会,与商务部共同负责美对外反倾销和反补贴调查工作。美国企业正是利用该机构此项功能,向调查主体反映其他企业"侵犯"知识产权的情况,从而阻碍其他企业发展。不仅如此,政府层面的"监管"同样制约着我国企业海外发展步伐,2011 年 5 月 2 日美国贸易代表办公室公布了"2011 年度特别 301 报告",该报告显示美国将继续把中国列入美国的"重点观察国名单"和"306 监管国名单"。② 2023 年 4 月 26 日,美国贸易代表办公室发布《2023 年特别 301 报告》,将阿根廷、智利、中国、印度、印度尼西亚、俄罗斯和委内瑞拉这七个国家列入优先观察名单,并称与这些国家展开密集的双边接触是未来的主题。③

---

① 参见韩良秋、钱振华:《美国对我国发起"337 调查"的现状、原因以及影响》,《对外经贸》2019 年第 8 期。

② 参见《商务部新闻发言人就美国贸易代表办公室公布"2011 年特别 301 报告"发表谈话》,《商业研究》2011 年第 6 期。

③ 《美国贸易代表办公室发布〈2023 年特别 301 报告〉》,2023 年 5 月 20 日,见 http://chinawto.mofcom.gov.cn/article/ap/p/202305/20230503408769.shtml。

美国对高科技领域的重视已经延伸到戒备外国投资高科技领域方面,为了防止外国企业采取投资途径进入美国关键技术领域,2018 年版的《外国投资风险评估现代化法案(FIRRMA)》(以下简称 FIRRMA 法案)颁布前,对于外国投资者在半导体、芯片等涉及高科技敏感行业的投资可能会威胁到美国在技术领域的领先地位的,美国外资投资委员会(CFIUS)通常会予以干预甚至采取措施实施禁止。① FIRRMA 法案对中国赴美投资的不利影响主要体现在,中国企业投资领域缩小、投资风险变大和投资成本变高。该条款极有可能成为美国监管部门用来阻碍我国企业进入美国市场的借口,并以此针对我国企业进行知识产权相关诉讼。

在"一带一路"共建国家和地区中,也不乏欧盟滥用 TRIPS 协议中知识产权侵权行为规定的救济途径阻碍我国企业进入相关市场。按照 TRIPS 协议内规定的救济途径,采取临时与边境措施需要"依请求"或者"依职权"这两种程序加以启动。其中,申请人不需要提交书面申请,但要按照主管当局的要求提供侵权行为的准确信息,相关部门可以按照申请人提供的信息启动临时措施与边境措施。此类措施的运行缺乏有效监督程序因此极易被滥用,从而引发知识产权贸易摩擦。② 如欧盟有关部门利用该条款针对我国企业产品进行侵权调查,利用舆论影响我国企业产品或服务的国际形象、降低我国企业的国际竞争力。此条款也极易成为发达国家进行贸易保护的有力工具,从而阻碍我国企业走出去的步伐。

利用知识产权监管部门实施阻碍的表现中,比较典型的是,我国企业在相关国际展会上频频被举报知识产权侵权。2007 年,在德国汉诺威国际会展中心开展的 CeBIT(国际信息通信暨软件博览会)上,我国 12 家参展数码产品公司因涉嫌侵犯意大利 Sisvel 公司的 mp3 专利而遭到德国海关查抄,这一

---

① 参见肖海霞:《FIRRMA 对中国企业赴美投资的不利影响》,《河北企业》2020 年第 2 期。
② 参见何培育:《中欧国际贸易知识产权纠纷与对策》,《重庆理工大学学报(社会科学)》2014 年第 5 期。

行动对我国企业的参展计划造成了极大的负面影响。一旦专利权人举报中国企业侵犯知识产权,法院的调查程序依据侵犯事实情况,可能采取民事或刑事措施。民事措施方面,当侵犯事实不明确时,现场调查令赋予了专利权人到展会现场勘验涉嫌产品是否存在侵犯其知识产权情况的权利。刑事调查程序通常由专利权人刑事举报,被举报方或将面临刑事罚金或刑事拘留,相关产品将被查抄。刑事调查程序的标志是警告信和临时禁令。① 不论是何种措施,对我国企业的发展都不利,企业须在进入相关市场前进行知识产权检测,避免因竞争对手利用监管部门对企业实施阻碍行动。

(三)频繁对走出去企业发起知识产权"污名化"攻击

随着中国企业自主创新能力的不断提升,主要创新指标已进入世界前列,国际影响力显著提升。据新华网报道,我国全社会研发经费从 2012 年的 1 万亿元增加到 2022 年的 3.09 万亿元,居世界第二,研发投入强度从 1.91% 提升到 2.55%,基础研究投入占全社会研发经费比重由 4.8% 提升至 6.3%。2022 年,我国全年发明专利授权数为 79.8 万件,是 2015 年的 2.2 倍,每万人高价值发明专利拥有量 9.4 件,比 2015 年多 6.9 件,是 2015 年的 3.8 倍。② 在国际社会上,中国的知识产权已经获得了一定程度的认可,但遭受恶意中伤依然严重,部分国家利用媒体等途径对我国知识产权进行"污名化",此类恶意中伤我国知识产权自主性的行为不仅损害我国国际形象,更在一定程度上致使我国企业跨国项目遭到重创。

在中国企业走出去的东道国中,美国常利用舆论炮制"中国是知识产权的盗窃者"和"中国强制技术转让"等论调,向中国施压。他们先是依据所谓"301 调查",指控中国利用不公平的技术转让制度、歧视性的许可限制、有针

---

① 《中国企业如何应对欧洲市场知识产权纠纷?》,2020 年 7 月 17 日,见 https://www.sohu.com/a/238856320_1186222。

② 《研发经费超 3 万亿元 创新引领显成效》,2023 年 12 月 22 日,见 http://www.news.cn/photo/2023-12/22/c_1130041899.htm。

对性的境外投资、未经授权入侵美国商业计算机网络以及通过互联网进行知识产权盗窃活动等来获取美国技术,后又经政府领导人出面对中国横加指责。① 但中国向来秉持着和平发展的原则,不存在利用政策来违背自由贸易规则,且相关规定明令禁止强制技术转让。反而是美国一贯以来秉持着霸权主义和单边主义的思想,任何国家的崛起或发展都会被视为威胁其安全与地位。② 因此,面对中国经济崛起而产生的污名化行为是不正当竞争中影响最恶劣的,无端的指责和控诉会让中国企业陷入被怀疑的境地,会因为"莫须有"的罪名致使名誉受损从而陷入外国恶意中伤的圈套中。企业在走出去过程中遇到此类行为应积极回应,正面破除负面舆论的困境。

四、知识产权维权救济困难

维权救济困难是企业走出去知识产权保护遇到的难题之一,尤其在"一带一路"共建国家,该问题更为突出。"一带一路"倡议所涉及的不同国家的知识产权保护和科技创新能力不尽相同,其中印度、俄罗斯、新加坡等知识产权保护水平相对较好,也有一部分国家的知识产权制度不健全,导致知识产权建设呈现两极分化。③ 有学者指出,自"一带一路"倡议提出至今,中国虽与"一带一路"共建国家共同签署条约,并共同发布联合公报、联合声明或联合宣言,均提及知识产权的共同保护问题,但依旧未形成系统保护知识产权的专门条约,也没有涉及合作保护机制构建的具体内容。④ 因此,企业走出去时遇到知识产权诉讼往往处于劣势,且国际上缺乏统一有力的知识产权保护措施,

① 《中国在知识产权上不输理》,2020 年 7 月 15 日,见 https://www.thepaper.cn/newsDetail_forward_3541274。

② 刘子嬑、王强:《中国高铁赴美之路受阻的原因及应对措施分析》,《国际经贸》2020 年第 1 期。

③ 王宏:《"一带一路"战略下的知识产权保护问题》,《人民论坛》2016 年第 17 期。

④ 参见李晓鸣:《从"丝绸之路经济带"看构建知识产权保护新机制》,《中国知识产权报》2016 年 8 月 26 日第 8 版。

企业面临不公正判决的几率增加。主要表现为:首先,中介服务体系和中介组织的不健全,致使企业在海外发展无法及时获取有效咨询与投资引导等服务,进而导致境外商业谈判与经贸合作受到阻滞。目前,我国针对"一带一路"海外投资的中介服务体系发展缓慢,有国际影响力的会计师事务所、律师事务所等中介机构、商会协会这样的中间组织亟待完善,国际化的专业咨询与法律援助机构亟须建立。① 而且,由于缺乏信息交流平台和风险评估、咨询等中介服务,企业面临信息分散、滞后、脱节等风险。其次,尚未建立部门协同推进企业知识产权海外维权、援助企业发展的工作机制和补助经费制度。海外知识产权诉讼维权成本高,导致企业难以应对,被称为"中华老字号海外维权第一案"的王致和集团诉德国 OKAI 公司商标侵权和不正当竞争案,经历长达近三年的诉讼维权历程且走上了二审程序,不仅耗费了大量的金钱和精力,还消耗了大量的时间,而时间成本于企业而言最为致命。② 最后,企业在维权过程中缺乏专业人才更会增加维权成本。长久以来,我国法律人才培养更重视国内法治人才的培养,并未在国际法治人才培养上给予足够的重视和资源扶持,导致我国熟知国际贸易法律法规及其司法程序的专业法律人才长期匮乏,尤其缺乏那些既熟悉技术专业领域又精通外语的复合型法律人才。③ 涉外知识产权专门人才的匮乏增加了企业海外维权的难度。

综合以上分析可发现,企业在国际国内知识产权保护的布局上均存在一定程度的问题,因此在走出去过程中易与当地企业产生知识产权纠纷,且在后续纠纷中又因种种资源的匮乏引发维权困难。走出去的企业应及时针对知识产权保护进行合理布局,以此保证在陷入知识产权争端时具备有效的维权途径。

---

① 参见辜胜阻:《推动企业"走出去"实施"一带一路"战略的对策思考》,《中国人大》2017年第 1 期。

② 褚苗苗:《"一带一路"战略下中国企业海外知识产权保护问题研究》,《兰州教育学院学报》2017 年第 8 期。

③ 王星皓:《我国"一带一路"沿线技术合作的法律护航》,《人民论坛》2019 年第 19 期。

第三节 "一带一路"倡议下高铁走出去
面临的知识产权风险

高铁走出去既有一般性又有特殊性,既有共性的问题和风险,同时又有特殊的问题和风险。中国高铁输出主要是技术输出,所以中国高铁走出去面临的知识产权风险主要是专利权保护和商业秘密保护风险,但也会涉及商标权保护和版权保护等风险,具体表现为以下几方面。

一、被指责侵权的风险

由于中国高铁是在引进、消化、吸收的基础上创新和集成创新发展起来,用时短,发展快,所以在激烈竞争的国际高铁市场上,竞争对手在没有确凿证据证明中国高铁侵犯其知识产权的情况下,为了削弱中国高铁企业的竞争力,会采用制造舆论等手段指责中国高铁技术输出侵犯其知识产权,甚至对中国高铁污名化,损害中国高铁形象。日本川崎重工就曾经在接受媒体采访时,指责中国运行的多数高速列车与专利输出国的技术相差无几,[1]制造中国高铁抄袭论。不仅如此,"7·23"事故发生后,日本的几大主流媒体一度全部用头版头条予以突出报道。[2] 竞争对手使用这种指责和污名化的方式虽然没有确凿的侵权证据,但在具体的竞争项目争夺中往往比较奏效,甚至会直接导致中国高铁竞标失败。例如,2011 年英国准备建设伦敦至苏格兰高铁,中国高铁经过激烈的竞争之后击败了德国、法国等对手,英国宣布将采用中国高铁技术。但之后不久,日本高铁企业制造中国高铁侵权的舆论,指责中国高铁技术侵犯知识产权,利用"窃取"的技术出口,随后英国宣布放弃使用中国高铁技

---

① 周扬:《中国高铁引进专利始末》,《中国发明与专利》2011 年第 8 期。
② 《恶意炒作"7·23"动车事故 中国高铁发展付出沉重代价》,2020 年 7 月 28 日,见 http://finance.takungpao.com/gscy/q/2014/0923/2748503_print.html。

术,进而将连接伦敦和中部主要城市总价 45 亿英镑的高铁订单交给日本日立制作领衔的企业联合体。①

任何新技术都是在前人的理论和技术基础上进行开发和创新的成果,只强调引进,而罔顾创新,就声称"盗用"和"抄袭",这是忽视基本的专利法律知识以及基本的技术发展和创新规律,是有意混淆引进的技术与中国自己申请的专利,这无非是想在国际高铁市场竞争中打击中国高铁的信誉。② 我们确实可以从理论和舆论上回击竞争对手,而且日本、韩国等国家在高铁技术发展初期,也都是采用引进、消化、吸收、创新然后出口的模式。③ 中国高铁企业也可以诋毁商誉为由起诉对方侵权,但是,具体高铁项目的竞标具有极强的时效性,即便事后经过长时间的维权,中国高铁企业能够获得维权成功,但亦为时已晚。具体高铁项目已经通过招投标程序落入竞争对手,维权得到的赔偿相对于竞标项目来说寥寥无几,所以无论维权结果是输是赢都已经注定是输家。因此,竞争对手通过指责中国高铁输出侵犯其知识产权的风险危害性非常大。摆脱侵权指控,是中国高铁"出海"的前提条件,④需要提前做出防范措施,以应对突发责难。

二、被起诉侵权的风险

在没有确凿证据证明中国输出的高铁技术侵犯其知识产权时,竞争对手会制造侵权舆论,以利用媒体指责中国高铁侵犯其知识产权的方式打击中国高铁。而在证据充分的情况下,竞争对手自然会以中国高铁输出技术侵犯其知识产权为由提起诉讼。如果竞争对手胜诉,不仅可以得到数额不菲的赔偿,

---

① 《中国高铁须正确应对知识产权质疑》,2014 年 6 月 5 日,见 http://www.chinairn.com/news/2014051 9/162221843. shtml。
② 吕磊:《中国高铁拥有自主知识产权毋庸置疑》,《中国发明与专利》2011 年第 8 期。
③ 详情请参见冯晓青:《美、日、韩知识产权战略之探讨》,《黑龙江社会科学》2007 年 6 期。
④ 唐学东:《中国高铁"走出去"之专利战略展望》,《北京交通大学学报(社会科学版)》2016 年第 1 期。

还可以要求中国高铁输出企业使用其知识产权,从而向中国高铁企业收取巨额的知识产权费用;如果诉讼失败,其损失也不大,最多损失诉讼费而已。所以,选择对中国高铁企业提起侵犯其知识产权的诉讼是其明智选择,稳赚不赔,具有极大的诱惑力。

近年来,我国企业在海外频遭知识产权侵权诉讼,华为、联想、中兴和海尔等著名的高科技企业在海外多次遭到知识产权侵权诉讼。有学者在 2011 年即指出,据不完全统计,中国企业因海外知识产权诉讼而支付的赔偿金早已达 10 亿美元以上。① 而且,随着我国企业转型升级政策的逐步实现,我国高新技术产品出口的比例会不断增大,我国高新技术企业在国际竞争市场上遭到外国竞争对手起诉知识产权侵权的概率,也将会不断增大。跨国公司的命根子就是专利,由于新发明导致了其垄断地位受到影响,这些跨国公司会千方百计地维护其地位。② 中国高铁输出的主要是高铁技术,而且是科技含量极高的高新技术,有学者指出在国际高铁市场上,专利战将成为市场竞争的常态,并且认为打开全球高铁技术的专利地图,可以发现在每一个重点技术模块,都有大量的专利布局,即便通过专利许可、专利转让等方式获取授权,也不能完全规避竞争对手发起的专利诉讼。③ 因此,在中国高铁走出去的过程中,遭到知识产权侵权之诉已经不可避免,也无法回避,只有尽早做出风险防范才是明智之举。

三、被调查侵权的风险

除了被指责侵权和被起诉侵权之外,在高铁走出去的过程中还会面临被目标国主管部门调查侵犯知识产权的风险,这类风险主要来源于竞争对手向

---

① 赵星:《警惕海外业务知识产权风险 加快布局知识产权竞争资源》,《国际石油经济》2014 年第 8 期。

② 夏翔:《中国企业如何应对 337 调查》,《中国经贸》2011 年第 12 期。

③ 黄贤涛:《中国高铁"走出去"的知识产权机遇和挑战》,《中国发明与专利》2011 年第 8 页。

主管部门举报,但也有可能是主管部门依职权启动调查。相对于前两种风险,国外竞争对手选择向主管部门举报,让主管部门对相关企业及其产品展开调查的手段成本更低,几乎不用付出任何代价,而这种手段对相关企业及其输出产品的打击力度却是不容轻视的。

如前所述,在美国素有"世界上最严厉的贸易壁垒之称"的"337 调查",①是美国国际贸易委员会(USITC)依据《1930 年关税法》第 337 条款及相关修正案赋予的行政权力,针对进口产品侵犯美国知识产权或其他不公平竞争行为所进行的调查。它是美国专门针对外国企业设置的知识产权壁垒,以专利侵权案件为主,但也包括侵犯商标权、著作权和商业秘密等案件。依据调查结果,USITC 可以发布排除令和禁止令,禁止所有涉案产品进入美国市场或要求被告方停止不正当竞争行为,即一旦调查结果成立,则意味着被调查者将被禁止进入美国市场,达到绝对阻却的效果。从前文的分析中可知,目前美国利用"337 调查"等方式限制外国竞争对手愈演愈烈,不断升级。美国是未来中国高铁输出的重要潜在国家,在激烈竞争的国际高铁市场中,竞争对手利用美国"337 调查"等方式打击中国高铁输出企业的风险很难避免,而且一旦中国高铁企业遭到调查并成立知识产权侵权,则面临的可能不是单次的竞标失败,而是可能失去整个美国高铁市场,并且,除了美国之外,其他目标国如英国、韩国等也有类似的调查机构,只是力度相对于美国"337 调查"而言相对偏弱而已。因此,提前进行此类知识产权侵权风险防范,对中国高铁走出去尤为重要。

四、被侵权的风险

在高铁走出去的过程中,被指责侵权、被起诉侵权和被调查侵权都是侵犯或涉嫌侵犯别人的知识产权风险,除此之外,还有一类重要的风险就是被别人侵害知识产权的风险。这类风险涉及的领域非常广,主要包括:其一,高铁专

---

① 朱国华、陈元芳:《美国关税法 337 条款与 TRIPs 协议的相悖性探析》,《暨南学报(哲学社会科学版)》2010 年第 2 期。

利技术被侵权的风险。如果高铁走出去的目标国是相对落后的发展中国家，则被侵害知识产权的风险较大，尤其是高铁专利技术，因为发展中国家自身知识产权保护不力，没有完善的知识产权保护制度和有效的保护机制，极容易导致中国高铁在走出去的过程中专利技术被侵害。

其二，高铁技术秘密被侵权的风险。在高铁走出去的具体过程中，很多项目需要跟目标国公司进行合作、委托或雇佣当地员工，而在合作、委托或雇佣当地员工的过程中，如果中国高铁企业的主动保护意识不强或保护措施不当，则中国高铁技术秘密非常容易让对方知晓，所以高铁技术秘密被侵害的风险较大。同时，中国高铁技术在发展升级的过程中并未对技术的保护类型进行系统规划。而我国大部分科研人员只管完成课题研究和论文，通过成果鉴定便了事，至于下一步有关科研成果的保护和市场运作问题很少关心。甚至有许多科研成果直接通过发表论文、成果鉴定、学术研讨、公开使用的方式公开，既未申请专利，也未作为商业秘密给予保护，结果就造成了科研成果的大量流失。[1]

其三，高铁企业商标权被侵权的风险。中国高铁企业在长期的发展过程中培育了大量品牌商标，但由于商标的地域性特点，如果没有在目标国进行及时注册，则被竞争对手或其他主体抢注的可能性很大。而且，一旦自己的商标被抢注，中国高铁企业在走出去所到的目标国就不能再使用自己的商标，只能重新注册其他商标，或需要高价购买他人抢注的自己品牌的商标，代价非常大。如前所述，中国企业在走出去的历史中，有很多被当地企业抢注商标的先例，教训惨痛。有学者指出，近几年每年中国企业的商标在国外被抢注案件超过 100 起，造成每年约 10 亿元的无形资产流失。[2] 因此，中国高铁企业应该

---

[1] 《中国高铁知识产权保护体系亟待建构》，2017 年 8 月 16 日，见 https://www.spp.gov.cn/llyj/201708/t20170816_198375.shtml。

[2] 赵星：《警惕海外业务知识产权风险 加快布局知识产权竞争资源》，《国际石油经济》2014 年第 8 期。

对自己的知识产权进行提前保护,以避免在走出去的过程中遭受不必要的损失。

基于以上分析,高铁走出去面临的知识产权风险主要有四种类型:一是竞争对手指责中国高铁企业侵犯其知识产权,制造舆论,目的在于削弱中国高铁的市场竞争力;二是竞争对手通过法律途径起诉中国高铁企业侵犯其知识产权,目的在于通过知识产权诉讼获得高额的侵权赔偿,甚至还要让中国高铁企业支付昂贵的知识产权费用;三是通过知识产权侵权举报,让主管部门启动调查,进而阻却中国高铁进入目标国高铁竞争市场;四是侵犯中国高铁企业的知识产权,目的在于无偿使用中国高铁技术和品牌。在知识产权领域,创新十分艰难,技术研发需要消耗巨额资源,但是被仿制却较为容易,而且成本非常低廉。① 因此,在高铁走出去的过程中对知识产权风险进行防范尤为重要,而要进行风险防范,就必须对风险产生的原因进行分析。

第四节 "一带一路"倡议下高铁走出去知识产权风险产生的原因

一、高铁走出去知识产权风险产生的客观原因

(一)高新技术激烈竞争的国际高铁市场容易引发知识产权纠纷

国际高铁市场具有双重属性:其一,技术性强。高铁象征着高新技术,是技术创新的典型代表,所以高铁市场的竞争是高新技术的竞争,技术性是高铁市场的重要属性;其二,竞争激烈。在国际高铁市场上,日本高铁、德国高铁、法国高铁、加拿大高铁和近几年新加入的中国高铁共同构成了竞争市场的主体结构,它们各具特色,各有优势,但都拥有强大的实力。在亚洲市场,我国与

---

① 梁咏:《中国投资者海外投资法律保障与风险防范》,法律出版社 2010 年版,第99页。

日本的竞争尤为激烈,除经济因素外,更多的是复杂的地缘政治因素。有学者认为,高铁出口之战业已成为中日两国之间为争夺亚洲政治影响和规则制定权、主导权的"代理战争"。① 例如,2015 年中日竞争印度首条高铁"孟—艾"项目,日本政府为争取中标,承诺提供 120 亿美元、0.1% 超低利率和 50 年的超长还款期的优厚条件,最终中标。② 在欧洲市场,加拿大庞巴迪、法国阿尔斯通、德国西门子等在产品和技术上双重垄断,且老牌机车巨头不会轻易允许新生力量来划分高铁市场份额,因此中国高铁在打入欧洲市场时势必会遇到巨大阻碍。不仅如此,国际机车巨头更是通过加大宣传力度来提高自身产品的国际认可度,用创新环保、安全舒适等优势来推销其高铁技术,以求获得更大的海外市场,从而达到强力阻击中国高铁的目的。③

在国际高铁市场的竞争中,项目标的额非常大,除了单纯的经济利益之外,还与政治、社会等利益交织,所以在国际高铁市场上,各国高铁企业为了成功中标,必将展开激烈竞争,甚至还会上升到国家外交的程度。"一带一路"共建国家社会政治不稳定,政党之间斗争激烈、非正常政权更迭时有发生,因而不确定因素大幅增加。例如缅甸的政治转型和民地武装问题,泰国及孟加拉国的政局动荡不稳问题等,这都会对我国高铁走出去产生重大影响。④ 比如原铁道部、中铁与伊朗政府于 2011 年签署的总投资额高达 84 亿欧元的德黑兰—库姆—伊斯法罕高速铁路协议,最终因伊朗遭受制裁被无限期终止;而在 2014 年,因泰国国内政局动荡,中泰"高铁换大米"项目最终也被迫搁浅。

国际高铁市场的技术性特征决定着必然涉及知识产权保护问题,再加上国际高铁市场的激烈竞争,意味着国际高铁市场中知识产权保护问题不简单。

---

① 参见傅志寰:《关于我国高铁引进与创新的思考》,《中国铁路》2016 年第 10 期。

② 参见张先军:《"一带一路"倡议下中国高铁"走出去"的风险和挑战》,《华南理工大学学报(社会科学版)》2018 年第 2 期。

③ 陈霞:《中国高铁"走出去"的困境与对策》,《现代交际》2019 年第 20 期。

④ 参见张先军:《"一带一路"倡议下中国高铁"走出去"的风险和挑战》,《华南理工大学学报(社会科学版)》2018 年第 2 期。

因此,中国高铁在具有技术性强和竞争激烈双重属性的国际高铁市场中展开竞争,产生被指责、被起诉、被调查或是被侵权的知识产权风险是必然的,无法回避。

(二)引进基础上快速创新而成的中国高铁技术容易引发抄袭怀疑

由于中国高铁的技术是在引进、消化、吸收和创新的基础上快速发展起来的,国内各高铁企业在引进高铁技术时,基本都与对方签订了只能在中国国内使用的限制性条款。虽然中国高铁技术在原有技术上都进行了实质性创新,在工务工程、通信信号、牵引供电、高速动车组和铁路重载等领域都有独立创新技术,[①]并且也通过多渠道宣称中国高铁技术拥有完全的自主知识产权。[②]但是在"引进消化吸收再创新"模式下,由于再创新技术成果是在对引进技术的消化吸收基础上形成的,实践中再创新技术成果与引进技术的界限往往较难清晰地区分界定,甚至可能隐含引进技术的某些基本技术要素,[③]所以中国高铁技术在客观上有难以清晰辨别的事实。

另外,中国高铁技术发展迅速,从引进、消化、吸收到创新只用了短短几年的时间,并达到世界领先水平,其发展速度之快、用时之短,很难用常人的眼光来衡量,[④]且我国专利申请和授权集中在实用新型和外观设计两大方面,发明专利申请所占比重较小;同时,我国高铁企业在关键技术和核心领域取得的部

---

① 详情请参见王贵:《中国铁路走出去的优势、不利因素及对策》,《中国科技投资》2009 年第 9 期。

② 吕磊:《中国高铁拥有自主知识产权毋庸置疑》,《中国发明与专利》2011 年第 8 期。

③ 田文静等:《金杜:高铁"走出去"——知识产权战略先行》,2015 年 1 月 29 日,见 http://www.acla.org.cn/html/lvshiwushi/20150129/19583.html。

④ 日本大概用了半个世纪修建了 2300 多公里的高速铁路,平均运营时速是 243 公里。参见樊一江:《高铁"走出去":世界的召唤与中国的期待》,《世界知识》2010 年第 23 期。法国用了40 余年修建了 1900 多公里高速铁路,平均运营时速 277 公里;德国历时 20 余年建设了近 1600公里,平均运营时速 232 公里。参见樊一江:《中国高铁:消除软肋,冲出阴霾》,《世界知识》2011年第 20 期。而中国只用了不到 7 年的时间建设运营了 1.9 万公里高速铁路,超过世界其他国家高铁运营里程的总和。以上内容皆转引自徐飞:《中国高铁的全球战略价值》,《人民论坛·学术前沿》2016 年第 2 期。

分创新仅在国内申请了专利,在目标市场国并未取得专利,很容易被国外竞争对手污蔑为技术"抄袭"。①

因此,中国高铁技术自身存在容易产生知识产权风险的因素,而这些因素的消除需要中国高铁人继续积极努力,通过真实业绩获得别人的认可,而努力不可能在短时间内马上奏效,误解也需要时间去澄清。

(三)维权成本高和专业人才匮乏增加了高铁知识产权海外维权的难度

中国高铁知识产权维权难度大主要表现在两个方面:其一,维权成本高。在海外打官司费用特别昂贵,在美国律师费每小时 600 美元左右,著名的浙江通领科技集团知识产权海外维权的经验显示,虽然浙江通领公司从 2004 年到 2010 年六年在美国打赢了五场官司,但通领公司投入的律师费达到 1080 万美元。② 广州奥翼电子被诉专利侵权案件,仅律师费就花费 200 多万美元。③ 另外被称为"中国 IT 企业境外专利维权第一案"的深圳朗科赴美国起诉 PNY 公司最终达成专利授权许可协议的案件,也耗时两年多,耗资 200 多万美元。④ 其二,专业人才匮乏。满足中国高铁知识产权海外维权需求的法律人才,既需要精通外语、懂法律,而且须懂当地法律,并且要掌握高铁的基本知识,同时还需要具有丰富的海外知识产权维权实践经验,这样的专门法律人才在高铁走出去中属于稀缺人才。专业知识产权保护人才培养无法跟上企业海外发展进度,使得高铁海外知识产权维权难度增加,而聘请海外专业人士进入诉讼不仅会增加诉讼成本,而且很多时候很难达到理想的维权效果,海外维权陷入恶性循环之中。

---

① 路铁军:《高铁"走出去"的问题与路径分析》,《科技进步与对策》2016 年第 16 期。
② 参见范炜:《"走出去"企业海外维权问题——对浙江通领科技集团知识产权海外维权的深度调查》,《浙江经济》2011 年第 10 期。
③ 朱武、陆黎梅:《中国海外知识产权维权援助体系建设研究——以广州出口企业为背景》,《淮南职业技术学院学报》2020 年第 3 期。
④ 张红辉、周一行:《"走出去"背景下企业知识产权海外维权援助问题研究》,《知识产权》2013 年第 1 期。

综上所述,由于知识产权海外维权成本非常高,而且缺乏专业法律人才,所以很多企业在海外遭到知识产权侵权时只能消极放弃,承担败诉的结果。中国高铁走出去遭到的知识产权侵权指责、起诉和调查等维权的成本和法律专业人才匮乏的程度比一般的企业还要大,所以极容易因维权难度大而放弃维权,而越是放弃维权就越会纵容侵权行为发生,进而更容易产生知识产权风险。

二、高铁走出去知识产权风险产生的主观原因

知识产权保护的意识不强是整个铁路行业的共同弊病,无论是在工程施工领域,还是在铁路运输领域或装备制造领域,都不同程度地存在此问题。俗话说:"最大的风险就是不知道风险的存在",在中国高铁走出去过程中所面临的最大知识产权风险,就是我们还没有彻底地认清知识产权保护的重要性。近年来,虽然有所醒悟,也有所行动,但还不够,尤其是高铁知识产权的海外保护,仍然停留在说得多做得少,或者是开始做但见效少的层面。由于没有足够地认清高铁走出去知识产权保护的重要性,也就没有从制度建构、机构设置、人员配备、人才培养和知识产权布局等具体的行动上,去推进高铁走出去知识产权保护工作。具体表现为以下几方面。

（一）缺乏规范的制度保障

2008 年 6 月 30 日,原铁道部和国家知识产权局联合签订了知识产权战略合作框架协议,同时提出要适时制定《铁路行业知识产权战略纲要》①,但之后则没有更多的消息公布。2017 年 12 月,为了推动以专利为核心的知识产权运营工作的开展,中国铁建知识产权中心成立。② 该知识产权中心将自身

---

① 参见《国家知识产权局与铁道部签署知识产权战略合作框架协议》,2016 年 6 月 25 日,见 http://www.sipo.gov.cn/jldzz/hh/zyhd/201310/t20131025_867918.html。

② 参见《中国铁建:打造知识产权引擎 助推高铁技术远行》,2020 年 8 月 3 日,见 http://www.sipo.gov.cn/ztzl/zscqzldzcywzcx/alzsz/1123060.htm。

定位为中国铁路建设技术中心的重要支撑,目的是给企业提供优质、高效的知识产权全链条服务,但目前为止,并未出现适用该中心解决相应纠纷的情况。

铁路行业作为国家产业转型升级的排头兵,其中的高铁产业更是产业成功转型升级的典范。在该产业中,高铁技术的专利保护和技术秘密保护都极为重要,但是到目前为止,在铁路行业较难看到专门的知识产权保护规范,更没有关于高铁走出去专门的知识产权保护规范,既缺乏高铁走出去知识产权保护的激励制度,也没有相关目标国的知识产权预警制度和高铁相关的知识产权保护信息发布制度。科学合理的制度规范是开展具体知识产权保护工作的法律依据,它能够从权利的源头上为开展知识产权保护工作提供可靠保障,因此,高铁走出去缺乏科学的相关知识产权保护制度规范,在具体的走出去过程中自然容易产生知识产权风险。

(二)缺乏必要的组织机构设置

组织机构是开展具体工作的核心,缺乏必要的组织机构,整个工作系统就无法正常运转。国外的高铁企业特别注重知识产权管理机构的设立,均设置完善的组织机构推动知识产权管理工作。如 JR 东日本铁路公司 2002 年 4 月就在技术企划部内成立了"知识产权管理小组",统一管理知识产权业务。在知识产权管理小组的推动下,JR 东日本铁路公司结合人事考核制度,制定了科学的知识产权评价制度,[①]推动公司知识产权管理专业化和规范化发展。而我国铁路行业相关部门没有专门的知识产权管理机构,中国高铁企业的知识产权管理工作一般由科技部门或其他机构兼职负责,有的高铁企业甚至没有机构负责该项工作。兼职机构从事知识产权管理工作,一是其无法为相关部门提供高质量的专业服务。如专利保护与技术秘密保护的选择,专利的申请尤其是国外的专利申请、专利的维权等服务,很难满足技术创新部门知识产权保护的实际需求。二是其精力有限,很难为技术创新部门提供精细化的服

---

① 王晋琪、安源:《铁路行业知识产权保护与管理分析研究》,《中国铁路》2010 年第 8 期。

务。由于受到其本职工作的制约,兼职机构只能在完成本职工作之余,才能从事知识产权管理工作的机构,不能对其要求过高,能做多少是多少,能达到什么程度就是什么程度,很难做到精细化的管理。三是对兼职从事知识产权管理的机构很难进行责任追究。由于是兼职从事知识产权管理工作,不能对其有过高的要求,所以即使工作没有成效或是有失误,也很难对其进行追责。因此,兼职机构很难担当推动"一带一路"倡议下高铁走出去知识产权保护工作的重担,没有专门机构从事知识产权管理,高铁走出去知识产权保护工作就无法有效推进,自然就容易产生知识产权风险。

(三)缺乏充足的人员配备

机构是开展好工作的核心要素,而人是开展工作的必备要素。没有机构也没有人员,工作无法开展;只有机构没有人员,工作仍然无法开展;没有机构有相关人员,则工作可以开展,但工作的效率和效果无法保证;既有机构又有人员,而且机构完善,人员配置充足,则虽然无法肯定工作一定能够有效开展且收到良好效果,但它为有效开展工作准备了必要条件。国外的高新技术企业都注重配备充足的知识产权管理人员,以保证有效开展知识产权管理工作。如美国 IBM 公司专利工程师有 500 多人,日本松下公司专职知识产权人有 1000 多人,索尼公司有 300 多人。[①] 2018 年,广州市针对企事业单位知识产权管理人才状况进行调查,在调查的 102 家单位中,知识产权人才共计 1326 人,其中,知识产权人才兼职人员占比为 71.72%,专职人员占 28.28%,专职人员与兼职人员比例为 1∶2.54。[②] 与国外企业相比,我国企业对知识产权人才的重视度依旧偏低,而中国铁路行业的主管部门和相关企业基本没有配备充足的知识产权管理人员,所以,铁路行业的知识产权管理工作缺乏有效开展

---

① 昌晶、吴元元:《中国铁路产品与技术出口中知识产权保护策略分析》,《中国铁路》2010年第 5 期。

② 参见曾惠芬等:《广州市知识产权人才现状及发展需求的调查与分析》,《科技创新发展战略研究》2018 年第 2 期。

的必要条件。而没有有效的知识产权管理工作保障,则容易在高铁走出去的过程中产生知识产权风险。

(四)缺乏合理的海外知识产权布局

高铁走出去的知识产权布局,主要是指在高铁输出目标国提前进行专利申请和商标注册,防止在未来高铁输出过程中发生知识产权风险。各国高铁巨头都特别重视提前在目标国进行知识产权布局,方便自己抢占先机,防范高铁输出的知识产权风险,同时也给其他国家高铁输出设置知识产权壁垒。近年来,随着我国科技的不断进步,全社会知识产权意识的不断提高,越来越多的企业、个人选择通过专利保护其技术成果,形成技术上的核心竞争力。[1]

中国高铁企业目前在诸多领域已拥有较强的技术实力,并开始重视知识产权的保护,已取得了一定的成绩。目前,全球高铁第一大技术来源国为中国,截至 2021 年 11 月,中国高铁专利申请量占全球高铁专利总申请量的 99.52%。其他高铁发展强国,日本、美国、德国的高铁专利申请量仅占全球高铁专利总申请量的 0.17%、0.13% 和 0.14%,占比较中国差距较大。[2] 具体来说,如在高铁信号控制系统领域,中国自 2004 年起开始研发,已经成功研发出 CTCS-2 和 CTCS-3 两大信号控制系统,可以分别满足时速 200 公里和时速 300 公里以上的高铁运行需要,是当前全球商业运行里程最长的高铁信号控制系统。2021 年,CTCS-3 级列控系统自主研发的 4 款国产芯片和安达操作系统实现应用,一批基于 100% 国产芯片的核心装备进入产业化、工程化阶段,中国高铁拥有了 100% 国产化"大脑"。2023 年,中国通号全套自主化标准和产品装备雅万高铁,打造中国高铁首次全系统、全要素、全产业链走出国门的"样板工程"。[3] 自 2006 年起,中国高铁信号控制系统领域的专利申请量也

---

① 李凤奇、王宝筠:《专利侵权赔偿的现状分析及调整路径》,《河北法学》2017 年第 4 期。

② 参见陈丽荣:《2022 年全球高铁行业技术全景图谱》,2021 年 11 月 22 日,见 https://www.qianzhan.com/analyst/detail/220/211122-a5b57ebc.html。

③ 参见《自主创新炼成中国高铁名片》,2022 年 9 月 20 日,见 http://www.news.cn/tech/2022-09/20/c_1129016953.htm。

开始逐年增加,2011年更是出现了爆发式增长,截至2015年7月,90%以上中国专利申请由国内申请人提交,远超国外申请人的专利申请量。① 中国铁建股份有限公司自2010年实施创新与专利一体化战略以来,专利申请量从417件增长到6392件,有效专利从321件增加到4887件。② 新组建的中国中车年度研发经费保持8%左右的快速增长,技术投入比例保持在营业收入的5%以上;在2016年8月国家知识产权局下属中国专利技术开发公司发布的"中国企业专利奖排行榜"中,中国中车以38件获奖专利位居排行榜第二位。③

中国高铁企业已经拥有较强的技术实力,但由于专利的国际化布局体系不完备,大量低质量专利面对国际竞争巨头的专利挑战时存在较大风险,令企业在走出去的竞争中陷入被动。有学者指出,我国整个铁路产业的专利数量与国外相比存在差距,尚未形成海外布局规模。④ 中国高铁的海外专利布局远不能为中国高铁走出去提供"武器"、支撑和筹码。⑤ 具体来说,在制动技术领域,日本和德国申请人的专利数量与中国相当,但总体质量领先中国,是中国高铁的主要竞争对手;美国申请人在信号控制技术领域的优势最为明显且数量最多,美国虽不是高铁运营大国,但其在轨道交通信号控制共性技术领域具备较强的技术储备,易对中国构成"卡脖子"风险;在牵引技术领域,美国、日本、德国较之中国具有相对优势,中国虽在专利数量上略优于上述国家,但专利质量劣势明显;在转向架技术领域,美国、法国和德国的专利质量较高,法

---

① 参见冯飞:《中国高铁:驶出国门需警惕专利风浪》,《中国知识产权报》2015年10月21日第5版。

② 参见王宇:《中国铁建:"一带一路"上的知识产权尖兵》,《中国知识产权报》2015年10月9日第1、2版。

③ 参见徐厚广:《中国企业专利奖排行榜发布 中国中车位居第二位》,2015年8月23日,见http://www.peoplerail.com/rail/show-475-285331-1.html。

④ 参见王宇:《中国铁建:"一带一路"上的知识产权尖兵》,《中国知识产权报》2015年10月9日第1、2版。

⑤ 王春芳:《中国高速铁路知识产权现状、风险及对策研究》,《铁道建筑技术》2016年第2期。

国、日本等国通过较少量的高质量专利技术对他国形成有效遏制。[①] 因此,由于缺乏海外知识产权的合理布局,目前中国高铁专利质量偏低,这在高铁走出去过程中增加了知识产权风险产生的概率。

基于以上分析,客观上,国际高铁市场是高新技术激烈竞争的市场,容易引发知识产权争议,而且中国高铁技术在引进、消化、吸收和创新的基础上快速发展起来,容易给人造成抄袭的误解,加之存在海外知识产权维权成本高,维权专业法律人才匮乏,维权经验不足等因素,中国高铁走出去容易产生知识产权风险;主观上,由于中国铁路行业主管部门和高铁企业没有充分认识到高铁走出去知识产权保护的重要性,没有制定科学有效的制度规范,没有设置完善的专门机构和配备充足的人员,也没有对目标国进行合理的知识产权布局,所以在中国高铁走出去的过程中产生知识产权风险并非意外,实属正常。

第五节 "一带一路"倡议下高铁走出去知识产权风险防范的对策

"一带一路"倡议下高铁走出去知识产权风险防范是一个系统性工程,不能仅靠某一方面的制度设计,也不能仅靠一个或几个涉案企业去有效化解风险。[②] 针对风险及其产生的主客观原因,需要提出系统的防范对策,具体有如下几方面。

一、唤醒高铁走出去知识产权风险防范意识

人的行为受控于意识,不同的思考方式及思辨能力决定人的行为不同。[③]

---

① 刘鑫、赵婷微:《产业安全视角下全球高铁专利质量测度与风险识别》,《科技管理研究》2021 年第 4 期。

② 参见卢海君、王飞:《"走出去"企业知识产权风险研究》,《南京理工大学学报(社会科学版)》2014 年第 2 期。

③ 刘亚军:《国际文化产品贸易中的知识产权保护逻辑》,《当代法学》2016 年第 3 期。

思想意识是一切工作得以有效开展的前提,没有思想意识的指导,一切工作都将失去开启的根源。因此,"一带一路"倡议下高铁走出去知识产权风险防范工作的有效开展,必须先唤醒相关主体的风险防范意识,让他们充分认识到高铁走出去知识产权风险防范的重要性,然后在这种意识的支配下主动去实施知识产权海外风险防范的具体措施。

(一)唤醒中国高铁企业的海外知识产权风险防范意识

中国高铁走出去知识产权产生的收益和损失最终都由中国高铁企业承担,企业是知识产权保护的主体,是知识产权风险的直接承担者,所以首先需要唤醒中国高铁企业海外知识产权风险防范的意识。只有中国高铁企业真正认识到海外知识产权保护的重要性,高铁走出去知识产权风险化解才能从本质上得到保障。而要唤醒中国高铁企业海外知识产权风险防范意识,一是要唤醒中国高铁企业的决策者和管理层。由于大部分决策者和管理层并没有知识产权专业背景,他们擅于经营管理和技术开发,但对知识产权管理却相对陌生。一般情况下,如果没有特殊事件的启发,他们很难认识到知识产权管理的重要性,即便偶尔刺激有所感悟,但因专业知识受限,也很难认识到投入大量人力物力进行海外知识产权保护的必要性。所以首先应该唤醒中国高铁企业的决策者和管理层,这是高铁走出去知识产权海外保护工作有效启动的前提,只有让中国高铁企业的决策者和管理层充分认识到知识产权海外风险防范的重要性,才能有效推进海外知识产权风险防范工作。二是要唤醒中国高铁企业的广大员工。不仅要唤醒技术开发人员的海外知识产权保护意识,也要唤醒广大职工的知识产权海外保护意识。中国高铁企业技术人员知识产权保护意识的觉醒是有效推进企业知识产权管理工作的重要因素,同时,中国高铁企业广大员工知识产权保护意识的提高,可以更好地保障中国高铁企业知识产权管理工作的改善。因为企业广大员工既是知识产权管理的参与者,更是监督者,广大员工的关注度直接决定着企业领导的重视程度。当企业广大员工都具有知识产权保护意识,并且进行广泛关注时,企业必然会重视知识产权管理工作,进而投入大量人力物力进行改善和规范。所以,唤醒中国高铁企业广大员工的海外知识产权保护意识也非常重要。

唤醒中国高铁企业知识产权海外风险防范意识的方法主要有:其一,总结企业海外知识产权案例并进行企业内部宣传。包括失败的案例和成功的案例。失败的案例要对失败原因和对企业产生的危害进行详细分析,成功的案例要分析成功的经验和对企业产生的效益。总结经验之后,需要在企业内部进行广泛宣传,通过失败案例和成功案例的对比,不断刺激中国高铁企业决策者、管理层和广大员工的神经,以此唤醒他们海外知识产权保护的意识。其二,专门对中国高铁企业的决策者、管理层和技术人员进行知识产权管理培训。通过知识产权管理的专业培训,提高他们的专业水平,并且让他们在知识产权管理的培训学习中不断认识到海外知识产权保护的重要性,进而唤醒他们海外知识产权保护的意识。

(二)唤醒铁路行业主管部门的海外知识产权风险防范意识

行业主管部门虽然不是海外知识产权保护的直接主体,但它是最有能力帮助企业进行海外知识产权保护的主体,同时也是有义务帮助企业进行海外知识产权保护的主体。唤醒铁路行业主管部门的海外高铁知识产权风险防范意识,可以借助政府平台建立高铁走出去知识产权保护的协同机制、预警机制和海外救助机制等,帮助中国高铁企业更好地进行海外知识产权保护,同时也可以借助政府平台倡导和督促中国高铁企业建立相关海外知识产权保护制度,从纵向促进中国高铁企业海外知识产权保护意识的觉醒。

要唤醒铁路行业主管部门的海外知识产权风险防范意识,主要是要唤醒铁路行业主管部门决策者和具体知识产权管理者的风险防范意识,只有让他们充分认识到海外高铁知识产权保护的重要性,他们才会积极推动建立高铁海外知识产权保护的相关制度,也才会引导和督促企业积极开展高铁海外知识产权保护工作。

唤醒铁路行业主管部门海外高铁知识产权风险防范意识的方法主要有:

其一,专业人士和中国高铁企业的建议。知识产权专业人士,尤其是高铁走出去知识产权管理专业人士,包括学者和专业实务人士,是高铁走出去知识产权风险防范意识的最先醒悟者。他们应该以学者和专业人士的社会责任心,通过各种途径向铁路行业主管部门提出建议。另外,中国高铁企业也应该根据高铁走出去的实践需求,向铁路行业主管部门提出建议,要求建立相关制度和机构帮助高铁企业进行海外知识产权保护。其二,社会的广泛关注。铁路行业主管部门是帮助高铁海外知识产权保护的义务主体。社会的广泛关注可以倒逼主管部门的决策者和相关工作人员充分认识到高铁输出知识产权保护的重要性,并及时做出回应。因此,社会主体,尤其是相关媒体应该积极获取相关信息,并进行广泛报道,从社会关注角度促使铁路行业政府主管部门认清高铁海外知识产权风险防范的重要性。

二、设置高铁走出去知识产权保护的专门机构并配备合理人员

机构和人员是将思想意识转化为实际行动的载体。有了思想意识的觉醒,如果没有专门的机构和人员将其实施,则思想意识的觉醒只是空想,没有任何意义。中国高铁在走出去过程中,要想很好地进行知识产权风险防范,相关主体必须设置专门机构并配备合理人员,否则,再好的想法都只能停留在纸面上。具体为:其一,中国高铁企业应该设立专门海外知识产权管理机构并配备合理人员。虽然高铁企业设立知识产权管理机构和配备人员属于企业自主经营权的范畴,不属于立法干预的范围,但出于必要性,从立法论的角度分析,应该从立法上鼓励和倡导高铁企业设立海外知识产权管理机构并配备合理人员,专门负责海外知识产权管理工作,有效推进高铁企业海外知识产权保护的专业化和规范化,不能仅靠兼职机构和人员去实施高难度的高铁海外知识产权保护工作。其二,铁路行业主管部门应该设置专门海外知识产权保护机构并配备合理人员。主管部门是帮助中国高铁走出去知识产权保护的义务主体,设置专门海外知识产权保护机构并配备专业人员是其具备能力的必要条

件。只有在主管部门设立专门机构并配备合理的专业人员,由该机构和人员去推动实施相关海外知识产权保护的具体工作,铁路行业主管部门的义务才能得以履行。

另外,高铁走出去知识产权保护不仅需要铁路行业主管部门提供帮助,还会涉及国家外交部门、商务部门和知识产权主管理部门等机构。中国高铁企业作为市场主体仅凭自身能力很难与各个政府部门进行协调,而且分别沟通效率不高。因此,应该以铁路行业主管部门为主体,以其设置的具体机构为依托,建立起中国高铁企业与相关政府部门之间的协调机制,为中国高铁企业和相关政府部门之间搭建起沟通的桥梁,从而高效、快捷地为中国高铁走出去提供知识产权保护服务。

三、对高铁走出去目标国进行合理的知识产权布局

缺乏对目标国进行合理的知识产权布局是高铁走出去知识产权风险产生的重要原因,这导致高铁走出去过程中面临着被动挨打的局面。大量事实证明,知识产权拥有量的多少是衡量一个企业乃至国家整体经济竞争实力的重要标准,[1]"产品未动,商标先行"已是发达国家跨国公司的普遍做法。[2] 高铁走出去知识产权风险防范意识提高的直接表现就是对目标国提前进行知识产权保护布局,其中主要是针对中国高铁技术进行专利布局和商标布局。只有对高铁走出去目标国进行合理的知识产权布局,才能突破各国高铁巨头精心设置的"专利丛林",避免竞争对手带来的潜在知识产权风险。[3] 中国高铁要在竞争激烈的国际舞台上站稳脚跟,首先必须拥有更多数量和更高质量的知

---

① 参见焦捷:《两大战略的契合点:知识产权战略与中国"走出去"战略》,《清华大学学报(哲学社会科学版)》2008 年 S2 期。

② 卢海君、王飞:《"走出去"企业知识产权风险研究》,《南京理工大学学报(社会科学版)》2014 年第 2 期。

③ 参见黄贤涛:《中国高铁"走出去"的知识产权机遇和挑战》,《中国发明与专利》2011 年第 8 期。

识产权,①因此,要在高铁走出去知识产权风险防范意识逐渐提升的环境下,以中国高铁企业为主体,设置专门机构进行积极谋划,布局知识产权战略。要对高铁走出去进行知识产权战略布局,需要从以下几方面进行。

其一,对目标国进行科学筛选。在国外申请、维护专利和商标需要高额的支出,对每个国家都进行高铁知识产权布局显然是非常困难且不经济的。因此,应该对高铁走出去知识产权布局目标国进行合理筛选。筛选时,一是要看目标国的市场客流量,修建高铁需要巨额成本投入,建成后需要有足够的客流量支撑才能快速收回成本并实现盈利。二是要看目标国的居民生活水平。高铁运输是奢侈品,虽然速度快,但运输费用较高,只有目标国经济相对发达且居民生活水平比较高的地方,才会有足够的旅客选择乘坐高铁。三是要看目标国的政府是否有修建高铁的强烈愿望。每一条高速铁路的修建在当地都是重大的民生工程,需要巨额的资金投入,需要目标国政府主导。如果目标国政府没有修建高铁的强烈愿望,高速铁路的修建不可能启动,更不可能实现。四要看目标国居民是否强烈拥护修建高铁。很多目标国都是民主国家,或者具有民主的政治外衣,如果得不到目标国居民的强烈拥护,即便目标国政府拥有强烈愿望,也无法实现巨额投资修建高速铁路的计划。

其二,要对目标国的高铁知识产权状况进行调查评估。在选定高铁走出去的目标国之后,需要对目标国高铁知识产权布局情况进行调查,摸清目标国自己的高铁知识产权布局和竞争对手在目标国的高铁知识布局。然后再对中国高铁企业的高铁技术和商标进行分析,比较技术差别和商标差异,评估申报专利和申请商标的成功率,再结合中国高铁企业未来在目标国的需求预测进行专利申请和商标注册。

其三,要借助更为快捷的申请方式进行知识产权布局。在各个目标国进

---

① 参见赵建国:《中国高铁:专利作支撑 加快"走出去"》,《中国知识产权报》2015 年 6 月 24 日第 1、3 版。

行专利申请和商标注册耗时长、成本高,而且还有语言障碍,这是高铁知识产权在国外布局少的主要原因。因此,中国高铁走出去的知识产权布局应该选择更为便捷且成本相对较低的方式。目前大部分目标国都可以通过专利合作条约(Patent Cooperation Treaty,简称 PCT)和专利审查高速路(Patent Prosecution Highway,简称 PPH)实现更为便捷的专利申请。中国国家知识产权局是 PCT 的受理局、国际检索单位和国际审查单位,中国高铁企业可以用中文或英文向国家知识产权局提出专利 PCT 申请,并将高铁输出的目标国(非 PCT 成员国除外)作为指定国,由国家知识产权局进行初步审查和国际检索,出具国际检索报告进行统一国际公布,并将其传输给指定国,再由各国专利局决定是否授予申请。当中国高铁企业通过 PCT 程序获得至少有一项权利要求具有可专利性的国际初步审查报告后,可以依据中国与特定目标国之间的 PPH 协议申请加快审查,能够更为快捷地在目标国获得专利申请。

四、建立高铁走出去知识产权风险防范的预警机制

要想及时掌握高铁输出目标国的知识产权风险状况,做到知己知彼,掌握主动权,并且能够及时应对各类风险发生,就需要建立高铁走出去知识产权风险防范预警机制。而要建立此预警机制,需要铁路行业主管部门和中国高铁企业共同努力。

其一,铁路行业主管部门应该建立海外知识产权保护预警机制。进入风险社会以来,当公民个体无法面对现代社会的整体风险时,国家或者政府作为一般意义上社会秩序的维持者和社会资源的掌控者自然应挺身而出,完成公民的合理预期。[1] 在高铁走出去的实践中,中国高铁企业仅凭自身能力很难充分掌握海外高铁知识产权的实时动态并进行风险防范。在这种情况下铁路行业主管部门应该挺身而出,以设置的高铁知识产权海外保护机构为主体,依

---

[1] 戚建刚:《风险规制的兴起与行政法的新发展》,《当代法学》2014 年第 6 期。

靠建立的海外高铁知识产权保护协同机制,借助外交部门、国家知识产权主管部门和商务部门等力量,收集高铁走出去目标国高铁市场竞争状况、知识产权布局情况等信息,并定期发布,为中国高铁企业输出高铁提供知识产权保护预警信息,从宏观上为高铁走出去知识产权风险防范提供预警服务。

其二,中国高铁企业应建立海外知识产权保护预警机制。中国高铁企业应该借鉴北京市 2011 年发布的《企业海外知识产权预警指导规程》,以企业自身海外知识产权保护机构为主体,汇集知识产权研发部门和市场部门的力量建立高铁海外知识产权预警工作组,形成常态化工作机制。然后,结合企业自身知识产权保护的需求,对高铁输出目标国的高铁知识产权进行数据检索和筛选、数据统计分析、法律侵权分析,而且需要对主要竞争对手进行专利追踪,为高铁走出去及时提供知识产权保护的风险信息和规避对策。①

五、敢于应对高铁走出去过程中的各类知识产权风险

由于海外知识产权维权费用高、难度大,再加上语言障碍和专业人才匮乏等因素,很多企业在海外遭到知识产权侵害时都选择了放弃维权。七星天公司发布的《中国企业涉 337 调研报告》显示,中国企业被美国"337 调查"败诉率高达 60%,远高于世界平均值的 26%,而中国企业败诉的主要原因是畏惧"337 调查",从而采取消极应对甚至直接放弃的态度。② 相对于一般走出去企业,中国高铁走出去企业面临更复杂多样的目标国,语言障碍更大、专业人才更为匮乏,所以中国高铁走出去遇到的知识产权风险挑战会更大。为了企业获得长远发展,仅仅被动应对知识产权风险是不够的,毕竟,进攻是最好的防守。③

① 参见张红辉、周一行:《"走出去"背景下企业知识产权海外维权援助问题研究》,《知识产权》2013 年第 1 期。

② 参见吕斌:《〈中国企业涉 337 调研报告〉发布 "走出去"首先要有底气》,2016 年 1 月 19 日,见 http://www.legaldaily.com.cn/index_article/content/2016-01/18/content_6450223.htm? node=5955。

③ 孙小明、郭军:《中国海外投资法律风险指引》,法律出版社 2012 年版,第 27 页。

中国高铁企业应该凭借自己的技术优势和资金优势,不畏惧竞争对手的知识产权侵权指责、诉讼、调查和侵害等,勇于应对、迎难而上,打击竞争对手的嚣张气焰。只有直面困难、敢于迎接挑战,才能想方设法去寻求知识产权保护的办法。① 同时,在与竞争对手对抗中,中国高铁企业也能积累经验,培养专门的法律人才,为今后高铁走出去知识产权保护奠定坚实基础。不仅如此,还要加快建立和完善中国高铁国际化标准体系的制订工作,加快推进中国高铁标准海外版研制,进一步提升中国高铁产业的国际知名度和认可度,从而抢占国际竞争"制高点"。②

六、培养高铁走出去知识产权保护的专门法律人才

国际竞争力持续提升的中国高铁是高质量共建"一带一路"的重要内容之一,但中国高铁"走出去"不能够仅靠硬件设施,人才支撑始终是关键。③ 高铁走出去知识产权的布局、知识产权风险的预警和各类知识产权风险防范都需要专业化的人才去实施。中国高铁走出去战略目标实现的关键在于人才,人是开展一切工作的载体,没有专业人才的支撑,高铁走出去知识产权海外保护只能是乌托邦式的幻想。中国高铁走出去,应将人才培养放在首位,要积极创造高速铁路技术成果共享的教育氛围,构建支撑世界轨道交通发展的人才培养培训体系,为持续走出去搭建人才"蓄水池"。更要从国家层面牵头,在国外建设中国高铁培训与研究中心,培养属地化人才。④

当下中国的国际化法律人才培养的更高目标是需要在专精化法律研修学习和娴熟掌握至少一门外语的基础上,进一步深度获取"让别人能理解的方

---

① 参见张乃根:《"一带一路"倡议下的国际经贸规则之重构》,《法学》2016 年第 5 期。
② 雷升祥:《中国高铁如何更好"走出去"》,《施工企业管理》2015 第 2 期。
③ 参见《中国高铁走出去需人才支撑 铁路院校责无旁贷》,2020 年 8 月 3 日,见 http://politics.people.com.cn/n/2015/0609/c70731-27125267.html。
④ 雷升祥:《中国高铁如何更好"走出去"》,《施工企业管理》2015 第 2 期。

式"的那种智识,以便于更快地去对接和试验国际惯例。① 所以,高铁走出去知识产权保护的专业法律人才,既需要掌握并熟悉目标国语言、知识产权法律、铁路业务和高铁的基本知识,还需要掌握目标国能够理解和接受的交流方式。这就要求高铁走出去的法律人才既具备扎实的理论功底,还得经历过实践历练,需是典型的复合型、应用型专门法律人才。目前,真正有战略思维和国际实战经验的高端高铁专利管理人才非常短缺,需要形成高端国际专利管理人才的长效培养机制,②这都需要专业院校和实务部门的共同努力。

第一,专业院校需要建立特色化人才培养体系。专门人才需要专门培养,高铁走出去知识产权保护的专门法律人才需要学校进行特色化培养,进行特色化课程设置和实践训练。具体来说,应当符合以下几个要求。一是要突出强化外语训练,应保证学生在学校至少精通一门外语。二是要重点培养学生的法学基础理论知识,使学生具有扎实的法学理论功底,具备扎实的法学素养。三是要重点培养学生学习知识产权知识尤其是国外知识产权法律法规,使学生具有开展知识产权业务的知识基础。四是要培养学生具备基本的高铁知识,使学生了解铁路基本业务,熟悉高铁技术的基本原理和基本功能,为将来学生从事专业化的高铁知识产权海外维权业务奠定基础。

第二,实务部门需要对法律人才进行专业化训练。学校的培养只完成了知识的积累和储备,保证学生具备了初步接触社会的能力,是人才培养的一个阶段。高铁走出去知识产权保护专业人才培养,还需要实务部门进行专业训练,具体包括中国高铁企业和知识产权专业服务机构对海外高铁知识产权申请、维护、运营和救济等业务进行实务训练。只有经过多年海外高铁知识产权

---

① 参见杨力:《国际化法科人才培养格局及协同》,《法学》2015年第6期。
② 参见李昱晓、黄玉烨:《中国高铁驶出国门的专利战略研究》,《科技管理研究》2015年第22期。

保护业务训练并积累一定经验后,才能培养出符合高铁海外知识产权保护需要的合格人才;也只有经过专业实务训练,这些专业人才才能独立开展海外知识产权保护业务。

第三章 "一带一路"倡议下高铁走出去劳动保护的问题、风险及应对策略[①]

第一节 "一带一路"倡议下企业走出去劳动保护的实践与问题

实践是问题的来源,问题是研究的起点。通过典型实践案例梳理分析,能够准确掌握实践中遇到的真实问题。梳理分析"一带一路"倡议下企业走出去遇到的劳动风险典型案例,总结提炼其共性问题,有助于深入探究高铁走出去劳动风险的类型、危害及产生原因,对比、提炼高铁走出去劳动风险的特殊性。因此,在深入细致地研究高铁走出去劳动法律风险之前,应该梳理分析"一带一路"倡议下企业走出去劳动保护的典型案例,并进行共性问题总结提炼,为深入分析"一带一路"倡议下高铁走出去劳动风险奠定坚实基础。[②]

一、企业走出去劳动保护的典型案例梳理

近年来,中国企业在走出去过程中遇到许多劳动保护问题,包括劳动纠纷、劳资冲突、劳动侵权、员工安全等。认真梳理分析企业走出去过程中遇到

① 该章部分内容曾以《"一带一路"倡议下高铁走出去劳动风险及应对策略》为题,发表于《河北法学》2020 年第 6 期。

② 为了全面研究高铁走出去过程中的劳动相关风险,本章的研究超出了狭义的劳动法律风险范畴,将部分与劳动环境相关的风险纳入了研究范围。

的典型案例是寻找企业走出去劳动保护共性问题的重要途径,以下是企业走出去过程中遇到的一些劳动保护典型案例。

表 3.1 企业走出去劳动保护典型案例梳理简况

序号	事件名称	事件经过	遇到的劳动保护问题
1	缅甸莱比塘铜矿	缅甸莱比塘铜矿是中国在缅甸重要的大型投资项目,雇佣当地员工较多,劳资冲突频繁,多次发生罢工、拒领工资、静坐示威事件,过度维权、宗教活动引发劳资冲突等事件。①	劳资冲突频繁,增加了成本和管理难度。
2	波兰 A2 高速公路项目	在波兰 A2 高速公路项目中,需要租赁很多当地设备,由当地具有资质的工人操作,依据波兰劳工法律规定,当地劳工必须依据所在地工资水平雇佣。② 而且,在波兰设备分包商的酬劳是按小时计算,波兰设备分包商的工作时间由自己决定,中方按记录发放工资。③ 这些因素导致该项目劳动力成本大幅增加。	必须雇佣当地人员,徒增劳动力成本。
3	雅万高铁竞标时的中国工人威胁论	中日竞标雅万高铁项目时,印尼《时代》杂志刊登了中国工人涌入印尼的报道,引起社会广泛关注,工会向政府施压要求禁止没有职业技能的中国工人进入印尼,雅加达、万隆等市出现工人游行示威。④	当地员工的强烈反对导致工会等组织向政府施压,要求禁止外来劳工进入本地工作。
4	越南宝成鞋厂数千员工大规模罢工	台湾宝成越南公司进行新的薪资方案改革,准备将 24 个工资级别减为 10—15 个工资级别,但遭到大规模罢工,反对宝成越南公司新的薪资改革方案。厂方决定取消新的薪酬制度、维持原有薪酬制度后,当天中午员工陆续重返工作岗位。⑤	强悍的工会组织及罢工武器阻碍薪资改革,影响效率提升。

① 米涛、沈美兰:《在缅中资企业劳资问题研究——以莱比塘铜矿项目为例》,《红河学院学报》2019 年第 5 期。

② 向鹏成、牛晓晔:《国际工程总承包项目失败成因及启示——以波兰 A2 高速公路项目为例》,《国际经济合作》2012 年第 5 期。

③ 参见《中铁饮恨波兰高速公路:低价竞争的中国速度不可复制》,2020 年 7 月 11 日,见 http://finance.sina.com.cn/chanjing/gsnews/2016-08-23/doc-ifxvcsrm2267022.shtml? from=wap。

④ 潘玥:《"一带一路"背景下印尼的中国劳工问题》,《东南亚研究》2017 年第 3 期。

⑤ 参见《缅甸工人罢工还打砸抢 中资服装厂这两月经历了啥》,2020 年 7 月 7 日,见 http://news.sohu.com/20170225/n481692187.shtml。

续表

序号	事件名称	事件经过	遇到的劳动保护问题
5	坦桑尼亚友谊纺织厂工人暴力讨薪	2007年坦桑尼亚政府调整纺织业最低工资,每月由6万先令提高到15万先令,外加津贴6.5万先令。最低工资调整后,纺织业雇主们强烈抗议,政府给予20家纺织企业豁免令(包括坦桑尼亚友谊纺织厂)。但工会强烈反对豁免令,且以豁免令违法为由,将政府和这些纺织厂联名告上法庭。官司持续数年,工会、纺织厂和劳工部多次败诉、胜诉、上诉,2015年12月法院作出终审判决,要求友谊纺织厂支付约1450万元人民币的工资差额补偿(从2016年4月开始偿还)。但是2007年之后工厂又陆续招聘了共350名员工,而享有赔偿权的只有2007年在籍的1300名终身合同工,他们签署了工会的起诉协议,后续招聘员工不在终审判决的赔偿名单内,不受法律判决保护。但这350名员工想借此提高最低工资水平,得到跟老员工一样的工资差额赔偿,所以怂恿老员工用暴力迫使资方满足他们的诉求。①	当地政府最低工资标准豁免令遭工会反对,导致劳资官司持续多年,最终导致员工暴力讨薪。
6	赞比亚科蓝煤矿劳资纠纷导致中国员工伤亡	中资企业在赞比亚开发矿产资源的过程中,因未执行好当地劳工标准,加之语言障碍等因素,未能及时有效沟通,引发激烈劳资纠纷,造成1名中国员工死亡、4人受伤。②	未执行当地最低工资标准,导致严重劳资冲突。
7	南非工会频繁组织罢工导致中资企业难以应对	南非工会势力强大,罢工频繁,经常导致当地劳资关系紧张。中资企业一般采取"关厂"方式对抗罢工,但非洲国家"关厂"条件和程序极其严格,若缺乏足够了解,则难以应对罢工,且不符合法律规定条件的"关厂"行为将会遭到严厉裁制,容易引发群体性事件,甚至会演化为政治或外交事件。③	工会频繁组织罢工,导致中资企业难以应对。

① 参见祖晓雯:《非洲员工暴力讨薪 "中非友谊象征"艰难转型》,2020年7月7日,见 http://news.sohu.com/20160309/n439841944.shtml。

② 毕振山:《赞比亚中资煤矿骚乱事件的背后》,《工人日报》2012年8月10日第8版。

③ 参见洪永红、黄星永:《"一带一路"倡议下中企对非投资劳动法律风险及应对》,《湘潭大学学报》2019年第3期。

续表

序号	事件名称	事件经过	遇到的劳动保护问题
8	中铁七局在乌干达遭遇罢工	数百名当地工人举行罢工,抗议员工受到管理人员性骚扰和被拖欠工资,而实际上,乌干达工人罢工的真实目的是诉求承包商上调工资,投诉中方人员性骚扰的女工则是因被解聘后心存怨恨。①	为上调工资举行罢工,并恶意抹黑中资企业。
9	中远收购比雷埃夫斯港发生工人罢工	希腊港口工人工会抗议希腊最大的两个港口被收购,使得希腊国家的救助计划私有化。工人们担心私有化会给他们的工作造成竞争压力。②	工人害怕私有化给工作造成竞争压力,导致罢工。
10	孟加拉国阿达姆吉出口加工区罢工游行频繁	孟加拉国阿达姆吉出口加工区,经常出现罢工从一家工厂扩展至整个加工区,但罢工数日后工人又会跟往常一样回到工厂上班,跟未发生过罢工一样。这种经常性的罢工导致中资企业无法按计划安排生产,产生各种损失。③	中企投资孟加拉国的过程中因劳动争议,产生频繁的罢工游行导致运营成本增加。
11	援非洲国家工程项目受当地雇工法治观念影响大	我国援助西非国家的工程项目按照当地法律规定,雇佣当地人需签劳动合同,期限超过一年的还要增加工资。当地工人的法治观念非常强,每天坚持只在8小时内工作,加班需支付两倍工资,而且,节假日繁多,期间不上班,稍有劳务纠纷,当地员工通常以报警方式解决。④	西非国家雇工的法治观念导致中资企业难以应对。
12	委内瑞拉迪阿铁路项目	委内瑞拉当地对劳工权益保护严格,工会势力庞大,人员素质相对低,局势混乱。⑤	当地工会势力庞大且专业化人才匮乏。

① 参见《中企否认乌干达工人"拖欠工资"指控:对违规零容忍》,2020年7月9日,见 http://www.hqrw.com.cn/2017/0106/59859.shtml。

② 参见《中远收购的比雷埃夫斯港发生工人罢工》,2020年7月9日,见 http://stock.eastmoney.com/news/1354,20160224597536252.html。

③ 参见詹芮:《论中国企业对孟加拉国投资的劳动法律风险及应对》,《中国应急管理科学》2020年第7期。

④ 参见《援非洲国家工程项目风险案例分析》,2022年10月20日,见 https://api.goalfore.cn/a/484.html。

⑤ 参见金晶:《"一带一路"国际铁路通道建设风险评估研究》,中国铁道科学研究院2019年博士学位论文,第49页。

序号	事件名称	事件经过	遇到的劳动保护问题
13	孟加拉国栋派铁路项目	孟加拉国 90% 以上信奉伊斯兰教,党派斗争激烈,罢工、游行、暴力冲突影响施工。①	忽略当地教派、社会文化习俗差异,易导致突发事件。
14	肯尼亚蒙内铁路项目	项目需要雇佣大量当地员工,双方在文化背景、语言交流、生活习俗等方面差异较大,而且,肯尼亚社会治安不佳,武装抢劫偶有发生,反对党还经常制造事端干扰项目;导致项目推进经常受阻。②	政治势力博弈和与当地语言文化差异,易引发劳资纠纷。
15	缅甸仰光"2·23"罢工事件	2017 年 2 月,200 多名罢工的缅甸员工占领了仰光瑞比达工业区的杭州百艺成衣厂,扣押了 7 名中国籍员工,而且,其他中国员工的现金、个人物品多数被抢。③	缅甸工会势力强且多为政治性强的机构,经常组织罢工。
16	匈塞铁路项目	中国工薪制度与中东欧国家大不相同,企业与当地工人之间的关系难以协调从而矛盾频发,中企面临着巨大的劳动法律风险,致使项目合作进程缓慢。④	工薪制度差异导致劳资纠纷,使得项目进展缓慢。
17	墨西哥公共电力工程项目	墨西哥籍员工流动率高,中国企业一般以短期聘用制方式招聘当地员工。国家为保护本国公民的工作权利,在劳动法中规定了一系列员工离职时的权利。中国企业缺乏对劳动法中合同解除复杂流程的了解,导致解聘当地员工时产生一系列劳务纠纷,甚至引起不必要的劳动仲裁。⑤	对当地劳动法律法规不熟,悉导致劳资纠纷。

① 参见金晶:《"一带一路"国际铁路通道建设风险评估研究》,中国铁道科学研究院 2019 年博士学位论文,第 49 页。

② 参见金晶:《"一带一路"国际铁路通道建设风险评估研究》,中国铁道科学研究院 2019 年博士学位论文,第 50 页。

③ 参见李晨阳:《漫谈仰光"2·23"罢工事件的处置》,《世界知识》2017 年第 6 期。

④ 参见钟准、李佳妮:《国际基础设施建设的法律风险及应对——以"一带一路"代表性铁路项目为视角》,《法治论坛》2021 年第 4 期。

⑤ 参见岳淇:《墨西哥劳务法律风险以及应对措施》,《国际工程与劳务》2022 年第 2 期。

续表

序号	事件名称	事件经过	遇到的劳动保护问题
18	巴基斯坦劳工劳动纠纷	2018 年中国企业与 3 名巴基斯坦员工签订劳动合同。在合同期快结束时,该 3 名员工联合当地工会,要求企业修改合同期限,将其改为长期用工合同。得逞后,该 3 名员工却不认真工作,不但不完成本职工作,还屡次要求提前支取工资。在企业拒绝后,多次煽动当地群众举行罢工,且利用劳动法要求企业支付各种费用。	在罢工的威胁下,员工制造事端,以满足其不正当的需求。
19	复星国际收购案	2015 年,复星国际准备收购以色列凤凰保险公司,遭到以色列相关利益者强烈反对。员工认为,公司被复星国际收购后,公司的业务可能会输出到中国,而中国的薪酬福利待遇远低于以色列,公司员工担心无法继续享有高标准的薪酬福利待遇,进而发起罢工反对并购计划。而且,他们担心养老金落入复星国际之手后,养老金福利待遇将难以保障,认为企业是为了自身利益而牺牲他们待遇,导致复星国际放弃收购。	由于薪酬福利待遇问题,触动劳工利益,当地发起罢工反对中国企业的并购计划。

以上是近年来我国企业走出去过程中遇到的有关劳动保护的典型案例,通过对这些案例的整理分析,可以更直观地反映出我国企业在走出去过程中面临的劳动保护共性问题,具体包括:对工会组织不重视引发劳动纠纷、忽略社会文化习俗差异引发劳动纠纷、政治势力博弈引发劳资纠纷、触动劳工利益引发罢工冲突、违反当地劳动法律法规遭受处罚等。这些劳动保护纠纷的出现,对中国企业走出去提出了新的问题。未来中国企业在走出去的过程中,需要更加重视工会组织在企业管理中的重要作用,处理好和工会组织之间的关系,了解、理解和尊重当地的社会习俗,注意投资目标国国内的政治影响,提前了解当地实际情况,严格遵守当地的法律法规,避免因触动劳工利益引发罢工冲突,尽可能地规避劳动环境风险,使项目顺利完成。

二、企业走出去劳动保护的共性问题

通过认真梳理分析上述企业走出去过程中遇到的劳动问题典型案例,可以总结出企业走出去过程中在劳动保护方面遇到的一些共性问题。

（一）对工会组织不重视引发劳资纠纷

工会，又称劳工总会或工人联合会，它代表工人利益促进政府、企业和职工之间信息交流，本质上有助于缓解三者之间的矛盾冲突。但是在具体实践中，工会与政府、企业之间关系处理得好的国家和地区能实现工会的协调功能，而在处理得不好的国家和地区，工会往往会站到政府和企业的对立面，给政府和企业管理制造麻烦。轻则以工会自身优势温和阻挠政府或企业改革，重则组织领导工人罢工引发激烈的劳资冲突。在"一带一路"共建国家，工会组织较为复杂，种类繁多，而且往往会掺杂政治、宗教等因素，更加激化劳资冲突。"一带一路"倡议下走出去的企业，由于适应了国内温和的劳资环境，未曾经历复杂的工会责难，缺乏处理复杂工会带来劳资冲突的经验，因此，在具体走出去过程中，面临因工会引发的劳动环境风险较为复杂，具体原因表现为以下几方面。

其一，"一带一路"共建国家工会极具复杂性。大部分"一带一路"共建国家的工会组织相对自由，有的国家一个企业可以组建多个工会，每个工人都有权组建工会并成为会员。[1] 工会的核心功能是维护会员的劳动权益，因此，一旦企业的改革触动职工利益、职工利益相关政策未执行到位、管理者需要强制执行员工管理制度等，都会引发工会的强烈反对，进而出现工会站到企业对立面的现象。一般情况下，工会面对劳动纠纷态度往往比较强硬，经常发动罢工、示威等运动，阻碍正常的生产经营活动。频繁罢工不仅会导致企业产生严重的经济损失，也会间接导致劳动力成本上升。[2] 例如，东南亚各国工会力量强大，且集体谈判覆盖率、工会密度率差异较大，很多国家都有罢工和工会运动的传统。再如，非洲国家的工会一般由工人自愿、自由组织成立，其使命是

---

[1]　Abdul Rachmad Budiono. Labor Law in Indonesia. *Journal of Law, Policy and Globalization*, Vol.21, 2014: 50-55.

[2]　刘健西、邓翔:《"一带一路"东南亚沿线国家投资的劳工风险研究》,《四川大学学报(哲学社会科学版)》2022年第1期。

为工人利益服务,当工人诉求得不到满足或得不到满意答复时,往往就会通过罢工等方式要求提高劳动待遇和劳动报酬。[1] 在上述梳理的典型案例中,宝成越南公司进行新的薪资方案改革,准备将工资级别由 24 个降低为 10—15 个,但遭到了工会组织的大规模罢工抵制;坦桑尼亚友谊纺织厂享受政府豁免令不执行最低工资标准,但豁免令遭到工会的强烈反对,工会以豁免令违法为由,将坦政府和友谊纺织厂联名告上法庭,加之处理不当,引发暴力冲突。除此之外,2006 年印尼政府以《劳工法》过于偏向劳方为由,决定对其修订,但遭到劳方强烈示威抗议,修订工作没有实现。[2] 这些实践中的典型案例不断警示着中国走出去企业,国外工会极为复杂且力量强大,中国企业必须给予足够的重视。

其二,走出去企业缺乏应对所在国家工会责难的经验和能力。走出去的企业缺乏应对复杂工会的经验和能力,在企业走出去过程中缺乏对目标国家工会制度的深入系统了解,部分企业甚至根本没把工会关系纳入企业的经营管理范畴中去。这些企业突然要面对工会强势、劳资关系复杂的东道国实际环境,其所面临的困难和挑战可想而知。[3]

综上所述,"一带一路"倡议下企业走出去面临复杂的工会关系问题,面对强势工会对劳动纠纷的施压、干预,走出去企业由于缺乏相关经验和能力,极容易引发劳资冲突。因此,走出去企业必须高度重视与当地工会组织的关系,深入调研、充分了解当地工会组织的运作方式和关注重点,积极开展"劳、资、政"三方协商,通过弱化争议,减少误会,达成共识,化解各类劳动争议。[4]

---

[1] 洪永红、黄星永:《"一带一路"倡议下中企对非投资劳动法律风险及应对》,《湘潭大学学报》2019 年第 3 期。

[2] 商务部国际贸易经济合作研究院等:《对外投资合作国别(地区)指南——印度尼西亚(2020 年版)》,2022 年 3 月 2 日,见 https://www.yidaiyilu.gov.cn/wcm.files/upload/CMSydylgw/202012/202012220429018.pdf。

[3] 李文沛:《"一带一路"战略下境外劳动者权益保护的法律系统建构》,《河北法学》2017 年第 6 期。

[4] 刘健西、邓翔:《"一带一路"东南亚沿线国家投资的劳工风险研究》,《四川大学学报(哲学社会科学版)》2022 年第 1 期。

(二)忽略社会文化习俗差异引发劳动纠纷

社会习俗主要指社会形成的习惯和风俗,是不同国家或地区居民根据自己的生活习惯、生存环境等影响因素,在物质文明和精神文明生产和创造过程中逐渐形成的。① 任何一个国家或地区,社会习俗的形成都需要经过较长时间的历史沉淀,因此其具有较强的稳定性。中国企业在"一带一路"倡议下走出去的具体实践中,从国土空间视角观察,我国和东道国一般距离较远,由于地理地域等方面的不同,社会风俗习惯差异较大。除了社会习俗的差异,在走出去中企业还会遇到文化理念的碰撞。文化理念是一定范围内的居民在长期生产、生活及交往过程中逐渐形成的精神追求和价值理念,具有很强的地域性特征,是一个区域内居民所独有的,且在该区域范围内大家会自觉遵守和高度认同该理念。

受限于当地法律法规和项目建设的实际需要,中国企业到海外投资建设项目一般需要雇佣大量当地员工,当地员工的习惯喜好、生活方式、工作态度等,都与国内有较大差异。如果未能充分尊重和理解当地员工的社会习俗和文化理念,则在具体工作、生活过程中容易引发纠纷冲突,加上语言和思维方式造成的沟通障碍,可能会导致双方矛盾被拉大甚至被激化。例如,中国和泰国工人之间对待工资的处理方式存在很大文化差异,泰国工人习惯赚一个月花一个月,没有风险意识,而中国的工人则习惯于把钱存起来。因此,在泰国发展的中国企业在工资发放问题上,需要更加注意中泰之间的文化差异,确保泰国员工的基础收入,以免产生不必要的冲突和成本。再如在赞比亚,文化差异和沟通不当等问题,容易引发劳动纠纷,甚至引发罢工、抗议、肢体冲突等严重情形。上述例子中的科蓝煤矿,该企业由于劳资矛盾长期积累,曾经发生过强烈冲突。在冲突中,还发生了人员伤亡的意外事件,造成较大的负面影响,牵连到其他中资企业。另外,在非洲,企业经常抱怨非洲工人不守纪律、懒惰

---

① 杨文生:《铁路与社会习俗的变迁——以 1909—1937 年间的平绥铁路为中心》,《华南师范大学学报(社会科学版)》2007 年第 2 期。

等;非洲员工则抱怨企业工资低、工作环境恶劣、条件差、经常加班。在东南亚,各国的文化背景差异明显,既有越南这种推崇传统儒家思想和东方价值观的国家,也有菲律宾这种英语普及、信奉天主教、西方文化占据主导地位的国家,语言、文化、风俗、宗教等差异也导致中方管理人员与当地雇员沟通不畅,产生误会,引发劳动纠纷。这些冲突、纠纷背后的深层原因是中外文化理念、社会风俗的巨大差异,鉴于此,中国企业在走出去过程中,应提前调查了解东道国的社会习俗、文化理念和宗教信仰等问题,以免发生问题时措手不及,难以妥善解决。

(三)政治势力博弈引发劳资纠纷

政局动荡、大国博弈以及环境敏感等问题对"一带一路"倡议下企业走出去投资项目带来挑战。① 部分东道国局势动荡,政府机构内部腐败,社会治安状况不佳;有些国家正处于社会转型期,政治矛盾尖锐突出。这类风险与矛盾在有的国家长期存在,有的国家暂未显现或处于潜伏状态,时刻对我国境外企业造成威胁。在这一环境下,走出去企业会因东道国政治环境以及政治势力博弈而在多个领域受到影响,尤其在劳动领域会遭到较大冲击,主要表现为以下几方面。

一是东道国国内政治势力利用员工对中资企业的不满达到政治目的。如东道国当地员工由于文化水平不高、劳动技能不强、态度散漫等原因和中方员工同工不同酬,部分中国工人住宿条件和饮食标准高于当地员工,这就引起当地员工的不满情绪。东道国国内不同的政治势力,会利用这些员工的不满情绪,煽动当地员工罢工、抗议、示威,从而达到自己的政治目的。

二是抹黑中国形象,激发对中资企业和员工的抵触情绪。如一些没有资质的劳动中介机构为获取更多的利益,利用法律法规漏洞,签订了许多有问题的劳动合同,使得许多境外务工人员的签证等证件不符合当地法律法规规定,

① 张锐连等:《"一带一路"倡议下海外投资社会风险管控研究》,《经济纵横》2017 年第 2 期。

自身的合法权益也常常得不到保障。在当地政治势力博弈的影响下,一些政治势力借此加大负面宣传,造成东道国国内对于中国企业的负面情绪高涨,激发了对中国企业和员工的抵触情绪。再如,"一带一路"共建国家受到其国内一些政治势力的阴谋论谣言影响,引发当地民众负面情绪高涨,在很大程度上限制了中国企业在当地的发展和投资积极性。如发生在印尼的"辣椒事件",4 名中国人在印尼种植被病菌感染过的辣椒,却被印尼媒体大做文章,恶意抹黑中国形象、传播阴谋言论,称中国对印尼使用"生物武器",致使印尼民众负面情绪高涨,波及许多当地中国企业。①

三是东道国国内政治势力博弈影响中资企业经营。如 2017 年津巴布韦执政党内部发生斗争,军方接管政府主要部门,群众组织游行,要求总统下台,政局变换以及群众游行等波及当地中国企业生产经营,中资企业不得不停产停工。再如,缅甸国内处于政治大变局时期,政府威信遭受质疑,正逢当时报禁结束,私营媒体大量出现,且一边倒地抨击中国企业,煽动当地民众示威游行,中国企业四面楚歌,难以应对。②

四是其他势力及因素介入影响中资企业经营。随着经济全球化不断深入,中国在很多国家进行投资,与世界各国建立了深厚的合作关系。然而,中国企业在当地经营生产,势必会影响当地一些企业的既得利益,引发他们的不满情绪。而且,很多针对中国的谣言从表面上看是对中国的偏见,但其背后往往掺杂着很多其国内的政治因素。这些国家的政治斗争往往包含着中央与地方、国家与社会、执政者与其他政治巨头等多方关系间复杂的政治博弈。除了内部各方势力间的博弈外,各政府部门间的贪污腐败现象也十分明显,几乎侵蚀了社会的方方面面。在用工问题上,贪腐表现得更加突出,东道国移民局经

---

① 参见《印尼民众传播阴谋论 称中国拿辣椒当生物武器》,2020 年 7 月 5 日,见 http://e-conomy.southcn.com/e/2016-12/18/content_161889256.htm。

② 张锐连等:《"一带一路"倡议下海外投资社会风险管控研究》,《经济纵横》2017 年第 2 期。

常和中介机构合谋坑害外资企业,企业或劳工自己去办理工作签证、签证延期等事项时往往难以成功。如在印尼,中国企业想要办理外籍劳工的工作签证,不仅手续极为烦琐且要求极高。但如果委托给中介机构办理,成功的几率就会大大提升,但费用却是平常的五倍到十倍左右。在劳工部或者移民局不定期的检查过程中,企业劳工如果因为签证等问题被捕,只要交钱即可把人赎出来。

另外,域外国家对一个国家内部的政局影响亦非常大。如果两国之间联系紧密,在经济、政治、教育等方面都有深入合作,那这些域外国家往往与这个国家的政界、商界都有紧密联系,他们的做法与态度往往会对这个国家出台的政策造成很大影响。如果和域外国家之间联系紧密,那在教育方面一般会有许多合作,其国内学生在留学时也往往会选择去这些联系紧密的域外国家,这样在潜移默化间,他们的知识体系和价值取向往往就会更加偏向这些和他们联系紧密的域外国家,而会对其他不太熟悉的国家存在一定程度的偏见和误解。例如,当今国际上的一些国家,长期受到欧、美、日等国影响,在某些问题上对中国以及社会主义国家存在较大偏见和误解,这就间接导致了他们对中国的"一带一路"倡议或中国企业在外国投资存在疑虑,自然也容易产生劳动纠纷争议。许多国家借用这些争议煽动国际社会对中国的负面情绪,以达成他们不可告人的目的。因此,为维护"一带一路"倡议下企业走出去劳动者的合法权益,更好应对近年来不断增多的海外劳资纠纷,[1]我们除了要注意东道国国内的政治影响,还要注意东道国之外的一些域外国家对该国的影响。

(四)违反当地劳动法律法规遭受处罚

知己知彼,方能百战不殆。"一带一路"共建国家的法治环境、法治传统、

---

① 李文沛:《"一带一路"战略下境外劳动者权益保护的法律系统建构》,《河北法学》2017年第6期。

社会环境、政治局势各有不同，情况复杂、风险多发。① 国内企业在进入投资东道国之前应该根据投资项目特点，提前做好相应的市场调查，尤其是对当地的劳动法律法规应当进行深入的学习和研究。很多企业在走出去之前没有做好充分的准备，大多以先拿下项目为目标，尤其是以低价中标为目标，导致拿下项目后因准备不足而困难重重。在具体执行过程中，很多企业亦不注重研究当地的法律法规，尤其是劳动领域的法律法规，如最低工资标准、加班、工资支付方式、劳动合同期限限制、劳动保障条件等规定，导致在具体的执行过程中引发劳资纠纷，被当地劳动部门处罚。在上述墨西哥公共电力工程项目案例中，由于墨西哥籍员工流动率高，企业一般只能用短期聘用制方式招聘当地员工。但是，当地政府出于对其本国公民的就业保护，在劳动法中规定了员工的离职条件，中资企业在不熟悉劳动法中合同解除复杂流程的情况下解聘当地员工，导致劳资冲突，甚至引发劳动仲裁。② 在赞比亚科蓝煤矿劳资纠纷案例中，中资企业在赞比亚开发矿产资源的过程中，因未执行好当地劳工标准，加上因语言障碍而未能及时有效沟通，引发劳资纠纷，最后造成人员伤亡事件。③ 再如，沃尔玛公司曾因剥夺员工午休时间且未给员工薪资补偿，被加州法院判处高额赔偿金。通过以上案例可以看出，虽然加班等现象非常普遍，但在国外很多国家确实不被接受，如果中资企业要求工人加班，可能会面临当地劳动部门的监察、整改甚至是严厉处罚。因此，不了解东道国的法律法规可能会造成许多不必要的劳动纠纷，影响企业正常运营，并且可能会有遭遇严厉处罚的风险。中国企业在走出去过程中，应当提前了解当地的劳动法律法规以及用工标准，预估可能发生的劳动风险。在具体实施过程中，应严格依照东道国的相关规定和标准，依法经营、做好风险规避，保障企业自身的合法权益。中国企业应制定与东道国统一的劳动用工标准，重视东道国的最低工资标准、

---

① 吴舒钰：《"一带一路"沿线国家的经济发展》，《经济研究参考》2017年第15期。
② 参见岳淇：《墨西哥劳务法律风险以及应对措施》，《国际工程与劳务》2022年第2期。
③ 毕振山：《赞比亚中资煤矿骚乱事件的背后》，《工人日报》2012年8月10日第8版。

员工的休息休假权利、社会习俗等。另外,海外劳动合同是维护海外劳工权益的重要法律依据,①企业在走出去的过程中,应以东道国劳动合同为基础,结合中国实际制定符合两国国情的劳动合同。用工合同既要维护当地劳工的合法权益,又要维护中方员工的合法权益,明确各方的权利义务关系。同时要注意加强与工会组织的沟通,最大限度发挥工会组织的协调作用,减少企业在当地可能遭遇的劳动纠纷或者其他矛盾,从整体上构建风险应对体系。

三、企业走出去面临的共性劳动风险

共性问题引发共性风险,如果对"一带一路"倡议下企业走出去面临的共性问题不够重视,或者应对措施不及时、不得力,在具体走出去过程中这些共性问题可能就会演化为具体风险。总体而言,"一带一路"倡议下企业走出去过程中面临的共性劳动风险主要包括两类,一类是走出去企业雇佣当地员工产生的劳动风险,另一类是走出去企业的中国员工面临的劳动风险。

(一)企业走出去雇佣当地员工面临的共性劳动风险

根据世行报告,共建"一带一路"积极创造劳动就业,将使相关国家3200万人摆脱中度贫困、760万人摆脱极端贫困。②麦肯锡公司对在非洲8个国家的1000多家中国公司进行调查,发现这些公司为非洲工人增加了30多万个工作岗位,并且推测在非洲的10000多家中国公司已经雇用了数百万非洲工人。③"一带一路"倡议下众多项目提供的就业岗位,一部分需要中国工人完成,但是,其中大量的就业岗位都需要雇佣当地工人,有的是出于当地法律法规的强制性规定,有的则是出于项目建设本身的需要。麦肯锡公司的调查报

---

① 参见花勇:《"一带一路"建设中海外劳工权益的法律保护》,《江淮论坛》2016年第4期。

② 参见魏忠杰、陈汀:《高质量共建"一带一路"成绩斐然——二〇二一年共建"一带一路"进展综述》,《中外投资》2022年第3期。

③ Mckinsey, *Dance of the Lions and Dragons-How are Africa and China Engaging, and How Will the Partnership Evolve?* Mckisey & Company, 2017.

告表明,中国公司雇佣非洲工人的比例达到89%,而且近三分之二的中国雇主为他们提供了某种技能培训。①

　　然而,无论出于何种原因,雇佣大量当地员工都会产生劳动风险,结合上述案例梳理及近年来走出去的具体实践分析,具有共性的劳动风险主要包括:其一,忽略工会组织力量导致的风险。正如在上述案例梳理及共性问题分析中所述,"一带一路"共建国家工会组织林立,工会力量强大,当走出去企业改革涉及职工权益受损时,工会将组织力量对抗企业改革,甚至动用罢工等极端手段,给走出去的企业带来较大的劳动风险。其二,未遵守相关劳动标准导致的风险。包括国际劳工标准、地区劳工标准以及东道国国内劳动法律法规规定的最低工资标准、最低劳动保障条件、福利待遇等。走出去企业一旦未遵守相关要求,企业职工就会利用各种手段开展权利救济,甚至与企业对抗,引发劳资冲突,给走出去企业带来较大的劳动风险。从目前的实践及相关案例梳理分析,此类风险较大。其三,劳动观念差异导致的风险。包括上班时间观念、工作认真态度、加班态度等,都会直接影响工作效率,直接关系到项目质量和项目进度。另外,加之文化习俗差异和语言沟通不畅,在走出去具体项目建设运营过程中,更容易产生冲突,如果处理不好这些劳动观念差异,往往会激化劳资冲突,引发劳动风险。其四,政治宗教等因素交织影响导致的风险。如上述共性问题所言,"一带一路"共建国家政治博弈复杂,各政党为实现自己的政治主张,获得更多选民支持,往往利用劳资冲突,甚至不惜抹黑中国企业,引发劳动风险。另外,"一带一路"共建国家,大多宗教信仰众多,宗教势力复杂,一方面,走出去企业雇佣的员工会因宗教信仰禁忌等延误工作,导致劳动效率不高;另一方面,也会因宗教信仰得不到足够重视和尊重而引发劳资冲突或与国内员工冲突,如果得不到及时解决,甚至会引发冲突,导致劳动风险。

　　除上述主要劳动风险外,"一带一路"倡议下企业走出去的劳动风险往往

---

① Mckinsey,*Dance of the Lions and Dragons-How are Africa and China Engaging,and How Will the Partnership Evolve? Mckisey & Company*,2017.

表现为各种风险因素的交织,如职工利益受损、政治和宗教等因素介入,一般都会借助工会势力对抗企业,制造劳资冲突,因此,真正难以防范的风险是各种劳动风险交织,汇聚成新的风险,更加具有对抗性。

(二)企业走出去雇佣中国员工面临的共性劳动风险

"一带一路"倡议下企业走出去不仅需要雇佣当地大量员工,同时需要从国内带去大量员工,尤其是重大项目,需要的国内员工会更多,既包括企业各层级的管理人员、技术人员、翻译辅助人员等其他正式职员,也包括短期或中长期雇佣的工人。这些人员进入东道国参与项目建设运营,也可能产生劳动风险,包括这些人员违反当地法律法规导致的风险,这些人员面临人身安全风险,以及这些人员与当地雇员不当相处带来的风险等。其一,违反当地法律法规导致的风险。一方面,主要表现为走出去企业及国内输出员工违反当地劳动法律法规,如在实践中存在一些员工利用违法签证进入东道国,导致员工及企业受到当地劳动部门严厉惩处,严重的甚至被遣送回国;也有因大量中国员工利用违法签证进入东道国,引发当地员工不满,给东道国政府施压,强行禁止中国员工禁入,甚至导致项目停滞,无法正常开工等后果。另一方面,表现为国内输出员工违反当地其他法律法规,如违反当地治安管理法律法规,导致员工受到相关部门的严厉处罚,甚至被遣送回国,企业会被禁止进入东道国市场。其二,国内输出员工自身面临的安全风险。主要表现为因战争、地区冲突、恐怖袭击、抢劫以及其他治安事件等导致员工伤亡的安全风险。由于一些"一带一路"共建国家处于民主过渡期,政治局势不够稳定,地区冲突频繁,社会治安欠佳,所以在具体的走出去过程中,企业及国内员工常常面临安全风险,尤其是员工的人身安全风险较大。其三,国内员工与当地员工相处不当带来的风险。包括国内员工未遵守当地风俗习惯、宗教信仰、生活禁忌等,无意冒犯或故意挑衅产生冲突;也包括国内员工不了解当地人的表达方式产生误解,甚至是错误理解,加之语言障碍,引发冲突,等等。除此之外,也包括国内员工自身约束不够,与当地员工过度交往,甚至被各种政治势力、宗教组织等利用,给员工自己和企业带来风险。

需要指出的是,上述有些风险按严格标准来说不属于劳动风险,但皆因国内输出员工所致,而且对走出去的企业至关重要,有些甚至直接关系项目的成败或企业在东道国能否立足,因此,在研究企业走出去的劳动风险时应加以充分考虑。

第二节 “一带一路”倡议下高铁走出去 雇佣当地员工的劳动风险

“一带一路”倡议下中国高铁走出去,不仅能为当地带去先进的高铁技术、科学的高铁运营管理经验以及便捷舒适的交通运输,带动当地经济社会快速发展,还能为当地创造大量的就业岗位。每个高铁走出去项目的建设、运营都能为当地创造大量的就业岗位。部分高铁走出去项目创造就业岗位数量见表 3.2。

表 3.2　部分高铁走出去项目创造就业岗位情况统计

序号	项目名称	创造就业岗位或雇佣当地员工数量
1	雅万高铁	创造 4 万余个就业岗位。①
2	蒙内铁路	累计为肯尼亚提供了 5 万多个就业岗位,所雇佣当地员工占 90% 左右,培训当地员工累计超过 4.5 万人次。②
3	亚吉铁路	雇佣当地员工 4.8 万余人。③
4	中老铁路	聘用当地员工 3.2 万多人次。④

---

① 详情请参见席来旺、庄雪雅:《中国与印尼签署合建雅万高铁协议——将成为印尼乃至东南亚地区的首条高铁》,《人民日报》2015 年 10 月 17 日第 11 版。

② 详情请参见姚亚奇、温源:《中国元素闪耀蒙内铁路》,《光明日报》2018 年 8 月 30 日第 1 版。

③ 详情请参见钟超:《亚吉铁路:横贯东非的钢铁丰碑》,《光明日报》2016 年 10 月 6 日第 1 版。

④ 《老中铁路为老挝人民提供数万个工作岗位》,2020 年 1 月 28 日,见 http://prabang.china-consulate.org/chn/lqxw/t1643431.htm。

续表

序号	项目名称	创造就业岗位或雇佣当地员工数量
5	本格拉铁路	培养各类高铁技术人才 5000 余名,提供就业岗位 2.5 万个左右。①
6	拉伊铁路	高峰期雇佣当地员工过万,提供 4000 多个就业岗位。②
7	麦麦轻轨(中方负责项目标段)	雇佣当地员工约 1000 人次,共培训当地技术人员 400 余人,带动当地就业约 1500 人。③

"一带一路"倡议下高铁走出去项目基于东道国法律法规和政策的约束性规定,或是基于项目本身成本、效益和便捷等因素考量,皆会雇佣大量当地员工,实施人力资源属地化战略。有学者总结,人力资源属地化有利于规避经营管理风险,保证工程项目正常运转;有利于有效降低经营管理成本,提高工程项目经济效益;有利于树立企业良好形象,积极履行社会责任,促进企业在东道国能够持续较好经营。④ 然而,也有学者指出,使用属地化劳务为项目节约了成本、创造了效益,但也增加了劳务风险,管理难度增大,属地化问题层出,最可怕的是任何一起恶性劳务事件对项目的打击都有可能是毁灭性的。⑤ 相比于"一带一路"倡议下企业走出去雇佣当地劳动人员带来的共性风险,高铁走出去雇佣当地劳动人员带来的风险既具有共性特征,也具有特殊性。其特殊性主要体现在,相对于一般项目,高铁走出去项目雇佣当地员工的数量更多,涉及地域范围更广,持续期限更长,涉及相关因素更为复杂,所带来的劳动

---

① 详情请参见吴长伟、柳志:《13 年筑起一条中非友谊铁路》,2019 年 10 月 5 日,见 http://www.xinhuanet.com/world/2019-10/04/c_1125071945.htm。

② 详情请参见《拉伊铁路项目成为中尼合作新标志》,2019 年 12 月 20 日,见 http://www.scio.gov.cn/31773/35507/35510/Document/1646777/1646777.htm。

③ 详情请参见伍振、韩维正、张世丹:《沙特麦麦高铁上的"中国队"》,《人民日报(海外版)》2018 年 9 月 28 日第 10 版。

④ 程鹏:《海外工程项目人力资源属地化研究——以中交四航局肯尼亚蒙内铁路项目为例》,《建筑经济》2019 年第 9 期。

⑤ 丁国保:《海外项目劳务属地化风险识别与应对》,《建筑》2016 年第 13 期。

风险更大。因此,在总结"一带一路"倡议下企业走出去雇佣当地员工导致共性风险的基础上,需要深入探究高铁走出去雇佣当地员工带来的风险,包括东道国本身缺乏劳动力难以满足高铁建设需求,而且劳动效率低难以如期高质量完成项目建设任务,劳动观念差异较大导致冲突频繁以及工会责难和其他因素交织导致的风险,等等。

一、高铁走出去项目缺乏劳动力导致的风险

"一带一路"倡议下高铁走出去雇佣当地员工的劳动风险,首先体现为东道国缺乏高铁项目建设的劳动力。目前我国高铁走出去项目主要集中在东南亚、南亚、中亚、西亚、中东欧及非洲地区,大部分国家属于发展中国家和欠发达国家,由于高铁项目建设需求劳工数量巨大,在具体走出去的项目中,不同程度都遇到难以招到符合条件的足够劳动力的现象。高铁走出去典型项目匈塞铁路、雅万高铁、亚吉铁路、蒙内铁路、安伊高铁、麦麦轻轨等项目,虽然遇到的具体问题有所差异,但都不同程度受该问题困扰。

(一)东道国劳动力匮乏难以满足高铁项目建设需求

由于高铁项目建设需要劳动力数量巨大,而高铁走出去的大部分国家人口数量不多,其本身劳动力不够充足,典型项目涉及国家人口数量见表3.3。

表 3.3　部分高铁走出去国家人口数量汇总①

国家	土耳其	匈牙利	塞尔维亚	老挝	肯尼亚
人口数量	8468 万	968.9 万	687 万	733.8 万	4756.4 万
相关项目	安伊高铁	匈塞铁路	匈塞铁路	中老铁路	蒙内铁路
国家	埃塞俄比亚	吉布提	泰国	沙特	印度尼西亚
人口	1.12 亿	100.2 万	6995.1 万	3534.1 万	2.62 亿
相关项目	亚吉铁路	亚吉铁路	中铁铁路	麦麦轻轨	雅万高铁

① 此表数据为作者根据网络资料整理而成。

从上表可以看出,这些高铁走出去的典型项目所在国,人口最少的吉布提只有 100.2 万人,较多的埃塞俄比亚达到 1.12 亿,印度尼西亚达到 2.62 亿(截至 2022 年 2 月,印度尼西亚有 1.356 亿工人,包括正式工人 5428 万人和非正规部门工人 8133 万①),塞尔维亚、老挝、匈牙利人口都在 1000 万以下,沙特、肯尼亚、泰国、土耳其人口在 3000 万至 8500 万之间。人口的多少直接决定着劳动力的多少,如果高铁走出去项目所在国人口数量较少,难以招聘到足够多的劳动力就成为自然现象。在具体的高铁走出去项目中,亚吉铁路吉布提段、蒙内铁路、中老铁路、麦麦轻轨、匈塞铁路等项目皆出现难以招聘到足够多的劳动力现象,其重要原因是这些项目所在国本身人口数量较少,其国内自身缺乏劳动力。如匈牙利当前的劳动力市场面临着劳动力短缺和高失业率的组合问题,在匈牙利大多数外围地区,满足初级劳动力市场需求的劳动力资源非常有限,当地劳动力市场完全枯竭。② 在这种情况下,匈塞铁路匈牙利段施工很难从当地招聘到足够的劳动力。

(二)东道国法律法规限制导致高铁项目无法从外部补充劳动力

"一带一路"倡议下高铁走出去雇佣当地员工的困难之一就体现在东道国缺乏足够的劳动力,从总量上无法满足高铁项目建设需求,而且,一些国家法律法规和政策出于对本国就业的保护,多偏袒性保护本地员工,而对外国员工准入采取严格限制。哈萨克斯坦对以下四类人群实行严格的外籍员工准入工作许可证制度:第一类是首席执行官及其代表,第二类部门主管,该两类要求当地员工比例不低于 70%,第三类是专家,第四类是合格劳动力,该两类要

① Hamidetal.The Urgency of Labor Law for Informal Sector Workers in the Welfare State Concept:An evidence in Indonesia, *International Journal of Research in Business & Social Science* 11(6)(2022),528-541.

② Lipták Katalin; Musinszki Zoltán. Local Employment Development and Sustainable Labour Market in Northern Hungary Since the Regime Change. *Visegrad Journal on Bioeconomy and Sustainable Development*, Volume 10,2021:56-61.

求雇佣当地员工的比例为 90% 以上。① 印度尼西亚劳动法和相关法规严格地保护其本国劳工,在法律法规的限制性规定以及工会强力介入下,即便本地员工不符合用工条件,企业也无法依靠正常途径解雇当地员工。② 柬埔寨《劳工法》规定只有在其本国缺乏技术和管理人员的情况下,才能引入外国劳动力,且引入比例不能超过 10%;老挝相关法律法规也有类似规定,要求引入外籍劳动力比例不能超过 20%。③ 沙特相关政策系统强化"雇员沙特化"政策,规定企业在考虑雇佣外籍员工前有义务先雇佣沙特当地员工,外籍员工只有在获得保证人担保后才能准入沙特。④ 从以上分析可以看出,这些国家通过法律法规及政策对本国劳动力进行偏袒性保护,因此出于项目建设成本和便捷等因素考量,高铁走出去项目建设运营必须雇佣大量当地员工,无法从外部补充足够的劳动力。

(三)其他因素导致高铁走出去项目雇佣劳动力更难

"一带一路"倡议下高铁走出去项目的很多工作场合在深山野林,多为施工条件艰苦,施工跨度范围广、周期长,很多工人不愿意到艰苦的环境中工作,尤其在"一带一路"共建国家,很多工人崇尚自由、享受,不是特别在乎能够挣多少钱,因此,在艰苦的高铁项目施工环境中招聘工人更难。在沙特麦麦轻轨项目中,当地高温与水资源匮乏,施工环境极其恶劣,工人很难在室外坚持作业,导致实际施工时间明显少于一般可作业时间,工程项目劳动力短缺问题严重。⑤ 蒙内铁路项目的施工现场主要在野外,条件较为艰苦,工程施工人员既

---

① 参见中华全国律师协会:《"一带一路"沿线国家法律环境国别报告(第一卷)》,北京大学出版社 2017 年版,第 908 页。

② 潘玥:《"一带一路"背景下印尼的中国劳工问题》,《东南亚研究》2017 年第 3 期。

③ 郑晓明:《"一带一路"建设与人力资源国际合作研讨会会议综述》,《劳动经济研究》2018 年第 3 期。

④ 参见中华全国律师协会:《"一带一路"沿线国家法律环境国别报告(第二卷)》,北京大学出版社 2017 年版,第 518 页。

⑤ 参见陈雨彤:《我国铁路产业海外投资经验与教训——以沙特麦加轻轨项目为例》,《中国外资》2021 第 12 期。

要面对恶劣多变的气候环境,还要昼夜连续工作,对施工人员的身心状态和身体素质要求都较高,导致项目招工更难。① 另外,由于生活习俗差异,当地工人不喜欢受约束,且对高铁项目的管理方式难以适应等原因,一些项目的当地员工流失率高达50%,严重影响项目工程进展。②

二、高铁走出去项目雇佣当地员工劳动效率低的风险

"一带一路"倡议下高铁走出去项目多在欠发达地区和发展中国家,这些国家的劳动力素质普遍不高,导致高铁走出去项目雇佣当地劳动力的劳动效率较低,相比国内劳动力差距较大。有实践部门学者指出,目前一些中资企业在印度尼西亚的实际做法,往往是按照当地法律法规和合同规定,项目一般聘请不低于70%的当地工人,其他工人从国内带来。但实践成果显示,30%的中国工人可能完成了工程项目90%的工作量,而从当地雇佣的70%员工可能完成工作量不足10%,而且,这也不是个案,类似情况经常出现在各类大型基础设施建设项目中。③ 总体而言,高铁走出去项目劳动效率低主要表现为当地员工的劳动技能不强、敬业精神不足和文化水平不高等方面。

(一)高铁走出去项目雇佣的当地员工的劳动技能不强

人才是高铁走出去的第一资源,也是高铁走出去的根本支撑和核心保障,"一带一路"倡议下高铁走出去项目建设需要一大批高水准、高素质的创新型复合人才。④ 然而在高铁走出去的大部分国家中,受制于经济、社会和科技发展水平,当地员工缺乏实践机会和培训提升机会,其相关劳动技能普遍不高,对于高铁建设、运营,甚至大部分是零基础,难以满足高铁建设、运营的人才需

---

① 张兆龙:《浅谈海外项目当地雇员管理和风险处理》,《石油化工建设》2018年第6期。

② 邓军围:《海外工程项目劳务风险防范问题与对策》,《湖南科技学院学报》2015年第4期。

③ 潘玥:《"一带一路"背景下印尼的中国劳工问题》,《东南亚研究》2017年第3期。

④ 参见沙首伟、李静等:《高铁"走出去"海外人才培养研究——基于能力素质和知识结构联动的视角》,《北京联合大学学报(人文社会科学版)》2019年第1期。

求。如蒙内铁路项目施工过程中,当地员工的技术水平和综合素质不高,项目在前期策划阶段和临建阶段发现,虽然肯尼亚劳动力资源相对丰富,但符合项目技术要求的工程师较为缺乏,包括测量工程师、HSE 工程师、现场工程师和试验工程师,等等;新招聘的试验人员没有能力独立进行土工试验,HSE 人员对该体系的文件不够熟悉,测量人员对现场的施工放样难以胜任,只有投入很大人力、物力、财力进行长期培训后,这些技术人员方能基本胜任岗位需求。[①]安哥拉社会住房凯兰巴·凯亚西项目一期工程中,项目初期新招聘的当地员工基本没有任何技术,虽然项目部花费了很大精力开展培训,但具体项目施工中仍然频繁出现质量问题,导致项目工程返工,大量材料浪费,甚至因安全意识不强,防护措施不到位,施工过程中发生多起当地工人被扎伤、摔伤的事故。[②] 在中土尼日利亚阿布贾城铁项目施工过程中,项目部发现符合要求的测量工程师、试验工程师、现场工程师等技术人才严重缺乏,测量技术工人对现场的施工放样无法胜任,试验技术人员没有能力进行独立的土工试验。[③]另外,中老铁路、匈塞铁路等铁路项目建设中,亦存在铁路建设管理人才、技术人才匮乏,铁路建设劳动力资源严重不足等问题。[④]

(二)高铁走出去项目雇佣的当地员工的敬业精神不足

敬业精神体现在对所从事职业的敬重、珍惜,并在具体工作中表现为认真负责,努力学习钻研,不断提高自己的职业能力,等等。一般而言,敬业精神主要从微观个体观察,看个人是否具有崇高的敬业精神;必要时,亦可以从整体性观察,观察一定区域内的大部分劳动者是否具有崇高的敬业精神。整体性

---

① 程鹏:《海外工程项目人力资源属地化研究——以中交四航局肯尼亚蒙内铁路项目为例》,《建筑经济》2019 年第 9 期。

② 邓军围:《海外工程项目劳务风险防范问题与对策》,《湖南科技学院学报》2015 年第 4 期。

③ 张雪枫:《浅谈非洲工程项目人力资源属地化管理——以中土尼日利亚阿布贾城铁项目为例》,《人力资源管理》2016 年第 12 期。

④ 宋剑、孙玉兰:《境外铁路合作项目管理实践与探索》,《中国铁路》2020 年第 3 期。

的敬业精神会因不同国家、不同民族、不同生活群体、不同职业环境而有所差异,大部分劳动者的生活习俗、责任心、事业心等都是整体敬业精神的重要决定因素。"一带一路"倡议下高铁走出去的一些目标国,其居民较为崇尚自由散漫生活,与国内一般劳动者追求不同,这些国家的一般劳动者对严格工作纪律、加班加点等约束认同度不高,对其所从事工作的职业追求不强烈。如修建亚吉铁路时,尽管项目部积极组织当地员工培训学习,但总体学习效率欠佳。在具体施工过程中,当地员工技术不熟练且犯错率较高,导致工程项目整体进展较为缓慢,而且,当地员工不重视工作纪律,经常出现逃工或不请假私自外出等现象,甚至有时候自己认为工作压力太大就擅自离职。① 这种现象在一些高铁走出去的"一带一路"共建国家较为普遍,这些国家的大部分一般劳动者在面对复杂艰苦条件时,并不像中国一般劳动者那样能够吃苦耐劳、任劳任怨、加班加点工作,雇佣大量这样的劳动者,必然导致劳动效率低下,难以按时完成高铁建设任务。总体而言,高铁走出去项目涉及的区域,中东欧国家劳动者敬业精神相对较高,而非洲国家、东南亚等国家的劳动者敬业精神相对不足,劳动者敬业精神不足是"一带一路"倡议下高铁走出去面临的重要劳动风险。

(三)高铁走出去项目雇佣的当地员工的文化水平不高

文化水平是综合劳动素养的基础,虽然不直接决定劳动者的劳动技能和敬业精神,但文化水平是快速提升劳动技能和敬业精神的重要支撑。从整体性观察,如果一定区域内的劳动者文化水平整体较高,则该区域内劳动者的劳动素养不会差,如果一定区域内的劳动者文化水平整体不高,则该区域内大部分劳动者的劳动素养难以保证。就目前来看,受制于经济、社会发展水平,一些国家的大部分一般劳动者文化水平不高,甚至一部分劳动者根本没有接受过正规教育或者是小学水平的教育。如在安哥拉,受过更多教育、具有更多工

---

① 赵德勇:《海外工程项目劳务风险防范问题与对策》,《中国集体经济》2017 年第 16 期。

作经验的工人主要集中在本土企业和其他外企,而受教育较少、工作经验和技能有限且主要来自农村的工人在中国企业的比例较高。如在制造业低技能工人中,未受教育或小学未毕业的工人在中国企业占比为 42.7%、在其他外企占比为 17%、在安哥拉本土企业占比为 25%;在制造业中等技能工人中,未受教育或小学未毕业的在中国企业占比为 19.1%、在其他外企占比为 9.1%、在安哥拉本土企业占比为 6.4%。在建筑业低技能工人中,未受教育或小学未毕业的在中国企业占比为 36.5%、在其他外企占比为 24.2%、在安哥拉本土企业占比为 26.7%;在建筑业中等技能工人中,未受教育或小学未毕业的在中国企业占比为 12.5%、在其他外企占比为 10.2%、在安哥拉本土企业占比为 7.1%。[①] 可见,在高铁走出去的具体实践中,雇佣大量文化水平不高的当地工人无法避免,而雇佣大量文化水平没有保障的员工参加高铁建设、运营,其后续劳动素养提升受限,存在较大的劳动风险。而且文化水平与劳动技能不同,文化水平对人的影响是潜移默化、深远持久的,缺失的文化教育难以依靠短时间培训学习弥补。有学者调研发现,中国企业走出去所雇佣的当地员工受教育程度较低,工作领悟能力、专业技术能力和学习能力都相对比较差,他们大多从事技术工作的辅助性工种、力工性质工种和一般机械操作类工种等技术含量较低的工作,而且,他们在具体工作中规矩意识淡薄,经常出现不服从项目部管理等现象。[②]

三、高铁走出去项目雇佣当地员工引发劳动冲突的风险

"一带一路"倡议下高铁走出去雇佣当地员工不仅存在劳动力缺乏、劳动效率不高等风险,而且,雇佣后还会因工资支付差异、社会习俗差异、文化理念

---

① 卡洛斯·奥亚、弗洛林·薛弗、齐昊:《中国企业对非洲就业发展的贡献——基于一项大规模调查的比较性分析》,《政治经济学评论》2020 年第 6 期。

② 石剑宝:《国企海外项目当地雇员管理难点及对策探讨——基于疫情防控常态化背景》,《企业改革与管理》2021 年第 15 期。

差异、宗教信仰差异等容易引发冲突,给项目建设带来风险。

(一)高铁走出去项目雇佣当地员工工资差异导致的风险

工资是员工为企业工作的直接目的,工资收入多少、采用何种支付方式等直接关系着员工对企业的认可度和满意度,在高铁走出去的一些国家,甚至直接关系到员工家庭的生存和幸福,所以,与国内企业普遍采用的月薪制不同,高铁走出去的目标国工资支付方式有日薪制、周薪制、半月薪制等。以非洲国家为例,在很多非洲国家,工资支付方式采用周薪制,如《南非就业基本条件法》(1997)第 35 条第 3 款规定:"如果采用月薪制,要支付周薪总额的四又三分之一"①。对一般劳动者,有的国家还允许采用日薪制。日薪制和周薪制的最大缺点是员工队伍不稳定,有些员工当天领了薪酬就消失,经过两三天薪酬消费完后再回来干一天,随意性非常大,既影响高铁建设工程的进度,同时也难以快速提高员工的劳动技能。而一旦企业强行采取月薪制,不仅会显著增加企业的用工成本,还可能引发劳资冲突。如在匈塞铁路建设项目中,曾由于中国企业的工薪制度与中东欧国家大不相同,企业与当地工人之间的关系难以协调、矛盾频发,致使项目合作进程推行缓慢。② 而且,在一些经济发展相对落后的国家中,当地员工会强烈要求工资日结,如果企业不按时结清工资,可能部分当地员工家庭的生活会受到很大影响,严重的情况下员工会直接选择罢工,引发强烈矛盾冲突。企业可能会面临罢工、重新招工等难题,既增加时间成本,严重影响工程进度,还会对企业诚信造成负面影响。

(二)高铁走出去项目雇佣当地员工社会习俗差异导致的风险

社会习俗是在社会长期发展过程中形成的习惯和风俗,具有稳定性和区域性特征,一个地区社会习俗的形成需要经过漫长的历史演进,是该地区人们

---

① 洪永红、黄星永:《"一带一路"倡议下中企对非投资劳动法律风险及应对》,《湘潭大学学报(哲学社会科学版)》2019 年第 3 期。

② 参见钟准、李佳妮:《国际基础设施建设的法律风险及应对——以"一带一路"代表性铁路项目为视角》,《法治论坛》2021 年第 4 期。

在生产生活过程中经过长期积累和文化积淀逐渐形成的。各地的社会习俗具有较大的差异性,距离和交往的密切度深刻地影响着差异性。"一带一路"倡议下高铁走出去所涉目标国与中国在历史上一般都有来往,甚至较为密切,但由于地域差异、距离遥远,相互影响有限,社会习俗可能会有交叉,但更多的是差异。在高铁走出去建设、运营过程中雇佣大量当地员工,他们的生活方式、习惯喜好以及工作态度等都与国内有较大差异,如果没有很好地了解、理解和尊重当地的社会习俗,则会在工作过程中引发矛盾冲突。如当地员工在遇到特殊节日或特殊时期时会整体性地停止工作,如果提前没有应对规划,合理计算工期,则势必会严重影响高铁建设进程。

(三)高铁走出去项目雇佣当地员工文化理念差异导致的风险

文化是"精神"的存在,也遵循"精神"的规律。① 文化理念是人们在长期生活交往过程中形成的精神追求和理念认同,它具有共性也具有差异性。差异性表现为区域特征,是一定区域范围内的人们独有的文化理念,而且,这种文化理念在区域内会被大家高度认同和自觉遵守。"一带一路"倡议下高铁走出去的建设、运营都面临巨大文化理念差异,加之语言和思维方式障碍,文化理念差异冲突更容易被拉大和激化。例如,加班在国内非常普遍,无论是国家机关、事业单位,还是国企、私企和外企,大家对加班都不陌生,大部分员工认为加班是很正常的事,甚至给不给报酬,员工都会在必要时加班,不会有太强烈的反对,这是中国员工共同的文化理念。但在国外,尤其在一些高铁走出去"一带一路"共建国家,可能就不认同加班的理念,而且有些国家的劳动法还规定严禁强制性加班,强制员工加班不仅违法,还可能会涉嫌犯罪。在这些国家,当地人共同的文化理念是反对加班,认为工作做不完不重要,重要的是不能侵害休息权,这就是截然不同的文化认同理念。因此,雇佣大量当地员工面临较大文化理念差异冲突风险,如果对目标国文化理念不了

---

① 樊浩:《文化与文化力》,《天津社会科学》2019 年第 6 期。

解,项目前期没有合理规划和预期,仍然按中国员工的文化理念做计划和方案,在具体项目建设和运营中很可能会遇到文化理念冲突问题,甚至陷入两难境地。

(四)高铁走出去项目雇佣当地员工信仰差异导致的风险

每个国家都有宗教信仰,但宗教信仰的执着度和普遍性不同。在一些高铁走出去"一带一路"共建国家,宗教氛围浓厚,当地民众视宗教至高无上,严格遵循教义、教规和各种仪式,而且,加之民族差异和宗教纷争,情况十分复杂。如孟加拉国 90% 以上信奉伊斯兰教,在栋派铁路项目中,党派斗争激烈,其所产生的罢工、游行甚至暴力冲突,影响施工进程。[1] 在亚吉铁路项目中,项目部陆续招聘当地员工进场后发现,初期在制定规章制度时未重视其与当地信仰的协调,所制定的规章制度与当地员工信仰有矛盾点,且中方员工和当地员工在工作时间等方面差异较大,导致意见分歧较大,难以协调。[2] 而在麦麦轻轨修建过程中,当地员工每天需要按时进行相关活动。开始之初,企业对员工此习俗了解不够深,修建的相关场所选址较远,未能处理好习俗活动与施工的相互关系,造成了安全风险以及冲突风险。

四、高铁走出去项目雇佣当地员工导致工会责难的风险

"一带一路"倡议下高铁走出去的大部分目标国家,或长期受西方殖民统治,或长期受西方思想影响,在劳动保障领域,形成了强大的工会组织力量,允许工会自由组织成立,赋了工会罢工权。如印度尼西亚 1998 年改革后,在劳动法领域有三项重要法案,分别是:2000 年第 21 号法案,涉及工会的《工会法》;2003 年第 13 号法案,关于人力资源的《劳工法》;2004 年第 2 号法案,有关劳资关系争端解决的《劳动纠纷解决法》。其中,《工会法》规定每个劳动者

---

① 参见金晶:《"一带一路"国际铁路通道建设风险评估研究》,中国铁道科学研究院 2019 年博士学位论文,第 49 页。

② 赵成军:《海外铁路运营项目面临的风险和几点处理建议》,《中华建设》2022 年第 6 期。

都有权组建工会并成为工会成员。① 在高铁走出去的具体实践过程中,大部分项目都不同程度遭到当地工会责难,甚至导致罢工等冲突。如雅万高铁项目所在国印度尼西亚,近年来工会势力不断壮大,工会经常与外国投资企业发生矛盾冲突,甚至频繁组织罢工、游行等,致使外国投资方不仅损失增大,还难以应对。②

（一）工会是高铁走出去项目当地员工冲突的导火索

工会作为工人利益的代表者,往往是矛盾冲突的汇聚点,企业人事制度改革损害职工利益、企业未遵守当地最低工资标准、劳动就业条件保障不到位、信仰未得到充分尊重、劳动观念差异引发的冲突,等等,这些矛盾冲突都会借助工会力量的导火索引爆。在高铁走出去的具体项目实施过程中,如工资差异、休息时间、劳动强度、居住环境、饮食等细节处理不当,都会导致工会责难,甚至引发罢工冲突。有学者指出,很多罢工事件都因很小的一件事情引起,或者因一两个人的事情引起,但这些事情具有普遍的代表性,与大多数员工的利益息息相关,如果处理不当则会引发当地员工集体性共鸣,导致事件不断扩大,所涉人员持续增多,事态持续扩大,而且随着事件不断演化,事态发展可能会偏离正常轨道,致使企业与员工之间的矛盾升级到无法调和,最后爆发罢工事件。③ 因此,"一带一路"倡议下高铁走出去的大部分国家,工会力量强大,当大部分工人认为他们利益受损,无论是工作环境、工资待遇、休息时间等工作利益受损,还是生活待遇、信仰尊重等与工作相关的利益受损,都会借助工会力量对抗企业,迫使企业满足其诉求。工会为实现其自身价值需求,会充分利用各种权利实现其目的,甚至会借助各种力量,乃至运用罢工等方式,给高

---

① Abdul Rachmad Budiono. Labor Law in Indonesia. *Journal of Law, Policy and Globalization*, Vol.21,2014:50-55.

② 参见党侃、董翌为:《印度尼西亚水电项目开发主要法律风险及应对策略(一)》,《国际工程与劳务》2020年第7期。

③ 张兆龙:《浅谈海外项目当地雇员管理和风险处理》,《石油化工建设》2018年第6期。

铁走出去项目带来较大的风险。

（二）工会容易成为东道国各种博弈力量实现目的的工具

"一带一路"倡议下高铁走出去的大部分国家，工会都拥有罢工权。拥有罢工权的工会，当条件成熟时可以组织工人罢工，这是各种政治力量、宗教力量极其青睐的，尤其是借助东道国内关注度较高的高铁建设项目，更容易实现其博弈目的，主要表现为：其一，政治博弈力量容易渗透进高铁建设项目工会组织。"一带一路"倡议下高铁走出去的大部分国家，都效仿西方国家实行民主选举制度，但大多数国家都不具有民主政治土壤和实现条件，各种政治力量博弈手段各异，其中工会是在野党责难执政党的重要工具。在"一带一路"共建国家，修建高铁是其国内重大事项，投资巨大，而且一般都是首次修建，关注度非常高。东道国国内在野党政治势力，为了与执政党抗衡，往往会渗透进高铁建设项目工会组织，寻找促动大规模罢工的机会，一旦机会出现，他们推波助澜，推动矛盾升级，实现自己的政治目的，给高铁项目建设带来巨大风险。其二，宗教博弈力量渗透进高铁建设项目工会组织。"一带一路"倡议下高铁走出去的国家内，大多宗教势力复杂，各教派之间的博弈激烈。各个教派为获得更多力量支持，扩大自己的势力范围，往往会选择与政治力量合作，甚至利用工会力量实现自己的目的。受高度关注的高铁项目，往往是他们博弈的首选目标，工会是他们实现目的的重要工具，因此，在罢工事件中，往往掺杂宗教博弈势力的身影，为高铁走出去项目建设带来风险。

综上所述，"一带一路"倡议下高铁走出去雇佣当地员工面临东道国劳动力匮乏、劳动效率不高、劳动观念差异大以及工会责难等风险，而且，这些风险往往不是单独呈现，而是交织汇集，因具体事例在某个时点爆发，如果得不到及时妥善处理，会演化为集体性罢工事件，为高铁走出去项目带来较大风险。进而，可能会导致工期延误、成本增加、质量难以保证、矛盾冲突升级，乃至集体罢工最后被驱逐出市场的危害。并且，这些风险并非总是单一呈现，危害亦并非相互排斥，在高铁走出去的具体过程中，风险和危害同时发生，而且是风险交织,危害并发,导致劳动风险增大。

第三节 "一带一路"倡议下高铁走出去
雇佣中国员工的劳动风险

目前我国已经系统掌握了各种复杂地质及气候条件下高铁建造的成套技术,构建了成熟完备的高铁技术体系和标准体系,而且具有大规模、长距离、高密度运营的实践经验,攻克了在高温、低寒、暴风雨雪等恶劣条件下长期运营的关键技术。中国高铁走出去,多为中国高铁技术、高铁标准以及高铁成熟运营体系全产业链走出去,而且还提供主要资金支持,所以在具体的高铁走出去项目建设、运营过程中,无论目标国如何限制,都将会有大批无可替代的技术人员、管理人员、翻译辅助人员以及工程施工人员等跟随项目进入东道国,参与高铁项目建设、运营。在具体实践中,这些人员是否能够获得签证成功进入东道国,进入东道国后这些人员能否遵守当地法律法规,尊重当地居民的宗教信仰、风俗习惯和文化习俗,规范自己的行为,严格自律,与当地工人和居民融洽相处,以及如何保障这些人员的安全,等等,这些都是"一带一路"倡议下高铁走出去项目中中国员工面临的劳动风险,需要深入进行研究,为中国高铁走出去劳动风险防范提供理论指南。

一、高铁走出去项目中国员工东道国准入风险

中国能够在较短时间内修建如此大规模高速铁路,究其原因,主要是我们有强大的综合国力支撑,我们有显著的制度优势、资金优势、技术优势、人才优势等强力支撑,促使中国高铁得以快速发展。与国外高铁相比,中国高铁具有造价低、工期短等显著优势,基本相同距离和地质情况,国外高铁建设的成本明显比中国国内高,工期明显比国内长,即便中国高铁走出去修建的高速铁路,其成本优势和工期优势亦无法与国内媲美,中国高铁的显著优势走出去后

无法显现,其中的原因较为复杂,但国内优质的劳动力是国外无法比拟的优势,这也是中国高铁走出去后很多优势无法显现的重要原因。因此,为顺利实施高铁走出去项目建设、运营,中国高铁在输出技术、标准、资金等全产业链的同时,也必须从国内配备足够的技术骨干、管理骨干、辅助人员以及一定比例的劳动力。然而,中国劳务人员到海外铁路项目工作并不顺畅,一般都要求办理居留许可证和工作签证,而且,很多东道国对入境的外国人都有数量和资格要求,导致中资企业难以顺畅使用国内技术熟练的关键工种劳务人员,相关的物资设备进口清关政策以及很多免税政策也很难落实到位。① 因此,高铁走出去项目的中国员工面临诸多风险,首先遇到的就是能否顺利准入东道国的风险。

"一带一路"倡议下高铁走出去的大部分国家,出于对其国内劳动力的就业保护,有的也出于各种压力,往往会通过国家法律或者政策限制国外员工准入。有的国家采取工作许可证的方式,有的国家则采取雇佣一名外国员工同时必须雇佣几名其国内员工的方式,还有的规定只能雇佣东道国内无法提供的技术人员,不能雇佣一般劳动人员等限制。在具体的高铁走出去实践中,高铁企业为了让中国员工能够及时到项目工作,往往会穷尽一切办法,不惜花高价请中介机构代办签证,或是让员工持旅游签证到项目部工作,到期再往返或是快到期到附近国家住一段时间再往返,同时还需要时刻警惕东道国劳工部门、移民部门检查。有学者在印度尼西亚对相关企业进行问卷调查,有效问卷共 49 份,其中,39 家受访企业(占 79.6%)认为"印尼的用工问题严重影响项目推进",具体表现为"劳工法偏袒本地劳工""难以申请中国劳工的工作签证""印尼工人懒散,效率低""工会施压与干预",分别占 98%、95.9%、91.8%、85.7%。26 家受访企业(占 53.1%)承认,曾经"让员工持非工作签证抵印尼工作",还表示有时通过中介亦较难申请和续期工作签证,无奈只能冒

---

① 宋剑、孙玉兰:《境外铁路合作项目管理实践与探索》,《中国铁路》2020 年第 3 期。

险让一些中国员工利用旅游免签多次往返,或者快到期就去附近的马来西亚或新加坡几天后再返回,以此循环往复,穷尽所有能想的变通办法。有时候还会被中介公司蒙骗,企业花大价钱买到的是被涂改过的"假工作签证",甚至导致企业负责人被移民局关押处罚。① 而且,印度尼西亚《商业机构法令》对企业雇佣外籍员工的条件和数量进行了严格限制,规定了外资企业教育和培训当地员工的义务,要求企业必须对所雇佣的当地雇员进行培训,且外国企业还需缴纳印尼员工的培训基金,根据其所雇佣外籍员工的数量每人每月 100美元。② 孟加拉国对外国企业雇佣外籍员工亦有较为详细规定,即外国企业雇佣外籍员工需要有工作许可证,而且对工种做出限制,所雇佣的工种必须是本国不具备该类技术人员的工种;对雇佣外籍员工的数量做出限制,要求雇佣外籍员工数量低于企业员工总数的 5%。③ 也有的国家对外籍员工到东道国工作没有限制,如马里、越南等国家,政府对外籍劳工持宽松态度,对外籍劳工的配额比例无限制,岗位工种限制较少,甚至没有限制,总体持欢迎态度,④但这样的国家在高铁走出去的"一带一路"共建范围内很少,大部分国家持严格限制态度。因此,"一带一路"倡议下高铁走出去项目雇佣中国员工,首先面临能否顺利准入的风险,需要高铁走出去企业提前研判和成本预估,并制定相关风险防范策略。

二、高铁走出去项目中国员工违反当地法律法规的风险

"一带一路"倡议下高铁走出去涉及国家众多,各国的法律体系与中国不尽相同,差异较大,甚至很多国家与中国属于不同法系。而且,一些国家的法

---

① 潘玥:《"一带一路"背景下印尼的中国劳工问题》,《东南亚研究》2017 年第 3 期。

② 黄梦:《中国企业投资东南亚劳工保护责任研究》,《长沙理工大学学报(社会科学版)》2016 年第 5 期。

③ 黄梦:《中国企业投资东南亚劳工保护责任研究》,《长沙理工大学学报(社会科学版)》2016 年第 5 期。

④ 耿文胜:《浅谈海外项目员工属地化管理》,《技术与市场》2015 年第 7 期。

律体系不够健全,有很多漏洞;有的国家法律条文时常修改,缺乏稳定性,加之语言障碍,很多情况下我国企业和员工是在对当地法律法规缺乏深入了解的情况下进入东道国开始从事高铁建设的。并且由于国内工作的定向思维,普遍认为有了项目就先开工,遇到问题再应对解决。但是,大多数高铁走出去"一带一路"共建国家,虽然经济发展相对落后,但法治意识一般较为强烈,一旦违法将会受到严厉处罚。

(一)违反当地劳动法律法规

"一带一路"倡议下高铁走出去违反当地劳动法律法规的主体包括高铁企业和中国员工个人。如上述的高铁项目中国员工劳动准入问题,既可能涉及企业和企业负责人,也可能涉及中国员工个人。如前所述,出于对其国内劳动力的保护,很多国家对外国人进入其国内工作都规定了严格的工作许可证制度,如果没有获得工作许可证,则禁止在其国内工作。很多国内企业和员工都没有这样的意识,到了国外依然以国内思维开展工作,结果被严厉处罚,甚至有些员工被遣送回国。如某企业到越南某塑钢铁厂项目施工时,因工期短、越南办理外国人劳动许可证手续繁杂等原因,便使用 3 个月期的商务签证代替劳动许可证,后越方突击检查,每人被处以约 7000 元人民币的罚款,并限期离境。① 再如在印度尼西亚的雅万高铁项目,企业亟须开工建设,但中国员工的工作许可证和签证短时间内无法顺利办理,企业只能让员工持有免签的旅游签证到项目部工作,或者短期签证到期后迁回到新加坡、马来西亚等数日后再次进入项目部工作,穷尽各种手段应对技术人员和劳工危机。严格限制劳动准入的国家也是严格监督管理的国家,而且一旦被查到违反相关劳动法律法规,则企业和相关员工都会受到严厉惩处,尤其是用工量大、持续时间长的高铁项目,更容易被监管者重视和受到频繁监督检查。另外,除了违反劳动准入相关法律法规之外,高铁走出去项目的管理人员在东道国还有可能因项目

---

① 刘俊芳:《"一带一路"背景下云南企业"走出去"的法律风险控制》,《云南行政学院学报》2018 年第 6 期。

公司侵犯工人规范权利遭受处罚,如公司违反最低工资、加班工资、假期津贴等规定,在公司受到处罚的同时,公司负责人或直接责任人也可能会受到处罚;同时,还有可能因公司违法触及劳动领域的刑事犯罪导致中方管理人员被追究刑事责任。如印尼 2003 年《劳工法》第 80 条至第 185 条将公司列为刑法主体,而且规定无论是公司还是公司工具(即肇事者,包括董事会、管理层、企业家、企业领导人、董事、经理、雇主助理)都可以对劳动犯罪的发生负责,制裁类型包括监禁、罚款、赔偿和其他行政制裁。[1] 因此,"一带一路"倡议下高铁走出去过程中,类似违反劳动法律法规的风险大量存在,应该引起足够重视。

(二)违反当地治安管理法律法规甚至触犯刑法

高铁走出去项目建设、运营持续时间较长,中国输出的员工需要在国外工作很长时间,这些员工中大部分人并没有在当地学习和生活的经历,而且普遍存在语言障碍,缺乏语言沟通能力,对当地风土人情、法律法规亦不够了解,也不适应。长时间远离家乡,无法与家人团聚,加之单一、枯燥的工作和生活,工作人员容易产生消极情绪,如果没有得到及时缓解、消除,日积月累,就会在具体行为中爆发出来,情况严重的可能会触犯当地治安管理法律法规甚至触犯刑法。2015 年 7 月,哈萨克斯坦某项目工地发生了 1 起中哈员工恶性群殴事件,事件起因是 1 位中国工人抱怨工地食堂,认为饭菜分量少、质量差,并就此与当地 1 名女厨师发生冲突,最后 100 多人卷入斗殴,引发大规模冲突,有 65 人被送往医院治疗。[2] 该行为触犯了当地的治安管理法,相关人员受到治安处罚,所幸未造成人员死亡,否则将会受到刑事责任追究。另外,中国员工长期在东道国工作及生活过程中,为释放压力、消遣生活,会出现酗酒甚至酒后

---

[1] Ahmad Hunaeni Zulkarnaen. The Implementation of Criminal Sanction in Corporation of the Labour Law Perspective(case Study on Corporations in Cianjur District, Indonesia). *Journal of Legal, Ethical & Regulatory Issues*, Volume 21, 2018.

[2] 详情请参见赵名浩:《哈萨克斯坦发生中哈工人群殴事件 无人死亡》, 2020 年 1 月 3 日, 见 https://world.huanqiu.com/article/9CaKrnJNkJd。

打架斗殴等事件,一旦事件未得到及时压制和处理,则肇事员工会因触犯当地治安管理法律法规受到严厉处罚,如果出现严重伤亡,则可能会触犯刑法,需要承担刑事责任。在走出去的海外工程项目中,工人远离家乡,长期无法陪伴家人,无法教育孩子也无法孝敬父母,加之环境陌生、工作条件艰苦、生活枯燥无味、信息长期闭塞,语言不通无法顺畅交流,容易造成工人情绪烦躁压抑,稍微有一点小矛盾就可能引发语言冲突甚至动手打架斗殴,给项目人员管理带来严重安全隐患。① 在走出去海外工程项目的国内分包队伍中,也有工人违反禁忌和规定,在禁酒的国家自行酿酒饮酒,偶有闯入私人教堂受到处罚的情况发生。②

三、高铁走出去项目中国员工面临的安全风险

安全稳定的环境是开展互利合作、实现共同发展繁荣的必要条件。人员安全风险是高铁走出去面临的重大风险,尤其在"一带一路"共建国家建设、运营高铁风险更大,恐怖袭击、政治冲突、社会动荡、社会治安等,都会对高铁走出去相关人员人身、财产安全造成威胁。根据商务部发布的安全风险预警,肯尼亚全国总体安全风险等级为黄色,属中等风险,而在蒙巴萨和内罗毕等蒙内铁路项目的重要路段,其安全风险等级为橙色,属于高风险区,遭遇抢劫、绑架、盗窃等风险较大,经常会发生财产损失和人身伤亡的治安事件。③

(一)恐怖袭击导致的安全风险

近年来,以中资企业、华人为袭击目标的恐怖事件逐渐上升。"一带一路"倡议下高铁走出去的目标国重点在东南亚、南亚、中东欧、西亚、北非以及其他独联体国家,这些区域中有些地区是恐怖势力活跃区,国际恐怖分子在这

---

① 邓军围:《海外工程项目劳务风险防范问题与对策》,《湖南科技学院学报》2015 年第4 期。

② 解金辉:《"一带一路"下海外施工法律风险与控制》,《铁道建筑技术》2017 年第 6 期。

③ 向世欢等:《蒙内铁路项目的 HSE 管理》,《国际工程与劳务》2016 年第 6 期。

些区域内活动猖獗,绑架人质、恐怖袭击等时有发生,威胁着高铁走出去参与项目建设、运营人员的安全。近年来,公共安全形势日趋严峻,持续威胁项目实施。如巴基斯坦拉合尔轨道交通橙线项目,开工 2 年多的 2 次恐怖袭击距离施工现场仅 1 公里左右。① 肯尼亚与索马里毗邻,蒙内铁路沿线存在不少恐怖分子和反政府武装,他们为引起政治关注,可能袭击人员密集的铁路设施及其内部场所。② 再如印尼属于有内战危险的国家,近年来,其境内的伊斯兰激进组织针对外国人经常发动一些零星袭击,其中,伊斯兰祈祷团的分离主义和恐怖主义最突出,直接威胁到雅万高铁建设、运营人员的人身和财产安全。③ 一项分析表明,2006—2016 年间,至少有 619 名中国员工在海外东道国发生的暴力袭击事件中丧生。2004 年 6 月 10 日,中国铁建下属施工企业在阿富汗昆都士一处工地遭到了恐怖袭击,11 名中国员工遇难。④ 2015 年 11 月 20 日,3 名中国铁建国际集团公司高管在马里首都巴马科丽笙酒店恐怖袭击事件中不幸遇难。这些恐怖袭击事件虽然数量不多,但其危险性非常大,一旦遭遇则有较大的伤亡风险,且难以预测和防范,容易对员工心理产生较大恐惧,威胁身心健康。因此,作为长期建设运营、能够产生巨额资产的高铁走出去项目,在这些区域将面临因恐怖袭击导致的安全风险。

(二)社会动荡导致的安全风险

由于历史、地域等原因,一些"一带一路"共建国家处于东西方多个文明交会地区,不同宗教的矛盾与冲突、不同民族与种族的矛盾与冲突呈现易突发、多样性、复杂化、长期化等特点。⑤ 这种特点直接导致当地社会环境始终

---

① 宋剑、孙玉兰:《境外铁路合作项目管理实践与探索》,《中国铁路》2020 年第 3 期。

② 徐多戈:《蒙内铁路运营主要风险及应对策略》,《工程技术研究》2018 年第 12 期。

③ 施张兵、蔡梅华:《中印尼雅万高铁面临的困境及其解决路径》,《学术探索》2016 年第 6 期。

④ 张先军:《"一带一路"倡议下中国高铁"走出去"的风险和挑战》,《华南理工大学学报(社会科学版)》2018 年第 2 期。

⑤ 参见郭敏等:《"一带一路"建设中中国企业"走出去"面临的风险与应对措施》,《西北大学学报(哲学社会科学版)》2019 年第 6 期。

处于冲突与动荡风险之中,在这些国家建设、运营高铁,中国员工面临较大人身安全风险。部分国家和地区历史上就存在由于种族和宗教关系而引起的矛盾和冲突,20世纪中期构建起民族国家后又由于诸多原因,如民族主义、极端主义和恐怖主义的泛滥,发展的滞后和严重贫困,以及移植西方民主后的"水土不服"和新旧体制的冲突等,形成了十分复杂的矛盾和冲突的连锁,武装冲突频繁发生。因此,在"一带一路"共建或邻近这些地区建设高铁时,会与这些地区的矛盾有牵涉,甚至导致这些地区的矛盾激化,进而影响到高铁建设的安全进行,同时危及相关人员安全。

(三)政治冲突导致的安全风险

有学者指出,暴力型地缘政治风险中的政局动荡和恐怖主义袭击是我国企业和员工在中东地区面临的最大威胁。[1] 除恐怖袭击外,当地政治冲突是影响高铁走出去员工安全的又一重要因素。在高铁走出去领域,主要遇到项目建设国政局不稳带来的风险、政局更替导致的风险、政治博弈导致的风险、外部势力博弈导致的风险以及其他政治因素导致的风险等。以中亚为例,中亚国家因国情不同政治风险表现不一,但普遍存在政治结构性矛盾突出,政治稳定存在脆弱性和不确定性,与我国关系总体呈现上层热、中层凉、下层淡的趋势。[2] 因地缘政治的特殊原因,"一带一路"倡议下高铁走出去相关国家政治势力复杂,近年来,时有发生地区政局动荡导致中国公民遭受人身或财产损失的事件,而且,某一特定事件的发生可能会产生连锁反应,对高铁走出去员工产生较大心理和生命健康安全威胁。具体表现为以下几方面。

其一,政局不稳带来的风险。政局不稳带来的风险是指东道国政治局势不稳定,执政党执政地位不牢固,对整个国家的政治掌控力不足,尤其是对军

---

[1] 刘文革等:《地缘政治风险与中国对外直接投资的空间分布——以"一带一路"沿线国家为例》,《西部论坛》2019年第1期。

[2] 陆兵:《中国企业走向中亚市场的风险和防范措施》,《新疆师范大学学报(哲学社会科学版)》2017年第4期。

队的掌控力不足，一旦遇到重大改革严重触及各方利益时难以掌控政局，容易引发社会动荡，甚至导致执政党及其领导人政治倒台，主要领导人或被拘捕或被驱逐，进而影响高铁修建计划实施，并危及高铁项目人员安全的风险。部分"一带一路"共建国家处于民主政治转型期，实施民主政治的经济基础、政治生态和文化认同等因素还不具备，还属于民主政治初期，政局不稳，军方实力强悍，一旦遇到矛盾冲突严重时，军方就会重新接管政权，导致原政府垮台。修建高铁项目投资巨大、影响范围广、周期长，对任何一个"一带一路"共建国家都属于国家重大决策，是国家的重大施政措施，因此，一旦出现高铁建设国政局不稳定的情况，高铁修建计划就会严重受挫，如果高铁项目已经开始，而且事态严重无法及时平息，则会危及高铁项目员工安全。

其二，政局更替导致的风险。政局更替是指国家元首的正常更换，在任何国家，国家元首的更换都会导致施政措施不同程度的变化，尤其是对外关系政策变化较为突出。在民主政治成熟、制度健全、政治稳定的国家，政治领导人更换导致对外政策大幅变化的可能性相对较小；相反，在民主政治不够成熟、政治制度相对不健全、政治不够稳定的国家，国家领导人的更替可能会导致对外政策的巨大变化。大部分"一带一路"共建国家属于后者，尤其是东南亚国家，新政府完全否定原政府重大项目决策的案例时有发生，因此，在"一带一路"共建国家修建高铁面临较大的政局更替风险。2018 年 5 月，92 岁高龄的马哈蒂尔再度当选为马来西亚总理，马哈蒂尔上任不久即叫停了由中国交通建设股份有限公司承建的马来西亚东海岸铁路，后来在多方博弈斡旋下，东海岸铁路项目在降低了三分之一价格后重新复工，导致中国员工在无法施工的情况下在东道国等待，员工管理困难，安全隐患突出。

其三，政治博弈导致的风险。政治博弈主要指高铁建设国政党之间的博弈、高铁建设国与高铁输出国之间的政治博弈、高铁建设国之外的国家就高铁建设项目相互间的政治博弈等。在"一带一路"共建国家修建高铁，遇到的政治风险主要表现为：一是高铁建设国内部党派之争导致的政治风险。由于高铁建设项目投资大、关注度高,往往成为各国政治力量博弈的工具,尤其是在第一次修建高铁的国家,博弈会更为激烈。如墨西哥墨克高铁项目,在较短的招标时间内只有中国铁建股份有限公司联合体完成了投标准备,并成功中标。但是在中标后,墨西哥国内反对党深究招标时间过短的合法性问题,以政治施压逼迫墨西哥政府取消中标结果,墨西哥政府无法顶住国内反对势力的施压,迫不得已取消中标结果,宣布重新招标,之后无限期搁置。二是高铁建设国与高铁输出国之间的政治博弈。由于高铁建设项目具有高投资额、高科学技术性、高关注度等特征,在高铁走出去的具体实施过程中,往往会成为高铁项目建设国与输出国之间的博弈对象。如美国西部快线项目美方单方终止合作事件,虽然西部快线公司称终止合作是中铁国际公司不能及时履行所处困境下的相关义务,以及在推进项目进程中中方无法获取必要授权,即美国联邦政府要求高速列车必须是由美国制造,而美国并不生产制造高速列车。但这只是美方的托词,其真正的阻力来自美国联邦政府的反对,美国联邦政府要求自己的铁路由美国自己来建设,而不让其他国家生产与建设,这实际是美国保护主义的具体体现。[①] 政治博弈导致高铁项目停滞甚至失败,项目停滞后给项目上的中国员工管理和撤离带来极大困难,甚至危及职工安全。

其四,外部势力博弈导致的风险。外部势力博弈主要是指高铁强国之间的竞争博弈。高铁走出去是各高铁强国的重要战略,每个高铁强国都希望将自己的高铁技术、高铁标准成功输出,迅速占领国际高铁市场的制高点,但是,目前国际高铁市场建设项目有限,有效项目更为匮乏,因此,激烈竞争的高铁市场常常伴随着政治力量博弈,高铁强国为了成功拿下项目,经常利用国家之间的政治关系进行博弈。如中日在印度尼西亚雅万高铁项目博弈中,竞争达到白热化程度,中日双方都势在必得。而且,就目前高铁走出去的形势分析,国家之间的政治关系是高铁成功输出的关键,目前我国成功输出的高铁项目

---

① 参见《美国西部快线公司单方终止项目消息 中铁总回应》,2020 年 8 月 10 日,见 http://news.cnr.cn/native/gd/20160611/t20160611_522367639.shtml。

如安伊高铁、雅万高铁、亚吉铁路、蒙内铁路、中老铁路等都是与中国较为友好国家的项目,而像印度、越南等国的高铁项目则更青睐日本高铁。每个高铁项目建设国在具体高铁项目建设者选择中,都会充分考虑政治因素。因此,高铁强国之间的政治博弈亦是高铁走出去政治风险的重要来源,而且,如果高铁项目成功中标,外部政治博弈依然会持续,尤其是外部政治博弈力量会借助各种手段给竞争者制造麻烦。雅万高铁项目成功中标后,各种博弈力量谎称中国失业率高达50%,大约有4000万人失业,中国借"一带一路"转移大量失业者到外国工作,给政府施压,要求政府取消对中国的免签政策,并禁止技术能力不高的中国工人到印度尼西亚工作。然而,据当时印度尼西亚的佐科总统辟谣,中国劳工在印尼的数量仅2.1万人左右。[1]

其五,其他传统政治因素带来的风险。"一带一路"倡议下高铁走出去除政局不稳、政局更替、政治博弈、外部势力博弈等特殊的政治风险外,其他传统政治因素如战争等亦会带来政治风险,会对高铁走出去项目产生冲击,甚至使高铁项目无法正常建设、运营,对项目员工安全造成重大威胁,需要及时疏散和撤离。

(四)社会治安导致的安全风险

由于"一带一路"部分共建国家政府的脆弱性,面对复杂社会环境,在很多势力争斗和冲突中,这些国家政府部门表现出无能为力的情况,当地的社会治安无法得到及时有效维护和管控,难以保证民众安全。而且,由于当地政府的行政管理水平有限,治理能力和风险管控能力不足,当中国员工遭遇排外事件、偷盗抢劫等情况时,难以得到有效救济和保护,因此,在"一带一路"共建国家建设、运营高铁,员工面临社会治安风险。

四、高铁走出去项目中国员工融入当地社会不当带来的风险

高铁走出去需要大量员工跟随项目到高铁建设国,与当地员工共同工作、

---

① 潘玥:《"一带一路"背景下印尼的中国劳工问题》,《东南亚研究》2017年第3期。

共同生活,融洽相处。但是,由于语言障碍、习惯观念等差异,走出去的中国员工存在难以与当地员工融洽相处的风险,同时,也存在与当地员工不当相处的风险。

(一)难以与当地员工融洽相处的风险

受语言障碍、文化差异、生活习惯等因素影响,部分中国员工难以适应当地的生活环境,难以与当地员工融洽相处。在日常相处过程中,一些简单的肢体语言都可能引发误会。就以表示"同意"的动作而言,中国采取点头的方式,而有些国家则采取摇头的方式,意思截然相反。在蒙内铁路建设过程中,中国员工性子急、声音大,着装较为随意,不讲究外在形象,喜欢穿大裤衩、背心、拖鞋;而肯尼亚员工则不紧不慢、轻声细语,且较为讲究形象,最穷的人也会有西服,即便是流浪汉也会从路边寻找到废弃的洗漱品整理仪容。所以在日常相处中,这些细微的差异导致肯尼亚人容易产生误会,如把大声说话的中国人误认为在"发脾气",进而产生抵触心理。而且,语言不通形成了中国员工与东道国员工相互沟通、增进理解的障碍,以英语为例,很多中国现场管理人员语言水平有限,讲英语基本是通过"蹦单词"进行沟通,这些都成为误解产生的温床。在蒙内铁路的具体施工过程中,曾经有肯尼亚当地员工称中国管理人员对他们"语言虐待",但实际上并非中国员工故意而为,而是缺乏对肯尼亚人"绅士文化"的充分了解,加之外语能力有限,沟通不畅,尤其是未轻声细语下达任务导致了一些误解。[①] 再如肯尼亚人对政治问题和肤色极为敏感,而一些中国员工因不了解当地文化习俗,在具体工作中不经意会使用带有歧视性的词语,导致当地员工强烈抵触。[②] 另外,还有部分国家的当地人对中国员工带有敌意,认为中国员工抢占了当地就业岗位,影响当地居民的生活水平。如塔吉克斯坦学者就曾公开表示,"越来越多的中国员工涌入塔吉克斯

---

① 参见潘玥、陈璐莎:《"一带一路"倡议下中国企业对外投资的劳工问题——基于肯尼亚和印度尼西亚经验的研究》,《东南亚纵横》2018年第1期。

② 徐多戈:《蒙内铁路运营主要风险及应对策略》,《工程技术研究》2018年第12期。

坦,并在各种领域工作,大批员工涌入塔吉克这样的小国家会给国家造成困扰。国家需要吸引外资,但不需要大量的外国劳动力。"①还有的国家对"一带一路"倡议的初衷心存误解和疑虑,因此,如果高铁建设国当地居民、员工对我国企业和员工采取一种怀疑、提防的态度,中国员工就很难融入当地社会。

(二)与当地员工过度、不当交往带来的风险

难与当地员工融洽相处有风险,同时,与当地员工过度、不当相处也存在风险。如中国男员工与当地女员工谈恋爱,日久生情,本无可厚非,但如果中国员工当地居民之间在追求对象上有竞争,就可能会引发矛盾冲突。尤其是有的中国男员工自己已婚,但对自己的道德与行为约束不严,还与当地女员工谈对象,那么情况可能会更糟。在一些信仰氛围浓厚的国家中,当地人对名誉十分看重,中国员工一旦做出损害当地居民名誉的行为,也有可能直接引发群体冲突,中国员工的生命安全都会受到威胁,整个企业也可能被驱逐出境。

第四节　"一带一路"倡议下高铁走出去 劳动风险产生的原因

原因是风险产生的根源,认清风险的各类表现后需要深入剖析风险产生的原因,如此才能有针对性地提出风险防范策略。探究风险产生的原因一般可以从主观原因和客观原因入手。主观原因是指事物的诸原因中与相关主体的主观意识密切相关的因素,是人为的因素,属于自我意识方面的因素;客观原因是指独立存在于人的意识之外,不以人的意志为转移的外在因素,它可以是环境的、历史遗留的或者是其他的因素。在"一带一路"倡议下高铁走出去劳动风险产生的具体原因中,主观原因和客观原因皆存在,二者相互独立,又辩证统一,需要进行深入研究。

---

① 详情请参见《塔吉克学者担忧大批中国劳工的存在》,2020 年 1 月 3 日,见 http://tj.mof-com.gov.cn/aarticle/jmxw/200806/20080605573123.html 访。

一、高铁走出去劳动风险产生的客观原因

在"一带一路"倡议下高铁走出去的具体过程中,从客观因素分析,劳动风险产生的客观原因主要表现为:一是高铁走出去项目建设自身需要雇佣大量劳动力。包括东道国国内的劳动力和中国输出的劳动力,项目雇佣大量劳动力自然容易产生劳动风险。二是高铁走出去项目建设国劳动就业保护要求雇佣当地劳动力。高铁走出去建设项目既具有经济性,又具有社会性,其项目建设既有利于东道国经济社会发展,同时也是东道国提高社会就业率的重要途径,所以高铁走出去项目建设出于劳动就业保护要求高铁企业雇佣大量当地劳动力。三是高铁走出去项目建设国特殊复杂的国情容易产生劳动风险。如前所述,"一带一路"倡议下高铁走出去项目建设国多为经济发展水平不高、文化教育水平有限、国内政治稳定性相对不足以及宗教势力博弈严重的国家,在这些国家修建高铁项目,雇佣大量劳动力自然容易产生员工安全风险。四是中国高铁走出去企业缺乏劳动风险应对的经验和能力。国内和谐的劳动关系造就了高效的劳动效率,但同时也导致企业在和谐劳动关系的温床中成长,缺乏应对复杂劳动关系的经验和能力,容易产生劳动风险。这些都是客观因素、客观存在,不以高铁走出去企业和员工的意志为转移,只能认识、应对,短期内难以改变。

(一)高铁走出去项目建设雇佣大量劳动力容易产生劳动风险

高铁项目投资大,工程量大,每一个高铁项目都需要雇佣大量劳动力完成项目施工各个环节的各项工程任务,每一个项目每天都需要大量工人在项目上工作。以蒙内铁路为例,该项目需求劳工数量非常大,而且手工操作劳务和繁重劳动较多,虽然随着施工机械化程度不断提高,机械化施工所占比重亦逐渐增大,但在具体施工过程中手工操作仍然占据较大比例。全线路的附属工程量非常大,边坡防护施工、排水沟等几乎全部需要靠手工操作完成,而且肯尼亚当地工人劳动效率较低,为满足工程项目进度要求,高峰期施工现场当地

工人数量达到 3 万人以上。① 如此大规模工程项目,数万人同时在工地施工,而且当地工人劳动素养不高,安全意识不强,劳动观念差异较大,加之政治势力博弈、宗教势力博弈等因素交织,引发劳动冲突、导致工会责难引发罢工等风险,难以绝对避免。而且,高铁走出去项目不仅雇佣当地员工,还需要从国内招聘大量技术人员、管理人员、翻译辅助人员以及工程施工人员等跟随项目进入东道国,大规模的人员签证准入、遵守当地法律法规、尊重当地社会习俗、人员的安全保障以及能否与当地居民和员工融洽相处,这些风险产生也皆属于正常范畴,难以绝对避免。因此,高铁走出去项目属于超大工程,既雇佣大量当地员工,又需要中国国内输出大量员工,劳动因素复杂,各种影响因素交织,其项目本身就容易产生劳动风险,这是客观存在的事实。

(二)东道国就业保护要求雇佣大量当地劳动力容易产生劳动风险

创造更多就业岗位,让国内劳动力充分就业是促进经济社会健康发展、保持社会稳定的前提,是每个国家共同努力的目标。大型基础设施建设是创造就业岗位的重要载体,尤其能创造大量一般劳动力就业岗位,缓解社会就业压力。高铁建设投资大、周期长,需要大量一般劳动力为高铁建设服务,因此,高铁建设是各国创造就业岗位、缓解就业压力的重要措施,不仅一些国家法律法规或政策专门限制性规定雇佣本地一般劳动力最低比例要求,世界银行项目、亚洲开发银行项目等国际性援助项目一般也会进行严格限制,要求雇佣本地一般劳动力达到最低比例。因此,为当地创造大量就业岗位是高铁项目建设的初衷之一,高铁走出去项目建设雇佣大量当地员工无法避免,这是客观现实需求。如前所述,由于高铁走出去的大部分国家,人口稀少,劳动力匮乏,而且经济社会发展滞后,劳动技能不高、敬业精神不足和文化水平有限,加之工资支付方式、文化理念、宗教信仰等差异较大,并且这些国家工会力量强大,工人维权意识较强,所以在这些国家修建高铁容

_____

① 向世欢等:《蒙内铁路项目的 HSE 管理》,《国际工程与劳务》2016 年第 6 期。

易产生劳动风险。

(三)高铁走出去项目建设国特殊复杂的国情容易产生劳动风险

"一带一路"倡议下高铁走出去的目的地国家,多为经济发展、文化教育水平相对有限,政治局势稳定不足,宗教势力博弈严重,其特殊复杂的国情,是高铁走出去劳动风险产生的重要客观原因。

其一,经济发展水平相对有限。经济发展水平是基础,有限的经济发展水平难以整体提升一般劳动力的综合劳动素养,所以高铁走出去雇佣的大量当地员工综合劳动素养有限,这是高铁走出去劳动风险产生的重要客观原因之一。同时,在这些国家建设、运营高铁,一般情况下需要中国高铁技术、标准、资金等全产业链输入,所以不仅需要雇佣大量当地员工,还需要大量相关技术人员、管理人员等进入该国参与高铁建设,这是高铁走出去劳动风险产生的另一客观原因。

其二,文化教育水平相对有限。经济水平决定着文化教育水平,高铁走出去的一些国家限于经济社会的发展水平,基础教育薄弱,文化水平整体不高。整体的文化水平是一个国家一般劳动者综合劳动素养的基础,教育跟不上,劳动者劳动技能、敬业精神等综合素养难以整体提升。因此,难以雇佣到大量高素质当地员工,高铁建设、运营过程中自然会存在劳动效率低等风险。

其三,政治局势稳定性相对不足。稳定的政治环境是高铁成功建设、运营的基础保障。然而,高铁走出去尤其是"一带一路"倡议下高铁走出去的一些国家,其国内政治环境并不理想,存在政府脆弱和社会支持度不高等问题,这是政治风险影响中国高铁走出去的核心因素,政府脆弱性关系到东道国政府能否持续、稳定地支持本国高铁项目,社会支持度关系到高铁项目能否获得东道国社会的支持。① 如果政府脆弱且社会支持度低,高铁建设国的政治环境和社会环境可能会受到影响,政治局势的稳定性和社会稳定性难以保障。如

---

① 宋汝欣:《中国推进高铁"走出去"面临的政治风险及其作用机制分析》,《当代亚太》2017年第5期。

果发生政治冲突、社会动荡等严重事件,项目相关员工的生命健康安全难以保证。这是在这些国家建设、运营高铁产生劳动风险的客观原因之一。

综上所述,这些特殊的国情决定着"一带一路"倡议下高铁走出去容易产生劳动风险。

(四)高铁走出去企业缺乏劳动风险应对的经验和能力

高铁项目建设需要雇佣大量劳动力参与项目建设,国内大量高铁项目建设,不仅锻炼和培养了一大批高铁建设技术骨干,也培养了大量相对训练有素的工人队伍,足以完成高铁建设的大量基础性工作量。而且,国内劳动关系相对简单,劳动关系整体和谐,不存在缺乏劳动力、劳动效率低、劳动观念冲突等风险,也不存在准入签证困难、违反当地法律法规、员工安全保障困难以及员工融入当地社会困难等风险。高铁建设企业不需要过多花费心思应对劳资关系冲突,在高铁建设的整个过程中劳动风险不大,甚至可以忽略。然而,高铁走出去项目建设,尤其是"一带一路"共建国家高铁走出去项目建设,劳动风险与国内完全不同。高铁走出去企业需要面对东道国当地缺乏劳动力,难以招聘到高铁项目建设需求的工人,招聘的当地工人劳动效率低,项目工期和质量难以保证,劳动观念差异大冲突频繁,加之工会责难引发罢工等雇佣当地劳动力带来的风险;同时还需要从中国招聘大量工人跟随项目进入东道国,克服东道国的准入签证困难,管理中国员工遵守当地法律法规、风俗习惯,保障中国工人的人身和财产安全,以及教育培训中国员工如何与当地员工融洽相处,避免不当相处带来的风险,等等。

如上所述,在国内和谐劳动关系温床中成长的高铁企业,需要走出去面对极其复杂的劳动关系,而且很多高铁企业是首次出海修建高铁,没有经验积累,即便近年来一些企业已经在国外积累了一些经验,但"一带一路"共建国家情况差异较大,很多经验难以完全复制。因此,"一带一路"倡议下高铁走出去企业缺乏应对复杂劳动关系的经验和能力客观存在,让缺乏足够经验和能力的高铁企业去应对复杂的海外高铁建设、运营劳动关系容易产生劳动风险。

二、高铁走出去劳动风险产生的主观原因

在高铁走出去的具体过程中,劳动风险产生的主观原因主要表现为:一是高铁走出去相关主体劳动风险防范意识不够强。包括员工、企业以及主管部门都没有强烈意识到劳动风险防范的重要性,或者认识到其重要但认为不是亟须解决的问题,所以缺乏具体行动。二是高铁走出去相关主体劳动风险防范措施不够得力。由于缺乏足够的意识认知,无论是企业还是员工都缺乏足够的完善防范措施,以有力的措施应对"一带一路"倡议下高铁走出去的劳动风险。而且,同样是相关主体没有足够的劳动风险防范意识认知,所以也没有投入足够的精力开拓救济手段,实践中遇到劳动风险一般花钱摆平,没有系统谋划,建构起系统化、规范化、法治化的劳动风险救济体系。

(一)高铁走出去相关主体劳动风险防范意识不够强

意识决定行为,意识是行为的先导,只有意识领悟到位,才会在意识的指使下进行有针对性的行动。在高铁走出去的具体过程中,员工、企业、政府都不同程度地认为劳动风险防范重要,但是,在具体实践中,认识的重要性并没有转化为真正的防范行动,即劳动风险防范的意识还有待提升,这是"一带一路"倡议下高铁走出去劳动风险产生的重要主观因素。

1. 员工的劳动风险防范意识有待提升。员工是直接的劳动者,需要承担劳动风险带来的危害,同时也会从严格的劳动风险防范中受益。但是,风险不是时时有,很多情况下风险只是小概率事件,而风险防范则意味着规范行为、约束自由、放弃便捷,甚至还会丧失很多眼前利益。因此,虽然很多员工知道风险防范重要,在实践中却放松了风险管控,存有侥幸心理,认为不幸和灾难不会降临到自己头上。这是员工劳动风险意识不够强的具体表现。高铁走出去项目建设、运营需要雇佣大量员工,如果员工自己劳动风险防范意识不强,则在具体高铁项目建设、施工、运营过程中将会面临较大的劳动风险,尤其表现为劳动冲突以及员工的安全事件。一旦因员工原因引发劳动冲突,对企业、

员工以及高铁项目都会带来难以预测的损失和影响;同时,如果因员工安全意识不强导致安全事件,对员工伤害最大,甚至会付出健康和生命代价,对企业和高铁项目也会产生难以估量的负面影响。

2. 企业的劳动风险防范意识有待提升。企业是高铁走出去劳动风险防范的核心主体,是风险危害和风险防范利益的最终承担者。在国内建设、运营高铁,劳动风险非常小,即便偶有发生员工伤亡等风险事件,其概率极低,而且一般不会引发严重的大规模事件,所以,高铁走出去企业在国内建设、运营高铁经验中很少有劳动风险管控的经验。然而,高铁走出去建设、运营,尤其在"一带一路"共建国家建设、运营高铁,其面临的劳动环境与国内截然不同,雇佣当地员工的劳动素养、习惯理念、社会环境,等等,都是劳动风险产生的重要因素,如果高铁企业复制国内模式走出去,则将面临较大的劳动风险。近年来,在铁路走出去的具体实践中,由于企业事先对劳动风险了解不充分,防范不到位,遭遇了一些因劳动风险所致的损失。这都是企业劳动风险防范意识不强的具体体现,没有足够的防范意识,就不可能具有有效的防范对策,因此,企业劳动风险防范意识不够强是高铁走出去劳动风险产生的重要主观原因之一。

3. 相关部门海外劳动风险防范意识有待提升。政府相关部门是高铁走出去劳动风险防范的主管者、监督者、服务者,相比于企业和员工,站位更高、信息更全、见识更广、经验更丰富,对劳动风险防范的重要性认识更到位,所以比企业和员工的劳动风险防范意识更强。然而相关部门不是劳动风险的最终承担者,也不是劳动风险防范的具体实施者,在劳动风险防范中的投入程度主要看其觉悟和担当,关键是主要负责人的觉悟和担当。目前,我国主要由商务部负责管理对外劳动和组织相关工作。有学者认为,这种管理模式更多将海外员工纳入对外合作的框架中,将其主要功能定位于劳动合作,这无形之中将海外员工等同于对外贸易的商品,对海外员工的人身权利和劳动权利重视不足。①

---

① 参见花勇:《"一带一路"建设中海外劳工权益的法律保护》,《江淮论坛》2016 年第4 期。

而且,随着高质量共建"一带一路"的深入推进,海外劳动风险防范涉及的范围越来越广泛,相关部门精力有限,因此,认识高并不代表意识绝对强,在具体实践中,相关部门可能难以将其认识的重要性转化到高铁走出去具体劳动风险防范的监管和服务行动中。

(二)高铁走出去相关主体劳动风险防范措施不够得力

没有意识就没有行动,相关主体在没有充分认识到"一带一路"倡议下高铁走出去劳动风险防范重要性的情况下,很难有完善的风险防范和救济措施,主要表现为:一是海外劳动风险防范救济的法律法规不健全,难以通过完善的国内法律法规实现劳动风险防范救济;二是涉外劳动风险的外交保护程度相对有限,难以通过外交手段及时有效全面防范和救济;三是海外劳动风险防范的国际合作有待加强,签订劳动合作协定国家数量有限,很难通过国际合作实现劳动风险及时全面防范和救济。

1. 海外劳动风险防范救济的法律法规不健全。当前,我国规定对外劳动和有关劳工权益保障的法律主要包括《中华人民共和国劳动法》(以下简称《劳动法》)、《中华人民共和国劳动合同法》(以下简称《劳动合同法》)、《中华人民共和国涉外民事关系法律适用法》(以下简称《涉外民事关系法律适用法》)和《对外劳动合作管理条例》,等等。总体而言,国内的相关法律法规相对分散,缺乏系统性,尤其是对走出去劳动风险防范缺乏针对性。《劳动法》和《劳动合同法》主要适用于我国境内形成的劳动关系,对涉外劳动关系调整有限;《对外劳动合作管理条例》是我国管理对外劳动的主要依据,是保障境外劳动者合法权益的法律基础,[①]但该条例旨在促进劳动合作健康发展,专门针对涉外员工权益保护和救济条文不多,虽然在第27条到第29条中规定了对涉外员工的权益救济,第31条规定了要求建立国外劳动风险监测与评估制度,但规定较为原则,难以形成系统全面保护涉外员工权益的制度体系;而

---

① 李文沛:《"一带一路"战略下境外劳动者权益保护的法律系统建构》,《河北法学》2017年第6期。

《涉外民事关系法律适用法》主要是对涉外劳动纠纷司法管辖做出了规定。从整体上看,目前缺乏专门针对中国员工在国外工作的培训指导、行为约束、安全保障、责任惩处以及其他权益保障和救济的系统性规定,尤其是专门针对各种劳动风险防范的系统规定,这是"一带一路"倡议下高铁走出去劳动风险难以及时防范救济的重要原因之一。

2. 涉外劳动风险的外交保护程度相对有限。当中国员工的合法权益在境外受到侵害时,采取外交保护手段可以快速有效地平息事态、化解矛盾,一定程度上能够及时维护中国员工的合法权益。随着共建"一带一路"高质量发展不断深入,高铁走出去项目、其他大型基础设施建设项目以及工业园区建设项目等不断增多,中国向外输出劳动力数量越来越多,相应的涉外劳动冲突也会逐渐增加,在这种情况下,外交保护手段的局限性逐渐暴露,难以长期应对涉外劳资矛盾冲突。另外,我们虽在通过外交手段保护境外员工权利方面取得显著成效,但外交保护属于各国自由裁量权的政治性问题,涉及许多复杂因素,在保护我国境外员工权利时随时可能面临与其他国家产生主权冲突的风险。① 而且,外交保护手段往往在员工权益受损后才会介入,具有滞后性,难以起到预防作用。因此,"一带一路"倡议下高铁走出去难以在更大程度上依赖外交保护救济涉外劳动风险。

3. 海外劳动风险防范的国际合作有待加强。相比于其他手段,国家间签订合作协定是维护海外员工权益较为稳妥有效的方式,两国之间可以就劳动保护关键性问题达成一致,更具有针对性。目前我国与一些国家在劳动权益保护方面签订了双边协定,如与新加坡签订了《中新关于双边劳动合作的谅解备忘录》,与马来西亚签订了《关于雇佣中国劳动人员合作谅解备忘录》,与俄罗斯签订《中俄关于中华人民共和国公民在俄罗斯联邦和俄罗斯联邦公民在中华人民共和国的短期劳动协定》,与约旦签订了《中约关

---

① 参见王辉:《我国海外劳工权益立法保护与国际协调机制研究》,《江苏社会科学》2016年第3期。

于双边劳动合作的协定》,等等。这些协定的签订有效促进了双边劳动保护问题的解决,对高铁走出去劳动风险防范起到示范效应,但当前仅与少部分国家达成了劳动保护双边协定,还难以满足高铁全方位走出去的劳动保护现实需求。

综上所述,"一带一路"倡议下高铁走出去劳动风险产生的原因包括客观原因和主观原因。客观上,高铁走出去项目本身工程量巨大,需要雇佣大量劳动力,而且出于东道国劳动就业保护需要,需要雇佣大量当地劳动力,同时"一带一路"倡议下高铁走出去项目建设还需要招聘大量国内员工跟随项目走出去。而且,"一带一路"倡议下高铁走出去大部分国家国情较为特殊,大量劳动力的雇佣和融合理念差异大,矛盾冲突多,高铁走出去企业需要应对各种因雇佣当地劳动力和国内输出劳动力产生的差异、冲突和责难。加之高铁走出去企业缺乏应对复杂劳动风险的经验和能力,导致劳动风险更容易放大,所以"一带一路"倡议下高铁走出去劳动风险的产生存在大量客观原因。主观上,主要原因在于高铁走出去相关主体对海外劳动风险的重要性认识不足,意识不强,有待于从法律法规、外交手段、国际合作等方面完善应对措施。因此,在深入分析"一带一路"倡议下高铁走出去雇佣当地员工导致的风险以及在高铁走出去项目上中国员工导致的风险,以及探究风险产生的原因后,应该针对具体风险及产生原因,研究风险防范策略。

第五节 "一带一路"倡议下高铁走出去 劳动风险的防范策略

高铁走出去劳动风险类型多、危害大、致因复杂,仅靠企业自身难以有效应对,应该根据海外劳动风险防范的现实需求,综合运用自律与他律、管理与法治等手段,建构起员工、企业、国家共同努力应对"一带一路"倡议下高铁走出去劳动风险的防控体系。

一、高铁走出去员工层面劳动风险防范策略

员工是劳动风险产生的重要根源,也是劳动风险防范的重要主体。中国员工安全以及由他们引发的其他劳动风险,一方面需要依赖企业和政府采取切实有效防范措施;另一方面需要员工自身提高海外劳动风险防范意识,充分了解和掌握风险来源,同时严格约束自身行为,严格遵守当地法律法规,尊重当地风俗习惯,与当地员工和居民融洽相处,通过自律实现风险防范。

(一)员工应努力提高劳动风险防范意识

意识决定行为,只有员工风险防范意识提高,认识到风险防范的重要性,才会主动了解风险来源和学习掌握风险防范技能,严格约束自身行为,远离风险。因此,一方面,国家相关机构和企业应该积极为员工提高风险意识提供帮助。通过收集整理"一带一路"倡议下高铁走出去劳动风险相关典型案例,包括员工成功防范劳动风险的典型案例和因员工原因导致劳动风险发生的典型案例,以正面引导和反面教育相结合的方式,进行广泛宣传和系统教育培训,帮助员工认识到风险危害及风险的严重程度,通过外在压力促使员工提升风险防范意识。另一方面,员工自己应该从自身安全利益出发,积极获取相关信息,提高警惕,提高认识风险的来源、危害及严重程度,在实践中学习风险管理知识,提高对风险的规划、识别、估计、评价、应对和监控能力。做到有能力识别劳动风险类型,会估计劳动风险危害程度、重点危害领域以及发生概率,能确定劳动风险先后顺序,能分析因果关系和评价风险转化方向,等等。通过员工自身学习、探索和经验积累,以自律方式增强海外劳动风险防范意识,从主观上彻底改变对风险的认知,充分认识到"一带一路"倡议下高铁走出去劳动风险防范的重要性,为系统化劳动风险防范体系建构奠定基础。

(二)员工应充分学习了解风险来源

清楚掌握风险来源是提高风险认识和提高风险防范能力的重要前提。只有知道什么是风险源,以及风险容易引发的途径和方式,才会清晰地知道风险

危害以及严重程度,进而提高对风险的警惕,主动采取防范措施抵御风险。因此,"一带一路"倡议下跟随高铁走出去的员工应该在自我防范意识的指引下,努力学习了解劳动风险源。一是应该充分学习了解高铁走出去项目劳动风险源的全貌。通过企业培训、社会培训和自我学习等方式,对"一带一路"倡议下高铁走出去的劳动风险进行全面了解,尤其是对东道国劳动风险进行全面了解,从整体上清楚劳动风险的整体概况。二是应该充分学习了解高铁走出去项目劳动风险源的细节。应该积极主动向老员工和当地员工学习,学习了解当地的政治局势、社会治安、宗教信仰、文化习俗、生活禁忌等与风险相关的各个方面,了解当地的法律法规,尤其是劳动法律法规以及社会治安法律法规,从各个细节清楚了解"一带一路"倡议下高铁走出去的劳动风险源。三是应该积极与当地员工融洽相处,成为知心朋友,在具体的工作与交往中学习了解风险源以及掌握风险防范技能,提高风险防范能力。"民心相通"是"一带一路"倡议的重要内容,在高铁走出去的具体实践中,很多劳动风险防范都是通过跟随项目走出去的员工与当地员工之间成为知心朋友后,当地员工及时将相关风险信息告知中国员工,得以及时化解劳动风险危机。因此,中国员工应该发扬中华民族的优良传统,在高铁走出去项目具体建设和运营过程中,与当地员工真诚相待,广交朋友,做"民心相通"的践行者,以"民心相通"的方式实现风险防范化解。

(三)员工应严格约束自身行为

行为是引发风险的主要因素,约束行为则是防范风险的最好措施。当员工认识到风险危害和严重程度,以及了解风险来源之后,最为重要的是要针对风险源约束自己的行为,使自己远离风险源。一方面,要充分发挥中华民族优良传统,以道德约束为引导,洁身自律,严格避免有不良不当行为,不将自己置身于危险境地。在"一带一路"倡议下高铁走出去的具体实践中,很多劳动风险事件是因员工缺乏道德约束、对自身行为要求不严所致,如不遵守当地禁忌、不尊重当地宗教信仰、不尊重当地风俗习惯,更有甚者对自己的私生活约束不严,行为伤风败俗,惹怒当地员工和民众,引发大规模抗议、示威或者冲突事件,最终导致高铁企业惨遭挫折,甚至全面停工。所以,从员工自身角度出发,要结合海外劳动风险源的普遍危害性和"一带一路"倡议下高铁走出劳动风险源的特殊性,运用道德的内心约束,严格约束自己行为,主动防范劳动风险。另一方面,要严格根据当地法律法规以及企业规章制度要求自己,以他律为约束,以认真遵守规章制度为尺度,衡量自己行为的正当性和合理性,不将自己的行为置身于制度规范之外,以合法性行为规避风险。在"一带一路"倡议下高铁走出去的具体实践中,很多劳动风险因员工违反当地法律法规和企业规章制度所致,如员工不遵守当地法律法规或企业规章制度,私自外出参加当地管控的活动,或者卷入当地党派之争,等等,将自己置身危险源中,导致人身伤害,更为严重的是导致企业形象受损,乃至被当地政府严厉处罚。

(四)员工应该积极融入当地社会

在高铁走出去的具体过程中,中国员工既可能是引发劳动风险的"火药桶",也可能是化解矛盾冲突的"润滑剂"。如果管控不好员工的不当行为,无法与当地社会融洽相处,则可能随时引发矛盾冲突,导致劳动风险发生;相反,如果员工能够与当地社会融洽相处,与当地员工成为知心朋友,则不仅不会引发与当地社会的冲突,还会在劳资冲突及其他冲突中成为化解矛盾冲突的"润滑剂"。所以,中国员工应该积极融入当地社会。一方面,应该充分尊重当地社会的宗教信仰、社会禁忌以及生活习俗,理解当地员工和居民的差异,包容当地员工、居民的各种习俗和问题,彻底消除优越感,以包容心态接纳他们;另一方面,还应该积极利用自身优势,帮助当地员工学习文化知识、提升劳动技能,帮助当地居民解决生活中的实际困难,以实实在在的帮助赢得当地居民和员工的真心接纳。总之,人心总是相通的,只要以诚相待,久而久之,大家都会相互认可,反之,如果采用欺骗、打压、羞辱等方式,长期相处一定会导致冲突爆发。因此,高铁走出去项目的中国员工,应该充分领会"和平合作、开放包容、互学互鉴、互利共赢"的丝路精神,做丝路精神的宣传者、践行者,积极融入当地社会,在项目工作生活的各个细节中化解矛盾冲突,防范劳动风险。

二、高铁走出去企业层面劳动风险防范策略

企业是高铁走出去劳动风险防范的责任主体,劳动风险的最终后果主要由企业承担,劳动风险防范的有效措施亦主要由企业实施。因此,企业是劳动风险防范核心主体,应该积极主动探索劳动风险防范策略,对高铁建设国的劳动风险源进行充分研究,进而有针对性地制定企业员工奖惩制度、员工能力提升培训制度、项目资金预留制度以及风险危机化解机制,积极应对海外劳动风险。

(一)充分调研高铁建设国的劳动风险源

充分掌握高铁建设国的劳动风险源是企业防控劳动风险和预估劳动风险成本的前提,是项目成败的重要因素,企业应该高度重视。一是企业应该在项目前期调研中集中力量充分调研高铁建设国的各类劳动风险,并将其预估计入项目成本,作为投标报价的重要依据。"一带一路"倡议下高铁走出去的实践中,大部分高铁企业在前期的调研和项目成本预算中未将劳动风险纳入其中,未对东道国劳动力市场做充分了解,也未对东道国劳动力效率、劳动观念差异以及东道国工会力量等做充分调研,而且,也没有对中国员工跟随高铁走出去项目的签证准入难、准入后规范化管理难、安全管理难以及融入当地社会难等做充分调研,导致高铁走出去项目实施过程中无法招聘到足够劳动力,招聘到劳动力后劳动效率低、劳动冲突频发等风险发生,这是高铁走出去企业对劳动风险源调研不充分导致的结果。二是企业应该在高铁走出去项目开始建设、运营后,持续深入了解高铁建设国的各类劳动风险,及时掌握风险的变化趋势,并根据不同风险类型、特性以及新的发展变化趋势有针对性地制定防控方案,及时有效应对各类风险。在具体的高铁走出去项目建设和运营中,企业应该建立劳动风险动态监测机制,由专门的机构和人员负责收集劳动风险信

息,建立劳动风险信息库,及时准确研判劳动风险。三是企业应该建立劳动风险预警机制,将企业掌握的劳动风险变化情况及危险程度等信息,定期向全体员工通报,提高员工防范劳动风险的意识和能力,并针对高铁走出去项目劳动风险变化情况制定预案,要求所有员工严格执行,及时有效阻断劳动风险发生。

(二)建立严格的员工奖惩制度

员工是劳动风险的根源,管理好员工队伍是企业防范劳动风险的重要内容,而公正严厉的奖惩制度是管理员工防范劳动风险的有效途径,所以企业应该在以下几方面有所作为。

一是建立严厉的惩处制度。凡是违反企业员工管理规定,导致劳动风险发生或可能发生的员工,无论是当地员工,还是跟随高铁走出去项目的中国员工,都一视同仁依据其严重程度进行严厉处罚,并记入企业职工信用档案,作为以后员工职务晋升和加薪的重要依据。企业应该遵循"一带一路"倡议下高铁走出去劳动风险发生的普遍性规律,结合项目实际情况,根据劳动风险发生频率和危害程度,制定企业职工行为规范,明确企业职工禁止的行为和限制的行为。禁止的行为要求所有职工无论在任何情况下都不能从事;限制的行为不要求绝对禁止,但为这些行为设定程序,要求员工只有按程序履行完所有手续后方可从事这类行为,对这类行为的风险进行提前防控,从数量和行为程序上进行把控。企业通过及时迅速惩处的震慑,提高员工对风险防范的重要性认识,提高劳动风险防范意识,规范自己的行为,减少或避免相应风险发生。

二是建立明确的奖励制度。惩罚有助于建立威慑力,形成压力,从反面约束员工规范自己的行为,以惩处方式防范劳动风险。但是,惩罚不是万能的,也不是最优的,在强化惩罚的同时,也应该从正面做出回应,对劳动风险防范做出突出贡献的职工,给予精神和物质奖励,同时记入员工档案,作为日后职务晋升和加薪的重要依据,以此鼓励员工积极防范劳动风险。高铁走出去企业应该遵循劳动风险防范的普遍规律和项目实际,制定员工劳动风险防范奖励制度,明确奖励类型、奖励额度、奖励时间等要素,使员工有明确的预期,形成稳固制度,长期指引员工努力方向,以规范的奖励制度促使员工规范行为,积极努力防范劳动风险。

(三)建立高效的员工能力提升培训制度

雇佣大量低技能员工是高铁走出去项目建设、运营不可避免的问题,同时也是企业徒增劳动成本、延误工期以及工程质量难以保证的重要风险。针对此问题,企业应该建立高效可行的员工能力提升培训制度,通过培训,迅速、持续提升员工能力,应对防范由此产生的劳动风险。建立高效的员工能力提升培训制度要求:一要明确培训目标。总结"一带一路"倡议下高铁走出去雇佣员工的经验与教训,结合项目实际,根据项目建设、运营对员工的整体需求,制定员工培训需要达到的目标,在明确目标指引下开展员工培训工作。二要明确培训对象。企业应该将所有招聘的员工纳入培训对象,同时依据所招聘员工的文化水平、劳动技能、综合素质等因素将其类型化,对不同类型进行针对性培训。三要明确培训内容。企业应该根据"一带一路"倡议下高铁走出去项目对员工的整体要求,在培训目标指引下,依据不同的类型设定不同的培训内容,力求经过培训,达到项目要求。四要明确培训期限。企业应该在培训目标指引下,依据培训类型和培训内容,结合高铁走出去项目实际需求,制定相对合理的培训期限。具体培训时可以适当增减培训期限,但总体应该在培训期限的合理范围内调整,不能大幅变动。五要明确培训责任。企业应该制定严密的培训责任,对培训过程中不认真参加培训、考核不合格等员工进行处罚或是重新进行培训,确保培训质量,同时也建立培训的威严,以责任约束促使员工高质量参加培训,通过培训切实提高技能。

在培训制度的约束下,企业应该制定严密的培训计划,对新招募员工进行集中培训,确保新员工掌握基本技能后方可上岗工作。同时,集训结束后还应该定期开展后续培训,帮助员工持续提高劳动技能。另外,企业还应该鼓励中国员工利用自身优势帮助当地员工提升劳动技能,鼓励在员工融洽相处中互帮互助,发挥各自优势,以各自的优势共同应对劳动风险。

(四)建立规范的项目预留资金保障制度

确保海外高铁建设项目拥有足够的资金按时支付工资是稳定员工队伍、避免劳资冲突以及企业获得当地社会认可的重要因素。然而,目前大部分海外铁路工程施工项目,都是采取收支两条线的资金管理制度,即先将资金收到国内公司,再由公司向海外项目部拨付所需资金。在国内施工,企业延期几个月支付工资是常事,大家习以为常,一般不会引发劳动风险,但在国外施工,如果当地员工无法及时领到薪水,将会引发劳资冲突,导致劳动风险发生。因此,为确保海外高铁建设项目部拥有足够资金按时支付工资,针对海外项目的特殊性,在保证资金管理规范的同时,企业应该建立海外项目资金预留制度。即在收取项目款项时为项目预留必要资金,以免在款项拨付过程中出现资金无法及时到位,导致项目部无法按时支付工资的情况,以预留资金制度建设防范相关劳动风险。

项目预留资金制度的建立,应该吸取企业走出去的经验和教训,结合高铁走出去项目实际,从以下几方面进行。一要明确制度建立的目的是出于项目应对劳动风险必要。企业建立高铁走出去项目预留资金制度,不是挑战企业现有的财务制度,而是出于项目应对劳动风险必要,是项目防范劳动风险的重要措施。二要明确资金专款专用。预留资金制度建立的目的是防范项目资金紧缺导致劳动风险暴发,所以预留的资金必须严格专款专用,不能挪作他用,否则无法达到制度建立的预期目的,也无法有效防范劳动风险。三要明确资金预留的额度。企业应该根据"一带一路"倡议下高铁走出去的经验积累,结合劳动风险发生评估结果,明确资金预留的额度。四要规范资金使用的程序。好的制度一定要有规范的程序,预留资金既不能任意使用,导致资金管理不善;同时,也不能因为程序过于烦琐无法及时启用,达到劳动风险能够及时应对的目的。五要明确预留资金的管理责任。没有责任的威慑就没有严格的制度执行,尤其在资金使用方面,更需要严格责任的威慑。所以,高铁走出去项目预留资金制度应该明确资金管理责任,包括资金预留、资金保管、资金使用等责任,即明确应该预留资金而未预留或者预留资金不充足导致风险发生时对责任人进行处罚的责任,资金保管不善对责任人进行处罚的责任,资金使用不当对责任人进行处罚的责任等,以明确的责任规范资金管理,确保项目预留资金制度执行到位。

(五)建立可行的劳动风险危机化解机制

针对企业的海外劳动风险,事前防范是根本,但事中化解是关键,一旦发生或即将发生劳动风险事件,必须有及时化解机制应对,这是避免或减少损失的重要途径。因此,建立"一带一路"倡议下高铁走出去项目劳动风险危机化解机制是劳动风险防范的重要内容。一是企业应该建立劳动风险危机处理预案。针对不同风险类型以及风险的严重程度、紧急程度,应该分级制定预案,一旦风险发生,立即启动相应级别预案应对。同时,为保证预案能够及时有效启动,在制定预案后,还应该定期进行演练,切实保证预案的执行力和战斗力。二是应该指定专门的机构和人员负责危机化解机制建设。机构和人员应该借鉴海外危机化解成功经验,不断总结高铁走出去项目危机化解的经验和教训,在实践中进行专业化发展,研究制定一套化解劳动风险危机的专业化程序,用专业化技能和专业化方法化解项目劳动风险危机。三是明确危机化解的责任。要明确因危机化解机制不健全导致风险未能及时化解的责任,以及危机化解不妥当导致劳动风险暴发的责任,等等。以明确的责任促使相关责任人认真履行劳动风险危机化解机制建设、专业化发展,当劳动风险危机真正到来时有能力及时化解,避免风险发生。

三、高铁走出去国家层面劳动风险防范策略

高铁走出去劳动风险类型多样,致因复杂,从国家层面需要依法治理、依法防范。但是,目前我国针对海外劳动风险防范的法律法规还不健全,难以满足我国劳动输出风险防范需求。相反,一些劳动输出较多国家,则较为重视海

外劳动保护立法,较早地建立了较为成熟的海外劳动风险防范法律制度,值得借鉴。如菲律宾早在 1974 年就制定了《菲律宾劳工法》,明确提出国家将对菲海外劳工进行充分保护;1995 年,菲律宾又制定了《海外劳工与海外菲人法》,这是菲律宾关于海外劳工派遣与管理的主要法规,通过专门的立法,菲律宾政府保证了海外就业的管理和海外劳工权益的充分保护。① 借鉴国外经验,针对现实需求,国家应该长远考虑,建立和完善海外劳动风险防范法律制度,以专门立法方式将风险防范和劳动保障要求转化为员工、企业和政府的权利(权力)、义务和责任,用法治思维和法治方式防范高铁走出去的劳动风险。

(一)以立法方式建立中国员工海外行为奖惩机制

在"一带一路"倡议下高铁走出去的过程中,中国员工的不当行为是引发劳动风险的重要原因。如果我们对中国员工在海外的行为管控不得力,放任一些员工的不当行为,则劳动风险难以有效管控。因此,从国家层面应该建立中国员工在海外的行为规范制度,以立法的方式,明确中国员工在海外的禁止行为、鼓励行为以及相应的惩罚和奖励措施,以标准化的方式规范指引员工行为,避免和减少劳动风险。

1. 建立中国员工在海外的惩处机制

(1)明确禁止行为。近年来,由于员工行为导致海外劳动风险发生的情况屡见不鲜,在铁路走出去的多个项目中亦发生因员工行为引发矛盾冲突,甚至导致项目停滞的事件。从整体看,教育、规劝以及企业轻微惩处都难以应对一些中国员工在海外不当行为的发生,而且,不当行为一旦发生,对员工自身具有较大伤害,如果不当行为引发事态严重,则会对企业造成重大损失,甚至会对国家形象造成损害。因此,在不断强化道德教育,倡导海外员工遵守当地法律法规、尊重当地风俗习惯、严格约束自身行为的同时,应该以立法的方式

---

① 王辉:《我国海外劳工权益立法保护与国际协调机制研究》,《江苏社会科学》2016 年第 3 期。

明示中国员工在海外的禁止行为,对一些风险性较大的行为进行禁止。重点应该禁止以下行为:①参与高铁建设国的政党活动行为。与国内不同,很多"一带一路"共建国家政党林立,活动频繁,各党派为争取自己的实力,经常会游说中国员工加入其党派或参与其党派活动,尤其是高铁建设项目,工程大、影响力强,是各党派争取的重点对象。而一旦中国员工加入政党活动,将会给中国员工和其所在企业置于党派之争的危险境地,风险较大,应该禁止此类行为。②触犯当地禁忌行为。当地的宗教信仰、禁忌习俗等都是当地居民和社会的底线,无论是企业还是员工都必须尊重和遵守,绝对不能侵犯,一旦有员工触碰,会招致当地居民的强烈抵抗、敌视,应该禁止此类行为。③不正当的男女关系行为。男女之间的关系本属于个人自由范畴,但不正当的男女关系触及道德底线,尤其在高铁走出去过程中还会损害整体形象和公共利益,甚至引发严重的安全问题,应该给予禁止。④欺辱当地员工、居民行为。高铁走出去的员工相对于当地员工和居民一般处于强势地位,如果不严格管控则容易发生欺辱行为,而欺辱行为极容易导致报复,甚至引发群体性报复风险,应予禁止。⑤与当地居民、员工打架斗殴行为。这类行为有可能是前几类行为引发,也有可能由其他原因引发,但无论是什么原因引发,其影响较坏,严重损害中国员工、企业的形象,而且如果管控不及时,很容易引发严重后果,应该严厉禁止。

(2)明确惩处措施。规定禁止行为只能起到告知、知晓此类行为不能为的效果,具有宣示功能,只有同时规定严厉的惩罚措施,才能产生威慑,实现顶期目标。惩处措施主要包括:①对员工的处罚。即对员工实施禁止行为进行的处罚,根据其违反严重程度以及造成的后果,明确规定对员工进行罚款、建议企业开除、遣送回国等处罚。如果造成严重后果,涉嫌犯罪的,将追究刑事责任。②对企业的处罚。严格管理员工避免劳动风险发生是企业的重要责任,如果企业未尽到严格管理员工以及积极履行安全保障义务的责任,导致严重劳动风险发生,则应该对企业进行处罚。包括对企业进行罚款,对主要负责人和直接责任人罚款、建议降职降薪、建议调离岗位等处罚,通过处罚给企业施加压力,促使其规范管理员工,积极履行安全保障义务,避免劳动风险发生。③对主管负责人和企业负责人的处罚。主管负责人和企业负责人对员工行为具有领导责任和管理责任,如果因为企业管理不到位发生员工违反禁止行为的事件,应该追究主管负责人和企业负责人的领导责任,促使他们重视员工行为管理,建立和严格执行企业的相关管理制度,切实避免风险发生。

2. 建立中国员工在海外的奖励机制

(1)明确奖励行为。惩处是规范中国员工在海外行为的重要手段,但不是唯一手段,除了惩处之外,激励机制亦非常重要。因此,在明示禁止行为之外,还应该明示奖励行为,对一些有利于改善与当地员工和居民关系,有利于项目有效开展,有利于员工安全,有利于劳动风险及时化解等行为,应该明确鼓励,引导员工积极从事此类行为。主要包括:①积极帮助当地员工提高劳动技能的行为。这类行为既可以促进中国员工与当地员工融洽相处,又可以提高企业的整体劳动效率,对员工、对企业都积极有利。②利用自身优势帮助当地居民解决实际困难的行为。这类行为能够促进中国员工与当地居民友好相处,帮助企业践行社会责任,帮助企业树立良好形象,获得当地居民、政府的认同感。③积极化解矛盾,避免风险发生的行为。在一些劳资冲突、中国员工与当地员工的冲突以及与当地居民的冲突事件中,有的中国员工利用自身语言优势以及与当地居民友好关系等优势积极进行调解,消除误会、化解矛盾,有效避免风险发生,这类行为应该积极鼓励。

(2)明确奖励措施。明确了奖励行为必须有明确的奖励措施才能产生良好效果,才能达到鼓励和引导更多员工效仿,产生示范作用,从而避免或减少劳动风险产生的预期目标。奖励措施主要包括:①规定企业进行奖励的义务。大量员工的积极行为只能由企业进行奖励,也只有企业有能力进行奖励,奖励的效益主要由企业享有。所以应该以立法方式明确企业进行奖励的义务以及具体奖励的措施,包括物质奖励措施和精神奖励措施,物质奖励措施包括直接奖励物质或货币、提升薪酬等;精神奖励措施包括提升职务、授予荣誉称号等。②规定国家进行奖励的义务。即对一些特殊贡献的海外员工,国家应该明确奖励措施,包括物质奖励和精神奖励,以国家的奖励制度激励海外员工的积极行为,产生广泛的示范效应。

对违反禁止规定的员工进行严厉惩处,以及对积极从事鼓励行为并取得良好效果的员工进行奖励,其本身具有宣传教育职能,只要严格执行,员工防范劳动风险的意识就会在具体实践中提升。而且,加之政府、企业、社会再进行正确宣传、教育、引导,员工劳动风险防范意识提升将更加具有保障。只有员工风险防范意识提升,认识到其重要性,才会主动了解风险源,学习当地风俗习惯,与当地员工、居民融洽相处,以及严格约束自己的行为,主动采取措施防范风险。

(二)以立法方式强化企业防范海外劳动风险的义务和责任

企业是高铁走出去劳动风险防范的责任主体,劳动风险的最终后果主要由企业承担,劳动风险防范的有效措施亦主要由企业实施,所以劳动风险防范既属于企业的义务和责任范畴,也属于企业的自主经营权范畴。因此,"一带一路"倡议下高铁走出去企业防范劳动风险既要强化企业的安全保障义务和劳动风险防范责任,还需要充分尊重企业的自主经营权。

1. 强化企业的员工安全保障义务。对劳动权利的保护,已经成为现代文明国家普遍的选择。对劳动权利保护和实现程度的高低,也成为现代社会衡量一个国家人权好坏乃至法治建设是否健全的重要标志。① 保障海外员工安全是高铁走出去的重要风险防范之一,企业是最有能力保障员工安全的主体,企业保障是员工安全的第一道防线,也是最有效、最重要的安全防线。因此,应该从立法层面强化企业的员工安全保障义务。其一,安全保障义务为企业加大安全投入提供了法律依据。参与"一带一路"倡议下高铁走出去项目建

---

① 张帆:《劳动权利保障的制度困境与法律维度》,《河北法学》2018 年第 7 期。

设、运营的企业多为大型国有企业,有些企业还是上市公司,财务制度较为规范,较大金额的支出都需要合理的依据。从立法层面强化企业海外员工安全保障义务,就意味着为高铁走出去项目加大安全保障投入提供了"尚方宝剑",即便是增加项目成本,但属于必须支出款项,合法合理,既为项目争取安全保障资金提供了理由,又为具体负责人免于承担财务责任提供了保障。其二,安全保障义务给企业加大安全投入施加了压力。从法律层面强化海外员工安全保障义务,给企业施加了压力。在压力的推动下,企业会主动采取安全保障措施,确保企业员工安全,如雇佣海外私人保安公司保障企业员工安全,或者积极争取当地政府武装力量保障企业员工安全,等等。

2. 强化企业的劳动风险防范责任。义务只有与责任相结合才能较好地发挥作用,形成威慑力。因此,高铁走出去在强化企业员工安全保障义务的同时,应该强化企业的劳动风险防范责任。其一,强化企业劳动风险防范的民事责任。即明示企业承担员工伤亡以及其他各类劳动风险事故中的赔偿责任,包括赔偿责任的种类、额度、方式等。以民事赔偿责任的压力约束企业积极采取措施防范各类海外劳动风险。其二,强化企业劳动风险防范的行政责任。即明示企业不积极采取措施防范劳动风险,或采取措施防范劳动风险不到位应该承担的行政责任。通过行政责任的约束力迫使企业积极采取措施防范劳动风险,避免给员工、企业以及国家造成伤害和损失。其三,强化企业劳动风险防范的刑事责任。即明示企业不积极采取劳动风险防范措施或采取劳动风险防范措施不当导致严重后果,企业及其主要负责人应该承担的刑事责任。以最为严厉的惩罚方式促使企业积极采取有效措施防范重大劳动风险,避免给员工、企业和国家造成重大伤害和损失。

3. 充分尊重企业的自主经营权。在强调给企业施加压力,强化企业海外员工安全保障义务以及劳动风险防范责任的同时,应该清楚地认识到,雇佣什么样的劳动者、支付多少工资、如何支付工资、如何提高劳动者的劳动技能、如何惩治违反规定员工等,都属于企业自主经营权的范畴。虽然,在高铁走出去的过程中,这些因素是劳动风险的起源点,但必须明晰自主经营权是本位,义务与责任的强化不能过度侵蚀自主经营权。只有在海外劳动风险防范确实必需且具有可行性时才能限制企业的自主经营权,这条红线不可僭越,且对企业自主经营权的限制必须把控好"度",否则各类拥有公权力的主体都可能侵害企业自主经营权,良好的监管初衷不一定有好的收获。

（三）以立法方式强化政府防范海外劳动风险的义务和责任

政府是海外劳动风险防范最有力的保障和后盾,在一些复杂的劳动风险化解、矛盾纠纷协调、安全保障救助等环节中,只有依靠政府力量才能实现。因此,以立法方式强化其在高铁走出去劳动风险防范中的义务和责任,督促建立海外劳动风险评估预警机制、海外劳动冲突重大矛盾化解机制、海外劳动风险应急救援及权利救济机制等,以强有力的措施和实力,为海外员工、企业提供优质的公共产品,在具体劳动风险事件处置中履行义务和承担责任。

1. 强化政府海外劳动风险评估预警的义务和责任。"一带一路"倡议下高铁走出去劳动风险涉及范围非常广,影响因素十分复杂,包含雇佣当地员工带来的风险和输出国内员工带来的风险,涉及当地政治局势、宗教信仰、社会习俗、文化理念、安全保障、劳动素养等,而且高铁走出去涉及国家众多,各国之间面临的劳动风险各不相同。因此,仅凭企业和员工自身力量难以全方位应对海外劳动风险,需要政府运用自身实力和集中社会力量从宏观层面进行全方位研究,对重大风险领域进行风险监测、评估和及时追踪风险发展势态,并向社会公布,提供风险预警服务。建立海外劳动风险评估预警机制就是要求以立法方式明确政府提供海外劳动风险评估预警服务的义务和责任,将其作为制度要求政府定期向社会提供。"一带一路"倡议下高铁走出去的企业和具体员工根据政府提供的所在国劳动风险预警服务,及时调整自己海外劳动风险防范策略,尽最大限度降低海外劳动风险带来的伤害。建立海外劳动风险评估预警机制应该明确:其一,政府开展海外劳动风险评估预警的义务。应该以立法方式明确开展海外劳动风险监测、评估以及公布预警的义务主体、主要方式以及期限等基本要素,以明确义务的方式要求相关主体开展海外劳动风险监测、评估和公布等预警工作,确保政府提供海外劳动风险预警服务。其二,明确政府开展海外劳动风险评估预警服务的责任。以立法方式明确政府未履行海外劳动风险监测、评估和公布预警义务时需要承担的法律责任,包括责任主任需要承担的行政责任和刑事责任。行政责任主要体现为政府部门和主要负责人未履行海外风险监测、评估和定期发布预警义务,导致严重后果后,需要承担的被约谈以及行政处罚等责任;刑事责任包括政府主要负责人和具体负责人因未履行开展海外劳动风险监测、评估和定期发布义务,导致重大后果,需要承担的刑事责任。

2. 强化政府海外劳动风险防范管控的义务和责任。海外劳动风险防范不仅需要企业和员工自律,也需要政府管控的他律,他律是约束、是压力,也是促使企业和员工积极开展海外劳动风险防范的动力,甚至在很多情况下,没有他律就很难实现自律,他律是自律的基础。"一带一路"倡议下高铁走出去劳动风险产生的直接原因大多是企业和员工缺乏自律,因此,建立海外劳动风险防范管控机制就是要通过立法赋予相关政府部门管控海外劳动风险防范的职权、义务和责任。其一,明确政府进行海外劳动风险防范管控的职权和义务。以清晰的职权和义务要求政府积极开展海外企业和员工劳动风险防范的管理,及时督促企业建立海外劳动风险防范制度,规范劳动行为。对不重视海外劳动风险制度建设,不积极开展劳动风险防范措施的企业依法进行处罚,对不遵守海外劳动风险防范法律法规并导致严重后果的员工进行严厉处罚;同时对积极遵守海外劳动风险防范规则,对化解重大海外劳动风险作出积极贡献的员工和企业进行奖励。以奖惩合力开展海外劳动风险防范管理。其二,明确政府建立海外劳动风险防范管控机制的责任。以清晰的责任督促政府建立海外劳动风险防范管控机制,以责任的压力促使相关主体正确行使职权和履行义务,对怠于履行海外劳动风险监督和管控义务导致重大劳动风险发生的主体给予行政处罚,乃至追究刑事责任。

3. 强化政府海外重大劳动冲突矛盾化解的义务和责任。"一带一路"倡议下高铁走出去涉及的一般劳动纠纷、矛盾,企业或者员工自己就能协调解决,不用政府介入;但是,如果发生大规模罢工、严重劳资冲突甚至危及企业和员工安全的劳动风险事件时,就需要政府介入进行斡旋,包括利用外交途径,尤其是积极争取高铁建设国政府帮助协调解决。有学者指出,中国企业和劳工在中亚利益受损的情况非常严重,但由于中国和中亚五国并没有成熟的纠纷解决机制,导致很多损失无法追回。① 因此,建立海外重大劳动冲突矛盾化解机制,就是以立法方式赋予政府职权、义务和责任,要求其在发现企业面临海外重大劳动冲突矛盾时,依职权或依企业请求介入协调化解矛盾冲突。将化解重大海外劳动冲突作为政府法定义务,就会促使政府积极开展国际合作,积极开拓外交途径,更多地争取与"一带一路"倡议下高铁走出去的目标国家签订劳动保护双边或多边协议,增强海外重大劳动冲突矛盾化解能力,将海外劳动风险防范工作前移,贯彻落实在平时的外交和国际合作中,夯实海外劳动风险防范的基础。

4. 强化政府海外劳动风险权利救济的义务和责任。海外劳动风险评估预警机制和风险防范管控机制都是旨在预防和管控风险,避免风险发生;海外重大劳动冲突矛盾化解机制则重在事中参与风险化解。但是,如果重大风险未能得到及时化解,引发重大事件,或是当地政局动荡、社会不稳定等原因威胁到中国员工和企业安全,则需要政府出面进行应急救援,派出可行的交通工具和保护力量,帮助中国员工紧急撤离高铁建设国,保障中国员工和企业安全。近年来,中国政府利用军舰等各种交通工具前往项目所在国帮助中国员工紧急撤离的事件时有发生,展现出强大祖国的力量,为高铁走出去提供了坚强的后盾。这些成功的做法如果能够得到法律制度的支撑,以立法方式将其固化,将中国企业和员工在国外遇到紧急安全时政府提供应急救援作为一种

---

① 朱永彪、任希达:《中亚中国劳工权益面临的风险》,《新疆师范大学学报(哲学社会科学版)》2017 年第 4 期。

义务,则更能深入推动高质量共建"一带一路",助推中国高铁成功走出去。因此,应该建立海外劳动风险权利救济机制。其一,明确政府海外劳动风险权利救济的义务。应该通过立法明确相关部门的义务,当中国企业和员工在海外遭遇重大安全风险时,政府相关部门有义务进行应急救援,保障中国员工安全撤离。其二,明确政府海外劳动风险权利救济的责任。即以责任的方式,要求政府必须履行义务,否则,需要承担行政责任,乃至追究刑事责任。义务和责任的明确,是负责任政府建设的重要组成部分,也是中国企业走出去的底气和信心,是"一带一路"高质量建设的重要内容。只有明确政府海外劳动风险权利救济的义务和责任,高质量建设"一带一路"才能更加顺畅,中国高铁走出去才更有坚定的信心。

第四章 "一带一路"倡议下高铁走出去的环境问题、风险与应对策略

习近平总书记指出："建设绿色家园是人类的共同梦想。"①"纵观世界发展史,保护生态环境就是保护生产力,改善生态环境就是发展生产力。良好生态环境是最公平的公共产品,是最普惠的民生福祉。"②"我们要着力推进国土绿化、建设美丽中国,还要通过'一带一路'建设等多边合作机制,互助合作开展造林绿化,共同改善环境,积极应对气候变化等全球性生态挑战,为维护全球生态安全作出应有贡献。"③"一带一路"倡议下高铁走出去项目建设,因线路幅员辽阔,沿线生态环境复杂,会涉及水资源保护、土壤资源保护、森林资源保护、草地资源保护、野生动物栖息地保护、文物遗产保护等各类环境保护问题,如果高铁走出去项目建设前期没有足够重视环境保护,并将环境保护理念深入贯彻到高铁项目建设过程中,则很可能会遇到各类环境风险。轻则会受到各类环境处罚,重则会导致项目停止,甚至被逐出有关市场。因此,通过企业走出去环境保护的典型案例梳理分析,寻找企业走出去环境保护的共性问题,再结合高铁走出去的特殊性,探寻高铁走出去面临的环境风险类型、危害

---

① 中共中央文献研究室编:《习近平关于社会主义生态文明建设论述摘编》,中央文献出版社 2017 年版,第 138 页。

② 中共中央文献研究室编:《习近平关于社会主义生态文明建设论述摘编》,中央文献出版社 2017 年版,第 4 页。

③ 中共中央文献研究室编:《习近平关于社会主义生态文明建设论述摘编》,中央文献出版社 2017 年版,第 138 页。

及产生原因,最后从法治视角提出风险防范对策,为国家制定法律法规及政策提供理论依据,为高铁走出去提供实践指导。

第一节 "一带一路"倡议下企业走出去
环境保护典型案例梳理分析

曾经,经济发展与环境保护被视为矛盾关系,为追求经济的高速发展,常忽视生态环境保护。世界上大多数发达国家都经历过"先污染后治理"甚至"污染转嫁"的过程。随着英国伦敦 1952 年的烟雾事件、日本 1953 年的水俣病事件等环境污染事件发生,国际社会开始意识到环境污染问题对其国民身体健康以及国家经济可持续发展的威胁,各国开始积极推动国内环境法制与国际环境合作框架的构建。① 当前越来越多的国家开始树立环保意识,采取环保措施,环保理念在全世界盛行。在此背景下,走出去的企业受环境问题责难的情形也不可避免,海外投资项目可能会因东道国的环境保护政策变更而遭遇冲击。近年来,中国海外企业在缅甸、柬埔寨、泰国、老挝、秘鲁等国遭遇了不同形式的环境问题,这些海外企业的经营范围涉及种植、采矿、森林砍伐、水电、铁路建设等多个领域。目前全球范围内的环境保护问题正在逐步凸显,一些走出去的企业并未跟上时代的步伐,做到提前防范、有效应对。因此,确有必要认真梳理分析近年来企业走出去环境保护的典型案例,从中探寻企业走出去过程中遇到的具体环境保护问题,为海外企业规避环境保护风险提供理论指导和实践帮助。

---

① 袁达松、黎昭权:《构建包容性的世界经济发展与环境保护法治框架——以"人类命运共同体"理念为基础》,《南京师大学报(社会科学版)》2019 年第 2 期。

表 4.1　近年来企业走出去环境保护的典型案例梳理

序号	企业项目	事件经过	遇到的环境保护问题
1	柬埔寨戈公省建造水电大坝项目	当地非政府组织"大自然母亲"公开反对在柬埔寨西南部的戈公省建造水电大坝,并于 2014 年 9 月阻挠政府车队前往待选坝址。柬埔寨当地民众的环保意识很强,非常在意对环境的保护。2015 年 2 月,时任柬埔寨首相下令暂停建造中柬合作大坝,称并不是非政府组织的压力,而是柬埔寨已经摆脱了缺电状态。①	遭到环保非政府组织强烈反对。
2	中国海外最大铜矿项目	中国铝业在秘鲁的一处铜矿被暂停,秘鲁官方称中国公司在施工生产中破坏当地环境。秘鲁的环保组织 OEFA 要求暂停项目,因发现 2014 年 3 月 16—20 日该铜矿排入当地湖泊的废弃物中含有污染物。②	项目因污染湖泊遭到暂停。
3	韩国济州岛建造大规模观光度假村项目	2011 年 11 月,百通鑫源(中国独资企业)获当地政府批准,在韩国济州岛建造一座占地超过 800 亩的大规模观光度假村。项目受到韩国公民团体强烈抗议,认为百通鑫源的项目范围内,有保护等级为一、二、四等的地下水水源,项目会破坏地下水资源。③	可能会污染水源,遭到公民团体强烈反对。
4	斯里兰卡科伦坡港口城建设项目	中交建于 2013 年 11 月与斯里兰卡投资管理局签署了协议,投资参与科伦坡港口城的建设。在动工后仅半年,斯里兰卡政府在 2015 年 3 月 4 日却叫停了这一项目,称由于该项目涉嫌规避当地法律和环境要求,需要面临重新评估,并要求中方公司提供相关政府部门颁发的有效许可证明。④	违反环保法律法规遭叫停。

---

① 参见《柬埔寨首相下令暂停大坝建设 称不会影响中柬合作》,2020 年 7 月 1 日,见 http://www.xinhuanet.com/world/2015-02/25/c_127514736.htm。

② 参见《中国海外最大铜矿项目被智利暂停》,2020 年 7 月 1 日,见 http://energy.people.com.cn/n/2014/0331/c71661-24776813.html。

③ 参见《中企投资韩国济州岛麻烦不断 欲送大礼仍遭驱赶》,2020 年 7 月 1 日,见 https://finance.huanqiu.com/article/9CaKrnJztYd。

④ 参见《斯里兰卡上千工人集会 抗议政府叫停中企港口项目》,2020 年 7 月 1 日,见 https://world.huanqiu.com/article/9CaKrnJIIFN。

续表

序号	企业项目	事件经过	遇到的环境保护问题
5	中缅皎漂—昆明铁路工程项目	2014年7月,缅甸铁道运输部正式发布消息,称中缅皎漂—昆明铁路工程计划搁浅。原因之一便是缅甸公民组织和铁路途经地区居民多次向缅甸政府抗议,称工程将给地方造成负面影响。①	遭到公民组织和沿线居民强烈反对。
6	中国企业泰国租地种香蕉	泰国清莱府帕亚闽莱县、坤丹县的大量民众,集体表示对当地中国香蕉种植企业的行为感到不满,中国种植企业用当地鹰河里的水拿来灌溉,导致了当地居民生活用水告急。②	过度用水导致当地居民强烈反对。
7	中国企业在老挝经营的香蕉种植园	老挝一家由中国投资人拥有的香蕉园(某农业进出口公司)在种植香蕉时使用并乱排有害化学物质到河里,致使大量鱼虾螃蟹等生物死亡。③	因污染河流遭到强烈反对。
8	中资企业承建厄瓜多尔里奥布兰科金矿项目	当地居民对庄胜矿产资源集团有限公司发起抗议示威活动,当地一组织团体称庄胜公司的项目和采矿活动违反了当地的法律条款,采矿活动污染水源,影响水质。后厄瓜多尔昆卡市的法官裁定庄胜公司违反当地的法律条款,污染环境,污染水资源,要求其立即停止在该地区的里奥布兰科金矿项目和相关采矿活动。④	污染环境、污染水源,项目遭立即停止。
9	中国石油天然气公司在乍得的油田开采项目	乍得政府于2013年8月13日暂停了中国石油天然气公司在当地一个油田的开采活动,起因是中石油的开采活动涉嫌违反当地环境法规。⑤	违反当地环境法规,项目遭暂停。

① 参见《中缅战略铁路计划投资200亿美元遭民众抗议搁浅》,2020年7月1日,见 http://news.cnr.cn/native/gd/201407/t20140722_516002397.shtml。
② 参见《中国企业泰国租地种香蕉 抽水灌溉引当地人不满》,2020年7月2日,见 http://news.cnr.cn/native/gd/20160404/t20160404_521784642.shtml。
③ 参见马克·印基:《老挝的香蕉园:就业与污染同在》,2020年7月2日,见 https://www.thepaper.cn/newsDetail_forward_4700518。
④ 参见《中资企业承建的厄瓜多尔里奥布兰科金矿项目遭抗议,被控破坏环境》,2020年7月2日,见 http://www.globalview.cn/html/societies/info_25004.html。
⑤ 参见陈知瑜:《乍得暂停中石油开采活动 称其违反环境法规》,2020年7月2日,见 https://world.huanqiu.com/article/9CaKrnJBNSu。

续表

序号	企业项目	事件经过	遇到的环境保护问题
10	中国有色金属赞比亚项目	赞比亚环境监管部门关闭了东南铜矿矿体项目,称中国中色非洲矿业有限公司藐视环境保护法。该项目区所有的业务或经营活动必须停止直到该公司遵守相关要求。①	因藐视环境保护法遭关闭。
11	中国石油大庆塔木察格有限公司在蒙古国的油田项目	中国石油大庆塔木察格有限公司在该国东方省造成了环境污染,当地警方就公司违规倾倒油田内挖出的废土进行调查。②	因污染环境被调查。
12	巴布亚新几内亚镍加工项目	由中国冶金科工股份有限公司投资控股的拉姆镍矿发生漏油事件,使巴萨穆克湾的海水变为亮红色,并污染了海岸线。最终因违反安全和采矿方面的法律被巴布亚新几内亚政府关闭。③	因污染海岸线,被关闭。
13	中国养猪企业在老挝项目	某中国养猪企业没有严格按照当地政府规定执行,泄漏污水,猪场臭气在空气中散发,造成空气质量恶化和对大气环境的污染。④	污染大气环境。
14	中电投云南国际电力投资有限公司缅甸密松水电站	2011年9月30日,时任缅甸总统突然宣布任期内暂时搁置密松水电项目。个别西方非政府组织指责项目会破坏环境,这也是项目被搁置的原因之一。⑤	竞争对手指责破坏环境,项目被搁置。

---

① 参见《中国有色金属赞比亚项目被关闭 被指藐视环保法》,2020年7月2日,见 https://money.163.com/13/1206/10/9FDEL6FH002524SO.html。

② 参见《中石油被曝在蒙古国污染环境 拖欠数百万元罚款》,2020年7月1日,见 http://green.sohu.com/20130925/n387220690.shtml。

③ 参见《中资企业因污染问题遭巴新政府暂时关闭》,2020年7月4日,见 http://cdn.australia51.com/article/A1E88AFD-741A-627E-09B9-AA7D73B66998/。

④ 参见《老挝检查到很多企业生产活动对环境的负面影响》,2020年7月4日,https://dy.163.com/article/E44PALLL0534067W.html。

⑤ 参见《中电投:对缅甸搁置密松电站项目不解》,2020年7月4日,见 http://news.ifeng.com/c/7faVC0y6za8。

续表

序号	企业项目	事件经过	遇到的环境保护问题
15	海宇矿业公司在莫桑比克采矿项目	有组织发布报告表示,中国企业的采矿行为威胁着海滩,采矿的沙子覆盖了约 28 万平方米的湿地,阻断了环礁湖与海洋的连接通道,改变了湖水流动。当地渔民表示,中国应该赔偿他们的损失,企业的器械阻挡了湿地的水源流动。报告刚刚发布后,莫桑比克政府暂停了在该地区的采矿。①	破坏海滩、湿地,采矿项目被叫停。
16	贝加尔湖取水项目	2019 年 3 月 15 日,伊尔库茨克市基洛夫地区法院一纸裁决,叫停了中资公司在贝加尔湖畔的瓶装水厂项目。理由是该项目在建设和施工过程中,违反了俄联邦有关环境保护和有关生产和消费过程中的废弃物两项法律,有关部门检查建筑工地时,发现有建筑垃圾和废弃燃料。②	违反当地法律,违规处置建筑垃圾和废弃燃料。
17	中国企业在刚果(金)林业开发项目	当地政府开始对林业企业进行全面清理整顿,暂停办理证件展期手续,且加大处罚力度,在刚果(金)从事木材交易的中国私企大多经营艰难,目前绝大多数已停止营业。③	政府管控严厉,遭停业。
18	中国木材企业在俄远东地区采伐项目	根据俄环境调查署(EIA)的报告,中国在俄远东的锯木厂违法砍伐,当地的硬木林遭到破坏。④	违法砍伐硬木林,面临较大环境风险。
19	中缅合资莱比塘铜矿项目	大批缅甸村民、学生和僧侣举行抗议行动,抗议位于缅甸北部蒙育瓦附近的莱比塘铜矿强逼人们迁移并对当地造成污染。由于担心铜矿项目会污染环境,当地民众开始封堵该铜矿,并致使该铜矿项目停产。⑤	遭当地民众强烈抗议,致使停产。

---

① 参见《中国企业被曝在非洲不道德采矿破坏当地环境,遭村民联合抵制!》,2020 年 7 月 4 日,见 https://dy.163.com/article/DUU20CRT0528SSJ6.html。

② 参见《西伯利亚不相信眼泪:造福当地的中资项目为何接连遭遇抵制?》,2020 年 7 月 5 日,见 https://dy.163.com/article/EAJ8TO970524P29Q.html。

③ 参见伊佳:《刚果(金):投资林业开发宜暂缓》,《国际商报》2012 年 12 月 17 日第 C03 版。

④ 参见中华人民共和国驻俄罗斯联邦大使馆经济商务处:《俄媒报中国木材企业在俄远东地区非法采伐现象严重》,2020 年 7 月 5 日,见 http://ru.mofcom.gov.cn/article/jmxw/201310/20131000342852.shtml。

⑤ 参见《缅甸中资铜矿因环境问题遭抗议》,2020 年 7 月 5 日,见 http://news.163.com/photoview/00AO0001/29798.html#p=8HPPJGII00AO0001。

以上案例均为近年来我国企业走出去遇到的环境保护典型案例,对实践案例的梳理分析,可以更直观地反映出我国企业走出去遇到的环境保护共性问题,主要包括对东道国环境造成了恶劣影响,违反东道国环境保护法律法规或政策,遭到非政府组织或民众强烈反对,以及遭到罚款、暂停甚至关闭等严厉处罚等问题。这些问题警示走出去的中国企业到国外投资建设项目,必须充分了解东道国的实际情况,包括法律、政策、文化、利益群体等,才能尽可能地规避环境风险,使项目顺利完成。尤其是"一带一路"共建国家或地区的生态环境更为脆弱,过低的生态环境承载力意味着"一带一路"共建国家对于经济发展方式的要求更为严格。因此,区别于西方国家"先污染、后治理"的发展道路,"边保护、边发展"的道路更加符合"一带一路"共建国家的实际。① 随着各国对环境保护的越来越重视,环境执法日趋严格,任何缺乏环保意识和责任的中国企业,最终都难以避免项目被叫停甚至关闭的困境,应该给予高度重视。

第二节 "一带一路"倡议下企业走出去环境保护遇到的共性问题

通过上述案例分析可知,我国企业在走出去过程中会面临各类环境保护问题,如果忽视这些问题,海外项目轻则被叫停整改,重则被直接关闭,无论接受何种方式处罚,都会制约项目可持续推进,影响企业在东道国发展前景。因此,结合上述我国企业走出去遇到的环境保护典型案例,深入分析企业走出去过程中环境保护遇到的共性问题,尽可能规避"环境雷区"。

一、对东道国环境造成不利影响

走出去项目对东道国环境造成的破坏、污染,是企业走出去环境保护遇到

---

① 杜莉、马遥遥:《"一带一路"沿线国家的绿色发展及其绩效评估》,《吉林大学社会科学学报》2019 年第 5 期。

的最直观问题。正因为项目本身存在的环保不过关等问题对东道国环境造成了恶劣影响,才会导致项目后续遭反对、被罚款、被叫停甚至遭关闭的情况出现。以中国铝业在秘鲁的一处铜矿项目为例,秘鲁的环保组织 OEFA 发现该铜矿排入当地湖泊的废弃物中含有污染物,随即反对,最终该项目被叫停。2011 年 9 月,缅甸官方宣布搁置中缅合作的密松水电站项目,理由是该项目可能造成潜在的自然生态环境不利影响,破坏当地人民的生计,即所谓环境与社会风险。生态环境问题成为舆论攻击的焦点,反对的声音一定程度上反映出相关企业对投资绿色化不够重视。① 环境污染会给生态系统造成直接的影响,也会给人类社会造成间接的危害。水污染使有限的淡水资源遭到破坏,空气污染使人们呼吸困难并可能引发疾病,噪声污染使人心烦意乱并可能造成听力破坏,等等。当前,环境问题也逐渐呈现全球化趋势,环境问题已经超越了国家、民族,超越了地域限制,在某地造成的环境污染可能会产生连锁反应,直接影响周边国家甚至全球的环境。以巴布亚新几内亚镍加工项目漏油为例,漏油事件使巴萨穆克湾的海水变为亮红色,并污染了海岸线,直接影响周边国家的水域环境,项目也被当地政府关闭。

二、违反东道国环境保护法律法规或政策

立法是保护本国环境的最有效手段,环境保护法在各国环境保护中都具有不可替代的重要作用。近年来,各国在环境保护方面加大了立法力度,运用法律手段对环境保护问题进行规制,企业走出去环境保护遇到的主要问题就是违反东道国环境保护法律法规或政策,东道国政府往往也是以走出去项目违反本国环境保护法律法规或政策为由将项目停滞或关闭。走出去企业需要时刻警惕,避免违反东道国环境保护法律法规或政策。以中国企业在刚果(金)林业开发项目为例,由于当地拥有丰富的林业资源,许多中国企业在当

---

① 王文、杨凡欣:《"一带一路"与中国对外投资的绿色化进程》,《中国人民大学学报》2019年第4期。

地从事林业开发项目。但乱砍滥伐现象导致该国林业资源日渐枯竭,当地政府环境保护的意识越来越强烈,于是出台了诸多针对林业开发项目的限制措施,导致中国企业暂时无法获得任何形式的采伐许可证。在缺少法定程序支持的情况下,从事林业开发将被视为非法行为,这导致在刚果(金)从事木材交易的很多企业经营艰难。走出去企业一旦违反了东道国环境保护法律法规或政策,其在东道国的投资项目将缺少合法性,走出去项目的发展也将举步维艰,甚至会被视为专门"破坏当地环境、掠夺当地资源"的工具,直接影响中国企业在东道国的形象。走出去企业只有严格遵守东道国环境保护法律法规或政策,走出去项目才会尽可能地规避环境风险,也避免成为别有用心团体或个人攻击中国企业的把柄。

三、遭到非政府组织或民众强烈反对

走出去企业要想在东道国进行投资建设项目,必须先要得到东道国的批准许可,而项目一旦被准许进入东道国,必定是符合东道国政府对环境保护的要求,因此,项目最初并不会因环境保护问题招致东道国政府的干预。但随着项目的逐步推进,走出去项目的反对声音多是从东道国的非政府组织或民众开始响起。在企业走出去的诸多项目中,不乏有因东道国非政府组织或民众反对而导致停工甚至关闭的案例。遭到反对的原因,有些是走出去项目确实破坏了当地的环境,影响了当地居民的生产生活,有些则是受到国内外势力的影响,掺杂着政治、经济等方面的因素,为谋求自身利益而以环境问题为借口对项目进行阻碍。部分非政府组织在东道国国内有很强的影响力,它们会借助东道国国内媒体掀起不利舆论,而民众则会自发组织游行示威活动,甚至直接采取暴力方式阻碍项目进程。以中缅合资的莱比塘铜矿为例,该项目于2012年3月奠基后屡遭挫折,经历了停工、复工、再停工的闹剧,原因之一便是受到当地民众的强烈抗议。2012年11月以来,莱比塘铜矿外发生大规模抗议事件,当地民众投诉铜矿存在污染环境的情况,抗议者甚

至要求中国公司撤出缅甸,此次事件导致项目被迫停工两个多月,企业损失数百万美元。由此可见,非政府组织或民众的强烈反对往往会成为走出去项目被迫停工甚至关闭的导火索,而非政府组织或民众的环境保护需求有时又非常苛刻,无条件地满足他们的需求也会影响项目的发展前景,项目要想顺利进行可能需要消耗更多的人力资源和财力资源,最终难以达到项目预期目标。

四、遭到罚款、暂停甚至关闭等严厉处罚

东道国规定环境保护的相关法律法规,除明确了防止环境污染和破坏的禁止性规定外,更重要的是规定了违反者需要承担的法律责任,这种法律责任往往具有惩罚性而非只是单纯进行补偿,有些破坏环境行为甚至直接规定在本国的刑法中,违法者需要承担刑事责任。东道国通过规定严格的惩罚措施,可以倒逼海外企业努力提高环境保护意识,主动学习东道国的环境保护法律法规。走出去企业为确保项目顺利进行,避免产生不必要的开支或陷入麻烦,也会主动向东道国环保法律靠拢。当走出去企业因违反环境保护法律法规或遭到民众反对等原因而招致东道国政府的调查时,走出去项目往往会被迫停滞,东道国政府会根据调查结果作出处罚决定,走出去企业将会面临遭到严厉处罚的风险。通常,东道国政府迫于国内非政府组织或民众的反对压力,首先会作出暂停项目的处罚,并要求走出去企业限期整改,遵守东道国环境保护法律法规,满足东道国环境保护要求。对于严重破坏或污染当地环境的项目,东道国政府可能会对走出去企业处以高额罚款。而对于整改不力或严重违反本国环境保护法律法规的项目,东道国政府会直接进行关闭。但无论采取何种处罚方式,走出去项目都难以顺利完成,走出去企业一方面可能需要背负东道国政府严厉的处罚,另一方面也要承担因项目停工或关闭造成的经济损失,这对中国企业在该国其他的投资项目也会产生不良影响,中国企业在东道国的声誉也会受损。

第三节 "一带一路"倡议下高铁走出去
面临的环境风险及危害

通过梳理企业走出去环境保护遇到的共性问题,结合高铁项目的特殊性,深入分析高铁走出去面临的环境风险及危害,为高铁走出去保驾护航。

一、高铁走出去面临的环境风险

环境风险是指由人类活动引起,通过环境介质传播,能对人类赖以生存、发展的环境和社会、经济、金融系统产生破坏乃至毁灭性影响的事件的不确定性,[①]是中国企业走出去最需要关注的风险之一。近年来,中国企业走出去屡遭环境风险责难,中国高铁走出去亦难以幸免,主要面临植被破坏带来的风险、动植物生存环境破坏带来的风险、产生噪声带来的环境风险以及产生固体废弃物带来的环境风险,等等。

(一)植被破坏带来的风险

1. 高铁项目占用土地会破坏周围植被。高铁走出去建设项目通常线路较长,建设工程涵盖内容较多,需要占用东道国大量土地,如路基、站场、桥涵等需要永久占用土地,而部分如施工期间的施工便道、施工营地、取土场则是临时占用土地,但无论是永久占用还是临时占用土地,高铁建设工程不可避免会对高铁周围植被造成影响。高铁施工可能会占用部分林地,对于影响高铁线路的周围植物必须砍伐,这就直接影响到当地植被的覆盖率,同时施工期产生的粉尘还会对周围植物的生长产生不良影响。以哈牡高铁为例,哈牡高铁客运专线在尚志市行政区划内共有临时用地461万多平方米,都存在不同程度的环境资源破坏问题。哈尔滨铁路运输检察院数次往返尚志市制梁场现场

---

① 马骏主编:《金融机构环境风险分析与案例研究》,中国金融出版社2018年版,第3页。

勘查,发现了很多问题:水泥硬化路面未破拆、耕地未复垦、取料场未恢复到可植树条件,等等。[①] 这是高铁项目占用土地破坏周围植被的典型案例,如果高铁企业在走出去过程中不注重保护当地植被,可能会导致较大的环境风险。

2. 工人施工行为有意或无意破坏周围植被。高铁走出去建设项目通常周期较长,工程量大,所需工人数量多,不可避免地会使用大量当地工人,而工人在施工过程中的行为可能会破坏周围植被。在高铁走出去大部分国家中,受制于当地经济、社会和科技发展水平,当地工人的劳动技能普遍较差,文化水平不高,整体劳动素养不强,在施工过程中的环境保护意识弱,施工行为简单粗暴,不注重周围植被的生存环境。对于一些敏感植物而言,周围环境的微妙变化都会影响其生存,进而可能影响周围整个生态环境。此外,由高速铁路建设施工所引起的水土流失灾害、土壤环境污染等,也可能间接对植被造成影响。因此,应该对高铁走出去中植被保护高度重视,避免因植被破坏带来的环境风险。

(二)动植物生存环境破坏带来的风险

1. 动物栖息地受到威胁。高铁建设项目会利用到许多土地和植物,跨区域性强,这就会对动物的栖息地造成严重影响,且影响范围较广。高铁在施工过程中开挖路壁、开凿隧道、取土填筑路堤等对地表植被的破坏,临时设施、临时房屋占用土地都会对动物的栖息地产生不利影响。动物的栖息地会被切分成为若干小区域,直接影响到动物的活动轨迹。以成兰铁路项目为例,成兰铁路项目就曾因环境保护问题影响部分项目段的施工进程。该线经过的地段素以地质条件复杂著称,涉及黄龙国家级名胜区、千佛山国家森林公园、大熊猫栖息地等环境敏感区,在自然保护区增设车站,可能影响到周边大熊猫等野生动物及红豆杉等野生保护植物。[②] 再如蒙内铁路所处的肯尼亚是联合国环境

---

① 《哈尔滨铁检机关针对高铁建设中的环境保护问题开展专项监督》,2020 年 7 月 22 日,见 https://www.spp.gov.cn/spp/gyssshmhsh/201910/t20191008_450967.shtml。

② 《成兰铁路遇"环保劫"环评问题成铁路建设多发症》,2020 年 7 月 22 日,见 http://district.ce.cn/newarea/roll/201212/20/t20121220_23958370.shtml。

规划署和人居署的总部所在地,环保受到格外重视,野生动物资源非常丰富,国土面积的 8% 被划为野生动物保护区,其中的察沃国家公园是肯尼亚最大的野生动物国家公园。蒙内铁路正好穿过察沃国家公园,并通过基博科湿地以及内罗毕国家公园,一定程度上会对环境、生态和野生动物保护带来影响。如何实现基建工程与环保的平衡,确保建设一条绿色环保、可持续发展的铁路,是摆在铁路建设者面前的课题。[①] 因此,高铁走出去过程中如果没有足够重视动物栖息地保护,可能会对高铁线路周围的动物栖息地造成破坏,严重时会导致环境风险。

2. 影响生物多样性。高铁项目在线路设计、施工建设以及运营管理等阶段都可能会破坏动物原生的栖息地及生存环境,从而影响到动物的生长繁殖。高铁项目一旦建成,必定会吸引大量乘客,进而发展如餐饮业、旅游业等产业,人类的各项生产生活活动持续延伸,这无疑会更大程度地影响动植物的生存环境,甚至影响到当地生物多样性。以青连铁路为例,青连铁路如今已经竣工,沿途经过山东省日照市东部沿海。现在的日照西综合交通枢纽曾经是大片农田,西面是日照市母亲河傅疃河,由于交通枢纽占地多达几千亩,占用了傅疃河流域的大坝和附近农庄,河道重新规划,引起生态环境改变,也破坏了生物多样性。[②] 再如在印尼雅万高铁修建的论证中,部分反对者认为高铁的建设会破坏当地的生态环境,导致生态系统的不平衡,他们担心动植物的栖息地会受到破坏,对当地的生态多样性产生负面影响。因此,高铁走出去过程中应该高度重视高铁项目建设对生态多样性生存环境的保护,同时,应该在项目前期进行充分论证,避免因破坏生物多样性而遭到当地居民和非政府组织的强烈反对,影响项目进程。

---

① 李聚广:《肯尼亚蒙内铁路的绿色发展之道》,《施工企业管理》2018 第 8 期。

② 冯伊诺:《高铁建设中的开发与环境保护——以日照西综合交通枢纽为例》,《齐鲁晚报》2019 年 2 月 15 日第 R03 版。

（三）产生噪声带来的环境风险

1. 影响周围建筑物质量。相对于普速铁路,高速铁路具有高速、高架、电气化等特点,其噪声传播的空间和时间较普速铁路远,因此噪声污染是高速铁路的主要环境问题之一。高速铁路噪声由各种不同类型的噪声组合而成,按发生部位不同,可分为轮轨噪声、空气动力性噪声、集电系统噪声和桥梁构造物噪声。① 噪声对建筑物影响危害较大,高铁列车往复通行会对周围建筑物形成频繁共振,长此以往建筑物的墙体、地面等处就会出现裂痕,最终可能会造成建筑物受损,影响周围建筑物的质量,居民的生命安全和财产安全也可能受到威胁。

2. 影响周围居民身心健康。高铁噪声会直接影响周围居民的睡眠质量,睡眠受到影响,正常的生活作息时间被打乱,可能会导致人的注意力不能集中、记忆力下降等心理症状,进而产生高血压、糖尿病等一系列疾病。这无疑会给周围居民的日常生活和工作带来很大麻烦。高铁周围居民如果长期处于噪声伴随着震动的环境,轻则会情绪紊乱、心理压抑、神经紧张,长此以往会引发各种疾病,严重影响身体健康。以胶济高铁为例,胶济高铁沿线居民饱受高铁噪声苦恼,部分居民表示"一天到晚都是噪声,根本无法睡觉,房子也震裂了,家家户户都不敢开窗",甚至造成"很多人彻夜难眠,导致神经衰弱精神恍惚"的情况出现。②

基于以上分析,我们应该高度重视高铁走出去给周围建筑物质量和居民健康造成的影响,充分评估以此带来的环境风险,避免因此而遭致当地居民强烈反对的环境风险。

（四）产生固体废弃物带来的环境风险

1. 产生粉尘带来的环境风险。为保障铁路运输的安全运营,铁路运营隧

---

① 裴勇涛、娄生超:《高速铁路振动产生的噪声分析及防治措施》,《铁道运营技术》2012 年第 3 期。

② 《记者调查:环保部三道指令未能叫停胶济高铁》,2020 年 7 月 20 日,见 http://www.china-eia.com/hpzcbz/201107/t20110721_611544.shtml。

道经常进行隧道路基及钢轨维修施工,其基本而常见的施工方式包括隧道清筛、隧道捣固、隧道换轨三种,这三种隧道施工均存在粉尘环境风险。① 以商合杭高铁含山高铁站项目为例,该项目存在道路扬尘污染问题,对周边环境影响较大,遭到安徽省含山县铜闸镇塔岗行政村村民的反对。空气中粉尘浓度的增加,会大大降低空气质量,因粉尘中含有大量的碳氢氧硫等重金属且反应后容易生毒,不仅会影响周围植物生长,更会影响人们的身体健康。② 山西省高平市市政府曾就高铁工程环保突出问题约谈施工方,市环保局与市交通运输局等相关负责人发现高铁各工程施工工地大面积黄土裸露未覆盖、施工中未采取任何降尘措施、无湿法作业,存在道路扬尘现场、无车辆冲洗装置、建筑材料苫盖不到位、木材切割和电焊露天作业等问题。③

2. 产生其他固体废弃物带来的环境风险。高铁建设项目涉及施工项目多,工程数量较大,由此造成大量的建筑固体废弃物,影响周围环境。铁路工程项目呈线状分布,跨越地貌类型多,土石方挖填量大、弃方量大,尤其是铁路隧道施工产生的大量废弃渣土,如果不妥当处理将会污染周围环境。以厦深铁路工程为例,在横岗街道坳一村靠近水官高速的路段,列车急速从高架桥上驶过,桥墩周围则是成片黄土,该路段施工完成后,桥墩附近就留下了大量余泥渣土,而工厂宿舍就在桥墩两侧,下雨天雨水裹着黄泥流下来堵塞排水管道,一旦出现山体滑坡或泥石流,后果不堪设想。④ 再如,由于施工管理问题,雅万高铁成堆的渣土被倾倒在路边,堵塞了排水渠,从而导致洪水泛滥,洪水阻断了雅加达与芝甘北市之间主要的收费公路,印尼公共工程与公共住房部

---

① 王雷:《铁路隧道路基不同施工中的粉尘噪声情况分析》,《中国工业医学杂志》2013 年第 2 期。

② 谢雄雄:《建设金山银山,勿忘绿水青山》,2020 年 7 月 11 日,见 http://m.tielu.cn/48/178770.html。

③ 《市政府就高铁工程环保突出问题约谈施工方》,2020 年 7 月 20 日,见 http://www.sxgp.gov.cn/xxgk/xwzx/zwdt/content_64610。

④ 《厦深铁路工程后遗症害苦周边居民 铁路与施工方踢皮球》,2020 年 7 月 11 日,见 http://news.eastday.com/eastday/13news/auto/news/china/u7ai630065_k4.html。

（PUPR）于 2020 年 3 月 2 日下令暂停项目施工。①

基于以上分析,高铁走出去应该充分重视项目产生粉尘带来的环境风险和产生其他固体废弃物带来的环境风险,高铁走出去遇到的各类情况比国内复杂,应该充分评估项目建设对周围产生的粉尘危害和固体废弃物危害,提前应对防范。

二、高铁走出去环境风险的危害

（一）遭受严厉处罚,增加项目成本

"一带一路"倡议下高铁走出去企业一旦违反了东道国的环境保护法律法规或政策,后果必定由企业自己承担,企业受到东道国处罚,无疑会增加高铁项目成本。由于对东道国环境保护法律法规或政策不了解、不重视,高铁走出去企业在有意或无意中可能会触犯当地环境保护法规或政策,这必然会受到东道国相关环保部门的处罚,并可能会进一步限制高铁企业的相关建设活动。受到处罚的企业除了会在经济方面遭受损失,涉事员工可能还会受到人身自由等权利限制,进而对高铁建设项目产生重要影响。而且,高铁建设人员一旦缺失,就需要重新招聘员工,这除了会增加高铁项目成本外,还会影响高铁项目建设进程。2018 年 2 月 13 日,中铁二十四局集团受到行政处罚,理由是相关项目未经环评审批验收,料场未配套防扬尘措施,违反《建设项目环境保护管理条例》,被责令停止生产,同时被处罚款人民币 6 万元;2019 年 3 月 4 日,中铁二十四局集团下的某分公司被作出二次行政处罚,理由是该公司冲洗地面部分废水溢流至雨水沟排放至外环境,违反《中华人民共和国水污染防治法》第 83 条相关规定,处 10 万元人民币罚款。②

①　艾潘·拉赫曼、安迪·艾西娅·兰博格:《印尼雅万高铁建设因环境争议受挫》,2020 年 7 月 28 日,见 https://www.163.com/dy/article/FIPS2T3A051481I3.html。
②　林茂阳:《中铁二十四局曾因福平铁路项目环境问题受到行政处罚》,2020 年 7 月 23 日,见 https://www.sohu.com/a/312989213_99932064。

（二）遭到强烈反对,项目被迫停工

当高铁走出去项目破坏东道国环境时,最先进行反对的一般是当地民众,当地民众是高铁走出去项目环境保护最直接的利益方,高铁项目的一举一动都会影响他们的生产生活。此外,东道国的非政府组织也是影响高铁走出去项目的重要因素,非政府组织往往对环境保护的要求更为严苛,且一些国家的非政府组织具有很强的影响力。例如,由于缅甸境内铁路沿线居民及公益组织的反对,中缅铁路项目从 2014 年 7 月以来搁浅而不能实施。对外直接投资要走"双层路线",不仅要取得政府许可,还要获得社会许可。环境权、环境邻避运动、环境善治等的兴起,给"下层"主体的诉求提供了通道和"合法性"。[①]一旦高铁走出去项目破坏东道国的环境,东道国民众和非政府组织会最先进行反对,组织游行示威活动,甚至直接与工人发生冲突,造成恶劣影响。如果事态严重,东道国政府往往会迫于压力将项目停工,缓解所遭受的压力和指责。以雅万高铁为例,2020 年 2 月,印度尼西亚官方表示,从 2020 年 3 月 2 日起,雅加达—万隆高铁建设项目暂时停工 14 天,这是因为项目在施工管理实施系统方面并没有关注到与安全、卫生健康和环境等有关的问题。[②]

（三）遭受严厉制裁,被逐出市场

高铁走出去企业或员工违反东道国的环境保护法规或政策,视各国法律规定的不同,处罚力度也不尽相同。如果高铁走出去企业严重违反东道国的环境保护法规或政策,对东道国环境造成严重污染和破坏,甚至因此和当地民众发生激烈冲突,给当地社会造成恶劣影响,那该企业就会遭受严厉制裁,甚至被逐出当地市场。这不但影响了高铁走出去企业的国际形象,也会导致中国高铁走出去的大门被关闭,高铁项目以后在该国发展将难上加难。随着民族主义、民粹主义、保护主义、泛政治化、地缘政治博弈等的出现或者加剧,对

---

① 胡德胜、欧俊:《中企直接投资于"一带一路"其他国家的环境责任问题》,《西安交通大学学报(社会科学版)》2016 年第 4 期。

② 《雅万高铁项目暂时停工 14 天》,《国际日报》2020 年 3 月 2 日第 A2 版。

外直接投资领域产生了一些"虚假"环境责任争端。例如,2015 年 3 月,由于涉嫌违反东道国有关投资与环境保护的法律规定,中国交通建设集团与斯里兰卡共同开发的科伦坡港口城项目被叫停,并需要重新进行项目评估。[①] 在高铁建设项目上,以中泰高铁为例,因泰方负责的环境评估一项尚未完成,中泰高铁项目被继续拖延。[②] 在高铁走出去过程中,日本始终是同中国争夺高铁项目的主要对手,争夺在泰国、印度尼西亚、马来西亚、新加坡、印度等国的高铁项目。而且,高铁走出去关乎到"一带一路"倡议的推进,西方各国为阻碍中国发展,势必对中国高铁项目"围追堵截",在拓展海外市场的过程中,高铁走出去必将面临着各种各样难以想象的困难和挑战。

第四节 "一带一路"倡议下高铁走出去
环境风险产生的原因

"一带一路"倡议下高铁走出去客观上为东道国经济发展做出了突出贡献,促进了东道国的基础设施建设,带动了东道国居民就业,方便了东道国居民出行。但是,如果在高铁建设和运营过程中没有足够重视环境保护,高铁建设的过程也可能是破坏环境的过程,对高铁建设者本身亦充满着环境风险,而这些风险产生的原因复杂多变,需要进行深入研究,从客观原因和主观原因两方面进行剖析。

一、高铁走出去环境风险产生的客观原因

（一）东道国环境规制不力

在高铁走出去的国家当中,大多数是发展中国家,为追求经济的高速发

---

① 《斯里兰卡政府暂停中国投资项目》,2020 年 7 月 17 日,见 http://www.xinhuanet.com/world/2015-03/06/c_1114539327.htm。

② 《泰国故意拖延高铁项目 中国:请作正确决定》,2020 年 7 月 23 日,见 https://baijiahao.baidu.com/s? id=1585285710932042492&wfr=spider&for=pc。

展,实现交通高效便捷,有些国家降低了环境保护的准入门槛,部分国家环保意识落后,以牺牲自身生态环境为代价引进项目。高铁在建设过程中难免会对环境产生不利影响,东道国一旦放任环境问题,建成后的高铁项目可能会直接改变当地的生态环境,对当地的河流、草地或动植物等造成消极影响。对高铁走出去的中国企业而言,获得高铁项目的准入并不意味着一劳永逸,高铁项目随时有因环保问题而被取消经营权、关停、遭巨额罚款等风险。即使高铁项目已经建成,也可能会因环境污染问题而遭受批评,甚至对高铁走出去企业乃至中国高铁的国际形象产生消极影响。此外,高铁走出去沿线多数国家,外资监管制度尚不完善,政府的行政行为缺乏公开透明性,地方环境管理部门执法也存在随意扩大执法范围、执法过程没有相应执法依据等问题。① 这些消极因素可能会导致高铁走出去企业对东道国有关环境保护的法律和政策不了解,始终处于一种不确定的状态,高铁项目无形之中就会增加风险。东道国政府对环境的规制不力也会遭到当地民众或非政府组织的反对和抗议,而他们又会将污染环境的原因归咎于高铁走出去企业,视高铁项目为破坏环境的"罪魁祸首",甚至采取一些暴力手段来阻碍高铁项目进程,抵制高铁项目。

(二)各方利益关系错综复杂

高铁走出去的各个国家国情各不相同,高铁项目的成功与否很大程度上受东道国国内外各方势力影响,各方势力都会为本方争取最大利益。在发达国家先期开发后,留给我国海外投资的空间多是自然资源开发难度大、本地生态环境脆弱、地缘政治敏感、宗教和地方势力强大并相对贫弱的区域。与此同时,出于国际竞争和维护自身利益驱动,一些西方发达国家和我国近邻的某些发展中国家,对"一带一路"建设的心态异常复杂,或明或暗采取不合作甚至抵制策略,企图使建设中的生态环境问题异化为敏感的政治争端,进而加大对我国的限制力度,或者索性以生态环境为借口,反对我国在"一带一路"共建

---

① 肖蓓:《中国企业投资"一带一路"沿线国家的生态环境风险及法律对策研究》,《国际论坛》2019 年第 4 期。

国家进行投资建设。① 部分敌视中国的国内外势力就会以环保为借口,煽动东道国民众、非政府组织,甚至直接影响东道国政府做出不利于高铁项目建设的决策。在部分高铁走出去国家中,高铁走出去项目除了要获得东道国政府的许可,还需要获得最重要的利益相关方即当地居民的社会许可,东道国国内的非政府组织也有一定的影响力。此外,敌视中国的西方国家也会采取行动,想方设法阻碍中国高铁走出去项目。他们通过经济资助等方式,支持东道国内的反对势力直接攻击高铁项目,还会通过媒体大肆发布诸如"中国高铁破坏环境、中国高铁造成环境威胁"之类的新闻,煽动东道国国内民众情绪,鼓动民众反对中国高铁项目建设。

(三)我国对外投资环境法治规制不完善

当前,随着我国高铁走出去的不断深入,以及高铁走出去过程中遇到的种种环境保护问题,我国对高铁走出去的环境保护问题越来越重视,在对外投资领域的环境法治规制方面也取得一系列成果。2013 年,商务部和环境保护部联合印发了《对外投资合作环境保护指南》,以便指导我国企业在对外投资合作中进一步规范环境保护行为;2014 年商务部发布的《境外投资管理办法》,要求投资境外的企业履行社会责任、做好环境保护工作,并规定了企业违反相关规定的法律责任。此外,《中央企业境外投资监督管理办法》《企业境外投资管理办法》《对外投资备案(核准)报告暂行办法》《绿色投资指引(试行)》《企业境外经营合规管理指引》等均涉及我国对外投资的环保问题,规定企业应当保护资源环境、履行社会责任,建议企业加强与当地政府、媒体、社区等社会各界公共关系的建设。国内有关企业走出去环境保护的主要规范性文件见表4.2。这些规范性文件的发布印发显示出我国政府已经意识到走出去中生态环境问题的重要性,但依旧存在改善空间:其一,上述规范性文件位阶较低,同时也零散,有些规范性文件之间还存在重复或相互矛盾等问题;其二,这些

---

① 孙佑海:《绿色"一带一路"环境法规制研究》,《中国法学》2017 年第 6 期。

规范性文件中的内容多为总则性规定,文件中缺乏操作性强、具体实用的规定,企业的环保责任难以落实;其三,大部分条款属于鼓励企业对环境治理的指导性条款,如《对外投资合作环境保护指南》中多"鼓励"字眼,以企业自觉遵守为主,不具有强制性,难以对企业产生实际约束力。

表 4.2 企业走出去环境保护国内规范性文件梳理

序号	发布时间	名称	发布部门	主要内容
1	2008 年 7 月 21 日 (2017 年 3 月 21 日修订)	对外承包工程管理条例	国务院	要求开展对外承包工程,应当遵守工程项目所在国家或者地区的法律,注重生态环境保护。
2	2012 年 2 月 24 日	绿色信贷指引	中国银行业监督管理委员会	促进银行业金融机构发展绿色信贷,要求银行业金融机构应当有效识别、计量、监测、控制信贷业务活动中的环境和社会风险。
3	2012 年 9 月 28 日	对外承包工程行业社会责任指引	商务部	要求中国企业在境外开展承包工程项目的相关活动应积极避免或减少施工对环境的负面影响,坚持绿色运营,建造绿色工程,保护工程所在地生态环境,并采取有效措施控制温室气体的排放。
4	2013 年 2 月 18 日	对外投资合作环境保护指南	商务部、环境保护部	指导中国企业进一步规范对外投资合作活动中的环境保护行为。
5	2014 年 9 月 6 日	境外投资管理办法	商务部	要求投资境外的企业履行社会责任、做好环境保护工作。
6	2015 年 4 月 13 日	商务部办公厅关于进一步做好对外投资合作企业环境保护工作的通知	商务部	要求驻外经商机构引导中资企业及时识别和防范环保风险,企业严格遵守东道国与环境保护相关的法律法规等。
7	2017 年 1 月 7 日	中央企业境外投资监督管理办法	国务院国有资产监督管理委员会	要求中央企业加强与投资所在国(地区)政府、媒体、企业、社区等社会各界公共关系建设,积极履行社会责任。
8	2017 年 5 月 12 日	"一带一路"生态环境保护合作规划	环境保护部	强化企业行为绿色指引,鼓励企业加强自身环境管理,推动企业环保信息公开。

续表

序号	发布时间	名称	发布部门	主要内容
9	2017 年 12 月 26 日	企业境外投资管理办法	发展改革委	倡导投资主体创新境外投资方式、履行必要社会责任、注重生态环境保护、树立中国投资者良好形象。
10	2018 年 12 月 26 日	企业境外经营合规管理指引	发展改革委、外交部、商务部、人民银行、国资委、外汇局、全国工商联	要求企业开展对外承包工程、开展境外日常经营,都应当全面掌握关于环境保护等方面的要求。

二、高铁走出去环境风险产生的主观原因

(一)忽视东道国民众或非政府组织的力量

在投资项目时,走出去企业往往将主要精力放在和东道国政府之间的协商和谈判上,认为只要获得当地官方机构的认可和支持,项目就万无一失、顺利进行,而往往忽视了东道国民众或非政府组织的力量。实践证明,海外项目进展顺利与否很大程度上会受到东道国民众或非政府组织的影响。当东道国民众或非政府组织支持项目建设时,海外项目大都会顺利进行,项目所在地民众也会积极配合;当东道国民众或非政府组织反对项目建设时,海外项目就会遇到比想象中更大的阻力。如果海外项目破坏了当地的环境,当地民众可能会自发组织大规模的反抗活动,甚至直接与项目相关人员发生冲突,产生恶劣影响。在一些国家,当地的非政府组织具有很强的影响力,它们可以煽动舆论、组织群众进行游行。一旦海外企业项目破坏当地环境,这些非政府组织会利用自身的影响力,阻止项目顺利进行。在东道国民众或非政府组织的反对影响下,海外项目需要面对种种不利因素,项目进展必定会受到严重影响。倘若东道国民众或非政府组织的反对声势过大,可能会直接影响到东道国政府的态度,东道国政府会迫于压力叫停甚至关闭项目。

（二）高铁走出去企业环保意识和责任意识不强

当前，"一带一路"倡议下我国的高铁走出去项目直接投资地区集中于生态环境脆弱的亚太、非洲和拉美地区，这些地区虽然经济发展水平不高，但环保意识逐渐增强，这给高铁走出去项目提出了更高标准的环境要求。然而，一直以来我国海外企业在进行海外项目建设时缺乏对环境保护的重视，环保意识和责任意识不强，造成东道国生态破坏和环境污染的事件也有发生。部分企业还存在"投资是对东道国本地经济的救赎，环境保护等社会责任是企业在做慈善"等错误观念，只顾追求经济利益而忽视自身应当承担的社会责任，同时缺乏对生态环境的敬畏之心，对当地居民、所在社区社会团体、行业协会、政治压力集团、东道国环保组织、国际公益组织等来自多种渠道的非正式生态环保需求不够重视，没有及时应对，最终遭遇多个主体或不同组织以环境为由的抵制而面临巨额的惩罚性赔偿，甚至原先的环评批复项目被直接撤销。①如果处理不好海外项目与环境保护之间的关系，除了会对东道国本就脆弱的生态环境造成进一步破坏，还会导致海外项目难以顺利进行，降低中国企业的海外声誉，进而影响企业走出去的进程。以中国企业在老挝经营的香蕉种植园为例，由于气候条件适宜、地价便宜等优势，近年来许多中国企业在老挝从事香蕉种植项目。但这些走出去的企业环保意识和环保责任意识不强，在种植香蕉时使用并乱排有害化学物质到河里，致使大量鱼虾螃蟹等生物死亡。此举引发了当地民众的强烈反对，老挝政府在 2017 年 1 月也下达了禁止建设新种植园的指令，并规定现有种植园的合同不准延期。

（三）对东道国日趋严格的环境规制估计不足

高铁走出去涉及各个大洲的不同地区，它们在生态环境、自然条件、环境保护的优先性以及相关法治方面存在着巨大差异，因而在生态环境保护义务上，对国外企业的要求不尽相同，但总体而言呈现规范化、严格化的趋势。近

---

① 肖蓓:《中国企业投资"一带一路"沿线国家的生态环境风险及法律对策研究》,《国际论坛》2019 年第 4 期。

年来,越来越多的国家不再一味追求眼前经济利益,而是将环境保护问题放在重要位置,通过出台相关法规、政策来规制环境保护,保障各国国内环境安全,而部分高铁走出去企业仍未认识到东道国对环境保护的重视程度,对东道国日趋严格的环境规制估计不足。对于一些发达国家如美国、德国而言,这些国家很早就重视环境保护问题,已经建立了完善的环境法律体系,制定了严格的环保标准,国外企业来这些国家投资项目,必须要履行较多而且严格的生态环保义务。而对于我国海外项目投资较多的亚洲、非洲、拉美等地区,这些发展中国家虽然对国外企业环保义务要求较少、较低,但越来越多的国家开始制定并完善相应的环境保护制度,对环保的要求日趋严格。而且,与发达国家相比,这些国家的环保政策往往具有不确定性,在原本较为宽松的政策背景下签署的项目,可能会受到东道国突然颁布的严格环保标准影响,使项目难以顺利进行下去,甚至东道国会直接关闭在建项目,导致中国企业海外利益蒙受损失。实际上,东道国环境立法规制措施的缺失或对准入标准的放宽并不意味着外国投资者不面临环境责任风险,随着当地政府和民众环保意识的觉醒,企业终将因可能产生的环境污染、生态破坏面临随时被取消经营权、关停、巨额罚款等风险。①

第五节 "一带一路"倡议下高铁走出去环境风险的防范策略

在人类发展进程中,经济与环境之间的矛盾似乎是难以调和的,处理两者的关系其实并不是一个选择题,而是要在两者之间寻求一个平衡的支点。②随着投资与环境矛盾的不断加剧,人类对于环境的态度经历了从破坏到保护,

---

① 肖蓓:《中国企业投资"一带一路"沿线国家的生态环境风险及法律对策研究》,《国际论坛》2019年第4期。
② 叶琪:《"一带一路"背景下的环境冲突与矛盾化解》,《现代经济探讨》2015年第5期。

从宣传口号到实践落实,从纯粹的环境视角到上升至基本权利高度的过程。①"一带一路"倡议下高铁走出去涉及诸多国家和地区,如何较好防范生态环境风险是行稳致远的关键一环。着眼高铁人流、物流走出去面临的客观自然元素阻滞、沿线存在生态脆弱区域及相伴而来的如何协调经济发展与生态保护、面对其他国家类似政策的"同质"绿色挤压等生态环境风险,②需要创新高铁走出去环境风险防范策略,将高铁走出去环境保护利益冲突转化为权利义务安排,并以环境权的实现为目标,以强化企业、社会及国家义务为手段,以法治思维和法治方式探索切实可行的对策路径。

一、企业层面高铁走出去环境风险防范策略

(一)强化企业环境风险评估的义务

事前预防法律制度强调提前避免或减缓经济发展带来的环境危害,是预防性原则在生态环境立法中的具体体现和适用。在高铁走出去建设中,我国在企业海外环境影响评价、环境风险评估、对外投资的环境风险审查、环境事故预防与应急、环境信息披露和环境标准等方面应强化法律约束,严控投融资前端环境风险。③

1. 强化企业投资前的环境风险评估义务。"凡事预则立,不预则废"。④对外投资过程中之所以出现环境污染和生态破坏行为,原因在于往往未能进行事前环境影响评价,仓促建设工程项目,或者是边建设、边审批。虽然这种模式当时或许得到东道国政府的默许,但对于该区域的可持续发展却构成长远伤害。⑤ 高铁走出去企业在选定高铁建设目标国前,需要在实际投入前就

① 路遥:《"一带一路"倡议下国际投资中跨国公司环境责任研究》,《求索》2018 年第 1 期。

② 杨达、李超:《"一带一路"生态环境风险防范的绿色治理路径创新——以澜沧江—湄公河次区域为例》,《探索》2019 年第 5 期。

③ 魏庆坡:《"一带一路"投融资绿色化的法律保障体系研究》,《环境保护》2019 年第 19 期。

④ 《礼记·中庸》。

⑤ 孙佑海:《绿色"一带一路"环境法规制研究》,《中国法学》2017 年第 6 期。

对目标国的环境风险进行评估,包括了解学习目标国的环境保护法律法规、目标国国内的非政府组织、高铁建设当地的民众需求等。只有事前对目标国的环境风险进行全方位评估,分析和预测高铁建设项目在目标国存在潜在的环境危险和不利因素,寻求并制定应对策略,才能尽可能地避免高铁投资损失。中老铁路工程项目从勘察设计开始,各方就高度重视生态环境保护工作,将生态环境保护理念落实到设计的每个流程、每个专业中,综合考虑地质条件、环境敏感点、交通和城镇规划等因素,对线路走向、长短隧道、跨江桥、车站地点等方案进行综合评价比选,确定了经济、合理、环保又可行的线路总体方案,形成了较为完善的绿色设计流程,共研究东、中、西三大走向,各种速度标准的方案60多个,研究线路总长约14000公里,是新建国内段长度的近27倍,[①]较好地控制了后续施工过程中的环境风险。

2. 强化企业项目建设过程中的环境风险评估义务。当确定了高铁建设目标国后,高铁项目在建设过程中也需要进行环境风险评估。高铁建设项目始终处于动态状态,目标国的国内形势亦不断变化,环境风险也会随之发生变化。无论是高铁建设项目变化还是目标国国内形势变化进而导致环境风险发生变化,高铁建设项目都会面临新环境风险的考验。因此,企业在高铁走出去项目建设过程中,更加需要提高警惕,加强环境风险评估。一旦在建设过程中因环境保护问题出现项目停工等情况,此时遭受的经济损失将难以估量。中老铁路在施工过程中,参加建设的各施工单位严格落实生态环境保护要求,对桥梁桩基施工产生的泥浆、钻渣和污水等,采用专业设备运输至指定地点进行处理,剩余混凝土返回拌合站集中处置,对施工场地、施工便道及时洒水抑尘,安排人员对取、弃土场进行复垦复耕,最大限度降低铁路建设对环境的影响,[②]通

---

① 任维东、张伟明:《绿色大道通万象——写在中老铁路开通之际》,《光明日报》2021年12月3日第10版。

② 任维东、张伟明:《绿色大道通万象——写在中老铁路开通之际》,《光明日报》2021年12月3日第10版。

过实时监控和及时处理,较好地管控了环境风险。

(二)强化规范自身行为的义务

1. 强化规范企业自身行为义务。企业是高铁走出去的核心主体,它既是生态环境保护理念的实践者,也可能沦为东道国以环境保护充当借口的牺牲品。所以企业必须摆好自己的位置,要充分了解东道国的环境保护标准和经济发展能力,自觉承担其国际社会赋予的责任,在注重自身利益获得的同时也不能忽略当地环境问题。[①] 高铁走出去企业需要充分掌握高铁走出去目标国的环境风险源,从投资阶段到建设阶段都始终严格规范自身行为,及时掌握东道国环境风险变化趋势,并根据不同风险类型、特性以及新的发展变化趋势有针对性地制定防范措施,及时有效应对各类风险。

2. 强化规范企业员工行为义务。企业员工是造成环境风险的直接主体,大多数因环境问题被处罚的项目都是因为部分企业员工的不当行为造成。通过规范高铁走出去企业员工自身行为,将环境保护意识在员工中形成自觉意识,并进一步指导和约束自身行为,实现从"他律"到"自律"的转变。高铁走出去企业员工首先需要努力提高环境风险防范意识,只有认识到环境问题带来的危害,才会主动了解风险来源和学习掌握风险防范技能,严格约束自身行为。一方面,高铁走出去企业需要制定严格的行为规范规章,约束企业员工行为;另一方面,企业员工也要主动防范和规避环境风险,严格遵守东道国环境法律法规以及企业规章制度,判断自身行为的合法性。蒙内铁路在施工过程中,制定了一整套绿色环保施工的规章制度,创新设立绿色施工的绿牌奖励、黄牌与红牌惩罚机制,奖励在施工过程中环保工作出色的标段,严厉惩罚逾越环保红线的做法与行为,全线统一标准,统一要求做好降尘、降温、减震、隔声、排污等环保工作,收到了较好的效果。[②]

---

① 王慧慧:《"一带一路"沿线国家的环境保护问题》,《中国战略新兴产业》2018 年第40 期。

② 李聚广:《肯尼亚蒙内铁路的绿色发展之道》,《施工企业管理》2018 第 8 期。

（三）强化企业环境保护信息披露的义务

获取环境信息、参与和监督环境保护是公民、法人和其他组织依法享有的权利,高铁走出去企业代表着中国企业的国际形象,在生态文明和环境保护中理应承担更多环境保护义务,主动保护东道国环境。要求高铁走出去企业强制披露环境保护信息,可以主动回应东道国非政府组织或民众对环境保护的质疑,并提高企业环境保护的诚信意识和水平。要求高铁走出去企业及时披露环境保护信息,并且要求保证环境保护信息的真实、准确、完整,既可以满足东道国公众的环境知情权,还有助于敦促企业积极履行保护环境的社会责任。只有将项目建设与环境保护有机结合起来,才能保证高铁项目的可持续发展。

（四）强化企业践行环境保护社会责任的义务

生态环境保护是供给公共物品,从善治的视角看,它需要多中心协同治理。企业是组织生产的一种重要形式和实体,其直接投资行为会对生态环境造成不利影响、出现经济学上的负外部性,由此产生了企业的环境责任问题。[1] 因此,企业需要承担应有的环境保护社会责任,这里的环境责任是广义上的,不仅包括国际法、国际习惯、国际软法、相关国内法及政策等规范以及约定所确立的环境责任,而且包括基于良心、正义、担当等自觉承担的环境责任。[2] 部分高铁走出去企业过度追求经济效益,忽视了对东道国环境的保护,殊不知良好的自然环境才是走出去企业生存和发展的前提。高铁走出去企业只有积极树立环境保护意识,真正重视企业应当承担的环境保护社会责任,才会主动采取措施规避东道国的环境风险,实现高铁走出去项目的顺利进行。政府应当以显而易见的方式,引导、促进高铁走出去企业在进行对外投资的同时,充分尊重国际环境法和东道国的环境保护法律,并将保护生态及环境作为企业的社会责任。[3]

---

① 胡德胜、欧俊:《中企直接投资于"一带一路"其他国家的环境责任问题》,《西安交通大学学报(社会科学版)》2016年第4期。

② 胡德胜、欧俊:《中企直接投资于"一带一路"其他国家的环境责任问题》,《西安交通大学学报(社会科学版)》2016年第4期。

③ 孙佑海:《绿色"一带一路"环境法规制研究》,《中国法学》2017年第6期。

有学者指出,亚洲开发银行贷款项目特别重视环保、拆迁及失地平民安置等工作,要求项目中承包商的环境监测管理工作应一直贯穿于施工全过程。对于未来由中方融资的国外项目,提供严格的环境管理制度是中国政府和企业必须重视并能体现负责任的大国风范的重要举措。在履行对所在国环境保护、可持续发展、社会责任等方面的义务上,应该坚持高标准,否则将留下对外扩张、掠夺资源、片面追求利润等负面影响,引起当地民众反感,可能造成适得其反的结局。[①]

(五)强化企业建立健全环境风险内部控制制度的义务

外部约束是压力,是被动而为;内部控制是动力,是主动实施。高铁走出去环境风险防范既需要外部压力机制,更需要企业完善内部控制机制,从企业内部遏制风险发生。因此,内部控制机制决定了高铁走出去企业的基本架构和规章制度,能够对高铁走出去企业行为进行监督,并有效保障环境风险管理措施的顺利实施,全面提升高铁走出去企业对东道国环境风险应对能力。由于高铁走出去途经诸多国家,需要面临与国内截然不同的环境风险,所以应该强化企业建立严格的海外环境风险内部控制机制。建立严格的海外环境风险内部控制机制,一方面有助于高铁走出去企业在海外的长期稳定发展,是保障环境风险管理的有效方法和手段;另一方面可以使高铁走出去项目避开东道国的环境风险,推动项目平稳进行。

二、社会层面高铁走出去环境风险防范策略

(一)强化社会培育人类命运共同体环境保护理念的义务

随着全球化的推进,"人类命运共同体"的属性显现,缺乏约束或者集体统筹的自利行为会导致"公地悲剧"或者"零和博弈"。[②] 社会责任理念鼓励

---

① 任杰、郭继文:《孟加拉国栋吉—派罗布·巴扎尔铁路总承包项目经验与启示》,《中国铁路》2016 年第 9 期。

② 胡德胜、欧俊:《中企直接投资于"一带一路"其他国家的环境责任问题》,《西安交通大学学报(社会科学版)》2016 年第 4 期。

中企将落实环保责任作为企业的长远发展目标和核心竞争手段,而不仅仅只是停留在被动履行义务的层面上;"人类命运共同体"理念把实现企业的组织目标同东道国生态文明建设联系起来,鼓励企业积极参与和支持当地的环保公益活动,主动与各类非政府组织沟通,塑造中国投资者良好形象。[①] 高铁走出去企业应该牢固树立起把自身命运同东道国环境命运联系起来的人类命运共同体环境保护理念。这就需要各类社会组织及社会成员,发挥自身积极优势,利用宣传、培训、指南等手段教育引导走出去的各类企业,牢固树立起人类命运共同体环境保护理念。同时利用各类手段深刻剖析阐释高铁走出去过程中环境破坏导致的恶劣后果,以典型案例分析的方式警示高铁走出去企业环境破坏的危害。从正反两方面开展教育引导,帮助高铁走出去企业平衡好当前和长远利益,兼顾好企业自身和东道国的发展目标,以人类命运共同体环境保护理念助推高铁走出去顺利进行。

(二)强化社会推动构建高铁走出去环境利益共享机制的义务

企业作为营利主体,本质是追求利益至上,对环境保护等需要承担的社会责任大多依靠外部的监管或自身内在驱动才会自觉采取行动,大多数企业都竭力通过各种手段减少运营成本赚取更多利润。只有构建高铁走出去环境利益共享机制,让高铁走出去企业发现主动保护环境也有可取的利益,才会真正履行环境保护的社会责任。然而,当前专门从事环境保护的企业仍然发现很难找到赚钱的方法,一些环保公司甚至还在亏损。如何让环境保护盈利,是一个非常值得关注的问题。[②] 构建高铁走出去环境利益共享机制有助于提升环境保护的竞争力,通过构建高铁走出去环境利益共享机制,充分调动高铁走出去企业保护环境的积极性,在高铁走出去企业内部形成良好的环保氛围,最终

---

① 肖蓓:《中国企业投资"一带一路"沿线国家的生态环境风险及法律对策研究》,《国际论坛》2019年第4期。

② Lynia Lau,Greater China:Recent Updates,*International Energy Law Review*,Vol.5,2015,pp.189-191. 转引自肖蓓:《中国企业投资"一带一路"沿线国家的生态环境风险及法律对策研究》,《国际论坛》2019年第4期。

在高铁项目投资建设时付诸行动。高铁走出去环境利益共享机制是一种普惠式的制度,它强调环境保护问题不仅仅是东道国政府需要解决的问题,也是高铁走出去企业和项目面临的重大难题。企业要从东道国环境保护利益出发,加强与东道国政府的对话和协商,并转化为符合东道国环境保护利益的行动,通过协调环境利益为核心,构建环境利益共享机制。中国政府需要对高铁走出去企业的环境保护行为予以支持,给予企业优惠政策,使企业真正在环境保护中获益。只有各方团结一致、共同努力,满足企业作为营利主体的本质需求,才能实现环境保护的最大利益。

（三）强化社会营造高铁走出去环境保护良好氛围的义务

良好的高铁走出去环境保护氛围是形成企业环保价值观的基础,也是高铁项目在环境保护工作方面高效运作的保障,是高铁走出去能否成功的关键。在良好的高铁走出去环境保护氛围下,企业皆拥有着共同的环境保护目标,以承担环境保护责任为荣,以破坏环境为辱,项目建设将尽可能地规避环境保护风险。社会是营造高铁走出去环境保护良好氛围的核心力量,营造良好的高铁走出去环境保护氛围需要从思想上和实践上共同努力:其一,思想上应强化高铁走出去环境保护的责任感和使命感。营造良好氛围首先应该在思想上提高各类主体对高铁走出去环境保护的重视程度,只有让各类主体真正认识到高铁走出去环境保护的重要性,才会付诸实践,才会借鉴以往高铁项目在东道国遇到的环境保护经验,吸取其中的教训,对此问题高度重视。其二,实践上应以宣传教育为抓手营造高铁走出去环境保护良好氛围。与国内高铁项目的环境保护问题不同,本国民众几乎不会参与到高铁走出去项目的环境保护问题中,高铁走出去环境保护良好氛围需要在高铁走出去企业中营造,并在高铁项目中具体实践,体现高铁走出去企业对环境保护的重视。具体为:一是要积极发挥社会环保组织及相关协调组织的力量,充分利用新媒体等形式,加强对高铁走出去环境保护的宣传教育工作,尤其是总结提炼企业在高铁走出去具体实践中遇到的环境保护正反两方面案例,通过正面宣传教育和反面警示警醒,提高高铁走出去各类主体对环境保护重要性的认识；二是应该积极发挥相关监管部门作用，加强对高铁走出去企业环境保护问题监督，做好高铁走出去环境保护舆情、舆论的引导、管控工作。通过及时公布高铁走出去项目在应对环境保护问题时的正反面案例，尤其是群众普遍关注的热点问题，应该及时公布相关奖励和处罚决定，以公开、透明、公正的奖惩程序营造高铁走出去环境保护良好氛围。

三、国家层面高铁走出去环境风险防范策略

（一）强化推动完善高铁走出去环境保护合作机制的义务

"一带一路"倡议下高铁走出去沿线国家的环境标准差异很大，有些国家的环境标准严于我国，有些国家则比较宽松，有些国家甚至没有制定环境标准，这会给高铁走出去国家和地区的企业和项目合作带来制度性的障碍。[1]因此，需要构建高铁走出去环境保护合作机制，以降低环境风险，扫清制度性障碍。合作机制的构建是一项复杂的系统工程，涉及各项制度的创设和完善，而且需要协调各个部分之间的互动关系和具体的运行方式，包括调整各要素之间的结构关系等。[2] 其一，强化推动环境标准建设。对于环境标准低于我国或者没有制定环境标准的国家，要积极与当地主管部门沟通，介绍我国经验，帮助其完善环境标准，并尽可能优先采用中国标准，为我国高铁走出去提供支撑环境，占得市场先机。对于环境标准严于我国的国家，要督促高铁走出去企业严格执行当地的标准规范，企业要按照当地环境管理要求，努力达到国际先进的行业环保标准要求。[3] 其二，强化推动环境保护合作机制建设。高铁走出去沿线国家的环境保护法律法规体系有很大差别，这直接影响到高铁走出去项目

---

[1]　李林子等：《"一带一路"沿线国家环境空气质量标准比较研究》，《中国工程科学》2019年第 4 期。

[2]　薛桂芳：《"一带一路"视阈下中国—东盟南海海洋环境保护合作机制的构建》，《政法论丛》2019 年第 6 期。

[3]　李林子等：《"一带一路"沿线国家环境空气质量标准比较研究》，《中国工程科学》2019年第 4 期。

在东道国的绿色化进程,因此,需要在相互协商、相互尊重的原则下,强化推动环境保护合作机制建设。针对已经与中国签订环境保护合作协议的相关国家,环境保护合作机制的建设应当充分依托于现有的双边环境合作协议,在遵守相关国际环境保护公约的基础上,进一步协商双方合作中的环境保护相关具体制度,建立一套切实可行的环境保护合作机制。针对尚未与中国签订环境保护合作协议的相关国家,两国政府应当积极搭建环境保护合作平台,通过领导人互访、开展论坛等形式促进两国环境保护的交流与合作,达成环境保护共识,并逐步签订相关环境保护协议解决共同的环境难题,推动环境保护合作机制建设。

(二)强化推动完善高铁走出去环境保护纠纷化解机制的义务

环境纠纷是产生环境责任的重要诱因,不同纠纷解决路径产生的责任结果不同,采用不同的纠纷解决方式耗费的人力、物力及其他隐性成本也不同。① 环境保护风险一旦发生,高铁走出去企业采用何种方式化解环境纠纷将是需考虑的首要问题。针对高铁走出去企业真正破坏环境、违反东道国环保法规的情况,构建高铁走出去环境保护纠纷化解机制可以将负面影响降到最低,稳定东道国非政府组织和民众的情绪,和东道国始终保持良好的合作关系,也有助于今后高铁走出去项目在东道国的开展。针对东道国假借环保问题阻碍高铁项目建成、实质上掺杂政治因素等其他情况,构建高铁走出去环境保护纠纷化解机制可以最大限度上保护高铁走出去企业的利益。中国作为高铁走出去的母国,高铁走出去环境保护纠纷化解机制的构建需要中国发挥主导作用,积极主动与东道国沟通交流,互相尊重各国的环保法规。近年来,中国在多元纠纷解决机制改革方面取得丰硕成果,司法诉讼、商事仲裁、商事调解、第三方调解、中立评估、协商谈判等都已成为当下解决国内、国际投资贸易等纠纷的不可或缺的手段。② 高铁走出去环境保护纠纷化解机制可以借鉴这

---

① 胡德胜、欧俊:《中企直接投资于"一带一路"其他国家的环境责任问题》,《西安交通大学学报(社会科学版)》2016年第4期。

② 孙佑海:《绿色"一带一路"环境法规制研究》,《中国法学》2017年第6期。

些手段,构建多元化的纠纷解决机制,使遭到环境保护风险的高铁走出去企业有更多的选择权利。所谓多元化是相对于单一性而言的,其意义在于避免企业把环境保护纠纷的解决单纯寄希望于某一种程序。当前,解决环境保护纠纷的方式和渠道已经具有多元性,和解、调解、仲裁、诉讼等都是重要的纠纷解决方式,然而,多元化的纠纷解决机制的构建需要两国政府之间的努力。通常,和解是最便捷且效果最好的方式,由高铁走出去企业主动向东道国政府联系,通过听证会、座谈会等方式进行交流协商,得到东道国政府的理解与支持,高铁走出去项目也可以继续进行。而对于调解、仲裁、诉讼等形式,则需要我国司法机关发挥主动性,积极行使对涉外环境保护纠纷案件的管辖权。我国还应积极开展与相关国家的司法合作,加强我国现有的外国法律查明中心与相关国家的信息交流,使我国司法机关在处理争议时能够有效使用外国环境法,在判决与裁决的承认与执行过程中应当扩大认可范围,尤其应将当事人签订的生态环境纠纷调解协议纳入司法确认程序的适用范畴,从而增强案件的可执行程度,以协助当事人解决环境领域纠纷。①

(三)强化构建高铁走出去环境保险制度的义务

保险是企业风险管理的重要途径。环境污染责任险是以企业发生污染事故对第三者造成的损害依法应承担的赔偿责任为标的的保险。在其运行过程中,企业就可能发生的环境污染责任风险在保险公司投保,一旦发生污染事故,依法应由污染企业承担赔偿责任的,由保险公司按照保险合同的约定进行赔偿。② 现阶段我国尚无完备的海外投资保险法律制度,仅靠部分规范性文件对海外投资保险工作进行指导,其效力层级较低,内容也不全面。③ 而在相

---

① 肖蓓:《中国企业投资"一带一路"沿线国家的生态环境风险及法律对策研究》,《国际论坛》2019 年第 4 期。

② 孙宏涛、衣红蕾:《"走出去"企业的环境污染责任风险及其转移》,2020 年 7 月 20 日,见 http://chsh.sinoins.com/2018-01/18/content_252947.htm。

③ 肖蓓:《中国企业投资"一带一路"沿线国家的生态环境风险及法律对策研究》,《国际论坛》2019 年第 4 期。

关制度发达的国家,一套成熟的环境污染风险管理体系已经建成。德国《环境责任法》规定,存在重大环境责任风险的"特定设施"的所有人,必须采取一定的预先保障义务履行的措施,包括与保险公司签订损害赔偿责任保险合同,或由州、联邦政府和金融机构提供财务保证或担保。该法直接以附件方式列举了"特定设施"名录。名录覆盖了关系国计民生的所有行业,对于高环境风险的"特定设施",不管规模和容量如何,都要求其所有者投保环境责任保险。① 为合理分散高铁走出去企业的环境保护风险,亟须构建高铁走出去环境风险保险制度。作为高铁走出去项目的母国,应当主动扶持高铁走出去企业,运用保险工具,增加环境污染险别,分担高铁走出去企业的环境保护风险,给予企业强有力的后盾,激发企业对外投资的积极性,使中国高铁更好地走向全世界。其一,保障保险公司经营企业走出去环境责任保险的权利。企业走出去环境责任保险是走出去企业的重要经济保障,应当通过立法形式在法律中明确规定该类保险的主要内容,包括保险责任、免责范围等重要内容,明确企业走出去环境责任保险的合法性,赋予相关保险公司经营企业走出去环境责任保险权利,为高铁走出去企业购买环境责任保险创造机会。其二,培育走出去企业购买环境责任保险的氛围。我国《保险法》规定,除法律、行政法规规定必须购买保险的除外,保险公司和其他任何单位不得强制他人订立保险合同。企业走出去环境责任保险属于商业保险,不属于强制保险。但可以通过宣传教育、经济支持等方式,鼓励走出去企业主动购买走出去环境责任保险。一方面可以对走出去企业宣传环境责任保险的优势和作用,用保险本身吸引企业购买;另一方面可制定相关政策,如规定走出去企业购买走出去环境责任保险在贷款上可予以优惠,用经济补助等方式吸引企业购买,尤其是针对高铁走出去等特殊行业,经济补偿方式更具有吸引力。其三,强化政府监管走出去环境责任保险义务。保险业相关监管部门应当承担监管职责,针对走出

---

① 《浅谈国外的环境污染责任保险》,2020 年 7 月 20 日,见 https://www.sohu.com/a/161277820_277917。

去环境责任保险业务进行重点监管,制定如"走出去环境责任保险章程""走出去环境责任保险管理办法"等规范性文件,对保险主体、保险客体、保险标的等进行细化规定,严格审查各主体的资质,规范保险公司和走出去企业的保险行为,尤其对高铁走出去等特殊行业应该重点监管。

（四）强化推动完善国际环境保护公约的义务

为保护全球环境,规范海外企业行为,联合国、世界银行等国际组织相继出台了多项有关国际环境保护的公约和文件,以鼓励各国海外企业关注海外投资和海外建设项目的环境保护问题,这些国际环境保护公约对海外企业的投资行为和项目建设行为有一定的导向作用（详见国际环境保护公约梳理简况表4.3）。但这些国际公约对环境标准与环保要求的规定缺乏相应的监督条款且存在大量原则性叙述,许多企业并没有自发履行相应义务,这些国际软法在未来虽然有望转化为国际惯例而得到适用,但框架性的描述使得企业即使违反规则也很难被追究法律责任,即对企业约束性不强。[①] 因此,我们应积极推动国际环境保护公约的制定和修改。充分发挥在推动国际环保公约制定与修改中的积极作用,尤其是在制定共建"一带一路"环境保护公约中的关键作用,争取话语权,为营造国际环境保护良好氛围发挥积极作用。然而,当前通过制定全球性的国际环境保护公约来对走出去企业的环境破坏行为进行追责并不现实,但地区性的环境保护公约可以对区域内相关国家的走出去企业进行法律规制,执行效力也会更强。所以,"一带一路"共建国家通过协定统一的环境保护法规和标准签订双边或多边条约,并加强司法合作,共同处理"一带一路"共建国家的走出去企业环境保护问题具有较大的可行性。中国政府应该充分借助在共建"一带一路"倡议中的主导地位,积极推动制定共建"一带一路"环境保护公约,统一环境保护标准,明确奖惩措施,使"一带一路"倡议下高铁走出去有明确的环境保护公约约束,通过区域性的国际环境保护

---

① 肖蓓:《中国企业投资"一带一路"沿线国家的生态环境风险及法律对策研究》,《国际论坛》2019年第4期。

公约逐步推动完善国际性的环境保护公约,并使之具有强制执行力。

表 4.3 国际环境保护公约梳理简况

序号	生效时间	名称	来源	主要内容
1	2000.7	全球契约（Global Compact）	联合国	企业界应对环境挑战未雨绸缪;主动增加对环保所承担的责任;鼓励开发和推广环境友好型技术。
2	2018.10	环境和社会框架（The Environmental and Social Framework）	世界银行	提高贷款项目环保和社会责任标准,使得世界银行和借款国能更好地管理项目的环境风险。
3	2006.4	社会与环境可持续性政策绩效标准（Performance Standards on Social and Environmental Sustainability）	国际金融公司	制定绩效标准来检测项目是否环保,引导企业项目的可持续性。
4	1994.3	联合国气候变化框架公约（United Nations Framework Convention on Climate Change）	联合国	减少温室气体排放,减少人为活动对气候系统的危害,减缓气候变化。
5	1993.12	生物多样性公约（Convention on Biological Diversity）	联合国	保护生物多样性;生物多样性组成成分的可持续利用;以公平合理的方式共享遗传资源的商业利益和其他形式的利用。
6	1992.5	控制危险废物越境转移及其处置巴塞尔公约（Basel Convention on the Control of Transboundary Movements of Hazardous Wastes and Their Disposal）	联合国	采取严格的控制措施来保护人类健康和环境,使其免受危险废物和其他废物的产生和管理可能造成的不利影响。
7	1975.7	濒危野生动植物种国际贸易公约（Convention on International Trade in Endangered Species of Wild Fauna and Flora）	由国际自然保育联盟领衔	通过对贸易作出监管,就公约附录所列物种的进出口做出规范,以保护野生动植物种不致因国际贸易而遭到过度的开采及利用而危害生存。

续表

序号	生效时间	名称	来源	主要内容
8	1988	保护臭氧层维也纳公约（Vienna Convention for the Protection of the Ozone Layer）	联合国	保护人类健康免受由臭氧层的变化所引起的不利影响。
9	1994.11	联合国海洋法公约（United Nations Convention on the Law of the Sea）	联合国	对当前全球各处的领海主权争端、海上天然资源管理、污染处理等具有重要的指导和裁决作用。
10	1975.12	保护世界文化和自然遗产公约（Convention Concerning the Protection of the World Cultural and Natural Heritage）	联合国	规定了文化遗产和自然遗产的定义，文化和自然遗产的国家保护和国际保护措施等条款。

第五章 "一带一路"倡议下高铁走出去的税务问题、风险及应对策略

税收是企业成本的重要组成部分,是企业走出去过程中必须高度重视的重要因素。多项研究显示,税收因素是确定投资决策和选址决策最重要的因素之一。[①] 国际税收和投资中心(ITIC)长期以来一直认为,一国的最佳贸易政策就是其税收政策,税收政策的一个主要内容应该是向所有潜在的投资者和纳税人提供确定性,使他们在投资计划阶段,就能够对于其项目落地并开始产生收入流之后将要缴纳的税收有一定的信心。[②] 国际商会支持建立透明、高效、可预期和稳定的税收制度。[③] 中国企业在走出去过程中,需要面对复杂的税收环境,尤其是"一带一路"倡议下高铁走出去,沿线大部分国家税收政策的稳定性、确定性、高效性不足,企业将面临更为复杂的税收环境。如果高铁企业在走出去之前没有对目标国税收政策进行深入研究,将会给高铁项目埋下税务风险的种子,[④]在具体的高铁项目建设、运营过程中将面临重大税务

[①] 迈克·德弗罗:《衡量不同国家间企业税收的不确定性——基于跨国调查的真实案例》,牛津大学企业税收中心,《2016 年税收确定性——IMF/OECD 向二十国集团财政部长提交的报告》,IMF/OECD,2017 年。转引自国际商会:《"一带一路"倡议面临的税收挑战》,刘曦明译,《国际税收》2019 年第 4 期。

[②] 丹尼尔·A.维特、哈菲兹·乔杜里:《"一带一路"倡议:消除税收障碍,强化投资合作,助增长促发展》,陈新译,《国际税收》2019 年第 4 期。

[③] 国际商会:《"一带一路"倡议面临的税收挑战》,刘曦明译,《国际税收》2019 年第 4 期。

[④] 参见王素荣、付博:《"一带一路"沿线国家公司所得税政策及税务筹划》,《财经问题研究》2017 年第 1 期。

风险。因此,仔细梳理企业走出去税收典型案例,探寻企业走出去遇到的共性税务问题,进而深入研究高铁走出去面临的税务风险,剖析风险产生的原因,并有针对性地提出对策具有重要意义。

第一节 "一带一路"倡议下企业走出去
税务典型案例分析

案例是发现问题的最好材料,通过典型案例梳理可以有效发现共性问题,因此,需要对企业走出去税收典型案例进行梳理分析,寻找企业走出去遇到的共性税务问题。详见表5.1。

表5.1 企业走出去税收典型案例梳理简况

序号	事件名称	事件经过	遇到的税务征收问题
1	湖北华新水泥股份有限公司设在中亚A国的子公司申请税收优惠待遇受阻	2011年9月15日,该公司在A国设立亚湾公司;2012年12月,亚湾公司从中国国家开发银行取得为期7年的7800万美元贷款。2013年支付利息394万美元,已依据A国国内法,按12%的税率缴纳所得税47万美元,2014年支付利息445万美元,还未缴纳所得税。后该公司得知,按照双方国家签订的税收协定,该项利息可以享受免税待遇。随即,亚湾公司向A国税务局提出申请。2014年11月3日,A国税务机关回复,同意以后年度利息按税收协定规定的8%税率征税,但不包括2013、2014年度利息应缴税款。亚湾公司多次与A国税务局沟通,但该国税务局未同意,并催促亚湾公司缴纳2014年支付利息预提税款53万美元,否则将予以处罚。后经国家税务总局等多方努力协调,最终同意按税收协定的规定办理免税。①	跨国企业不熟悉东道国与母国的税收协定,多交税款难以退回,遭遇税务风险。

---

① 参见《湖北企业境外维权 税务尽心相助》,2020年7月5日,见 https://www.chinatax.gov.cn/n810219/n810744/n1671176/n1671191/c1707832/content.html? isappinstalled=0。

续表

序号	事件名称	事件经过	遇到的税务征收问题
2	印尼补征部分 EPC 项目"最终税"	2006 年,印尼实施 1000 万千瓦加速电站建设计划,该计划由 PLN(印尼国家电力公司)通过国际公开招标方式实施,中国企业建设和供应了 85% 的装机容量,随着建成的电站陆续完成交接或进入尾期,印尼方面却要求部分承建电站 EPC 项目中资企业补缴所得税及罚款。①	对国外税制设计和征管体制缺乏全面了解,导致税收风险。
3	印度尼西亚中资企业所得税返还困难	杭州 ZH 股份有限公司在印度尼西亚设立 ZH 科技(印尼)有限公司,2015 年该公司实现收入约合人民币 1.12 亿元,营业利润约合人民币 1464 万元,扣减约合人民币 1200 万元的汇兑损失后,税前利润仅为人民币 150 万元,所得税约为人民币 37 万元,而该公司 2015 年全年预缴所得税约人民币 440 万元,应返还多缴的所得税约为 400 万元人民币。但经印尼税务局查证,拟调整该公司所得税,补缴 500 万元人民币;按此调整,该公司直接损失将达到 900 万元人民币。后经公司与当地税务局进行复议谈判后,最终返还约 243 万元人民币,仍有 157 万元人民币因税收申报超过期限等原因未能返还。②	不熟悉当地的税务、财务政策和法律环境,导致税务风险。
4	中美贸易争端	中美自建立贸易关系以来,常年处于贸易摩擦与争端之中,美国政府单方面挑起一系列贸易摩擦,严重影响中美贸易关系。2017 年 8 月 14 日,美国政府对华发起 301 调查。2018 年 4 月 3 日,美国政府宣布对从中国进口的约 500 亿美元商品加征关税,2018 年 6 月 15 日,美国政府宣称对从中国进口的 340 亿美元商品加征 25% 的关税,2019 年 5 月 10 日美国政府对从中国进口的 2000 亿美元商品加征 25% 的关税,中方被迫卷入与美方的贸易战。贸易战打响之后,中国政府采取了一系列反制措施,并且与美国政府先后进行多轮磋商,希望尽快解决贸易冲突,但效果甚微。③	跨国企业因政治因素影响,面临加征关税风险。

---

① 参见支红妍:《中国企业海外工程项目涉税风险——印尼补征部分 EPC 项目"最终税"案例启示》,《国际商务财会》2018 年第 1 期。

② 参见许广安:《"一带一路"视域下印度尼西亚中资企业所得税返还案例解析》,《中国总会计师》2018 年第 4 期。

③ 详情参见《中美贸易战时间线》,《公关世界》2019 年第 11 期。

续表

序号	事件名称	事件经过	遇到的税务征收问题
5	某走出去企业避税行为	某企业集团成功收购某世界500强企业的一个业务部门,并借此全面实施走出去的跨国经营战略,深圳市国税局国际税务管理处发现该企业存在通过关联交易进行避税的嫌疑,在国家税务总局的批复下,深圳市国税局花费20个月对该企业进行反避税调查。2011年12月28日,税企双方就反避税调查案达成一致意见,调增该企业5年应纳税所得额近12.6亿元,补缴3年企业所得税4446万元,利息388万元,报经国家税务总局批准结案。①	跨国企业采取避税措施,导致国内税源流失。
6	澳大利亚政府征收背包客税	2016年,澳大利亚政府拟对来自海外的打工度假者征税,国会参众两院坚决反对,澳大利亚联邦法院最终裁定背包客税对部分打工度假者无效。②	企业走出去在海外投资会遭遇税收歧视风险。
7	红豆集团"垦荒"造就的柬埔寨最大经济特区面临双重征税	2007年,红豆集团积极响应走出去的号召,进驻柬埔寨西哈努克省海边的一片荒原,历经10年艰辛,将其打造成柬埔寨当时最大的经济特区。2016年红豆集团8年免税期到期,同期入驻企业都面临双重征税的压力。2016年10月13日,中国和柬埔寨签订了双边税收协定,解决了企业后顾之忧。③	双重征税给企业带来税收压力,打击企业走出去积极性。
8	浪潮集团精心研习税务政策助力走出去	浪潮集团在遭遇多次退税风险后,联合国家税务部门共同研制开发出自助办税终端系统,还承建津巴布韦国家税务局税务管理信息化系统等,取得了巨大成就,有效助力走出去战略实施。④	企业走出去信息化建设不足,无法及时掌握东道国税收法律政策,无法与国内税务机关有效沟通、接受指导。

① 参见陈俊峰、云顶:《对"走出去"企业的一起反避税调查》,《中国税务》2012年第6期。

② 参见《澳法院作出背包客税无效裁决 多少人能获益?》,2020年7月4日,见https://www.sohu.com/a/352218769_120052021。

③ 参见《"一带一路"上的精彩税事——四个企业故事折射税务系统齐抓共管服务"走出去"》,2020年7月4日,见http://www.chinatax.gov.cn/n810219/n810724/c2611922/content.html。

④ 《税收翅膀助民族信息产业飞向世界》,2020年7月4日,见https://www.chinatax.gov.cn/chinatax/n810219/n810780/c2748917/content.html。

序号	事件名称	事件经过	遇到的税务征收问题
9	国家税务部门助力辽宁海油集团走出去	2014年5月18日,俄罗斯巴什科尔托斯坦共和国政府代表团访问辽宁海油集团,双方于次日签订了关于在巴什科尔托斯坦联合成立石油天然气钻采装备制造基地的合作意向书,但是辽宁海油集团对该国税收法律政策不了解,遂向国家税务部门求助,在国税部门的帮助下,辽宁海油集团顺利走出国门。①	企业走出去需要与税务部门沟通,获得税务部门指导,企业盲目走出去,会遭遇税务征收风险。
10	某建筑企业A集团首次在境外承接大型工程未评估所得税成本	某建筑企业A集团首次在境外承接大型工程。企业以往仅承接过短期境外项目,未在当地缴纳过企业所得税,因此该项目也没有评估境外所得税成本,公司也没有相应的税收内控制度对重大项目进行审核。工程开工半年后,境外税务机关按照当地税法要求企业缴纳所得税。由于A集团事先没有考虑境外税收成本,利润远低于预期。②	走出去企业未从公司治理层面重视税收风险控制,制定统一的税务风险管理策略,导致税务风险。
11	广东宜华企业走出去因不熟悉当地税收政策,遭遇"水土不服"	广东宜华企业(集团)有限公司在走出去过程中陷入事先调研信息与实际不符的困境。	税收信息不对等使企业面临税务征收风险。
12	江苏康得新复合材料集团股份有限公司海外投资面临税收风险	作为致力于打造基于先进高分子材料的世界级平台的高科技企业,康得新注重对外投资,但在走出去过程中遇到很多难题,比如不了解相关国家的税收制度,不熟悉境外所得抵免、出口退税管理等政策操作等。③	企业在走出去过程中面临不了解东道国税收法律政策的困境。
13	中车"走进"马来西亚因不了解税收政策面临风险	中车在开拓马来西亚市场的过程中,对出口项目支付的代理费用扣除问题、海外并购问题、国别税收政策不了解,阻碍了走出去的步伐,在湖南省国税局组建的税收服务专家团队的指导下,成功"走进"马来西亚。④	企业在走出去过程中面临不了解东道国税收法律政策的困境。

① 参见《"一带一路"上的精彩税事——四个企业故事折射税务系统齐抓共管服务"走出去"》,2020年7月4日,见 http://www.chinatax.gov.cn/n810219/n810724/c2611922/content.html。

② 参见《"走出去"常见涉税风险应对指南》,2023年11月15日,见 https://jiangsu.chinatax.gov.cn/art/2021/4/30/art_9652_339259.html。

③ 参见苏水:《税收春风护航苏商"走出去"》,2020年7月4日,见 http://js.ifeng.com/a/20180426/6532378_0.shtml。

④ 参见《"一带一路"上的精彩税事——四个企业故事折射税务系统齐抓共管服务"走出去"》,2020年7月4日,见 http://www.chinatax.gov.cn/n810219/n810724/c2611922/content.html。

续表

序号	事件名称	事件经过	遇到的税务征收问题
14	内蒙古自治区税务局助力跨国企业解决税收争议	2019年3月,内蒙古自治区税务局参与了国家税务总局和新西兰税务局就区内一家企业集团跨境涉税争议进行的谈判磋商,成功通过国际税收手段促进企业跨境投资和贸易,成为全国首例走出去企业双边预约定价协商案例。①	跨国企业税收争议复杂,单靠企业自身解决争议较为困难,本国政府介入解决争议成功率高。
15	Y公司赴东南亚某国承接设备安装和调试工程遭双重征税	Y公司派遣技术人员赴东南亚某国承接一项设备安装和调试工程,工期仅需1个月。我国与该国的税收协定规定:承包工程仅在持续时间超过6个月时,才需要在该国缴税。但Y公司由于不了解税收协定规定,工程结束后在当地申报缴纳了10万元所得税,没有享受税收协定优惠,而且在回国申报时也无法抵免,造成了双重征税。②	走出去企业未充分运用税收协定优惠降低税负,导致税务风险。
16	企业希望税务部门能够借助税企互动平台,助力企业走出去	在甘肃"一带一路"税企座谈会上,中铁二十一局代表表示,希望税务部门能够借助税企互动平台进行实时交流,定期交流企业走出去的成功经验,并成立专家库进行研究和指导。参会企业表示,希望税务部门定期培训指导,交流经验,及时发布海外最新税收法律政策信息。③	走出去企业与国内税务部门沟通不畅,不利于企业应对东道国税收法律政策变动带来的风险。
17	中国天楹股份有限公司海外承接项目获得专业化税务服务	中国天楹股份有限公司于2016年底成功并购国际知名环保项目Urbaser,后计划承接法国Trifyl生活垃圾处理厂项目。税务部门针对该公司全球架构专门成立"海帆"服务团队,围绕投资国税制、税收协定、转让定价等方面提供专业化服务,为企业境外投资防范涉税风险提供支持。④	企业走出去缺乏税收部门专业化指导、盲目走出去,会使企业面临涉税风险。

---

① 参见《内蒙古:创新"一带一路"税收服务助企业"远航"》,2020年7月4日,见 http://www.chinatax.gov.cn/chinatax/n810219/n810739/c4314588/content.html。

② 参见《"走出去"常见涉税风险应对指南》,2023年11月15日,见 https://jiangsu.chinatax.gov.cn/art/2021/4/30/art_9652_339259.html。

③ 参见呼双鹏:《甘肃税收服务"一带一路"税企座谈促"走出去"企业发展》,2020年7月4日,见 http://gs.people.com.cn/n2/2017/0427/c183348-30099792.html。

④ 参见彭融等:《江苏海安:税收服务助力企业"走出去"》,2020年7月4日,见 https://k.sina.cn/article_7175376779_1abaf8f8b00100xgr2.html? wm = 13500_0055&sinawapsharesource = newsapp&vt = 4。

序号	事件名称	事件经过	遇到的税务征收问题
18	同益国际物流公司二手集装箱交易进项税发票开具困难	同益国际物流公司从事中欧班列二手集装箱撮合交易,但由于二手集装箱买卖多为现金交易,公司进项税发票取得困难,没有进项税发票进行抵扣,二手集装箱交易市场不规范,使得企业存在税收风险。①	交易市场不规范使得企业税收风险增加。
19	青岛万汇在疫情期间面临税务风险考验	青岛万汇遮阳用品有限公司在俄罗斯筹备建厂,营业初期遇到疫情,面临诸多未考虑到的涉税风险,企业生产经营和对外投资遇到许多未遇到过的问题和不便,该企业在平度税务局的帮助下,解决涉税问题,平稳有序开工复产。②	疫情等突发事件增加企业涉税风险。
20	企业抱团走出去抵御税务风险	济南市 30 家重点企业作为联盟发起走出去联盟,该联盟由济南商务局主导,旨在为联盟企业提供金融、法律、咨询、保险等方面的专业服务,及时共享海外相关经贸信息,增强走出去企业抵御涉税风险的能力。③	企业走出去单打独斗、势单力薄,无法有效抵御税收风险、解决税收争议。

通过对企业走出去相关税务服务典型案例的梳理分析,可以发现企业在走出去过程中遇到的税务问题纷繁复杂,受东道国政治、经济、历史文化、社会发展等各类因素影响深刻,面临双重征税、税收歧视、加征关税、合理避税困难等风险,比较突出的税务共性问题主要有:跨国税务复杂,企业应对乏力;税务纠纷频繁,维权救济困难;国际环境日趋复杂,税收风险不断增大,国际税务人才匮乏,难以满足涉外税务服务需求;各国税收监管日益严格,税收处罚不断增加。详细分析这些共性问题,可以帮助我们深入了解高铁走出去面临的税务风险和危害,以及探寻风险产生原因。

---

① 参见《减税降费助外贸企业突围"中国制造"加快拓展海外市场》,2020 年 7 月 4 日,见http://www.chinatax.gov.cn/chinatax/n810219/n810724/c5139359/content.html。

② 参见《青岛平度:多措并举稳外资 点对点助力企业"走出去"》,2020 年 7 月 5 日,见http://news.bandao.cn/a/363801.html。

③ 参见《能抱团出海啦!德国法兰克福有了济南的境外企业联盟》,2020 年 7 月 5 日,见https://www.qlwb.com.cn/detail/8127537。

第二节 "一带一路"倡议下企业走出去
遇到的税务共性问题

一、跨国税务复杂,企业应对乏力

(一)各国税务政策受其国内政治经济发展影响差异较大

一个国家的税收制度是为了适应特定时期的政治法制、经济发展、社会需要而建立,并随其发展而不断变化。[1] 企业走出去需要在熟悉本国税务制度的前提下同时熟悉东道国的税务制度,如今各国政治、经济、社会发展水平各异,各国税务发展水平受其国家政治、经济、社会发展水平的制约,发展状况大不相同,因此,复杂的跨国税务使企业难以应对,成为企业走出去的最大障碍之一。首先,国家的政治发展状况决定了东道国税务政策的完善情况。一般情况下,政局稳定的国家税务政策普遍较为稳定、健全,对外资具有较大的吸引力;而时局动荡的国家或地区则税务政策普遍不尽合理,一般缺乏稳定性和规范性,走出去企业投资这些国家的税务风险较大。其次,国家的经济发展状况决定了该国税务征收政策水平。一般情况下,经济较发达的国家或地区,税务政策较为科学合理,也较为规范完善,具有长期稳定性;而经济欠发达的国家或地区,税收政策连续性和稳定性不足,一般情况下,税制结构设置相对单一,部分税种税率较高,对外资吸引力受到较大限制。

共建"一带一路"国家中有部分属于政治局势稳定性不足,经济发展相对落后的国家,所以,企业走出去投资于这些国家,面临较大的税务风险,而且,企业如果投资多个国家,各个国家之间的税收政策差异较大,应对更加困难。以企业所得税率为例,巴基斯坦是 33%,菲律宾是 30%,我国是 25%,虽然都

---

[1] 李香菊、王雄飞:《"一带一路"战略下企业境外投资税收风险评估——基于 Fuzzy-AHP 模型》,《税务研究》2017 年第 2 期。

属于税率相对较高的国家,但相差仍然较大,对企业走出去的成本和利润影响较大。再如增值税、销售税等税种征收,各国之间亦存在较大差异,巴基斯坦只征收销售税,印度尼西亚和越南同时征收不同税率的增值税和销售税,哈萨克斯坦、新加坡只征收增值税而不征收销售税。① 因此,复杂多变的各国税收政策,深深影响着企业走出去的积极性和成功率。

(二)走出去企业对东道国税收法律政策普遍不熟悉

面对复杂多变的各国税收法律政策,走出去企业普遍表现出对各国税务政策不熟悉、不适应的症状,这已经成为困扰企业走出去的最大难题之一。

其一,各国税收政策的差异性对中国企业走出去提出了巨大挑战。由于走出去企业一般会选择多国经营,所以需要面对众多国家税务问题,而不同区域法系不同,不同国家税收法律政策差别较大。"一带一路"共建国家涵盖了英美法系和大陆法系,另有少数国家属于伊斯兰法系,在具体的税法规定中,税收管辖权、企业所得税税制类型、企业所得税税率、反避税条款等更是千差万别。② 而走出去企业的人力、物力、财力有限,对复杂的税收法律政策应对乏力。

其二,一些国家税收法律政策不健全增加了走出去企业应对税务风险的难度。"一带一路"共建国家多为发展中国家,其国家法律基础往往较为薄弱,税收透明度有待提高,③而且许多国家内部税制不统一,税制透明度和合理性参差不齐,一些国家税收管理层级多,税收法律体系庞杂且相关规定变动频繁,④这使得走出去企业较难熟练掌握东道国税收法律政策,企业在走出去过程中,普遍面临对东道国税收法律政策难以熟练掌握运用的情况。例如,中

---

① 李香菊、王雄飞:《"一带一路"战略下企业税收风险与防控研究》,《华东经济管理》2017年第5期。

② 曾文革、白玉:《论"一带一路"战略下我国对外投资的税收制度安排》,《江西社会科学》2017年第5期。

③ 王平:《服务"一带一路"建设税收大有作为——专访国家税务总局国际税务司司长廖体忠》,《国际税收》2017年第5期。

④ 郭建峰:《浅谈"一带一路"背景下的建筑施工企业税收风险管理》,《税务研究》2019年第6期。

国企业承建印尼 EPC 项目,因对其税收法律政策不熟悉,致使企业补缴所得税,且遭罚款;①辽宁海油集团因对东道国税收法律政策不熟悉,走出去过程中遇到税务难以应对的问题,打乱了公司走出去的计划;②广东宜华企业集团对东道国税收法律政策进行调研,但调研结果与东道国实际情况不符,致使企业走出去"水土不服";③江苏康得新复合材料集团股份有限公司因对东道国税收法律政策不熟悉,海外投资受阻;④中车集团在走进马来西亚过程中,同样面临对东道国税收法律政策不熟悉等困境。⑤ 从这些实例可以看出,企业在走出去过程中对东道国税收法律政策不熟悉,轻则遭受罚款,重则影响走出去计划,甚至丧失东道国市场。

二、税务纠纷频繁,维权救济困难

近年来,随着高质量共建"一带一路"的深入推进,中国企业走出去的步伐不断加快,同时,伴随企业走出去的纠纷也不断增多,其中,税务纠纷最为突出。为了及时解决企业走出去的税务纠纷,各国持续努力,中国国家税务总局主导成立"一带一路"税收征管合作机制,明确其为非营利性的官方合作机制,聚焦税收争议解决等方面的合作,为企业走出去搭建了化解税务纠纷的合作平台。⑥

---

① 详情参见支红妍:《中国企业海外工程项目涉税风险——印尼补征部分 EPC 项目"最终税"案例启示》,《国际商务财会》2018 年第 1 期。

② 参见《"一带一路"上的精彩税事——四个企业故事折射税务系统齐抓共管服务"走出去"》,2020 年 7 月 4 日,见 http://www.chinatax.gov.cn/n810219/n810724/c2611922/content.html。

③ 详情参见《国税地税携手并进 护航企业海外畅行——中国税务凸显"合作"理念助推"一带一路"新发展》,2020 年 7 月 4 日,见 http://www.chinatax.gov.cn/chinatax/n810219/n810724/c2611743/content.html。

④ 详情参见苏水:《税收春风护航苏商"走出去"》,2020 年 7 月 4 日,见 http://js.ifeng.com/a/20180426/6532378_0.shtml。

⑤ 详情参见《"一带一路"上的精彩税事——四个企业故事折射税务系统齐抓共管服务"走出去"》,2020 年 7 月 4 日,见 http://www.chinatax.gov.cn/n810219/n810724/c2611922/content.html。

⑥ 参见《"一带一路"税收征管合作规模稳步扩大》,2020 年 7 月 11 日,见 http://www.gov.cn/xinwen/2020-06/06/content_5517598.htm。

目前,"一带一路"税收征管能力促进联盟在我国北京、扬州、澳门等地以及哈萨克斯坦设立"一带一路"税务学院,培训覆盖面和联盟培训品牌效果逐渐显现。① 但是,企业走出去面临的税务纠纷纷繁复杂,尤其在"一带一路"倡议下,我国与"一带一路"共建国家国际税收合作处于初级阶段,税收合作平台建设相对滞后,相互间不能充分交流、充分协商,解决走出去企业税务纠纷效果不佳。而且,"一带一路"共建国家多为发展中国家,在国际税收合作平台的搭建方面经验不足,其国内税制体系建设不完善,多边互助机制缺乏,制约了"一带一路"国际税收合作平台效能的发挥,在企业走出去税务纠纷解决方面存在一些不足。最为掣肘的是目前化解国际税务纠纷的解决途径较为单一,各国之间解决跨国企业税务纠纷主要通过两种途径:一是企业直接与东道国税务当局沟通解决,二是企业通过国家税务主管部门与东道国税务机关启动相互协商程序解决。②

其一,企业与东道国税务当局直接沟通解决税务纠纷。该种方式最为直接,也最为灵活,但目前走出去企业就税务纠纷与东道国税务当局沟通解决时存在诸多困难,通过此途径税务纠纷能够得到及时化解的概率较低。主要原因包括:一是走出去企业在东道国处于弱势地位。走出去企业对东道国国内相关行政复议或法律救济程序不熟悉,在解决税务纠纷时处处碰壁,东道国税务当局处于强势地位,或普遍存在对国外企业歧视现象,此种情形加大了走出去企业维权救济的难度,走出去企业很难用尽当地救济途径,东道国行政复议或法律救济途径一般在解决税务纠纷时效果不佳。二是走出去企业在东道国沟通存在障碍。走出去企业在采用行政复议、法律救济或者采用与东道国税务当局沟通的方式解决税务纠纷时,普遍存在沟通障碍。

① 刘磊等:《"一带一路"共建背景下国际税收治理体系建设研究》,《国际税收》2022年第12期。

② 参见王伟域:《"一带一路"国际税收争端解决机制的中国策略》,《税务研究》2019年第12期。

因语言、社会习惯等与东道国不同,走出去企业在与东道国税务机关沟通时会存在交流不畅、翻译失误等问题,甚至存在东道国税务当局拒绝与走出去企业进行沟通的情形。沟通障碍的存在轻则导致沟通失败,重则引起矛盾激化。三是走出去企业在东道国维权成本较高。在通过行政复议、法律救济或与东道国税务当局沟通解决税务纠纷时,走出去企业会聘请专业服务机构为其服务,东道国当地专业服务机构收费较高,解决税收纠纷周期较长,导致维权成本过高。过高的维权成本致使部分走出去企业在权衡利益得失之后会放弃维权。

其二,启动与东道国税务当局相互协商程序解决税务纠纷。走出去企业就税务纠纷与东道国税务机关沟通解决失败后,可以向国家主管税务机关提出税收争议申请,由主管税务机关启动与东道国税务当局相互协商程序,解决走出去企业税务争议。例如,我国国家税务总局和新西兰税务局启动了相互协商程序,成功解决了走出去企业与新西兰税务局之间的涉税争议,维护了走出去企业的合法权益。[①] 而且,从该案例可看出,国家税务总局与东道国税务当局相互协商解决走出去企业税务纠纷的成功率较高。但是,大量实践案例及目前研究显示,相互协商程序效率较低且对纳税人利益保护不足,具有一定的局限性。[②] 一是相互协商程序效率较低。基于对各国税收主权的尊重,相互协商程序基于平等自愿原则启动,协商结果需要当事国自愿认可与执行。对于一些较小的税收争议,国家间往往不会启动相互协商程序,协商所针对的多为重大且复杂的税收争议,涉及利益较大,当事国之间对重大的税收争议很难达成一致解决意见,解决税收争议费时费力。有关调查显示,绝大多数走出去企业都会遇到税收难题,在被调查的 85 家走出去企业中,选择告知主管税

---

① 详情参见《内蒙古:创新"一带一路"税收服务助企业"远航"》,2020 年 7 月 4 日,见 http://www.chinatax.gov.cn/chinatax/n810219/n810739/c4314588/content.html。

② 徐妍:《"一带一路"税收争端解决机制法律问题研究》,《社会科学战线》2018 年第 8 期。

务机关并层报国家税务总局解决税收争议的仅占 11%。① 可见大多数走出去走企业在维护自己合法权益时,不倾向诉诸协商程序解决税收争议。二是相互协商程序对纳税人利益保护不足。相互协商的主体是国家,作为利害关系人的走出去企业并未参与协商,无法充分表达自己的诉求,且相互协商持续时间长,对走出去企业较为不利,而且协商结果一般具有不确定性,无论协商结果如何,走出去企业只能被动接受。

三、国际环境日趋复杂,税务风险不断增大

近年来,逆全球化潮流等愈演愈烈,国际环境日趋复杂,走出去企业所面临的税务风险亦不断增大。在复杂的国际环境背景下,税收工具极有可能会被有关国家用作阻碍中国企业走进其市场的壁垒,给企业走出去带来了诸多不确定性税务风险。

(一)中美贸易摩擦使得企业走出去税务风险不断增大

自从美国政府单方面宣布对中国商品加征关税开始,中美之间开始了贸易战,虽然中美两国持续进行磋商,但贸易摩擦不但没有停止,反而持续升温。美国政府出尔反尔,屡次对中国商品加征关税,使得贸易摩擦愈演愈烈,产生很多不确定性税收因素,对企业走出去产生了很大影响,部分行业受到较大冲击。其一,加征关税影响我国贸易进出口。如根据海关总署 2020 年 1—5 月份数据显示:美国现为我国第三大贸易伙伴,中美贸易总值为 1.29 万亿元,下降 9.8%,占我国外贸总值的 11.1%;我国对美国出口值为 9643.9 亿元,下降 11.4%;自美国进口值为 3218.4 亿元,下降 4.5%;对美贸易顺差值为 6425.5 亿元,减少 14.5%。② 中美贸易摩擦给企业走出去造成较大影响,加征关税使

---

① 张凯:《优化"走出去"企业税收争议解决机制的若干思考》,《国际税收》2017 年第 1 期。

② 参见《5 月份出口增长 1.4%》,2020 年 7 月 11 日,见 http://www.customs.gov.cn/customs/xwfb34/302425/3114926/index.html。

得企业走出去面临较大困境。其二,加征关税冲击我国相关产业输出。美国政府对中国加征关税的产品主要涉及航空航天设备、高铁装备、生物医疗、医疗器械、新能源等高新技术制造产业,加征关税对我国高新技术制造产业带来的冲击不可避免。马克思产业资本理论表明,工业社会的现代化经济体系核心构造是制造业,其他产业发展都取决于制造业的技术水平,工业社会已经历了三次工业革命,目前正处在第四次工业革命的过程之中。[1] 我国抓住了第四次工业革命的机遇,正在逐步实现"中国制造 2025"战略计划,美国加征关税主要针对我国高新技术制造产业,企图遏制我国高新技术制造产业发展,打乱"中国制造 2025"战略计划,从短期看我国高新技术制造企业走出去会受到一定的冲击,其所面临的税务风险也会逐渐增加。

(二)逆全球化潮流使得企业走出去税务风险增大

逆全球化与全球化背道而驰,新贸易保护主义、欧洲难民危机、英国脱欧、俄乌战争、巴以冲突等正逐步将全球经济拖向逆全球化。逆全球化潮流下,单边主义横行、民粹主义抬头使得企业走出去税务风险不断增大。其一,单边主义横行使得企业走出去税务风险不断增大。新冠疫情暴露了各国短板,全球产业链面临重塑,目前一些国家正设法强化本土供应链,逆全球化思潮抬头。美欧等国纷纷表态,疫情过后将对华采取更加严格的限制性措施。[2] 单边主义持续蔓延,企业走出去或面临更大税务危机。单边主义对经济全球化产生较大影响,逐渐拉开逆全球化的序幕,以中国为主的新兴经济体崛起分享了全球化的福利,触及了发达国家的利益,加之发达国家内部矛盾逐渐激化,各国先后出台本国优先政策,致使逆全球化潮流愈演愈烈,逆全球化是全球经济发展中的不稳定因素,我国必须警惕逆全球化给企业走出去带来的影响。一些

---

[1] 方兴起:《基于马克思产业资本理论解析美国去工业化与再工业化——观察当前中美贸易摩擦的新视角》,《学术研究》2019 年第 9 期。

[2] 详情参见于娟等:《疫情之下,我国企业还能"走出去"吗?》,2020 年 7 月 5 日,https://m.sohu.com/a/393354384_436079/? pvid = 000115_3w_a。

国家采取单边主义、保护主义,阻止中国企业进入其市场,必将采用加征关税等措施打击中国企业。对进入其市场的中国企业,或采用税收歧视等不公平税收政策,对中国企业极限施压,强迫中国企业退出其市场,使全球产业链"去中国化"。因此,在单边主义横行的国际环境下,企业走出去税务风险将不断增大。其二,民粹主义抬头使得企业走出去税务风险不断增大。印度电子信息科技部宣布禁止微信在内的 59 款中国 APP 在印度使用,宣布从中国进口供电设备需要印度政府许可,并且拟对从中国进口的货物进行严格限制,无理由扣押我国集装箱。[①] 同时,为转嫁国内矛盾,印度政府将国内矛盾转嫁于中国,印度国民迁怒于中国企业,打砸中国产品、中国企业,抵制中国制造,引发民粹主义逐渐抬头。印度仅是全球范围内民粹主义真实写照之一,民粹主义在全球范围内普遍存在,致使逆全球化潮流愈演愈烈,会对我国企业走出去产生不利影响,在民粹主义横行的国家,企业走出去所面临的税收歧视等风险越来越大。

四、国际税务人才匮乏,难以满足涉外税务服务需求

随着当前国际市场进程的进一步加快和走出去企业越来越多,企业对专业能力强、综合能力高的复合型国际税务人才需求量越来越大。但是目前国际税务人才匮乏,难以满足涉外税务服务需求,我国企业走出去面临国际税务人才匮乏的困境。

其一,国际税务人才储备不足。多变的国际环境、复杂的跨国税务管理,频繁的税务纠纷对走出去企业税务人才提出了更高的要求,企业走出去需要大量的高层次复合型国际税务人才。就负责财务的人员而言,其需要具备财务、法律、外语等多项能力,既要熟练掌握东道国税收法律政策,还需要具备与东道国税务机关轻松沟通的能力。现阶段,大部分走出去企业已经改善了由

---

① 详情参见《抵制中国制造?印度禁用 59 款中国 APP,富士康同样受到影响》,2020 年 7 月 5 日,见 https://news.china.com/international/1000/20200630/38418503.html。

财务人员兼任税务工作的问题,但只有少数企业能搭建起完整税务架构,明确不同税务职能在不同部门中的分工。[1] 就企业高层管理人员而言,走出去企业高层管理人员在财务、东道国税收法律政策等方面知识匮乏,完全寄希望于财务、法务管理人员,容易出现决策失误等风险。国际税务人才的复合型决定了其培养的复杂性,我国目前各大高校在培养国际税务人才方面心有余而力不足,并且在社会上也没有专门培训国际税务人才的机构,现阶段我国国际税务人才培养体系不健全、人才储备不足,远远不能满足涉外税务服务需求。

其二,国际税务人才走出去积极性不高。这无疑加深了国际税务人才匮乏的困境。究其原因,主要有以下两点:一是家庭压力。当代大学生多为独生子女,毕业后面临着赡养父母、经营婚姻、抚养子女的压力,压力使得应届大学生多寻求稳定的国内工作,走出去积极性不高;二是国外局势不稳定。现阶段国外局势不稳定,以"一带一路"共建国家为例,西亚、北非地区局势较为动荡,突发事件发生概率较高,亚太地区局势相对稳定,但国家间摩擦冲突也较为普遍。[2] 国外局势不稳定使得国际税务人才不敢走出去,打击了国际税务人才走出去的积极性。

五、各国税收监管日益严格,导致税收处罚不断增加

税收是各国的主要财政收入,搭建严格的税收监管体系是各国税收工作的重要内容之一,所以企业走出去不仅需要面对纷繁复杂的税收环境,还需要应对各国日趋严格的税收监管体系,包括东道国严格的税收监管和本国严格的税收监管。其一,东道国对外资企业税收监管日趋严格,导致企业走出去受税收处罚不断增加。对东道国而言,走进其国内企业多为实力雄厚大型企业,

---

① 张平、孙阳:《"一带一路"倡议新时期"走出去"企业税收风险:防范、问题与对策》,《税务研究》2018 年第 6 期。

② 参见李香菊、王雄飞:《"一带一路"战略下企业税收风险与防控研究》,《华东经济管理》2017 年第 5 期。

这些企业的进入,极大地带动了本地就业、拉动了经济发展,是东道国的重要税收来源。实践中,东道国税务机关经常对我国企业承建的项目提高税收监管层级,或设立专门机构进行全过程监管,如安哥拉税务总局设立税务管理大企业局,对重点企业进行重点监管,其中85%的企业是中资企业。[1] 可见,走出去企业往往成为东道国重点税收监管对象。近些年来,税收监管机构专门化、职责分工明确化、税收监管手段信息化、税收监管执法严格化、税收监管国际化是各国税收监管体系完善的主要方向。目前,一些走出去企业面对东道国愈加严格的税收监管体系,一方面对东道国税收法律政策不够熟悉,另一方面则存在侥幸心理,导致企业受到税收处罚不断增加。其二,我国对走出去企业税收监管更加严格,导致税收处罚不断增加。对我国而言,既鼓励企业走出去,又面临走出去企业逃避税收导致国内税源流失的问题。由于国内税务机关对走出去企业涉税信息掌握不对称,致使走出去企业有逃避税收的可乘之机,所以,税收情报交换是国际上主要的税收行政合作手段之一,对打击国际逃避税、强化本国税收征管意义重大。[2]

目前,我国正逐步完善对走出去企业的税收监管体系,具体表现形式之一就是税收情报交换制度的建立。我国目前已经与巴哈马、英属维尔京、马恩岛、根西、泽西、百慕大、阿根廷、开曼、圣马力诺、列支敦士登10个国家签订了税收情报交换协定,[3]并且于2018年9月首次与其他参与CRS的国家地区进行了非纳税居民金融账户信息交换。2022年金砖国家税务局长会议于11月2日由中国国家税务总局主办,中国担任金砖国家主席国,中国税务机关向其他国家分享了智能化个人所得税汇算清缴、税收宣传月以及税务海关转让定

---

[1] 郭建封:《浅谈"一带一路"背景下的建筑施工企业税收风险管理》,《税务研究》2019年第6期。

[2] 熊昕:《中国与"一带一路"沿线国家税收情报交换制度的完善》,《法学》2018年第9期。

[3] 参见《我国签订的多边税收条约》,2020年7月12日,见http://www.chinatax.gov.cn/n810341/n810770/index.html。

价协同管理机制三个案例,向其他金砖国家以及各国税务当局分享中国经验。[1] 此外,随着"一带一路"税收征管合作机制逐步完善,走出去企业将面临更加严格的税收监管体系。在市场经济中,市场主体是理性人,具有趋利避害的本性。以前,走出去企业采用各种逃避税手段进行逃避税成功率较高,但是随着国内税收监管体系日益严格完善,走出去企业的逃避税手段将无处遁形,相应的受到税收处罚也将增加。

第三节 "一带一路"倡议下高铁走出去
面临的税务风险及危害

一、高铁走出去面临的税务风险

(一)面临双重征税的风险

双重征税的风险打击了跨境贸易和投资,对国家和企业造成损害。[2] 高铁走出去作为共建"一带一路"的重要领域,既具有一般性,又具有特殊性,在具体走出去过程中面临双重征税风险。

1. 高铁走出去双重征税风险表现形式。其一,国家间行使税收管辖权冲突导致双重征税风险。不同国家税制、税率、征管手段和税收抵免方法存在差异,很多"一带一路"共建国家(地区)同时实行居民和地域两种管辖权相结合的双重管辖权标准。[3] 高铁走出去企业作为我国居民企业,其境内所得与境外所得都需缴纳企业所得税。企业在东道国的收入,原则上需要在向东道国缴纳企业所得税之后,再向我国缴纳居民企业境外所得税。国际上,居民企业

---

① 朱青、李志刚:《2022 年世界税收十件大事点评》,《国际税收》2023 年第 2 期。

② 国际商会:《"一带一路"倡议面临的税收挑战》,刘曦明译,《国际税收》2019 年第 4 期。

③ 国家税务总局河南省税务局课题组:《"一带一路"视野下"走出去"企业面临的税收风险及应对》,《税务研究》2019 年第 12 期。

和非居民企业的认定标准存在差异,有些跨国企业可能在很多国家被认定为居民企业。高铁走出去企业一旦被东道国认定为居民企业,就将面临东道国与母国的税收管辖权冲突,即使未被东道国认定居民企业,基于东道国的来源地税收管辖,其也面临双重征税的风险。其二,现行税收抵免制度不够完善导致双重征税风险。针对法律性国际双重征税风险,通常采用免税法与抵免法进行化解,我国对外签订的双边税收协定多采用抵免制。但是我国现行税收抵免制度化解双重征税风险存在不足。我国企业到境外投资,如果当地的所得税税率较低,其境外投资收益仍要按我国的企业所得税补缴,从而享受不到境外低税负的好处。① 现行税收抵免制度难以满足高铁走出去的现实需求,无法有效化解高铁走出去所面临的双重征税风险。虽然免税相关法律法规可以完全化解高铁走出去所面临的双重征税风险,但我国并未对高铁走出去企业施行免税政策,我国主要采取限额抵免方式,仅能够减轻高铁走出去的双重征税风险,并未能完全化解重复征税风险。其三,税收协定不足导致双重征税风险。签订税收协定的目的在于消除双重征税,向外国投资者提供确定性,最大程度减少税收争议,并尽可能解决争议。② 签订税收协定是化解高铁走出去双重征税风险的有效手段,截至 2022 年 6 月底,我国已与 109 个国家(地区)正式签署了避免双重征税协定,其中与 105 个国家(地区)的协定已生效。③ 但仍存在以下问题:一是税收协定实施中存在的问题,导致难以有效化解高铁走出去的双重征税风险。目前我国正处于"一带一路"倡议下实施高铁走出去战略的重要阶段,但我国与"一带一路"共建国家签订的部分税收协定,签订年代较为久远且未及时更新,已经不能满足高铁走出去的现实需求,

① 朱青:《鼓励企业"走出去"与改革我国避免双重征税方法》,《国际税收》2015 年第4 期。

② 丹尼尔·A.维特、哈菲兹·乔杜里:《"一带一路"倡议:消除税收障碍,强化投资合作,助增长促发展》,陈新译,《国际税收》2019 年第 4 期。

③ 参见《税收条约》,2023 年 12 月 15 日,见 https://www.chinatax.gov.cn/chinatax/n810341/n810770/c5171677/content.html。

无法有效化解高铁走出去双重征税风险。据统计,在我国目前所签订的税收协定中,有 80 多个在 2008 年前签订,占税收协定总数的比重超过 70%。① 而在与非洲国家签订的税收协定中,税收协定存在常设机构认定标准不统一、"居民"条款界定不一致等问题,②容易导致国家间对高铁走出去税收管辖权的冲突,使得高铁走出去面临双重征税风险。二是税收协定数量不足导致难以有效化解高铁走出去的双重征税风险。目前,我国对外签订了 109 个避免双重征税协定,其中 105 个避免双重征税协定处于生效状态。但截至 2023 年 8 月,中国已经同 152 个国家和 32 个国际组织签署了 200 多份共建"一带一路"合作文件,其中包含了 40 多个非洲国家。③ 非洲拥有广阔的高铁市场,我国在与非洲国家签订避免双重征税协定方面表现不佳。目前,我国仅与 18 个非洲国家签订了避免双重征税协定,其中仅 11 个避免双重征税协定处于生效状态。④ 避免双重税收协定数量不足,不能满足高铁走出去的现实需求,在化解高铁走出去双重征税风险方面存在短板。

2. 高铁走出去容易导致双重征税风险的特殊性。高铁走出去不同于一般企业走出去,更容易导致双重征税风险。主要表现为:其一,高铁项目的特殊性容易导致双重征税风险。高铁走出去是复杂的系统工程,集勘察设计、工务工程、高速列车、通信信号、牵引供电、运营调度、客运服务、运用维修、安全监控、系统集成等技术体系与规划咨询、投资融资、设计施工、研发制造、运营维护、教育培训、系统集成、项目管理等产业体系于一体。⑤ 高铁走出去的复

---

① 刘磊等:《"一带一路"共建背景下国际税收治理体系建设研究》,《国际税收》2022 年第 12 期。

② 参见朱伟东、王婷:《中非避免双重征税协定存在的问题及对策》,《国际贸易》2019 第 11 期。

③ 参见《我国已与 152 个国家、32 个国际组织签署共建"一带一路"合作文件》,2023 年 12 月 15 日,见 https://www.gov.cn/lianbo/bumen/202308/content_6899977.htm。

④ 参见《我国签订的多边税收条约》,2020 年 7 月 13 日,见 http://www.chinatax.gov.cn/n810341/n810770/index.html。

⑤ 张友兵等:《中国高铁"走出去"的优势和建议》,《铁路通信信号工程技术》2016 年第 1 期。

杂性决定了高铁项目参与主体众多,致使高铁走出去税收管理更加复杂。复杂性对税收管理人员业务水平要求更高,税收管理人员在办理烦琐的税收抵免业务时存在较大困难,致使部分东道国税收在国内抵免失败。此外,高铁属高新技术产业,我国现阶段针对走出去高新技术产业税收优惠政策存在出口退税管理效率较低、认定条件不合理以及直接优惠过多而间接优惠不足等问题,[①]容易导致高铁走出去双重征税风险。其二,高铁项目的战略地位容易导致双重征税风险。高铁项目在我国具有重要战略地位,引进高铁项目在东道国同样具有重要战略地位。高铁项目投资大、工程量大、建设周期长,是东道国与母国的重要税源,而且,引进高铁项目国家多为发展中国家,一方面经济发展水平不高,另一方面对高铁项目极为重视,所以必定会对高铁项目建立严密的税收监管体系,强化税收管辖权,期望获得更多的税收。东道国强化对高铁项目税收管辖权,容易引起东道国与母国对高铁项目税收管辖权的冲突,致使高铁走出去面临的双重征税风险增加。

(二)面临税收歧视的风险

各国在处理涉外税务上普遍遵循税收无差别待遇,但部分国家、地区仍存在依据国籍、种族等因素施行税收差别待遇的税收歧视现象,走出去企业会在东道国遭受税收歧视。例如,中国中铁股份有限公司在非洲一些国家曾遭受税收歧视,并受到天价税务罚款;神华集团参建印尼电场建设项目,印尼政府不执行相关税收协定,致使神华集团遭受税收歧视,企业被迫补缴高额税款。[②] 依据国家税务机关的一项调查数据显示,走出去企业中54%的企业曾遇到税收歧视。[③] 惧怕在国外遭遇税收歧视,已经成为走出去企业的"心头

---

① 蓝相洁、蒙强:《"一带一路"背景下高新技术产业税收优惠政策的优化》,《税务研究》2017年第10期。

② 参见《"走出去"遇难题 税务中介来支招》,2020年7月16日,见 http://www.chinatax.gov.cn/chinatax/n810219/n810744/n1671176/n1671191/c1710363/content.html。

③ 参见《内蒙古:创新"一带一路"税收服务助企业"远航"》,2020年7月16日,见 http://www.chinatax.gov.cn/chinatax/n810219/n810739/c4314588/content.html。

病"。高铁作为大国重器,其走出去过程中同样面临税收歧视的风险。

1. 政治因素导致高铁走出去面临税收歧视的风险。就外部环境而言,中国企业尤其是国企在对外投资过程中饱受政治猜疑和威胁,相关国家一直企图阻碍中国高铁走出去,经常怂恿或威胁有意引进中国高铁的国家放弃中国高铁或者针对中国高铁制定一系列的税收歧视政策,来削减中国高铁竞争力。就内部环境而言,相关东道国国内政治形势复杂、党派纷争不断,如中泰高铁合作项目在建设过程中经历了政权更迭,前期高铁项目筹备阶段处于英拉政府时代,后期高铁项目落实阶段处于巴育政府阶段,中泰高铁遭遇了较大的政治风险。① 东道国国内党派纷争会波及中国高铁在东道国的正常建设,反对党极有可能打着保护本国企业或本国产业的旗号,采取歧视性税收干预手段阻碍中国高铁项目,以谋取政治利益。

2. 东道国税收法律制度不健全,导致高铁走出去面临税收歧视风险。"一带一路"倡议下高铁走出去各国多为发展中国家,思想较为保守,经济发展水平不高,对外开放程度亦不高,税收法律政策不健全,倾向于规定税收歧视条款。东道国在引进高铁项目时,基于引进高铁项目会对其国内相关产业造成冲击的考量,会制定相应的税收歧视政策以保护其国内相关产业。此外,东道国不执行相关税收协定的问题亦较为普遍。例如,华坚集团有限公司在埃塞俄比亚成立了分公司,该分公司向华坚集团分配股息时,当地税务局拟按10%税率对其所得征收股息税,但是我国与埃塞俄比亚签订的税收协定中规定的税率仅为5%。② 尽管我国与有关东道国签订了税收协定以避免企业走出去遇到税收歧视问题,但是存在东道国对税收协定执行力度不够甚至不执行税收协定等有关规定的情形,使得税收协定形同虚设,高铁走出去仍然面临

---

① 详情参见宋汝欣:《高铁"走出去"面临的政治风险及作用机制》,《社会科学文摘》2018年第1期。

② 详情参见杜涛:《中国企业出海警惕"被坑税"! 税总为"一带一路"外派驻税官》,2020年7月16日,见 http://www.eeo.com.cn/2017/0514/304607.shtml。

税收歧视的风险。

(三) 面临增加关税的风险

中美贸易摩擦愈演愈烈,美国政府屡次对中国产品加征关税,加之疫情影响,部分国家已对中国产品加征关税,如印度拟对中国产品设置更严格的贸易壁垒,提高中国产品的进口关税,走出去企业面临着增加关税的风险。高铁走出去也不例外,不能忽视其所面临的增加关税风险,应提前做好应对准备。

1. 欧美等发达国家利用增加关税的手段削减中国高铁装备竞争力。我国高铁技术经历了引进、消化、吸收、创新以及集成创新的发展阶段,在技术方面实现了对老牌高铁国家的赶超,高铁装备凭借着造价低、性价比高、质量可靠的优势迅速占领国际高铁市场,颇具竞争力,中国高铁装备正加速走出去。在供应链全球化的背景下,即使是欧美等发达国家,也无法避免采购中国高铁装备,但是欧美等国家会采用增加关税的办法削减中国高铁装备的竞争力,保护本国相关产业。例如,中国铁路国际(美国)有限公司拟与美国西部快线公司共同建设高铁项目,但该高铁项目在美国政府的干预下夭折,美国对中国高端技术的发展极为忌惮,一直妄图打击中国高端制造、打击中国高铁,在考虑到高铁的战略地位后,美国政府坚决阻止中国高铁进入美国市场,中国高铁设备已被列入加征关税名单。[1] 欧美等国家已经就通过加征关税的手段削弱中国高铁装备竞争力达成了共识,中国高铁装备走出去面临增加关税风险。

2. "一带一路"共建国家利用增加关税手段保护发展其本国相关产业。完整的高铁市场由移动设备(如高速动车组、车载设备)市场和固定设备(如高铁线路、供电网、地面通信设备等)市场构成;完整的高铁技术由勘察设计技术、工程建设技术、装备制造技术和信号控制技术四项技术构成。[2]

---

[1] 详情参见刘子嫚、王强:《中国高铁赴美之路受阻的原因及应对措施分析》,《对外经贸》2020年第1期。

[2] 黄阳华、吕铁:《深化体制改革中的产业创新体系演进——以中国高铁技术赶超为例》,《中国社会科学》2020年第5期。

复杂的高铁系统会催生出一条庞大的产业链条,涉及制造、建筑、运营、材料、劳动等诸多产业,可以极大地拉动东道国的产业发展。东道国政府出于支持与发展本国相关产业,在建设高铁项目的同时必然会捆绑产业扶持方案,设定一定的限制条件,①力争实现高铁装备本土制造,不排除东道国通过增加关税的方法实现对本国产业的保护与发展,高铁走出去面临增加关税风险。

(四)面临难以合理避税的风险

走出去企业通常会采用各种手段进行合理避税,降低成本,为实现盈利争取更大空间,高铁走出去企业也不例外,具有同样需求。然而,各国普遍认为合理避税行为虽然不违背法律,却会使国内税源流失、税基侵蚀与利润转移现象更加严重,其中,走出去企业利用转让定价避税,是各国税务当局主要关注的问题之一。② 各国税务机关为了督促企业自觉维护本国税收利益,会逐渐完善本国反避税体系,积极参与税收征管合作,运用信息化手段监管纳税企业,在此背景下高铁走出去面临着难以合理避税的风险。

1. 各国反避税体系不断完善。2013 年 7 月 19 日,经济合作与发展组织(OECD)公布了《税基侵蚀和利润转移行动计划》(BEPS),该行动计划提出了15 项具体行动,目的在于防控避税行为。③ BEPS 着眼于国际税收的改革,以保证税源、打击企业避税行为为主旨,各国将会使用更加严格的手段对转让定价行为进行监管,走出去企业在关联交易转让定价方面的税收风险防范工作面临严峻挑战。④ 各国施行严格的税收监管,基于 BEPS 完善国内反避税体

---

① 于腾群:《中国高铁的国际化进入模式研究》,《铁道工程学报》2019 年第 1 期。

② 国家税务总局河南省税务局课题组:《"一带一路"视野下"走出去"企业面临的税收风险及应对》,《税务研究》2019 年第 12 期。

③ 詹清荣:《"一带一路"跨国投资经营战略的税务风险防控要点》,《国际税收》2015 年第 6 期。

④ 张平、孙阳:《"一带一路"倡议新时期"走出去"企业税收风险:防范、问题与对策》,《税务研究》2018 年第 6 期。

系是大势所趋,高铁走出去无论是对我国还是对东道国而言,都具有非常重要的战略地位,我国与东道国必定会针对高铁项目进行严格税收监管、逐步完善反避税体系,高铁走出去面临着难以合理避税的风险。

2. 各国税收征管合作机制不断成熟。2022 年 9 月 19 日至 9 月 21 日,第三届"一带一路"税收征管合作论坛在阿尔及利亚举办,会议达成了《第三届"一带一路"税收征管合作论坛联合声明》《"一带一路"税收征管合作机制年度报告》等六方面重要成果。① 目前,"一带一路"税收征管合作机制理事会成员已增加至 36 个,观察员增加至 28 个,②税收征管合作机制的主要任务之一就是加强对走出去企业的避税监管。国际税收征管合作既是我国的国际义务,也关系我国的税收主权和税收权益,其主要围绕税收情报交换、税收追索协助制度开展工作。③ 以往,高铁走出去企业借助涉税信息不对称,实现合理避税的成功率较高,现阶段税收情报交换制度逐步开展,加之我国已经正式加入 CRS,成为全球交换税务信息的国家与地区的一员,高铁走出去实现合理避税的成功率降低,面临难以合理避税的风险。

3. 各国信息化监管措施不断提高。信息化水平的不断提高既降低了税收监管的成本,又提高了税收监管的严密性,各国正在逐步搭建信息化税收管理平台。比如,浪潮集团联合税务部门共同研制开发出了自助办税终端,并早在 2012 年就承建了津巴布韦国家税务局税务管理信息化系统。④ 我国正逐步赋予税务部门利用法律手段向各方获取一切所需信息的权利,走出去企业从设立境外机构开始,其税务登记、合同备案、所得申报、汇算清缴、税收抵免

---

① 朱青、李志刚:《2022 年世界税收十件大事点评》,《国际税收》2023 年第 2 期。

② 董碧娟:《理事会成员增至 36 个,观察员增至 28 个——"一带一路"税收征管合作规模稳步扩大》,《经济日报》2020 年 6 月 6 日。

③ 崔晓静、熊昕:《中国与"一带一路"国家税收征管合作的完善与创新》,《学术论坛》2019 年第 4 期。

④ 详情参见《税收翅膀助民族信息产业飞向世界》,2020 年 7 月 4 日,见 http://sd.ifeng.com/a/20170809/5899903_0.shtml。

等业务都纳入税务部门管理之中,①辅以信息化税收管理平台,搭建对高铁走出去税前、税中、税后全方位的税收监管体系,高铁走出去面临难以合理避税的风险。

二、高铁走出去税务风险的危害

(一)增加项目成本

1. 双重征税导致成本剧增。在市场经济条件下,政府与企业之间的公共产品交易需要借助税收方式来实现,可见,税收成本是税收实践的伴生物,②高铁走出去实现税收利益最大化与税负最小化是最理想状态。我国签订税收协定的主要目的之一就是消除双重征税,降低企业走出去的整体税收成本。我国签订的税收协定税率往往低于东道国的国内法税率,如俄罗斯国内法对利息、特许权使用费的标准预提所得税率均为 20%,在我国与其最新签订的协议中,利息的预提税率为 0,特许权使用费的预提税率仅为 6%,这可以明显降低企业走出去的税收成本。③ 通过税收协定限制东道国相应的征税权,可以降低走出去因双重征税导致的税收成本,但如果高铁走出去受各种因素干扰未充分重视并利用双边税收协定实现税款减免,则会遭遇双重征税,导致高铁走出去成本剧增。

2. 税收罚款导致成本增加。高铁走出去如触犯东道国税收法律政策,或存在侥幸心理进行偷漏税,其所面临的罚款数额往往巨大,导致成本剧增。以偷漏税等行为为例,塞尔维亚、越南等地均规定了相关税收处罚规定。(如表5.2 所示)

---

① 马震:《"一带一路"视角下的国际税收协调研究》,《经济体制改革》2018 年第 6 期。
② 李彩霞、盖地:《税收成本与非税成本研究:回顾与展望》,《税务与经济》2013 年第 3 期。
③ 吴秋余:《降低企业税负,助力企业"走出去"避免双重征税 我国已签订 99 个税收协定(政策解读)》,《人民日报》2015 年 5 月 22 日第 2 版。

表 5.2 部分国家针对偷漏税行为的处罚规定

序号	国家	处罚事项	处罚金额
1	塞尔维亚	不缴或少缴税款	纳税人自行核定了税额,但是未提交纳税申报表且未缴纳税款,罚款金额为欠缴金额的20%至75%,罚款金额不低于40万第纳尔(1元人民币相当于18.25第纳尔)、不高于1000万第纳尔;纳税人履行了纳税申报义务,但是未缴纳税款,罚款金额为欠税金额的10%至50%,罚款金额不低于25万第纳尔、不高于1000万第纳尔;纳税人未在规定时间内提交纳税申报表,或未自行核定税额,或未在规定期限内缴纳税款,罚款金额为欠税金额的30%至100%,罚款金额不低于50万第纳尔、不高于1000万第纳尔。①
2	越南	偷逃漏税行为	处以偷、逃、漏税金额一倍以上三倍以下的罚款。②
3	马尔代夫	不缴或者少缴所得税税款	从滞纳税款之日起,按日加收滞纳税款0.05%的罚款,最高不超过滞纳税款的两倍或25万卢菲亚(1元人民币相当于2.3卢菲亚),以较高者为准,并从滞纳税款之日后一个月起,至解缴税款之日止,对滞纳税款加收年利率5%的利息。③
4	文莱	任何有意逃避或协助任何其他人逃税的人	属于犯罪,定罪后可处罚款1万文元(1文元相当于5元人民币),以及根据所得税法案规定须承担课税年度税款的三倍金额,在此期间再犯下罪行则要被判处监禁3年。④

---

① 参见国家税务总局国际税务司国别投资税收指南课题组:《中国居民赴塞尔维亚共和国投资税收指南》,2020年7月21日,见 http://www.chinatax.gov.cn/chinatax//n810219/n810744/n1671176/n1671206/c2582219/5116205/files/d0f43033e408448595fa0082d1f08b60.pdf。

② 参见国家税务总局国际税务司国别投资税收指南课题组:《中国居民赴越南投资税收指南》,2020年7月21日,见 http://www.chinatax.gov.cn/chinatax//n810219/n810744/n1671176/n1671206/c2582500/5116193/files/ac31f7e89edd401eb3fd714759ea52d3.pdf。

③ 参见国家税务总局国际税务司国别投资税收指南课题组:《中国居民赴马尔代夫投资税收指南》,2020年7月21日,见 http://www.chinatax.gov.cn/chinatax//n810219/n810744/n1671176/n1671206/c3739386/5116213/files/248d9b935a234856b041c7c33693f71b.pdf。

④ 参见国家税务总局国际税务司国别投资税收指南课题组:《中国居民赴文莱投资税收指南》,2020年7月21日,见 http://www.chinatax.gov.cn/chinatax//n810219/n810744/n1671176/n1671206/c2069834/5116151/files/1da73f6774bc46da838f7afd9980719b.pdf。

续表

序号	国家	处罚事项	处罚金额
5	奥地利	逃税	如账外收入或少计存货,最高处以应缴税款200%的罚款或 2 年以下的监禁,如果是专业人士参与逃税,则最高处以应缴税款 300%的罚款或 5 年以下的监禁。①

可见,各国都普遍规定了较为严格的税收法律政策,对触犯本国税收法律政策的行为给予严厉的处罚,并处以巨额的罚款。高铁走出去触犯东道国税收法律政策、实施偷漏税行为,其所面临的罚款将是天价,所带来的危害远大于双重征税。

(二)产生税务纠纷影响团结稳定

高铁走出去已经成为我国外交的一张靓丽名片,尤其是"一带一路"共建国家对基础设施完善的需求,激发了中国高铁以前所未有的速度走出去。由于具有重要战略地位,高铁走出去有利于维持我国与其他国家团结稳定的关系,拉动"一带一路"共建国家协同发展。有学者指出中国高铁旨在走向全球,"环球高铁"的建设进程及其成果必将全面、深刻、持久地改变世界经济、政治面貌以及改变国际政治与国际关系,是推动"和谐世界"建设的重要一环。② 但是,税务纠纷是影响团结稳定的重要因素,如果高铁走出去过程中不能及时解决产生的税务纠纷,轻则会影响高铁建设进度,重则会影响与东道国的团结稳定,与高铁走出去的核心追求不符。

1. 高铁走出去税务纠纷得不到及时化解,会影响与东道国的团结稳定。高铁国际市场竞争较为激烈,各高铁大国都各有显著优势,高铁走出去并非一帆风顺,在难免会遇到其他国家搅局。当高铁走出去与东道国发生税务纠纷

---

① 参见国家税务总局国际税务司国别投资税收指南课题组:《中国居民赴奥地利投资税收指南》,2020 年 7 月 21 日,见 http://www. chinatax. cn/chinatax//n810219/n810744/n1671176/n1671206/c2352675/5116159/files/81ee1436e7764313bb197ca823f1e1b2.pdf。

② 林利民:《"环球高铁"建设前景及其地缘政治影响》,《现代国际关系》2014 年第 5 期。

无法顺利解决时,双方会心生嫌隙,其他国家可能会乘虚而入、煽风点火,轻则导致高铁项目受挫,重则影响与东道国的团结稳定。因此,在高铁走出去过程中产生税务纠纷,有关国家必定会借题发挥,借机挑拨我国与东道国的关系,影响我国与东道国的团结稳定。

2. 高铁走出去税务纠纷得不到及时化解,难以有效助推高质量共建"一带一路"。高铁走出去与"一带一路"建设相辅相成,它是高质量共建"一带一路"率先突破的重要领域,而"一带一路"建设则为高铁走出去提供了广阔的平台。目前世界正在经历百年未有之大变局,美国启动"重返亚太"计划,企图在亚太地区扶植自己的力量,新兴大国与守成大国正逐步展开较量,在此背景下输出高铁,要面临复杂的国际环境、频繁的冲突摩擦,所以,在高铁走出去过程中处理税务纠纷稍有不慎,就会被其他别有用心的国家利用,乘机炒作,激化与东道国的矛盾。因此,如果高铁走出去税务纠纷无法及时化解,则难以有效助推高质量共建"一带一路",甚至还会对高质量共建"一带一路"造成不良影响。

(三)影响项目质量及进度

我国高铁项目一直以技术先进、运行稳定、性价比高、质量可靠为核心竞争力,高铁项目质量容不得一丝懈怠、来不得半点马虎。高铁走出去面临着严峻的税务风险、承担着较大的税务压力,税收因素在一定程度上会影响高铁项目质量及进度,不容忽视。

1. 税收因素增加项目成本,影响项目质量及进度。其一,高铁走出去因为双重征税压力无法向东道国输出大量劳动,迫于成本压力需要大量使用东道国国内劳动力,影响高铁项目质量及进度。东道国国内劳动力质量普遍不高:一是需要对东道国劳动人员进行单独培训,但是培训效果普遍不佳;二是与东道国劳动人员沟通难度大,对东道国劳动人员的管理较为困难;三是东道国国内劳动人员技术能力落后、劳动效率低下。高铁走出去迫于双重征税压力大量使用东道国国内劳动力,轻则影响高铁项目进度,重则影响高铁项目质量。其二,高铁走出去因为关税增加,迫于成本压力需要将相关高铁装备产业链输出到东道国制造,影响高铁装备制造质量。东道国多为发展中国家,处于工业化初级阶段,以非洲国家为例,大多数非洲国家尚未完成工业化,属于工业最不发达地区,非洲工业化落后的最突出领域为制造业,表现为制造业产值低、制造业就业人口和中高技术制成品出口量少。① 在数字化制造时代,处于工业化初级阶段的国家容易被时代所抛弃,东道国落后的制造业影响相关的高铁装备质量,甚至无力制造相关的高铁装备。在东道国国内制造相关高铁装备,轻则影响高铁项目进度,重则影响高铁项目质量。

2. 产生税务纠纷,影响项目进度及质量。国际商会称,一直以来有些争端需要耗费大量时间才能解决。曾有一个案子进入法庭程序后,耗时49年时间才得以解决,耗时过长造成了价值损失。② "一带一路"税收争端相比于其他普通的区域税收争端具有明显的复杂性,"一带一路"共建国家既包括经济发展水平高、税制完善的发达国家,也包括经济发展水平低、税制欠发达的发展中国家,而国家之间达成的双边或多边税收协定在税收争端的解决问题上往往过于笼统,③加之高铁走出去具有战略地位,高铁项目建设具有复杂性,并且税收协定并未针对高铁项目进行细化,一旦高铁项目开发产生较大的税务纠纷,处理起来将会更加烦琐,耗时将会更长。高铁项目税务纠纷无法有效解决,极有可能导致在建的高铁项目被搁置,税务纠纷解决耗时越长,高铁项目被搁置的时间越长,进而对高铁项目的进度及质量的影响也就越大,对当事双方都较为不利。

---

① 详情参见李智彪:《非洲工业化战略与中非工业化合作战略思考》,《西亚非洲》2016年第5期。

② 国际商会:《"一带一路"倡议面临的税收挑战》,刘曦明译,《国际税收》2019年第4期。

③ 徐妍:《"一带一路"税收争端解决机制法律问题研究》,《社会科学战线》2018年第8期。

第四节 "一带一路"倡议下高铁走出去
税务风险产生的原因

高铁走出去税务风险产生的原因具有多样性,找出产生风险的具体原因,方能"对症下药",才能有效化解既存税务风险,预防潜在税务风险。高铁走出去作为中国企业走出去的典型代表,其所面临的税务风险与其他走出去企业所面临的税务风险具有共性,亦有特殊性,深入研究高铁走出去税务风险产生的原因,对有针对性地提出高铁走出去税务风险防范策略有重要的现实意义和理论价值。深究高铁走出去税务风险产生的原因,主要包括宏观层面原因和微观层面原因,其中,宏观层面原因主要包括法律体系差异、文化意识差异、社会制度差异、市场形态差异、经济发展差异等原因;微观层面原因主要包括企业法律意识淡薄、专业人才匮乏、业务水平不高、应急能力不足、调研准备不充分、风险意识不足等原因。

一、高铁走出去税务风险产生的宏观层面原因

(一)政治因素

中国高铁如今正以前所未有的速度发展,高超的轨道建设技术、完整的产业链优势、较低的高铁建造成本都使中国在高铁建设方面成为世界的佼佼者。[①] 作为我国制造业的排头兵,在"一带一路"倡议下,交通轨道领域已经成为各国建设关注的焦点,[②]高铁走出去先后打开了共建"一带一路"的土耳其、沙特、印尼、老挝、泰国、匈牙利、塞尔维亚等国市场,中国高铁走

---

① 刘子嬛等:《中国高铁赴美之路受阻的原因及应对措施分析》,《对外经贸》2020年第1期。

② 赵艺帆:《"一带一路"倡议下我国装备制造业"走出去"对策研究——以高铁为例》,《商讯》2019年第16期。

出去形势总体向好,但仍有各种不可避免的风险存在,首先就是政治风险。

对于走出去企业而言,政治风险主要是指东道国的政治风险或是海外风险。中国作为正在快速成长的大国,一些国家对中国的崛起心存忌惮,而且中国在思想形态、文化理念、价值观念等诸多领域与西方国家有较大差异,在很多领域甚至存在较大冲突,因此,中国企业走出去面临较大政治风险,尤其在"一带一路"共建国家,各种政治势力交织博弈严重,面临的政治风险更大。而且,"一带一路"倡议自提出以来,虽然得到大多数共建国家的积极支持和参与,但还是被一些别有用心的国家看作 21 世纪中国提出的最重要地缘政治经济战略,所以中国高铁走出去作为共建"一带一路"的率先突破领域,并不为所有"一带一路"共建国家所真正接纳。东道国对待中国高铁的态度会直接决定该国国内关于高铁输入的税务政策,尤其是税务政策支持程度,所以政治因素会引发税务风险进而直接影响中国高铁能否顺利"走"入东道国。

(二)法律体系差异

世界范围内法系主要有大陆法系与英美法系之分。大陆法系的法律传统以成文法为核心,故又称为成文法法系;英美法系的法律传统核心仍然是判例法,故又称为判例法法系。① 法系的不同决定了各国的税收法律体系存在较大差异,高铁走出去面临着由税收法律体系差异带来的不同程度的税务风险。各国税收法律体系的不同决定了各国税收法律政策存在差异,部分国家税收政策差异见表5.3。

---

① 黄震:《中华法系与世界主要法律体系——从法系到法律样式的学术史考察》,《法学杂志》2012 年第 9 期。

表5.3 部分国家税收法律政策概况

序号	国家	法系	税制	是否与我国签订避免双重征税协定	是否与我国签订税收情报交换协定	是否加入金融账户涉税信息自动交换
1	塞尔维亚	大陆法系	公司所得税、增值税、个人所得税、不动产税、社会保障税和财产转让税等。①	否	否	否
2	加拿大	除魁北克省外,其他各省为英美法系	联邦层面征收的税种主要有联邦所得税、联邦货物服务税、消费税、关税、联邦资本税;省级层面征收的税种主要有省所得税、省销售税、省资本税、不动产转让税、资源税等。②	是	否	是
3	法国	大陆法系	按照课税对象的不同,可划分为所得(收入)税、商品和劳动税、财产和行为税三大类,按照收入归属,可划分为中央税和地方税两大类。③	是	否	是
4	马来西亚	英美法系	马来西亚联邦政府和各州政府实行分税制,主要包括所得税、不动产利得税、石油收入税、销售税、服务税等。④	是	否	是

---

① 国家税务总局国际税务司国别投资税收指南课题组:《中国居民赴塞尔维亚共和国投资税收指南》,2020 年 7 月 22 日,见 http://www.chinatax.gov.cn/chinatax//n810219/n810744/n1671176/n1671206/c2582219/5116205/files/d0f43033e408448595fa0082d1f08b60.pdf。

② 参见国家税务总局国际税务司国别投资税收指南课题组:《中国居民赴加拿大投资税收指南》,2020 年 7 月 22 日,见 http://www.chinatax.gov.cn/chinatax//n810219/n810744/n1671176/n1671206/c2183119/5116164/files/cecc669ea6e64583a23aa27ea161773f.pdf。

③ 参见国家税务总局国际税务司国别投资税收指南课题组:《中国居民赴法国投资税收指南》,2020 年 7 月 22 日,见 http://www.chinatax.gov.cn/chinatax//n810219/n810744/n1671176/n1671206/c2581097/5116171/files/15b299d55412423a91d0a8dfec490a95.pdf。

④ 参见国家税务总局国际税务司国别投资税收指南课题组:《中国居民赴马来西亚投资税收指南》,2020 年 7 月 22 日,见 http://www.chinatax.gov.cn/chinatax//n810219/n810744/n1671176/n1671206/c3317853/5116147/files/50e84f736cf74ac8b71743cb5427e975.pdf。

序号	国家	法系	税制	是否与我国签订避免双重征税协定	是否与我国签订税收情报交换协定	是否加入金融账户涉税信息自动交换
5	阿根廷	大陆法系	实行联邦税和地方税两种税制,以流转税为主体,主要税种有所得税、增值税、营业税、关税、燃料税、个人财产税、金融交易税、不动产税、车辆牌照税、印花税及其他服务性质之税种等。①	是,但尚未生效	是	是

可见,法律体系不同,税制的有关规定亦不同,高铁走出去所面临的税务征收风险亦存在差异。法律体系的差异不仅表现为税制方面,在法律责任、税法实施、税制变革、税收征管、税收优惠、税收合作等方面亦有较为突出的表现,高铁走出去面临着因法律体系差异而带来的多变的税务征收风险。

(三)文化意识差异

中西方文化的差异对公民纳税意识具有深刻影响,纳税意识指导着纳税人的行为,西方发达国家公民基于求知文化的影响,普遍具有强烈的纳税意识,而我国公民基于儒家思想、社会化性格的影响,尚未完全形成自觉的纳税意识,全民纳税意识普遍较弱。② 因与东道国文化意识不同,高铁走出去在纳税意识与纳税行为等方面会表现出不适应的"症状",文化意识的差异导致高铁走出去面临税务征收风险。

1. 西方国家税收法律政策受宗教因素影响大。法律必须被信仰,否则它将形同虚设,在西方国家,法律意味着秩序,宗教意味着信仰,宗教与法律相互

---

① 参见国家税务总局国际税务司国别投资税收指南课题组:《中国居民赴阿根廷投资税收指南》,2020 年 7 月 22 日,见 http://www.chinatax.gov.cn/chinatax/n810219/n810744/n1671176/n1671206/c3418995/5131985/files/88b808c0bda14e91afe1433bf424bd82.pdf。

② 刘明、岳伟:《中西方纳税意识的文化差异及其启示》,《理论导刊》2008 年第 8 期。

渗透,法律赋予宗教以社会性,宗教赋予法律以神圣性。① 西方国家公民普遍具有较强的法感情,在税收方面坚持税收法定主义,强调依法治税,纳税意识较高。我国税收法律政策自古以来很少掺杂宗教因素,赋役制度与等级制度、阶级关系、社会集团密切关联,②古代多强调人民纳税的义务,纳税具有被动性。现阶段,我国公民受传统文化的影响,加之中国社会具有集体主义的属性,纳税意识较低。在不同文化意识激烈的碰撞之下,高铁走出去容易面临税务风险。

2. 西方国家税收法律政策受人情社会因素影响小。人情社会与契约社会是社会交换的两种基本类型,我国以人情社会为主导,多通过人情交换来解决问题,西方国家以契约社会为主导,多通过法治手段来解决问题。③ 西方国家治税和纳税都注重法律的规定,不注重"人情关系",讲求法律面前人人平等,税法的执行和税务违法的处罚是严格的,一般不受人情关系所左右,没有在法律问题上讲情拉关系的习惯。④ 高铁走出去若不注重人情社会观念的转变,改变一系列的纳税行为,在人情社会意识与契约社会意识的激烈碰撞之下,高铁走出去容易面临税务征收风险。

(四)经济发展差异

经济发展水平在一定程度上会影响税收法律政策的完善程度,经济发展水平高的国家或地区,其税收法律政策科学合理、透明度高,信息交换相对及时,税收监管严格,税收协定数量多且执行度高。经济发展水平低的国家或地区,其税收法律政策不完善、透明度低,信息交换相对封闭,税收监管相对宽

---

① 详情参见[美]伯尔曼:《法律与宗教》,梁治平译,中国政法大学出版社 2003 年版,第 47 页。

② 陈明光、郑学檬:《中国古代赋役制度史研究的回顾与展望》,《历史研究》2001 年第 1 期。

③ 冯必扬:《人情社会与契约社会——基于社会交换理论的视角》,《社会科学》2011 年第 9 期。

④ 刘明、岳伟:《中西方纳税意识的文化差异及其启示》,《理论导刊》2008 年第 8 期。

松,税收协定数量少且执行度不高。

1. 经济发展水平决定税制合理度,进而影响高铁走出去税务风险。税制与各国不同时期的经济发展水平相适应,在各国的经济建设中发挥了重要作用。① 以企业所得税税率为例,部分发达国家和发展中国家所得税税率呈现出较大差异(见表5.4)。

表5.4 部分国家企业所得税税率的规定

国家		企业所得税税率(%)	
		居民企业	非居民企业
发达国家	加拿大	联邦所得税:基本税率为38;省所得税:0—16	联邦所得税:基本税率为38;省所得税:0—17;利润汇出税:25
	以色列	基本税率:23;特殊税率:0—46.8	基本税率:23;特殊税率:0—46.8
	斯洛文尼亚	基本税率:20;最低税率:7	基本税率:20;最低税率:7
	奥地利	固定税率:25	股息25;利息27.5或25;特许权使用费20;技术服务费20;管理服务费0;不动产25
	爱沙尼亚	基本税率:20	基本税率:20
	卢森堡	累进税率:15—17;实际税率:18.19	累进税率:15—17;实际税率:18.19
	法国	基本税率:31	股息:30;利息:0—75;特许权使用费:31;服务费:31;资本利得:31;分支机构汇出:30
	新西兰	基本税率:28	基本税率:28
	澳大利亚	基本税率:30	股息:30;利息:10;特许权使用费:30;资本利得:30
	韩国	累进税率:10—25	累进税率:10—25
	英国	基本税率:17	基本税率:17
	日本	基本税率:23.2	基本税率:23.2

① 李香菊、王雄飞:《"一带一路"战略下企业税收风险与防控研究》,《华东经济管理》2017年第5期。

续表

国家		企业所得税税率(%)	
		居民企业	非居民企业
发展中国家	塞尔维亚	基本税率:15	基本税率:15—20
	越南	基本税率20;特殊税率:32—50	基本税率20
	肯尼亚	基本税率:30	基本税率:37.5
	巴基斯坦	基本税率:30	基本税率:30
	阿联酋	累进税率:0—55	累进税率:0—55
	委内瑞拉	累进税率:15—34	累进税率:15—34
	伊朗	基本税率:25	建筑业2.5—10;运输业:5;保险业2
	埃及	基本税率:22.5;特殊税率:40、40.55	股息:5—10;利息:20;特许权使用费:20;服务费:20
	阿富汗	统一税率:20	统一税率:20
	印度尼西亚	基本税率:25	基本税率:25
	南非	基本税率:28	基本税率:28
	墨西哥	基本税率:30	基本税率:30
	俄罗斯	基本税率:20	基本税率:20
	匈牙利	基本税率:9	基本税率:9
	泰国	基本税率:20	基本税率:20

注:数据根据国家税务总局国别(地区)税收投资指南资料整理,网址:http://www.chinatax.gov.cn/n810219/n810744/n1671176/n1671206/index_7.html。

从上表可以看出,经济发展水平不同,企业所得税税率不同,发展中国家企业所得税税率普遍高于发达国家,但部分高度发达国家因为国家福利待遇建设水平较高、财政负担较大,企业所得税税率又高于发展中国家,且税率规定烦琐。高铁走出去在经济发展水平各异的国家或地区,面临着经济发展水平差异所带来的各种税务风险,尤其在企业所得税税率较高的国家,其所面临的税赋压力与税务征收风险更高。

2. 经济发展水平影响税收负担,进而影响高铁走出去税务风险。税收占GDP 的比例反映了一国的经济发展水平,经济发展水平高的国家税收占 GDP 的比例高,相应的其国民与企业承受税收负担能力较强,但是其国民与企业所承受的税收压力亦较大。以亚州经济体与太平洋经济体为例,亚州经济体与太平洋经济体经济发展水平不同,国家之间的税收占 GDP 的比例相差很大,太平洋经济体的税收占 GDP 的比例高于亚洲经济体,即高于 24%,托克劳(14.2%)和瓦努阿图(17.1%)除外,而亚洲经济体的税收占 GDP 的比例低于 18%,韩国(26.9%)和日本(2016 年为 30.6%)除外。[①] 可见,太平洋经济体与亚州经济体相比,高铁走出去将面临更大的税收负担与更严格的税收征管,其所面临的税收征收风险相应增加。所以经济发展水平高的国家,其税收占 GDP 的比例高,税务管理部门运作更加严格,税收结构也更加严谨,高铁走出去税收负担与税收风险会更大。

二、高铁走出去税务风险产生的微观层面原因

(一)高铁走出去企业风险防范意识不强

高铁走出去面临着税务征收风险,原因之一就是企业税务风险防范意识不强。高铁走出去企业事前税务风险防范意识不足、事中税务风险控制不足、事后税务风险应急处置不及时不合理等是高铁走出去企业税务风险防范意识不强的主要表现形式。

1. 事前税务风险防范意识不足。为了尽可能地避免税收风险,高铁走出去企业应当注重事前防范,在投资或经营决策阶段就全面了解税收协定及投资国税法的具体规定,及时寻求税法专业人士的指导和帮助,制定合理的交易结构和税务筹划方案,建立完善的税务风险防控机制。[②] 但是,部分高铁走出

---

① OECD(2020),Revenue Statistics in Asian and Pacific Economies 2020,OECD Publishing,Paris,2020,at 9,https://doi.org/10.1787/d47d0ae3-en.

② 国家税务总局河南省税务局课题组:《"一带一路"视野下"走出去"企业面临的税收风险及应对》,《税务研究》2019 年第 12 期。

去企业并未很好地做到这一点,大部分高铁走出去企业在走出去之前对东道国相关税收法律政策缺乏充分调研,亦未与我国税务机关及时沟通并征求相关指导意见,而是为了尽快抢占市场而盲目走出去,以致在东道国"水土不服",导致较大的税务风险。

2. 事中税务风险控制不足。主要表现为:一是税务风险防控未上升到企业战略层面。高铁走出去企业不重视税务风险防控,企业在税务风险因素识别、税务风险评估、税务风险控制等方面存在漏洞,高铁走出去企业无法有效识别可能发生的税务风险、无法评价税收风险的可能性与后果、无法选择实施税务风险控制的最佳措施,以至于无法将税务风险管控付诸行动。二是高铁走出去企业不重视跟进东道国税收法律政策的变化。高铁走出去企业若不能及时跟进东道国税收法律政策的变化,积极建立高效的税收法律政策信息传输渠道,就会因为所掌握的税收法律政策信息不对称,而无法灵活应对税务风险,甚至会出现决策失误的重大风险。

3. 事后税务风险应急处置不力。主要表现为:一是高铁走出去企业缺乏针对税务风险的应变计划。企业在税务风险发生后,应当及时采取纠正措施与应变计划,将税务风险所造成的损害后果降到最低,并且做好危机管理的准备。二是企业不能及时反馈税务风险。高铁走出去企业在税务风险发生后,未及时向我国相关税务机关反馈并征求指导意见,而是擅自采取国内应对风险的措施,这样有可能激化矛盾,放大税务风险。

(一)高铁走出去企业税务人才储备不足

高铁走出去面临税务征收风险,原因之一就是高铁走出去企业税务人才储备不足。在企业走出去的过程中,人才的走出去是不可忽视的一个方面,成熟的跨国企业应当有符合本企业发展的税务人才全球化部署。[1] 高铁走出去企业税务管理人员跨国税务管理技能不扎实且缺乏培训,跨国税务管理人才

---

① 张平、孙阳:《"一带一路"倡议新时期"走出去"企业税收风险:防范、问题与对策》,《税务研究》2018 年第 6 期。

培养体系不健全,导致高铁走出去企业面临税务人才储备不足的困境。

1. 高铁走出去企业税务管理人员跨国税务管理技能不扎实且缺乏培训。一是跨国税务管理具有复杂性。在跨国财务、税务管理方面,既熟悉当地财税法律又熟悉中国税法的人员比较少,[①]跨国税务管理的复杂性对高铁走出去企业税务管理人员的专业技能要求较高,税务管理人员需为复合型人才,集税务管理、法律政策、沟通交流、信息管理等专业技能于一身,现阶段满足上述条件的跨国税务管理人才储备不足,远远不能满足高铁走出去企业的需求。二是跨国税务管理培训不足。现阶段高铁走出去企业税务管理人员的跨国税务管理技能不扎实,增加了高铁走出去税收风险,加强对高铁走出去企业税务管理人员的培训力度,是缓解高铁走出去企业跨国税务人才储备不足困境的有效手段。但是,高铁走出去企业跨国税收管理培训并未落实到位,规范化培训体系未建立健全,实践中存在培训效果不佳甚至未进行培训等问题。

2. 关于跨国税务管理人才的培养体系不健全。人才是国际税收风险化解的重要保障之一,但目前我国的国际税收人才队伍建设尚未被提到应有的战略高度。[②] 现阶段,我国尚未搭建起集继续教育、高职高专、本科、硕士研究生、博士研究生于一体的跨国税收管理教育培养体系,对跨国税务管理人才的培养未给予高度重视,跨国税务管理人才的价值未得到充分体现。由于跨国税务管理人才培养体系的不健全,国内跨国税收管理人才的储备量严重不足,远远不能满足高铁走出去企业的需求,企业深陷跨国税务管理人才匮乏的困境不能自拔,在税务风险防范、税务风险管控、税务风险处置等方面疲于应对。

(三)高铁走出去企业信息化建设不足

税收管理服务数字化将有助于改善向纳税人提供的服务,并通过在线信

① 詹清荣:《"一带一路"跨国投资经营战略的税务风险防控要点》,《国际税收》2015年第6期。

② 王伟域:《"一带一路"国际税收争端解决机制的中国策略》,《税务研究》2019年第12期。

息和沟通,向纳税人提供辅导和培训。[1] 我国在 5G、人工智能(AI)、量子通信、大数据、电子商务等部分领域已具有全球竞争优势,[2]给予高铁走出去企业信息化建设以较大优势。高铁走出去应当注重企业信息化建设,企业信息化建设水平高,其防范、控制、处置税务风险的能力就强,反之,其防范、控制、处置税务风险的能力就弱。

1. 企业财务管理信息化建设不足,容易增加高铁走出去税务风险。高铁走出去企业财务管理信息化建设是企业信息化建设的重要一环,财务管理信息化建设水平高,不仅可以提高工作效率,还可以加强应对税务风险的能力。高铁走出去企业财务管理信息化多基于国内相关税收法律政策进行建设,而各国在税制设置、税收征管、纳税调整等诸多方面存在差异,所以目前企业财务管理信息化建设难以适应各国复杂的税收法律政策,容易造成税务风险。

2. 高铁走出去企业信息化建设重视程度不够,容易增加高铁走出去税务风险。高铁走出去企业必须注重东道国相关税收法律政策信息的积累与利用,只有掌握东道国精确的、最新的税收法律政策,方能有力地防范、控制、处置税务风险。目前,一些企业不注重信息化建设,未上升到企业战略层面,缺乏税务信息战略,便无法及时接受我国税务机关的指导培训,无法及时跟进东道国税收法律政策的变化,无法及时与其他企业共享税务征收信息,无法及时反馈所遇到的税务征收问题,因此,防范、控制、处置税务风险的能力大大削弱,增加了税务风险。

通过对以上宏观层面原因和微观层面原因的分析可知,高铁走出去税务风险产生原因复杂,既有宏观的政治因素、法律体系差异、文化意识差异、经济发展差异等因素,亦有微观的税务风险防范意识不强、国际税务人才储备不足以及企业税务信息化建设不足等因素。因此,应该针对风险及产生原因有针

---

① 丹尼尔·A.维特、哈菲兹·乔杜里:《"一带一路"倡议:消除税收障碍,强化投资合作,助增长促发展》,陈新译,《国际税收》2019 年第 4 期。
② 宋兴义:《中国深度参与国际税收全球治理策略研究》,《国际税收》2020 年第 1 期。

对性地提出防范对策,有目标、有秩序地化解高铁走出去面临的税务风险。

第五节 "一带一路"倡议下高铁走出去税务风险的应对策略

通过以上分析可知,高铁走出去目标国家税收政策各异,遇到问题较多,税收风险较大。因此,针对高铁走出去遇到的税收问题、风险及产生原因,需要从法治的视角出发,以高铁走出去企业的权利保护为基础,以强化走出去企业、社会及国家的义务为手段,深入研究应对策略,以期能够实现尽量降低税收管理部门和纳税人的负担,营造有利的投资环境,同时不过多影响税收收入。①

一、高铁走出去企业层面税务风险应对策略

(一)规范高铁企业走出去的纳税行为

1. 严格约束企业税务人员的具体纳税行为。纳税是高铁走出去企业必须承担的义务,如果高铁走出去企业出现税务问题,产生税收争端,不仅会给企业走出去带来不良影响,降低市场竞争力,甚至会严重影响中国高铁的国际声誉。一是要规范纳税行为。包括规范纳税程序,明确纳税要求,以企业的纳税行为规范标准要求纳税人员,严格按照东道国的要求及时纳税,同时严格按照中国的纳税要求及时申报纳税,避免因纳税行为的不规范导致高铁走出去的税务风险。二是严格纳税行为责任。责任是最好的约束,企业应该建立严格的纳税行为责任机制,对违反纳税行为规范的纳税人员进行严厉惩罚,尤其是因纳税行为给企业造成重大损害时,应该进行严厉惩处,以严厉惩罚获取持续规范的企业纳税行为,避免税务风险。

---

① 丹尼尔·A.维特、哈菲兹·乔杜里:《"一带一路"倡议:消除税收障碍,强化投资合作,助增长促发展》,陈新译,《国际税收》2019年第4期。

2. 建立健全高铁企业内部税务控制制度。合理的税务内部控制能够帮助企业规避税务风险并实现税务价值增值。高铁走出去在竞争日益激烈的外部环境中,为了增强自身的竞争能力,需不断改善内部管理,提高工作效率、提高产品质量。完善内部控制制度是改善内部管理的重要环节,是实现规范高铁企业走出去纳税行为的有效途径,是实现企业内部税务风险管控的有力措施。具体为:一是制定税务、财务及其他岗位人员相互制衡的内部控制制度。如从税控的角度,加强税务管理方面的制度流程建设,建立相应的税务手册。在税务手册中,要根据高铁企业的行业特点,分税种建立管理制度,同时对纳税申报、税务审批/备案管理、纳税评估与税务检查事项也要建立相应规范,使税务工作有章可循、有法可依。另外,会计核算手册与税务手册关联的部分要互相匹配,如涉税会计要执行现有会计核算手册;税务部门/岗位要参与会计核算手册的修订,反馈现有税务核算不匹配业务及合规需求的条款及应对措施;对于收入的税会差异,建立清晰的收入税会差异台账,明确列示计税收入的取数口径、对应的会计科目。通过内部制度设计,使财务人员、具体税务人员以及其他相关岗位之间形成相互制约,既避免税务人员纳税行为出现失误、错误,同时也可以避免税务人员的懈怠、故意等不规范纳税行为,从内部制度设计的视角有效管控税务风险。二是加大内部自查监督。内部自查监督是发现纳税问题的有效措施,高铁走出去企业应该建立健全内部自查监督常态化机制,定期通过内部自查监督,对发现的纳税问题及时处理,对疑难问题及时向有关部门咨询或进行专家论证,及时化解高铁走出去过程中存在的税务风险。一方面,高铁走出去要积极健全税务风险内控自查体系,定期开展自查和评价,并及时向税务机关报告组织结构等重大变化。高铁走出去要想实现税收监管工作的规范化,就必须注重加强税务内控自查,制定完善的规范制度对内部工作进行管理,强化内部监督机制,约束税收工作人员的相关行为。另一方面,高铁走出去企业总部要积极健全对下属单位的税务基础评价检查体系,定期对下属单位的税务进行基础评价检查,并及时纠正下属单位的不当行为。

（二）提升高铁企业税务风险防范意识

风险是不利、有害、危险事件的可能，规避风险、应对风险、战胜风险是人类普遍的行为选择，风险与人类社会相伴始终，风险意识、风险思维、风险决策是人类共同的要求和必备的素养。① 税务风险始终与高铁走出去相伴，提高高铁企业税务风险防范意识，才能规避税务风险、应对税务风险、战胜税务风险。

1. 提升企业主要负责人的税务风险防范意识。作为一个合格的企业主要负责人，必须要具有税务风险防范意识，分析可能遇到的税务风险并采取相应的应对措施。企业主要负责人要意识到税务风险防范的重要性，并以身作则起到表率作用。要想提升企业主要负责人的税务风险防范意识，需要做到以下两点：一是将税务风险防范状况纳入企业主要负责人的绩效考核。为了督促企业主要负责人尽快提升税务风险防范意识，提高规避、应对、战胜税务风险的能力，应当将税务风险防范状况纳入企业主要负责人的绩效考核，以此作为工资报酬的依据，作为相关人事调整的依据，为企业主要负责人提供一面有益的"镜子"，以压力督促企业主要负责人员主动提高税务风险防范意识，做出最佳税务决策。二是培养企业主要负责人的忧患意识。要时刻保持如履薄冰的谨慎、见叶知秋的敏锐，既要高度警惕和防范自己所负责领域内的重大风险，也要密切关注全局性重大风险，第一时间提出意见和建议。② 高铁走出去企业主要负责人要有忧患意识，做好危机的预防、管控、处理，不仅需要高度警惕和防范税务领域的风险，也需要高度警惕和防范其他领域的风险。

2. 提升企业整体人员的税务风险防范意识。高铁走出去税务风险涉及全体共同利益，需要企业整体人员都参与到税务风险防范工作之中，提升税务

---

① 颜晓峰：《习近平总书记关于防范风险挑战重要论述的三维释读》，《求索》2020 年第 4 期。

② 习近平：《在统筹推进新冠肺炎疫情防控和经济社会发展工作部署会议上的讲话》，《人民日报》2020 年 2 月 24 日第 2 版。

风险防范意识,提高税务风险防范能力,实现联防联控。企业主要负责人从企业宏观层面进行税务风险防范,把控全局,企业整体人员从企业微观层面进行税务风险防范,把控细节。要想提升企业整体的税务风险防范意识,需要做到以下两点:一是通过激励措施提升企业整体人员的税务风险防范意识。对税务风险防范工作到位、及时发现并反馈相关税务风险的工作人员进行奖励,作为绩效考核的加分项,激发企业整体人员提升税务风险防范意识的动力。二是对企业整体人员定期开展税务风险防范培训,培养税务风险防范意识,营造税务风险防范文化氛围,在企业主要负责人的带动下做好税务风险防范工作。

(三)培养储备税务人才,提升高铁企业应对税务风险能力

培养储备税务人才是提升高铁走出去企业应对税务风险能力的有效手段,但目前我国的国际税收人才队伍建设尚未被提到应有的战略高度。[①] 面对高铁走出去复杂的税务风险,应该组成较高专业性和规范性的税务风险管控队伍,充分了解税务风险的客观性与必然性,对现存及预期风险进行准确、有效的评估,及时采取有效措施将税务风险对高铁企业造成或可能造成的损失与影响降到最低,提升高铁走出去税务风险应对能力。在此需求下,企业可以外聘在税务风险管控领域有所建树的专家或学者担任高铁走出去税务风险顾问,增强税务风险应对能力。但是,只有内部培养储备专业型税务人才,才是提升高铁企业应对税务风险能力的根本路径。

培养储备高铁走出去税务人才,一方面应该准确定位高铁走出去税务人才需求。即高铁走出去企业应该联合培养院校,以自己的实际需求对接培养院校。高校应当认识到财税法在法学教育中的重要性,开设财税法课程,制定合理的专业培养计划,结合高铁走出去相关专业领域,培养出优秀的复合型人才,对本国和东道国现行的立法制度和税收管理制度较为熟悉,能够梳理企业在东道国现存和预期的税务风险点和应对措施,在合法合规的基础上进行有

---

① 王伟域:《"一带一路"国际税收争端解决机制的中国策略》,《税务研究》2019 年第 12 期。

效的税务筹划。另一方面,高校教育应该贴近高铁走出去税务人才需求。高校培养的财税人才要有扎实的专业技能,适应不同的工作岗位,财税人才的培养需要贴近现实需求,根据不同特点区别培养不同方向的税务精英人才。高铁走出去需要复合型的税收人才,需具备战略眼光,这就要求高校在高铁走出去税收人才培养方面要侧重税收专业知识、税收法律知识与其他相关领域的结合,注重培养他们发现问题、解决问题的能力,以契合市场对高铁税务人才的要求。

二、高铁走出去社会层面税务风险应对策略

(一)积极引导高铁走出去纳税行为,营造规范纳税的社会氛围

1. 积极引导高铁走出去纳税行为,转变高铁走出去纳税观念。我国历来强调纳税人的义务,而较少关注纳税人的权利,纳税人缺乏纳税的自觉性和主动性。[①] 因此,要培养高铁走出去税收缴纳的权利观,让企业意识到其在承担纳税义务的同时享有充分的权利,增强高铁走出去纳税意识,提升高铁走出去纳税遵从度。即:一是对高铁走出去诚信纳税行为进行正激励。对高铁走出去诚信纳税行为进行奖励,给予其适当的税收优惠措施,为其提供更加专业化的税收服务,提升其信用等级,在享受金融机构的服务时,赋予其优先权。二是对偷漏税行为进行负面制裁。对偷漏税行为进行严厉处罚,曝光其偷漏税行为,降低其信用等级,限制其享受金融机构等提供的税收服务。

2. 营造规范纳税的社会氛围,改变高铁走出去纳税意识。一个或两个人偷漏税,人们会加以指责,当周围更多的人发生偷漏税行为时,这种行为也就成为了一种普遍的社会现象。[②] 为了营造规范纳税的社会范围,改变高铁走出去纳税意识,高铁走出去必须摒弃"法不责众""纳税潜规则""给个面子"

---

① 刘明、岳伟:《中西方纳税意识的文化差异及其启示》,《理论导刊》2008 年第 8 期。
② 刘明、岳伟:《中西方纳税意识的文化差异及其启示》,《理论导刊》2008 年第 8 期。

等错误的纳税意识。即:一是要加强纳税宣传教育。在全社会普及税收法律政策知识,营造良好的税收法律政策学习氛围,提供税收法律政策咨询服务,健全税收教育培训体系,针对高铁走出去设立纳税宣传教育专栏,对纳税意识修正形成一种潜移默化的影响。二是要加强纳税舆论监督。加强全社会纳税舆论监督,秉持诚信纳税的价值观,对偷漏税等行为进行曝光。面对社会道德与民众谴责,偷漏税等行为会对企业或个人的声誉产生负面影响,偷漏税者会背负极大的舆论压力,舆论压力有助于改变纳税意识。

(二)努力提高税收服务水平,为高铁走出去提供高质量的税收服务

高铁走出去需要优质的税收服务,税收服务的高质量发展是未来的改革方向。努力提高税收服务水平,为高铁走出去提供高质量的税收服务,可以有效化解高铁走出去所面临的税务征收风险。

1. 优化高铁走出去产业税收优惠政策。应从程序规定和实体规定两个层面对走出去产业税收优惠政策予以优化调整,为高铁走出去提供优质的税收服务。[①] 即:一是要完善高铁走出去税务征管体制。不断推进完善高铁走出去税务征管体制改革,构建优化高效统一的高铁走出去税务征管体系,简化高铁走出去办税流程,开发利用"互联网+""5G"等先进技术办税的新通道,降低办税成本,提高办税效率。二是要加强高铁走出去税收支持力度。大幅提高相关产业税收优惠支持力度,实施高铁走出去减税免税政策,适当增加高铁走出去间接优惠政策,加快落实高铁走出去各项税收优惠政策,使得高铁走出去享受到实实在在的税收优惠。

2. 发展完善跨国涉税服务行业。现阶段为高铁走出去提供跨国税收服务的主体主要包括税务部门以及税务师事务所,我国跨国涉税服务行业尚处于初级阶段,不能很好满足高铁走出去的需求,所以应该发展完善跨国涉税服务行业。即:一是鼓励成立专业化的跨国税收服务机构。采取适当的激励措

---

① 参见蓝相洁、蒙强:《"一带一路"背景下高新技术产业税收优惠政策的优化》,《税务研究》2017 年第 10 期。

施,鼓励社会力量成立专业化的跨国税收服务机构,鼓励既存的有能力的税务师事务所开展跨国税收服务,发展完善跨国涉税服务行业,为高铁走出去持续提供专业化的跨国涉税服务。二是鼓励成立跨国税务业务培训机构。税务部门资源的有限性决定了其为高铁走出去提供跨国税务业务培训有限,不能很好满足高铁走出去的税收服务需求。采取适当的激励措施,鼓励各大高校依托自身资源,成立跨国税务业务培训机构,为高铁走出去提供专业化的跨国涉税业务培训。

三、高铁走出去国家层面税务风险应对策略

(一)完善税收合作机制,提升海外税收征收服务能力

1. 完善海外税收征收合作机制。有学者指出,尽管我国与多数"一带一路"共建国家都已签订双边税收协定,但是企业在走出去过程中,仍无法回避相应的税收征管风险。[①] 化解高铁走出去所面临的税收征管风险,需要完善税收征收合作机制,明确企业进入市场、投标报价、项目实施及结束退出全流程中税务管理要素的管理内容、方式和要求。[②] 海外税收征收合作机制包括税收法治、纳税服务、争议解决以及能力建设四个方面。[③] 一是积极推动实现税收法治。实现税收法治是完善海外税收征收合作机制的核心环节,法治和良好税收政策的永恒原则是公平公正,[④]高铁走出去需要建立一个公平公正的纳税环境。因此,需要从国家层面积极推动税收法治环境建设,既积极推进国内税收法治化,又积极推动高铁走出去东道国税收法治化,竭力为高铁走出去营造一个公平公正的纳税环境。二是积极推动提升海外纳税服务水平、完善

---

① 庞淑芬等:《"一带一路"下我国企业"走出去"的税收风险解析》,《国际税收》2017 年第 1 期。

② 参见何力:《建筑企业"走出去"税务风险防》,《国际商务财会》2020 年第 5 期。

③ 《"一带一路"税收征管合作机制简介》,《国际税收》2019 年第 4 期。

④ 丹尼尔·A.维特、哈菲兹·乔杜里:《"一带一路"倡议:消除税收障碍,强化投资合作,助增长促发展》,陈新译,《国际税收》2019 年第 4 期。

争议解决机制、提高税收管理能力。高质量的纳税服务,可以营造高质量的营商环境,为投资流动提供便利。[1] 提升纳税服务质量可以改善高铁走出去营商环境、提高办税效率、降低办税成本,所以应该从国家层面积极主动为高铁走出去提供纳税指导和帮助,提升纳税服务质量。完善争议解决机制,可以保障高铁走出去的合法权益,而税收管理水平直接体现出企业承担的行政成本,税收廉洁度体现企业承担的隐形行政成本和经济成本,腐败成风的国家的税收廉洁度较差,无形中增加了企业的税收负担。[2] 所以应该从国家层面积极改善税收管理,逐步提高税收管理能力,为高铁走出去营造良好的纳税环境,降低税务征收风险。

2. 提升海外税收征收数字化服务能力。提升海外税收征收数字化服务能力,建立健全信息共享机制,可以降低高铁走出去所面临的税务征收风险,制约高铁走出去偷漏税行为。一是建立健全与高铁走出去企业的信息共享机制。实践中,济南市 30 家重点企业在济南商务局的主导下成立了走出去联盟,该联盟借助信息化平台及时共享海外相关税收法律政策信息,增强了走出去企业抵御涉税风险的能力。[3] 所以税务部门、高铁走出去企业之间应该建立健全税务信息共享机制,借助信息化平台及时共享、反馈海外税收法律政策、税收争议等信息,增强高铁走出去企业之间的数字化合作,提高共同抵御税务风险的能力。二是建立健全与东道国的税务信息共享机制。截至 2022 年底,与我国建立金融账户涉税信息自动交换和国别报告交换关系的国家(地区)分别达到 106 个和 83 个。[4] 虽然我国加入了金融账户涉税信息自动

---

① 丹尼尔·A.维特、哈菲兹·乔杜里:《"一带一路"倡议:消除税收障碍,强化投资合作,助增长促发展》,陈新译,《国际税收》2019 年第 4 期。

② 张友棠、杨柳:《"一带一路"国家税收竞争力与中国对外直接投资》,《国际贸易问题》2018 年第 3 期。

③ 详情参见《能抱团出海啦!德国法兰克福有了济南的境外企业联盟》,2020 年 7 月 5 日,见 https://www.qlwb.com.cn/detail/8127537。

④ 蒙玉英:《开启国际税收新征程 服务高水平对外开放》,《国际税收》2023 年第 3 期。

交换标准以及与其他国家签订了税收情报信息交换协定,但是在信息共享方面仍然存在局限性。金融账户涉税信息自动交换共享的信息仅限于相关金融账户信息,税收情报交换需要依申请才能进行交换。建立健全与东道国的税务信息共享机制,可以借助信息化平台及时了解高铁走出去企业的涉税信息,既可制约高铁走出去偷漏税行为,又可及时将东道国共享的税收法律政策信息反馈给高铁走出去企业,增强其抵御税务风险的能力。

(二)完善海外税收监管机制,提升海外税收监管能力

监管是压力,也能转化为动力。高铁走出去既需要企业自律,也需要外部监督的他律,他律是规范高铁走出去纳税行为,提升高铁走出去税收风险抵御能力的重要途径,因此,应该积极完善海外税收监管机制,不断提升海外税务监管能力。

一是完善高铁走出去税收监管体系。即国家海外税务监督机关应当借助信息化平台建设,建立起高铁走出去税收事前监管、事中监管、事后监管于一体的海外税收监管体系。事前监管注重预防、指导和帮助,监控高铁走出去企业是否掌握了具体税收流程和具体税收业务知识,是否对税收风险进行了充分评估并制定应对策略;事中监管注重具体纳税行为监管,核心在于监督高铁走出去企业是否按照税法规定全面及时缴纳税款,以及是否充分享受税法规定的税收优惠政策,既需要体现税收监管的严肃性、严格性,也需要体现对纳税人权利的保护;事后监管注重处罚、教育、引导和帮助,即对发生的不规范纳税行为,尤其是偷逃税行为进行严厉惩处,既需要树立税务机关威严,也需要警示违规纳税行为,对其产生威慑。在严厉处罚违规纳税行为之后,应该帮助相关企业建立健全税控体系,教育引导合理合法纳税,充分发挥税收监管"惩处""教育""帮助"的功能,帮助相关企业降低税务风险,走上规范纳税道路。

二是加强对高铁走出去重点领域监管,构建严密的税收防控体系。顾及全面、突出重点是海外税收监管的重要原则,在高铁走出去税收监管过程中,应该将重点放在高铁企业是否建立了完善的税控体系、是否全面掌握东道国

税收业务知识、是否对高铁走出去税务风险进行充分评估以及是否全面向国内税务机关申报缴纳应纳税款等环节上。通过对重点领域的监督把控,降低高铁走出去涉税风险发生的几率。

三是与各国开展深度税务监管合作,协同治税。海外税收监管不能仅靠国内税务机关自己努力,高铁走出去税务监管需要借助东道国税务机关力量,实施联合监管、协同治税。因此,国内税务机关需要跟高铁走出去东道国税务机关建立良好的税收监管合作机制,既联合实施监督,打击不规范的纳税行为,也帮助高铁走出去企业建立健全税控系统,提供税收服务和帮助,为高铁走出去营造一个良好的税收环境,降低涉税风险。

(三)推动完善海外税收争端解决机制,提升化解税务纠纷能力

随着经济社会的发展,经济全球化的趋势已经形成,各国之间投资贸易等经济合作不断深入,税务纠纷也随之而来,这些税务纠纷需要得到及时化解,这既是走出去企业的需求,也是各国税务机关的需求。为处理好国家间税收分配关系,经济交往中的各个国家间必须建立起税收争端解决机制,国际税收争端解决机制由此产生。[1] 在多年的持续发展下,各类主体逐渐明白,法律需要清晰和稳定,纳税人需要有法可依,需要有可靠、独立和透明的争端解决机制。[2] 高铁走出去既有一般性,亦有特殊性,完善高铁走出去税务争端机制需要完善税收争端相互协商程序、完善税收争端仲裁机制、完善海外税收争端调解机制。

1. 完善税收争端相互协商程序。相互协商程序(Mutual Agreement Procedure,简称 MAP)是一种传统的国际税收争端解决方式,即主权国家就当事国之间存在的税收争议进行相互协调、磋商的程序。[3] 避免双重征税协定中最

---

[1] 王伟域:《"一带一路"国际税收争端解决机制的中国策略》,《税务研究》2019 年第12 期。

[2] 丹尼尔·A.维特、哈菲兹·乔杜里:《"一带一路"倡议:消除税收障碍,强化投资合作,助增长促发展》,陈新译,《国际税收》2019 年第 4 期。

[3] 徐妍:《"一带一路"税收争端解决机制法律问题研究》,《社会科学战线》2018 年第8 期。

常见的争端解决机制是相互协商程序,相互协商程序的法律依据是所涉及国家的避免双重征税协定。[1] 然而,高铁走出去所面临的双重征税争端涉及金额巨大,影响面广,而且涉及各国主权问题,传统的相互协商程序难以适应高铁走出去税收争端解决需求,且相互协商程序效率低,不利于高铁走出去的税收利益保护,尤其在没有与其签订税收协定的国家更是无法启动。因此,应在人类命运共同体理念的基础上培育和发展国际税收新理念和新思维,针对现行 MAP 机制的内在"痼疾"进行实质性的改革创新,树立利益共同体的观念意识,寻求各国税收主体之间的平等性。[2] 根据高铁走出去的现实需求,充分借助高铁走出去重大项目建设,积极推动签订或更新避免双重征税协定,加强税收征收合作,完善税收争端相互协商程序,制定一套适合高铁走出去的税收争端相互协商程序。

2. 完善税收争端仲裁机制。相比于相互协商程序,税收仲裁程序以其中立、高效解决税收争议的优势,成为解决国际税收争端的新方式。[3] 税收仲裁包括强制性仲裁与自愿性仲裁,有学者认为,强制性仲裁完全取代自愿性仲裁短期内尚难实现,相关"一带一路"国家的多数立场是暂不选择强制性仲裁,我国的国情暂不适合选择强制性仲裁,通过多方面措施改进 MAP 仍将起到良好的效果,可适当引进自愿性仲裁机制。[4] 根据高铁走出去的现实需求,应在充分尊重各方当事人的基础上引进自愿性仲裁,作为 MAP 的一种补充。

3. 完善海外税收争端调解机制。调解是经双方同意在中立第三方帮助下解决争端的一种方式,在解决税收争端上已经被证明是行之有效的,特别是

---

[1]　国际商会:《"一带一路"倡议面临的税收挑战》,刘曦明译,《国际税收》2019 年第 4 期。

[2]　廖益新、冯小川:《"一带一路"背景下国际税收争议解决机制的改革创新》,《厦门大学学报(哲学社会科学版)》2022 年第 5 期。

[3]　徐妍:《"一带一路"税收争端解决机制法律问题研究》,《社会科学战线》2018 年第 8 期。

[4]　参见赵凌:《"一带一路"背景下税收协定仲裁机制发展评析》,《云南财经大学学报》2019 年第 10 期。

在过去十年成效显著。① 有学者提出,成立中立的"一带一路"税收争议解决中心,中心由当事方共同指定双方信任的、具有丰富的税法知识、立场公正、熟悉国际仲裁的专家学者、税法学人士、已离任的各国高级税务官员组成临时税收争议仲裁委员会,通过调解和仲裁的方式解决"一带一路"税收争议。② 高铁走出去税收争端解决应该更多依赖于调解解决,借助深入推进高质量共建"一带一路",积极培育专业化国际税收调解专家,尤其是熟悉高铁业务、精通各国税法的税收调解专家,实现在自愿、合法的基础上,在合理的期限内,通过调解尽快解决高铁走出去税收争端,并由税收争议解决中心制作调解书,实现低成本、高效率的高铁走出去税收争端解决。

(四)完善出口退税管理制度,增强高铁走出去的竞争力

目前我国实施征税和退税分离制度,征税由国内税务机关负责,而退税由海关负责,先征后退,这种模式会出现两个机关管理脱节现象,而且容易导致退税滞后。在法国,对于出口货物零税率的有效做法是将其归入税务机关日常管理中,并有效推行征税、退税和抵扣税的统一管理模式,这种做法既节约了资源又提高了工作效率;在韩国,基层税务机关负责审核办理增值税出口退税事宜,由该税务机关直接从税收收入账户予以退税,假如遇上该税务机关收入金额不足以支持退税税额的情况,还可以申请从其他税务机关的税收收入中及时进行调剂。③ 在高铁走出去领域,高铁装备走出去以及高铁项目建设中相关产品走出去等都会涉及出口退税,因此,完善的出口退税管理制度对提高高铁走出去税务效率,降低税务风险极为重要。完善高铁走出去出口退税管理制度:一是要在程序上简化高铁走出去出口退税流程。施行征、退、抵一

① 国际商会:《"一带一路"倡议面临的税收挑战》,刘曦明译,《国际税收》2019 年第 4 期。

② 徐妍:《"一带一路"税收争端解决机制法律问题研究》,《社会科学战线》2018 年第 8 期。

③ 蓝相洁、蒙强:《"一带一路"背景下高新技术产业税收优惠政策的优化》,《税务研究》2017 年第 10 期。

体化的税收管理模式,开通高铁走出去退税绿色通道,尽可能采用数字化办公,提升高铁走出去出口退税效率。持续深化"放管服"改革,简政放权为高铁走出去减负,放管结合提升税收治理能力,优化服务为高铁走出去提供优质税收服务。二是要在实体上给予高铁走出去更多的税收优惠。税收优惠不仅是影响实际税负的关键因素,而且对引导生产要素的流动更具有直接性、针对性和示范效应。[1] 给予更多的税收优惠,一方面可以减轻高铁走出去税收压力,另一方面可以提高高铁走出去竞争力。税收优惠一般分为直接优惠和间接优惠两种,间接税收优惠能更好地体现高新技术产业的"产业导向"。[2] 给予高铁走出去更多的间接优惠,加强对高铁走出去产业创新税收支持力度,允许高铁走出去提取一定比例的风险准备金,加强高铁走出去抵御风险的能力。

---

① 张友棠、杨柳:《"一带一路"国家税收竞争力与中国对外直接投资》,《国际贸易问题》2018 年第 3 期。

② 蓝相洁、蒙强:《"一带一路"背景下高新技术产业税收优惠政策的优化》,《税务研究》2017 年第 10 期。

第六章 "一带一路"倡议下高铁
走出去的法律人才培养

习近平总书记指出:"人才是第一资源。古往今来,人才都是富国之本、兴邦大计。"①"当今世界的综合国力竞争,说到底是人才竞争,人才越来越成为推动经济社会发展的战略性资源,教育的基础性、先导性、全局性地位和作用更加凸显。"②在高质量共建"一带一路"背景下,涉外人才的需求量不断增大,但涉外人才供给能力增长幅度有限,短期内难以满足涉外人才市场需求,尤其是在一些特殊领域,涉外人才缺口更大。如高铁走出去的各类人才需求巨大,但能够满足需求的有效供给非常有限,尤其是能够有效化解高铁走出去的各类纠纷、防范各类风险的法律人才更加稀缺,供给能力严重受限,因此,深入研究高铁走出去的法律人才供需矛盾,探索高铁走出去法律人才定位,剖析高铁走出去法律人才能力构成要素,并有针对性地提出高铁走出去法律人才的培养途径,具有重要的理论价值和实践意义。

第一节 "一带一路"倡议下高铁走出去
法律人才的供求矛盾

一、高铁走出去法律人才的需求

有关涉外法律人才的定义,目前学界尚无定论。从人才知识素养和能力

---

① 习近平:《在网络安全和信息化工作座谈会上的讲话》,人民出版社2016年版,第23页。

② 习近平:《做党和人民满意的好老师:同北京师范大学师生代表座谈时的讲话》,人民出版社2014年版,第3页。

素养的角度看,涉外法律人才是一种专门性法律人才,除了具备一般法律人才的基本要素外,还应娴熟地运用外语,同时精通国际法、涉外法律和相关外国法,并熟练地运用这些法律知识解决我国在对外交往合作中的具体问题。① 从所从事工作的特征看,涉外法律人才泛指所有从事具有涉外因素法律工作的人才,通常包括在律师事务所、企业、司法机关、政府部门和国际组织与机构中从事涉外或国际法律事务的工作者,以及在高等院校和研究机构中从事国际法、比较法和外国法教学与科研工作的人才。② 高铁走出去所急需的涉外法律人才,主要是指能够在高铁走出去的进程中提供卓越的法律服务,为高铁项目给予法律保障的专门化精英法律人才。

2013 年至 2022 年,我国与"一带一路"共建国家货物贸易进出口额年均增长 8.6%,与共建国家双向投资累计超过 2700 亿美元,在共建国家承包工程新签合同额超过 1.2 万亿美元,我国企业在共建国家建设的境外经贸合作区已为当地创造 42.1 万个就业岗位。③ 贸易和投资的增长势必带来贸易摩擦和投资纠纷升级,同时也会为我国涉外法律人才市场提供广阔的发展空间,涉外法律人才需求将进一步扩大。近年来,美国《外商投资风险审核现代法案》(FIRRMA)试点实施、欧盟《欧盟外商投资审查框架法案》正式生效,受限于美国、欧盟等发达经济体对外商在关键技术和基础设施等领域的投资审查力度增加,带有国有资本支持的中国企业走出去面临更多风险和阻碍。据统计,2003 年以来,中国遭受国外贸易救济调查案件 1000 多件,涉案金额超过千亿美元,中国已连续 19 年成为全球遭受反倾销调查最多的国家,在国际贸易争端解决、贸易壁垒调查与应对以及贸易救济等方面,迫切需要我国律师提供优

---

① 参见曾令良:《卓越涉外法律人才培养的"卓越"要素刍议》,《中国大学教学》2013 年第 1 期。

② 参见石佑启等:《论涉外法律人才培养:目标、路径和教学模式》,《教育法制》2012 年第 16 期。

③ 人民日报评论部:《把"一带一路"建成繁荣之路——推动共建"一带一路"高质量发展》,《人民日报》2023 年 9 月 6 日第 6 版。

质高效的涉外法律服务,维护我国企业合法权益。① 可以说,涉外法律人才是进行国际投资、开展国际贸易、提供优质国际服务、打响中国品牌的重要保障,已经成为当今最为紧俏的法律人才。

在高铁走出去过程中,人才是第一资源,是战略实施的根本支撑和保障,②是关乎中国高铁走出去前期、中期、后期是否顺利的关键。③ 尤其在深入推进高质量共建"一带一路"背景下,高铁走出去的步伐不断加快,据不完全统计,"一带一路"共建国家正在与中国洽谈修建的铁路总里程超过16000公里,按照20人/公里铁路定员标准测算,"一带一路"共建国家将会产生超过30万人的人才培养培训需求。④ 另外,在铁路装备和轨道交通装备的行业中,中国高铁产品的出口贸易量为全球之冠,大概占世界市场份额的30%。⑤中国轨道交通装备产业的国际化,亦急需培养一批精通相关外语、熟悉国际规则、具有国际视野、善于在全球化竞争中把握机遇和争取主动的国际化人才。⑥ 中国高铁国际投资和贸易的扩张势必伴随着投资贸易纷争的增长。为此,高铁走出去需要大量涉足仲裁、公证、知识产权、劳动、环境等领域的高水平国际化专业法律人才。⑦ 但是,目前海外法律服务市场上80%都是来自英、美、法、日的法律专业人士,国内进入海外法律服务市场的法律人才较少。⑧ 这

---

① 熊选国:《大力发展涉外法律服务业 开创涉外法律服务工作新局面:在学习贯彻〈关于发展涉外法律服务业的意见〉座谈会上的讲话》,《中国律师》2017年第3期。

② 参见沙首伟等:《高铁"走出去"海外人才培养研究——基于能力素质和知识结构联动的视角》,《北京联合大学学报(人文社会科学版)》2019年第1期。

③ 张文松:《"一带一路"倡议下中国高铁"走出去"战略研究》,经济管理出版社2019年版。

④ 徐飞:《中国高铁"走出去"的十大挑战与战略对策》,《人民论坛·学术前沿》2016年第14期。

⑤ 参见屈伟明:《打造一流装备企业可让"中国高铁"海外高歌化》,2015年11月20日,见https://www.chnrailway.com/html/20151120/1314094.shtml。

⑥ 参见罗伟:《适应中国高铁"走出去"国际化人才的培养研究》,《山东工业技术》2017年第8期。

⑦ 参见饶思锐:《补齐人才短板 用好人才资源》,《海南日报》2018年12月29日第A2版。

⑧ 参见杨积堂:《"一带一路"国际合作的法律服务需求与供给定位——首届"一带一路"涉外法律服务论坛综述》,《北京联合大学学报(人文社会科学版)》2017年第3期。

就导致部分走出去企业不得不高薪聘请大量外籍律师处理相关事务,而且,部分走出去项目甚至还出现"我方人员谈业务,外方律师谈规则"的情况,[①]不仅增加了额外开支,也不利于合作洽谈的充分进行。为配合高铁走出去的顺利推进,需要大量高素质高水平的涉外法律人才参与其中,而目前我国的法律人才无论在数量上和质量上都无法满足高铁走出去的法律服务需求。在十三届全国政协"建设高素质的涉外法律服务人才队伍"双周协商座谈会上,专家学者和政协委员认为,涉外法律服务人才队伍存在总量偏小、质量不高、经验不足等问题。[②] 有学者指出,在国际舞台上,维护中国利益、代表中国立场、深入参与国际法律事务处理的专业人才严重不足,这与中国的大国地位和形象不相匹配。大量中国企业走出国门,但企业内部法律人才缺乏,使海外投资缺乏必要的风险防控,产生争端也无法妥善解决。[③] 所以高铁走出去想要提供国际化优质服务,开展高铁建设项目,需要能够与项目良好配合的法律人才。

二、高铁走出去法律人才的供给

有学者指出,涉外法律人才的来源主要有两方面:一是政府的公务员,他们代表国家来处理国际法律事务;二是中国的律师,他们提供专业的法律服务。[④] 除此之外,还包括处理国际法律事务的法官、检察官、仲裁员以及企业法务人员等。高铁走出去法律人才需求主要集中在涉外法律服务行业,人才来源主要是涉外律师和企业法务人员。目前,从学校教育角度看,国内共有63所高校开设了国际法专业,这些高校是我国涉外法治人才培养的主力军,

---

① 参见《努力造就一支高素质涉外法律服务人才队伍　更好维护国家主权、安全和人民群众利益》,《人民政协报》2020 年 4 月 22 日第 3 版。

② 参见《努力造就一支高素质涉外法律服务人才队伍　更好维护国家主权、安全和人民群众利益》,《人民政协报》2020 年 4 月 22 日第 3 版。

③ 杜焕芳:《涉外法治专业人才培养的顶层设计及实现路径》,《中国大学教学》2020 年第 6 期。

④ 郭伟等:《新时代涉外法律人才培养——访商务部条约法律司原副司长、清华大学法学院教授杨国华》,《世界教育信息》2018 年第 4 期。

但是相关培养内容以国际条约、国际惯例为主,少数高校虽然开设了英美法、德国民法等国别法课程,但不成体系,难以覆盖目前我国深化"一带一路"倡议建设过程中所频繁交往的共建国家;① 从律师职业角度看,截至 2022 年 6 月,全国共有律师 60.5 万人,但涉外律师仅有 1.2 万余人,仅占全国律师总数的 2.3%,与我国巨大的贸易体量和涉外法律市场需求极不匹配。② 而且,在《中国涉外律师客户指南 2020》所收录的全国共 2262 名涉外律师中,掌握一门外语的律师共有 1760 名,掌握两门以上外语的律师共有 126 名,约占总数的 7%。③ 在中国企业走出去的过程中,所需要的涉外法律服务主要集中在涉外商事诉讼、国际并购、国际仲裁、国际投融资、进出口贸易及海关、国际贸易(两反一保/WTO 业务)及国际知识产权保护等领域。④ 但是,在这些领域,中国涉外法律服务人才仍然面临巨大的数量缺口。有学者指出,我国专门从事涉外法律业务的律师不足 3000 人,其中能够独立办理涉外仲裁、跨境诉讼的律师不足 200 人,能够办理"两反两保"案件的律师不足 50 人,能够在 WTO 参与争端解决案件处理的律师不足 20 人。⑤ 以涉外商事仲裁为例,当前国际投资仲裁是解决投资者与东道国之间投资争端最重要的方式,中国与"一带一路"共建国家所签署的双边投资协定中,有 42 个双边投资协定都规定可以适用"特设仲裁庭"解决争端。⑥ 虽然我国已形成约 5 万人的仲裁从业人员队

---

① 张光、宋歌:《论新时代我国涉外法治人才培养机制的创新与完善》,《法学教育研究》2022 年第 3 期。

② 数据来源于《中宣部介绍新时代全面依法治国取得的历史性成就》,2022 年 10 月 25 日,见 http://www.chinanews.com.cn/shipin/spfts/20220727/4232.shtml;《2020 年度律师、基层法律服务工作统计分析》,2021 年 6 月 11 日,见 http://www.moj.gov.cn/pub/sfbgw/zwxxgk/fdzdgknr/fdzdgknrtjxx/202106/t20210611_427394.html.转引自何燕华:《新时代我国高校涉外法治人才培养机制创新》,《中南民族大学学报(人文社会科学版)》2023 年第 7 期。

③ 参见伊晓俊等:《2262 名中国涉外律师大数据分析》,2020 年 4 月 7 日,见 http://www.acla.org.cn/article/page/detailById/28319? from=singlemessage&isappinstalled=0。

④ 参见冷帅:《中国涉外法律服务业探析(上)》,《中国律师》2017 年第 5 期。

⑤ 参见冷帅:《中国涉外法律服务业探析(上)》,《中国律师》2017 年第 5 期。

⑥ 参见李文怡:《"一带一路"投资争端解决机制研究》,西南政法大学 2018 年博士学位论文。

伍,队伍体量很大,但在涉外仲裁市场,不能满足目前庞大的国际市场需求,国际仲裁领域一锤定音式人才匮乏。①

通过以上分析可知,目前市场上能够有效解决企业走出去法律纠纷,提供高质量法律服务的涉外法律人才较为匮乏,难以满足企业走出去的法律服务需求。尤其在高铁走出去这样极为特殊领域,不仅需要具备一般法律知识和法律纠纷解决技能,而且除英语之外还需要掌握目标国的通用语言,需要掌握基本高铁知识,这样的法律人才极为紧缺,因此,高铁走出去法律人才服务市场存在严重的供需矛盾,高铁走出去法律人才需求无法得到满足。尤其在深入推进高质量共建"一带一路"背景下,高铁走出去步伐不断加快,对高质量法律人才的需求不断增加。

第二节 "一带一路"倡议下高铁走出去 法律人才培养目标定位

目标定位是人才培养的指挥棒,具有指挥引领功能,所有人才培养的具体措施都会在目标定位的引领下具体实施。基于高铁走出去所需解决法律问题的高端性及专业性需求,高铁走出去法律人才培养目标应定位于精英法律人才、专业化法律人才以及高学历法律人才。

一、精英法律人才目标定位

有学者指出,在高铁走出去的征途中,需要一大批掌握当地语言、熟悉国际政治法律制度和经济运行方式、了解对象国国情文化的国际化法律人才。②尤其在高质量共建"一带一路"倡议背景下实施高铁走出去战略,需要解决的

---

① 高燕:《打造国际商事仲裁目的地 加强涉外法律人才队伍建设》,《国际法研究》2020 年第 3 期。

② 贾德忠:《国际化人才助力"一带一路"战略》,《中国科学报》2017 年 1 月 24 日第 8 版。

法律问题更为艰难、复杂。参与"一带一路"项目的部门和国有企业承担的交通、能源、通信等重要行业和关键领域的重大涉外工程项目,反倾销、反补贴、反垄断调查,国际经济对话、国际组织谈判、双边或多边经贸活动和投资协定谈判等工作,都与国家利益和经济安全密切相关。[①] 这些事务所涉及的领域明显有别于私人主体之间的贸易活动,所需要的法律人才必须是具备优秀国际视野、熟知国际法律法规,并能处理实际项目问题的精英人才。

有学者指出,涉外精英法律人才主要包括三类,即涉外政治精英,打造依法治国之外交人才;涉外法律事务精英,造就涉外公正司法之才;涉外法学学术精英,成为国际法律研究之才。[②] 高铁走出去的法律人才主要是第二类涉外法律精英人才,这些涉外法律精英人才需要能够配合项目推进,处理项目问题。涉外法律精英人才应该具备以下三个条件:一是精通涉外法律、国际法律以及其他国家法律并能准确运用这些法律解决实际问题,二是具有充足的国际政治、军事等知识和处理国际事务的高超能力,三是至少掌握两门外语。[③]而且,高铁项目的推进面临政治、经济、安全和法律等外部风险,法律人才需要为高铁项目营造公平的洽谈环境,尽可能规避由于合同、法律条款等法律及政策类风险因素造成的协商困难。另外,高铁走出去还面临内部风险,主要包括管理、财务、标准及专利等风险,[④]企业内部风险的化解,往往要求法律人才具备相应的管理能力,如标准及专利风险的规避不仅需要相关法律支持,还需要正确决策,对东道国技术标准予以确切把握,等等。因此,高铁走出去需要的法律人才是需涉足三个领域的复合型人才,即明晰国内外相关法律及当地法

---

① 曹婧:《律师代表委员谈涉外法律人才培养:科学构架 迫在眉睫》,《中国律师》2020 年第 6 期。

② 聂资鲁:《高校国际化法律人才培养模式比较研究》,《大学教育科学》2015 年第 2 期。

③ 参见曾令良:《卓越涉外法律人才培养的"卓越"要素刍议》,《中国大学教学》2013 年第 1 期。

④ 参见石浩宇等:《高铁对外投资风险管理研究——基于模糊综合评价模型》,《特区经济》2020 年第 1 期。

律背景、精通英语且能够使用第二门外语以及具备一定的工学理论尤其是高铁技术理论基础的卓越人才,高铁走出去法律人才培养的目标定位首先应定位于精英法律人才。

二、专业化法律人才目标定位

《国家中长期教育改革和发展规划纲要(2010—2020 年)》中提出:要培养大批具有国际视野、通晓国际规则、能够参与国际事务与国际竞争的国际化人才。[①] 这是高铁走出去法律人才培养的总要求,但是,法律人才如不经过专门化的培养训练,可能永远无法具备成为涉外法律人才的能力。中国高铁走出去需要大量的国际化复合型人才,目前急需具有国际视野、精通所在国语言及文化的国际化复合型人才和熟练掌握 FIDIC、NEC 等国际通用合同条款、熟悉海外规范标准的建设管理人才,同时也迫切需要精通国际政策法律和贸易规则,熟悉项目所在国法律政策的优秀人才。[②] 专业化的事务需要配备专业化的人才,高铁走出去法律人才所需具备的能力,必须和具体的高铁项目所需技能相结合。面对不同国家的不同情况,高铁项目法律人才走出去,必须贴合当地的政治、人文、法律环境,在通用语言、技术等领域必须做到特殊专业化,以配合高铁项目的实施。因此,高铁走出去专业化法律人才除了要具备扎实的法学理论功底和相关法律知识之外,还应该具备以下几方面的能力。

1. 高铁走出去法律人才的专业化体现在语言要求上。与不同的国家进行贸易往来,语言互通是基础,尤其在"一带一路"倡议下实施高铁走出去战略离不开语言互通。[③] 相较于国内法治人才,涉外法治专业人才还需要有涉

---

① 钮东昊:《国家中长期教育改革和发展规划纲要(2010—2020 年)全文》,2010 年 3 月 1 日,见 http://www.china.com.cn/policy/txt/2010-03/01/content_19492625_5.htm。

② 张先军:《"一带一路"倡议下中国高铁"走出去"的风险和挑战》,《华南理工大学学报(社会科学版)》2018 年第 2 期。

③ 参见魏晖:《"一带一路"与语言文化交流能力》,《文化软实力研究》2020 年第 1 期。

外法学素养和法律英语素养。[①] 有学者指出,涉外法治专业人才并非拥有了外语能力和跨文化交流能力即可成就,但没有这两方面的能力是万万不行的,没有必要的专业外语基础,缺乏跨文化交流的能力,涉外法治专业人才的培养将如空中楼阁——在以高强技术难度著称的国际经贸法领域尤为如此。[②] "一带一路"共建国家,官方语言众多,加上各地方言,语言环境更为复杂,要求高铁项目在沿线每个国家都配备能够熟练使用该国母语的法律人才队伍不具有现实性。出于效率和经济的考虑,在开展涉外法律事务时主要应用法律英语,与此同时,为了能够更好地提供法律服务,法律人才也必须掌握东道国的官方语言或通用语言。所以高铁走出去企业应该招纳、培养一批在法律外语上对口东道国的法律人才。以中亚五国为例,哈萨克斯坦和吉尔吉斯斯坦的官方语言是俄语,其余三国的通用语言为俄语,所以与中亚五国进行贸易,精通俄语且知晓专业术语的人才必不可少。一旦语言无法顺畅交流,洽谈就无法顺利进行,进而会影响整个项目的落地实施。如新疆某机电考察组到哈萨克斯坦对口单位洽谈时,因中方哈萨克语翻译和对方无法用哈萨克语沟通机电科技专业术语(对方借用俄语外来词,我方用汉语等外来词),导致洽谈未果,这种因翻译水平低造成洽谈失败的事例时有发生。[③] 再如 2012 年底一个北欧项目,当时"南车株机"的方案已经获得对方企业首席执行官批准,最后却由于文案翻译过失而被对方技术专家否决。[④] 为了避免因此类失误造成损失,需要配备对口东道国项目且熟知该国官方语言的专业化法律人才。

2. 高铁走出去法律人才的专业化体现在对东道国基本国情的了解上。高铁走出去法律人才除了需要具备相应的语言技能,对于东道国的政治、法

---

① 张法连:《提高涉外法治专业人才培养质量的思考》,《中国高等教育》2022 年第 Z2 期。
② 杜焕芳:《涉外法治专业人才培养的顶层设计及实现路径》,《中国大学教学》2020 年第 6 期。
③ 陆兵:《中国企业走向中亚市场风险和防范措施》,《大陆桥视野》2017 年第 3 期。
④ 周利梅:《中国技术贸易竞争力研究》,福建师范大学 2016 年博士学位论文。

律、经济状况等也需要深入了解。以土库曼斯坦境内的撒马尔罕—阿什哈巴德高铁改造项目为例，该项目所面临的政治风险和法律风险明显偏高，其中政策法律壁垒、司法不公正、合同风险等情形占比较高。① 在这类国家开展项目，不能只简单了解纸面上的法律条款，司法不公正等情况将会造成很多法律条款并不真正具有约束力，这就需要深入地了解该国的实际法律状况进而开展法律事务。在不同的东道国所面临的各项风险与挑战均不相同，涉外法律事务的开展必须因地制宜，详细了解项目可能涉及的各项风险。一名从事涉外法律事务的精英律师通过其在巴基斯坦的工作经历总结出：作为中国涉外律师，走出国门办案，一定要对当地的司法环境以及政治、经济形势有实地的考察，要更注重对当地"活的法律"的认知。② 中国铁建联合体中标承建连接墨西哥城和克雷塔罗的高铁项目被撤标一案，就是典型的对相关法律不了解而招致的损失，由于墨西哥政府单方面违约，导致中国企业遭受了上亿元的损失。究其原因，在于墨西哥法律机制不健全，招投标和外商投资法存在漏洞，中国企业缺乏对当地法律以及诸如联合国《货物工程和服务采购示范法》、世界银行《采购指南》等国际投标制度和法律的充分了解和认识，因此面对墨西哥政府的单方面毁约，中方企业维权艰难。③

3. 高铁走出去法律人才的专业化体现在对高铁基本知识的了解上。除了对东道国语言、政治、法律等国情的了解，高铁走出去的法律人才还必须熟知高铁的特性。高铁走出去既是项目投资，也属于技术贸易，目前，"一带一路"部分共建国家技术贸易壁垒突出。由于各国之间的技术标准不同，我国在外开展高铁项目不能直接照搬国内标准，高铁在部分国家受到了技术标准壁垒的限制。虽然有《技术性贸易壁垒协议》等相关协议规定，但实际上，国

---

① 参见金晶：《"一带一路"国际铁路通道建设风险评估研究》，中国铁道科学研究院 2019 年博士学位论文。

② 范倜：《对标国际 打响中国涉外律师品牌》，《中国律师》2019 第 12 期。

③ 陈新光等：《中国高铁"走出去"研究》，《科学发展》2016 年第 95 期。

际铁路联盟、欧洲、美国、日本、俄罗斯从环境要求到零件规格都有自己的标准,而这些标准已经成为了事实上的国际贸易壁垒。[①] 我国高铁在东道国开展项目建设,经常需要配合相关标准进行。高铁走出去的法律人才要解决可能面临的贸易壁垒问题,首先就必须了解高铁相关技术以及专业技术名词,其次要熟知东道国与高铁有关的各项标准,避免由于贸易壁垒造成的严重损失。

三、高学历法律人才目标定位

高学历人才具有较高的文化素养和创新创造能力,是目前高精尖产业炙手可热的主力人才。高铁走出去涉外法律人才对法学、外语、管理学以及工学等学科的知识储备要求较高,且需具备一定的法律实践经验。有学者指出,本科阶段的学习时间有限,学生的知识积累和能力积累也十分有限,将本科阶段的培养目标定位于高级涉外法律人才显然有违循序渐进的人才成长规律,难免有拔苗助长之嫌。[②] 因此,基于高铁走出去法律人才能力需求特征,应该将其定位于硕士以上学历,而且最好具有交叉学科背景,所以较为理想的应该是硕士研究生及以上学历的法律人才。据教育部 2021 年 8 月公布的数据,目前我国的硕士以上法学学历的毕业生数为 49523 人,其中博士 3134 人、硕士 46389 人;在校学生数 183018 人,其中博士 24241 人,硕士 158777 人。[③] 受限于目前的国际化法律人才培养模式,在如此规模的硕士以上法学学历人才队伍中,能够从事涉外法律服务、国际司法、外交等工作的涉外法律人才不多,应该尽快进行专门化培养。

综上所述,高铁走出去法律人才培养目标应该定位于精英法律人才、专业

---

① 周利梅:《中国技术贸易竞争力研究》,福建师范大学 2016 年博士学位论文。

② 李建忠:《论高校涉外法律人才培养机制的完善》,《浙江理工大学学报(社会科学版)》2017 年第 4 期。

③ 数据来源请参见中华人民共和国教育部:《分学科研究生数(总计)》,2019 年 8 月 12 日,见 http://www.moe.gov.cn/s78/A03/moe_560/jytjsj_2018/qg/201908/t20190812_394203.html? from＝singlemessage。

化法律人才以及高学历法律人才,只有达到这三类人才的条件,才能够有效应对高铁走出去遇到的法律问题,化解法律纠纷,实现为高铁走出去保驾护航的目标。

第三节 "一带一路"倡议下高铁走出去
法律人才培养的内涵需求

一、高铁走出去法律人才的知识需求

(一)法律专业知识需求

1. 具备扎实的法学理论功底。涉外法治专业人才本质上还是属于法律职业人才队伍的一种,法学专业知识是这类人才处理涉外法治工作的根本。[①]扎实的法学理论功底是成为优秀法律人的必备素养,高铁走出去法律人才定位于精英法律人才,需要具备扎实的法学理论功底,即需要系统掌握法理学、民法学及民事诉讼法学、刑法学及刑事诉讼法学、行政法学及行政诉讼法学等法学类基础课程知识体系,以及需要一定数量的法学阅读文献支撑。

2. 熟练掌握国际法规则。除扎实的法学理论功底之外,高铁走出去法律人才的涉外法律知识体系应涵盖国际公法、国际私法、国际经济法、比较法、世界贸易组织法等国际法知识以及外国商法、外国法制史、外国刑法、外国程序法等内容。[②] 同时,还需掌握高铁走出去涉及的相关专业法律知识,如国际招投标规则、FIDIC 条款、国际知识产权相关法律、国际劳动保护相关法律、国际环境保护相关法律、国际税务相关法律,等等。

3. 熟练掌握东道国法律规则。由于高铁走出去涉及各国的法律背景及

---

① 张法连:《提高涉外法治专业人才培养质量的思考》,《中国高等教育》2022 年第 Z2 期。

② 参见石佑启等:《论涉外法律人才培养:目标、路径和教学模式》,《中国大学生就业》2012 年第 16 期。

其法律体系各有不同,共建国家法系涉及大陆法系、英美法系、混合法系以及伊斯兰法系等诸多体系,不同法律体系的国家,由于不同的法律文化与历史传统,无论是法律术语、法律表现形式、法律的执行、司法制度,还是对投资者的保护依据纠纷争端解决的法律适用规则,差异都很大,投资规则也复杂多样。① 一些走出去企业对东道国的法律法规缺乏了解,盲目开展项目导致损失。如2015年3月,由于涉嫌违反东道国有关投资与环境保护的法律规定,中国交通建设集团与斯里兰卡共同开发的科伦坡港口城项目被叫停,并需要重新进行项目评估。② 尽管最后项目得以重启,但此次事件致使中国企业遭受较大损失。有学者指出,为避免因对东道国的法律缺乏了解导致损失,高铁走出去法律人才应对东道国的法律法规详尽掌握,尽可能全方位研究涉及拆迁、征地法律,合资企业的股份、注册以及纳税问题,国外劳工的社会保险与报酬问题,生态环境保护等法律法规。③ 但是,高铁走出去目标国众多,如果要求高铁走出去法律人才系统全面掌握各个东道国法律知识并不现实,而对东道国法律法规及法律制度全面细致了解掌握又十分必要,因此,只能要求高铁走出去法律人才掌握重点地区、重点国家的基本法律知识,并要求其具备能够迅速学习掌握一个国家相关法律知识及法律制度的能力。

4. 具有良好的法律职业伦理。有学者指出,涉外法治人才大多从事涉外立法、执法、司法和法律服务等工作,掌握重要权力,肩负重大使命。理想信念是涉外法治人才的精神支柱,思想政治素质是涉外法治人才的根本要求。④ 法律职业伦理培养是理想信念教育的重要载体,是法律人才的价值观引领,是

---

① 赵赟:《国际法视域下"一带一路"建设中的法律风险及防范》,《理论学刊》2018年第4期。

② 参见《斯里兰卡政府暂停中国投资项目》,2020年7月17日,见 http://www.xinhuanet.com/world/2015-03/06/c_1114539327.htm。

③ 参见王宏:《"一带一路"视域下高校涉外法律人才培养路径探究》,《改革与开放》2017年第22期。

④ 马怀德:《加强涉外法治人才培养》,《红旗文稿》2023年第24期。

前提性条件,在法律人才培养中具有举足轻重的作用。法律职业伦理作为高铁走出去法律人才从事涉外法律事务的基础,相关知识的学习和储备应贯彻始终。高铁走出去作为国家战略层面的项目,所涉及的法律事务通常不仅关乎当事人的个人利益,还会涉及国家利益,法律人士的职业道德伦理高度往往会决定其在法律事务中的行动水准。因此,涉外法律人才更应具备良好的法律职业伦理——除应具备忠于法律、刚正不阿的职业品德外,还应有为民谋福祉、为国谋富强的国家道德观念和责任意识。① 高铁走出去法律人才在为高铁项目提供优质法律服务的同时,还具有维护中国在涉外项目中的国家利益和国家形象的义务。所以高铁走出去法律人才应该具有良好的职业伦理,不仅应该具有良好责任心,为高铁走出去提供优质法律服务,切实维护当事人的合法权益,还应该具有国家情怀,切实在具体业务中维护祖国利益。

(二)高铁相关专业知识需求

高铁具有较强的技术性,所以高铁走出去法律人才应该熟知高铁基础理论知识,如高铁建设基础理论知识、高铁列车基础理论知识、高铁运输基础理论知识,等等。在高铁走出去具体实施过程中,法律纠纷往往需要借助高铁知识的准确理解和把握才能有效解决,如在高铁项目工程建设过程中的知识产权保护,会涉及著作权、商标权、专利权和商业秘密等,而这些权利和利益的保护需要借助对高铁建设基础理论知识的掌握。如在高铁招投标阶段会注重投标方案的著作权保护,同时会涉及专利权、商业秘密等保护;工程勘察设计阶段会注重工程勘察设计方案著作权、建筑作品著作权保护等;工程建设阶段注重在工料采购中的商标权以及工程施工中的著作权、商业秘密等保护。② 这些权利和利益的保护需要走出去法律人才对高铁建设基础理论知识有初步了

---

① 参见石佑启等:《论涉外法律人才培养:目标、路径和教学模式》,《中国大学生就业》2012 年第 16 期。

② 参见许佑顶等:《中国铁路工程建设技术标准"走出去"战略研究》,《铁道工程学报》2016 年第 5 期。

解,如果对高铁建设基础理论知识完全陌生,甚至根本看不懂,则难以有效化解知识产权纠纷,难以有效保护当事人权益。再如,目前中国标准主要应用于相对落后的发展中国家以及采用中国贷款的项目中,大多数高铁项目采用欧洲标准,或采用以国际通用/认可的标准为基础,结合使用中国标准这样一种混合的标准体系;①而各国所采用的高铁标准有所不同,作为项目开展的基础,高铁走出去法律人才必须掌握东道国相关标准。而且,当前海外铁路建设过程中遇到的国外技术标准兼容互通性问题纠纷越来越多,包括:一是按照中国铁路标准修建的铁路线路与按国外标准修建的铁路线路之间的兼容互通问题;二是中国铁路工程建设标准中实际有很多"隐性参数",与国外车辆、信号等设备存在兼容互通问题;三是设计理论与试验方法存在兼容互通问题。②解决兼容性问题不仅需要技术人员的技术支持,也需要法律人才对技术标准风险进行规避,避免项目因为技术标准问题遭受损失。因此,在解决标准兼容性问题时,法律人才不仅需要具备扎实的法律功底,也需要对高铁标准相关基础理论知识有所了解,如此才能有效防范风险,化解纠纷,实现权利保护。

（三）目标国文化、宗教等相关知识需求

高铁走出去在面临诸多机遇的同时,也必然伴随着各国复杂国情所带来的风险与挑战,需要应对各东道国人文、宗教、政治、经济等多方面的社会风险,尤其在"一带一路"倡议下实施高铁走出去战略,将遭遇的风险及挑战更为严峻。"一带一路"倡议源自古丝绸之路,不同于全球现有其他区域性安排的封闭排他的性质。"一带一路"建设涉及的区域甚广,横跨亚欧,地理位置优越,都是极富战略意义的地区。③ 因此,高铁走出去法律人才不仅需要扎实

---

① 参见冯梅:《中国铁路企业"走出去"技术标准应对措施研究》,《铁道工程学报》2017年第6期。

② 参见许佑顶等:《中国铁路工程建设技术标准"走出去"战略研究》,《铁道工程学报》2016年第5期。

③ 夏先良等:《中国"一带一路"投资战略》,经济管理出版社2016年版,第53页。

的法律功底及掌握高铁相关知识,而且需要对目标国国家法律制度所根植的政治、经济、历史、文化等社会基础有较为全面和深入的理解,对高铁走出去涉外法律事务中交往对象所在国家或民族的文化持有开放、包容心态,对于彼此间的文化差异能够进行换位思考。①

1. 高铁走出去法律人才应该详尽了解目标国的政治背景。据"一带一路"国家投资环境评价报告显示,71 个"一带一路"国家中,53.52%的国家投资环境处于"较高"水平,43.66%的国家处于"中等"水平,叙利亚和巴勒斯坦两个国家处于"较低"水平。② 投资环境的优劣主要取决于目标国家的政治稳定性和政权透明程度。部分"一带一路"共建国家政局长期处于动荡局势,使得投资风险激增,中亚地区以吉尔吉斯斯坦为例,该国的"政治有效性"和"政治合法性"两项指标均显示为"高脆弱性",西亚和南亚国家的整体社会稳定性偏低,恐怖袭击时有发生。③ 部分共建国家由于国内政权更迭频繁、政局动荡导致经济发展水平较低,较之其他国家更容易因国际市场波动而致使国内政策的稳定性遭到严重挑战。④ 在这些政治环境较为动荡的国家开展项目将面临巨大的投资风险,企业必须详细了解东道国的法律政策,提前做好避险措施。因此,高铁走出去法律人才只有详尽了解目标国的相关背景,才能够帮助企业做好风险规避,切实维护企业和国家利益。

2. 高铁走出去法律人才应该尊重理解目标国的宗教文化。"一带一路"共建国家宗教文化种类繁多,很多国家都有着悠久的宗教传统以及浓厚的宗教信仰氛围。中东各国主要以伊斯兰教为国教,而南亚各国多以佛教为主要

---

① 参见韩永红等:《面向"一带一路"需求的涉外法治人才培养——现状与展望》,《中国法学教育研究》2019 年第 1 期。

② 参见国家信息中心"一带一路"大数据中心:《"一带一路"大数据报告 2018》,商务印书馆 2018 年版。

③ 参见国家信息中心"一带一路"大数据中心:《"一带一路"大数据报告 2018》,商务印书馆 2018 年版。

④ 参见张晓君:《"一带一路"国别投资法治环境评估体系的构建》,《法学杂志》2018 年第 11 期。

宗教,除佛教和伊斯兰教之外,部分国家也存在基督教信仰人数较多的情况。① 据统计,"一带一路"共建国家有宗教信仰的人口大约占总人口的80%,不同民族宗教之间的历史纷争复杂。在有些国家,宗教文化和社会风俗会严重影响高铁项目的正常进行,②而且,在"一带一路"共建国家中,很大一部分国家的宗教与政治之间存在较大关联,或是在宪法中明确规定了国教的存在,或是在部分法律中直接引用宗教经典进行规范,或是有正规的宗教政党活跃在政坛上,部分中东国家法律和宗教混同。③ 而在部分国家,宗教作为一种变量,影响着政治、经济、社会等领域的发展进程。④ 因此,高铁项目的展开要在尊重和了解东道国的宗教信仰基础上进行,高铁走出去法律人才需要详尽了解东道国宗教背景,引导企业在良好的交流氛围中展开项目建设,避免因宗教信仰问题产生摩擦。

二、高铁走出去法律人才的能力需求

(一)法律运用能力需求

处理涉外法律事务重要的是对目标国具体法律的实际运用能力。法律运用能力是指能够认识法律,具有法律思维、解决争议的能力。⑤ 在高铁走出去的具体实践中要求法律人才必须具备法律运用能力,这是其解决高铁走出去法律纠纷、预防法律风险的核心能力。即当遇到高铁走出去的具体矛盾纠纷时,需要法律人才运用自己的法律知识,判断法律纠纷所属法律问题性质,并站在企业利益视角,运用目前相关法律法规,找出问题解决思路,并付诸行动切实解决高铁走出去遇到的法律问题。另外,高铁走出去是国与国之间的合

---

① 徐献军等:《"一带一路"上的宗教风险与防范》,《杭州电子科技大学学报(社会科学版)》2018年第3期。

② 张文松:《中国高铁"走出去"的风险研究》,经济管理出版社2019年版。

③ 参见丁剑平等:《"一带一路"中的宗教风险研究》,《财经研究》2017年第9期。

④ 胡键:《谨防"一带一路"倡议的风险》,《党政论坛》2017年第11期。

⑤ 参见王泽鉴:《法律思维与民法实例:请求权基础理论体系》,中国政法大学出版社2001年版,第2页。

作,本质上是为了互利共赢,项目中的法律运用要张弛有度,法律业务的开展不仅需要熟知法律理论知识,更需要知晓如何在东道国的社会背景下结合当地风土人情运用法律解决实际问题,维护企业利益,创建和谐氛围。因此,高铁走出去法律人才需要具备"通识思维",在项目推进过程中要时刻注意东道国的社会环境,对各类社会知识都应有所涉猎,在实务过程中不断强化自己的法律运用水平,学以致用。

(二)外语运用能力需求

语言能力是进行跨文化沟通的基础和前提。"一带一路"65 个共建国家使用的语言约 2488 种,占人类语言总数的 1/3 以上,其中官方语言和通用语言约有 56 种,境内语言在 100 种以上的国家就有 8 个,语言环境十分复杂。在这 56 种官方或通用语言中,国内院校尚未开设的语言有 11 种,仅有 1 所高校开设了包括阿尔巴尼亚语等 11 种语言,涉及阿尔巴尼亚等 13 个国家。[1]"一带一路"共建国家外语状况呈现出两个特点:一个是英语已经成为"一带一路"共建国家最重要的外语,另一个是区域性和地缘性较为显著,例如中亚五国在苏联时期倡导俄语的"霸主"地位,苏联解体后,俄语的历史影响并未完全消除,俄语仍然在各国范围内大量使用,成为事实上的外语或者通用语。[2] 目前,英语作为国际主要通用语言,是开展国际贸易必须掌握的语种之一,然而,有学者指出,"一带一路"建设可以用英语等作为通用语,但这种通用语只能达意、难以表情,只能通事、难以通心,欲表情、通心,需用本区域各国各族人民最乐意使用的语言。[3] 因此,高铁走出去法律人才处理涉外法律事务,一般可将英语作为工作语言熟练掌握,但是需要掌握相应的第二门外语,才能够使洽谈协商更加顺畅,才能够高效、及时地化解矛盾冲突,处理相关法

① 参见《"一带一路"沿线国家语言情况研究》,2018 年 8 月 4 日,见 http://m.sohu.com/news/a/128121259_488431803-07。

② 参见王辉、王亚蓝:《"一带一路"沿线国家语言状况》,《语言战略研究》2016 年第 2 期。

③ 参见吴萍、崔启亮:《CATTI 与 MTI 衔接的现状、问题与对策》,《上海翻译》2018 年第 1 期。

律纠纷,达到有效防范法律风险的效果。

(三)综合协调能力需求

语言能力是进行涉外事务的敲门砖,综合协调能力则是高铁走出去法律人才开展涉外法律事务的重要保障。高铁走出去事务纷繁复杂,是个系统工程,法律人才是高铁走出去整体工作中的核心成员,需要制定事前风险防范措施、事中风险监控及管控措施、事后矛盾纠纷化解及风险防范改善措施等。在整个高铁走出去过程中,都需要法律人才的全程参与,包括文件起草、政策制定、谈判签约以及日常管理规章制度制定,等等,都需要法律人主导进行。因此,高铁走出去法律人才需要具备较高的综合协调能力,不仅需要应对日常法律事务,同时还需应对突发事件以及最为棘手的问题。在全球化背景下,外交舆论战也是法律战,法律人才不仅要处理法律事务,也要对舆论进行准确的判断和辩驳。中国高铁曾一度陷入舆论风暴,国际高铁巨头为了牵制中国高铁输出,制造舆论指责中国高铁涉嫌"抄袭""窃取"。因此,在高铁走出去过程中,法律人才不仅需要能够处理具体法律事务,还需要能够冷静面对如舆论攻击等各类情况,需要具备综合协调能力。

三、高铁走出去法律人才的实践经验需求

法学学科是实践性很强的学科,涉外法治人才培养更要注重理论与实践的紧密结合,创新培养机制。[1] 教育部、中央政法委发布的《关于坚持德法兼修实施卓越法治人才教育培养计划 2.0 的意见》强调,要着力强化实践教学,进一步提高法学专业实践教学学分比例,支持学生参与法律援助、自主创业等活动,积极探索实践教学的方式方法,切实提高实践教学的质量和效果。[2] "一

---

① 马怀德:《加强涉外法治人才培养》,《红旗文稿》2023 年第 24 期。

② 参见《教育部 中央政法委关于坚持德法兼修 实施卓越法治人才教育培养计划 2.0 的意见》,2020 年 7 月 8 日,见 http://www.moe.gov.cn/srcsite/A08/moe_739/s6550/201810/t20181017_351892.html。

带一路"倡议下高铁走出去部分国家社会环境复杂,项目开展往往受多种风险因素制约。以巴基斯坦为例,该国的法律历史和司法体制等外部特征很容易使人推测其具有较高的法治水平,然而由于这个国家特殊的政治、经济等多种因素,其司法发展与国家的政治、经济发展未能同步,很多法律制度仅停留在纸面上,致使中方当事人与当地企业合作签订合同所设定的条件变得没有可操作性,在实践中很难实现预期合同目的,进而发生法律风险。① 在这种背景下,处理涉外法律事务不能仅依靠理论知识支撑,还须有相关国家的实践经验,面对各类突发状况,法律人才需要具有避险意识,能够帮助企业确立海外项目投资建设避险机制。

四、高铁走出去法律人才的国际视野需求

高铁走出去是摆脱"中国制造"的国家形象,进而转型为"中国创造"这一国家形象的重要一步,也是获得国际认可、实现"中国价值"传播的关键一步。② 所以高铁走出去法律人才不仅需要具备能够有效处理法律纠纷的能力,还需要具备国际视野。国际视野是立足现实、放眼世界的全球眼光,是关注自身、兼济天下的人类情怀,是认清形势、顺应时代的发展眼光,是明确使命、正视比较的开放思维,是摒弃分歧、谋求共赢的大局意识。③ 具有国际视野的法律人才,能够在具体的高铁走出去法律业务处理中维护国家形象和国家利益,在具体的政策文件制定起草过程中充分考虑节能减排、保护生态环境、保护耕地的义务,推动政府、企业以及个人积极履行国际责任,实现经贸文化政治法律合作共赢。④ 因此,高铁走出去法律人才应该具有国际视野、国家情怀。

---

① 参见范佩:《对标国际 打响中国涉外律师品牌》,《中国律师》2019 第 12 期。

② 张文松:《中国高铁"走出去"的风险研究》,经济管理出版社 2019 年版。

③ 冯刚:《国际视野下时代新人培育的理论蕴含与实践路径》,《国家教育行政学院学报》2020 年第 3 期。

④ 王宏:《"一带一路"视域下高校涉外法律人才培养路径探究》,《改革与开放》2017 年第22 期。

第四节 "一带一路"倡议下高铁走出去法律人才的培养策略

基于以上对高铁走出去法律人才供需矛盾、目标定位以及内涵需求的分析,清楚了目前供不应求的现实状况,明白了精英、专业、高学历的目标定位,知晓了多元化的知识需求、能力需求、实践经验需求和国际视野需求。在此基础上,进一步探索如何培养符合上述需求的高铁走出去法律人才。

一、认清高铁走出去法律人才培养的知识体系

(一)认清培养的法律专业知识体系

如前所述,我们将高铁走出去法律人才培养目标定位于精英、专业及高学历人才(硕士及以上学历),因此,我们的讨论主要集中在对法律类研究生及以上层次的培养。目前各大高校法律类专业研究生的主要专业课程有:法理学、中国法制史、宪法、民法学、刑法学、刑事诉讼法、民事诉讼法、行政法与行政诉讼法、经济法、国际法等。各院校还会根据自身特色和教学优势设置不同的选修课程,如财经类院校会开设商法、保险法等课程,医科类院校会开设医疗法等课程。从整体上来看,院校大多只是笼统地开设了基础性的专业课程,没有明确把握法律人才的培养模式和方向,即使是结合学校特色专门开设的法律课程,也只是单纯地将特色学科与法律进行"缝合",学科交叉教学缺少融会贯通。有学者指出,目前法律类研究生课程的开设,只关注法学知识的传授,而如法律(非法)硕士研究生本科阶段的经验优势和跨学科优势被覆盖得无影无踪,无法实现知识的交叉与对接,这不利于复合人才的培养。① "一带一路"倡议下高铁走出去法律人才作为精英复合型人才,法律知识体系除应

① 张洪成、黄瑛琦:《全日制法律硕士研究生课程体系和教学方法改革探索》,《学位与研究生教育》2014 年第 10 期。

包含必修的基础法律类专业课程外,还应兼顾课程的国际化、专业化,并增加实践课程,贯彻法律职业伦理教学。

1. 国际化课程设计。高铁走出去法律人才是应该具备国际视野的国际化人才,故其专业知识体系应该涵盖主要的国际法课程。由于受到传统观念、专业设置和办学条件的限制,各大院校对于涉外法律课程不够重视,如国际法类课程的开设被局限于国际公法、国际私法和国际经济法等主干课程,国际法分支课程以及与国际法紧密相关的外国法课程、国内法中的涉外法治课程以及专业外语课程等,很少全面开设。① 此外,除了基础法律类课程,在高铁走出去法律人才培养的专业知识体系中,还应设置国际贸易法、国际商法、国际税法等国际法分支课程,并根据目标国的法律状况设置目标国各类法律以及涉及目标国的双边或多边条约、公约等外国法课程。

2. 特色化课程设计。由于高铁项目具有基础建设的性质,高铁走出去法律人才必须掌握与高铁建设工程相关的招投标法、建筑法、建设工程法、FIDIC、NEC 条款等课程;除此之外,为了配合规避高铁在劳动、装备、技术输出环节面临的法律风险,还需要设置目标国的劳动保障法、知识产权法、环境保护法、税法、保险法等相关法律课程。

3. 涉外法律实务课程。除了理论知识体系的确立,实务课程也是法律知识体系中的重要一环。法律的生命不在于逻辑,而在于经验,高铁走出去法律人才的实务课程设计需要与培养目标相适应,即应该拥有处理具体法律事务能力。然而,仅靠学校自身难以实现此目标,高铁走出去法律人才培养实务课程的开展需要校、政、企三方配合,构建高铁走出去法务实践平台,让学生能够接触了解到具体项目的运行方式,熟悉项目工作流程,不断积累高铁走出去项目建设相关实践经验和法律事务处理实践经验。

4. 法律职业伦理课程。有学者认为,高素质法律人才培养必须把法科学

---

① 参见李建忠:《论高校涉外法律人才培养机制的完善》,《浙江理工大学学报(社会科学版)》2017 年第 4 期。

生公平正义的道德品格作为第一培养目标,法科学生的道德伦理可以通过专业课程设置、师德师风引导、公平公正的考核考评、公益课程安排、职业伦理教育、社团活动来养成,而法律职业伦理教育是其中的核心环节。① 优秀法律职业伦理的形成既需要理论教育培养,更需要实践环节的磨炼。高铁走出去法律人才作为涉外法律人才,其使命感和道德感标准较高,这就要求其拥有高尚的职业道德伦理。法律职业伦理作为一种职业精神,在教育方式上要摆脱教条主义,不仅要在理论教学中教授法理知识,而且不能以分数的高低来评价伦理层次等级,需要在具体法律实践中磨炼,需要在具体利益冲突中衡量。

(二)认清培养的高铁相关知识体系

高铁相关知识是法律人才参与高铁项目的基础,同时,为了打破高铁技术壁垒,制定和完善中国高铁技术法规和标准以及推动中国高铁标准国际化,高铁法律人才必须深入了解高铁相关专业知识,学校要认清人才培养的高铁知识体系构架,针对不同的目标国需要确立不同的培养方案。从高铁相关知识的类型来看,高铁走出去法律人才所需具备的高铁知识可分为高铁基础设施相关知识和高铁技术标准相关知识。

1. 高铁基础设施相关知识。设施设备等专业知识可以参考轨道交通类专业的高铁基础专业课,如:高速铁路概论、高速铁路列控车载设备、高速动车总体及转向架、机车车辆工程,等等。对于基础设施设备相关知识的学习需把握好总体性框架,只要具备一定的高铁车体、线路等基础知识即可。

2. 高铁技术标准相关知识。高铁技术标准相关知识对于高铁走出去法律人才培养非常重要,高铁走出去法律人才必须熟悉东道国的高铁技术法规及标准体系,这是处理高铁项目法律业务的前提性知识储备,是高铁走出去法律人才必备知识。但是,高铁技术标准较为复杂,而且,各个地区、各个国家依据的高铁技术标准不同,更是增加了高铁走出去技术标准把握的难度。以欧

---

① 参见陈云良:《新时代高素质法治人才法律职业伦理培养方案研究》,《法制与社会发展》2018年第4期。

盟的高铁技术标准为例,欧盟技术法规及标准体系构架包括4个层次:一是欧盟铁路指令(EC),由欧洲共同体(The Commission of the European Communities)批准;二是欧洲铁路互通性技术规范(TSI),由欧洲共同体批准;三是欧洲标准(EN),由欧洲标准化组织批准;四是欧盟各国国家、协会和企业标准。① 其中EC属于法律规范,主要是对铁路的总体结构和功能进行规定;TSI则是按照EC,由代表基础设施的管理部门、铁路公司和该行业的联合机构制定的技术规范,主要目的是为了实现跨欧洲铁路之间的技术互通;EN则是更为详尽的技术协调标准,且EN在国际上的影响力很大,由于其为实现互联互通的特定应用环境需求,无论TSI还是标准,相对规定的内容详尽,适用性强,所以,许多国家在装备制造及工程建设中大量采用欧洲标准;②欧盟各国国家、协会和企业则会根据上述规范和标准,顺应高铁的技术发展创新,发布更为详细专业的国家标准、协会标准和企业标准。高铁走出去需要面临各国各地区不同的高铁技术法规体系和标准体系,因此,高铁走出去法律人才培养必须将高铁技术标准体系纳入培养方案,而且,学校和相关企业应该因地制宜,针对不同的目标国区域,采取对口式高铁技术知识培养。

(三)认清培养的人文素养知识体系

人文素养知识的培养是高校教育的核心。人文素养内涵丰富,不仅包括政治学、经济学、伦理学、哲学、历史学、法学等人文科学知识,还包括以人为中心的内在品质和精神。③ 有学者指出,当下高校教育中人文素养知识教育明显不足,学校往往为了顺应社会对具备理工类技能人才的迫切需求,"理所当

① 朱梅等:《国际国外高速铁路技术法规及标准体系分析》,《铁道技术监督》2011年第7期。

② 朱梅等:《国际国外高速铁路技术法规及标准体系分析》,《铁道技术监督》2011年第7期。

③ 胡晓敏:《"新工科"背景下应用型高校大学生人文素养教育探索与实践》,《改革与开放》2019年第9期。

然"地对人文素养教育的投入进行压缩。① 人文素养不仅包含人文知识、涵养等内在素养,也包括了人文内涵所外化出的具体行为。对高铁走出去法律人才而言,法律事务处理往往以良好交流为前提,优秀的人文素养作为内在要素不可或缺。高校需要明确人文素养知识培养方案,不仅要丰富学生人文知识的摄取,也要注意学生在实际生活中人文素质的养成。其中包括培养目标国人文知识素养和本国人文知识素养。

1. 目标国人文知识素养教育。目标国的社会背景和人文环境与国内差别较大,深入了解目标国的人文社会背景有助于项目合作交流,避免由于文化差异形成矛盾摩擦。在交流过程中除了要谈吐得体、举止恰当外,也要懂得规避目标国家的文化和习俗禁忌。以哈萨克斯坦为例,在与长辈交流时,不能直接称呼对方的名字,需要用"您"来称呼;在日常生活交往中,当地人禁忌吃猪肉、骡肉、驴肉和一切自死的动物,忌讳喝动物的血液,忌讳任何人怀疑或者侮辱当地信仰。② 法律人才提供法律服务必须了解目标国人文知识,尊重该国的文化传统,融入当地的文化环境。因此,在高铁走出去法律人才培养中,应该注重高铁走出去未来目标国和地区的筛选,并将最有可能的主要目标国和地区相关文化教育课程纳入选修课程,让学生对相关国家和地区人文知识有所了解。

2. 本国人文知识素养教育。高铁走出去法律人才不仅要接纳吸收外国文化,也要弘扬本国文化,人文知识的积累程度会在具体待人处世中体现出来。在国外开展涉外法律事务往往要求参与者拥有充足的能力以及强大的韧性和毅力,这些优秀的品质正是我国传统文化所宣扬的"德才兼备"的深刻内核。有学者提出,培养德才兼备的高素质人才是高等教育的出发点,此外还要

① 参见钟华华等:《大学生人文素养培育的瓶颈与突破》,《闽西职业技术学院学报》2019年第4期。

② 参见罗丽英:《中国汉族与哈萨克斯坦哈萨克族的交往禁忌文化》,《艺海》2020年第6期。

注重职业道德、法治教育、诚信品格教育以及敬业精神、责任意识、遵纪守法意识的培养。① 所以在高铁走出去法律人才培养中,学校应当开设宣扬优秀传统文化知识的公开课和选修课,鼓励学生参与这类知识的学习,营造出良好的人文氛围,让学生在学习和生活中都感受文化熏陶,具备优秀的人文素养。

（四）认清培养的外语知识体系

一份调查显示,接受调查的 300 家江苏走出去企业和 300 家福建走出去企业急需日语、韩语、德语、法语、西班牙语、俄语、意大利语和泰语等 16 类关键语言人才。② 从涉外法律人才的供给现状来看,熟练掌握第二门外语的涉外法律人才在数量上无法满足市场需求,掌握第二门外语的高铁走出去法律人才更为紧缺。因此,高铁走出去法律人才培养需要英语(尤其是法律英语)和第二外语的培养。

1. 完善法律英语培养模式。有学者认为,涉外法治人才培养应首先从培养"英语 + 法律"的复合型外语人才入手,其核心知识学习和能力培养应以"法律英语"为切入点,在所有的法律外语中应当以"法律英语"教育优先。③英语在"一带一路"的大多数国家中属于重要外语,是涉外法律人才必备的工作语言,对高铁走出去法律人才的法律外语培养首先应注重法律英语。法律英语的专业课程体系分为 3 个模块:英语语言知识模块、法律英语知识模块和法律英语技能与实践模块。法律英语是一门应用型学科,因此,高铁走出去法律人才的法律英语课程除应涵盖传统的法律文书、英美法系知识等课程,还应该包括具体的高铁法律合同、条款等,应该从高铁走出去法律人才的具体需求入手进行法律英语教学和训练。

---

① 刘慧玲:《提高大学生人文素养对策研究》,《吉林工程技术师范学院学报》2020 年第5 期。

② 高健等:《"一带一路"关键语言视角下企业外语人才需求调查与分析》,《价值工程》2019 年第 27 期。

③ 参见曲欣:《法律英语助推我国涉外法治人才培养体系建设》,《中国 ESP 研究》2019 年第 2 期。

2. 补足第二门外语能力的培养。尽管英语在绝大多数的目标国通用,但一些国家由于历史因素等会以其他语言为官方或通用语言,在这些国家开展的走出去项目经常会因合同、协商翻译纰漏而导致损失。由于语言的学习是一个较为系统的过程,培养复合型人才所需的时间成本很高,并非所有学院都有能力开设第二门外语课程供学生选择。同时,高铁走出去法律人才所需掌握的知识繁杂,未必有时间和精力充分学习第二外语。面对这种情况,院校和企业应当要针对未来目标国国情和项目的实际情况,使目标国外语成为英语的补充,让高铁走出去法律人才主要掌握与项目相关的专业术语,避免因专业术语交流障碍造成项目工程的延误甚至取消。因此,院校应该选择性开设第二外语课程供学生选修,企业则应该根据具体项目需求在相关法律人才正式参与具体法律业务之前进行第二外语集训,让相关法律人才能够及时掌握第二外语基本的知识,避免因语言不通带来风险。

二、探索高铁走出去法律人才的培养模式

(一)高校单独培养模式

有学者认为,从培养专门人才的角度,涉外法律人才只能在大型院系的实验班和专门培养基地的院所中开展,而无法以大众教育的模式量化。[①] 能够培养涉外法律人才的院校大致可以分为三类:第一类是综合性大学法学院系,第二类是专业性政法院校,第三类是语言类、财经类、师范类、理工农医类等院校开设的法学专业。[②] 综合性大学各专业的实力都比较强,一般采取综合培养模式,意在培养通识类法律人才,如清华大学对法律人才按通才培养理念,只设法学专业,部分课程双语或全英文授课,目标是"培养具有扎实的法学理

[①] 参见万猛等:《卓越涉外法律人才专门化培养模式探析》,《中国大学教学》2013 年第 2 期。

[②] 参见付子堂:《"一带一路"战略中法治人才培养模式分类探究》,《法学教育研究》2017 年第 1 期。

论功底和较强的法律应用能力,具备深厚的人文素养和必要的自然科学知识、管理知识,适应国家建设所需要的德智体全面发展的高素质的法律人才";政法类学校多采取实验班的培养模式,对不同类型的法律人才进行分班培养,如中国政法大学的涉外法律人才实验班,培养目标是"懂法律、懂经济、懂外语的厚基础、宽口径、高素质、强能力的国际化、应用型、复合型人才";专业类院校则采用专业复合模式进行培养,如对外经济贸易大学的涉外型卓越经贸法律人才实验班,目标是"培养具有宽广的国际视野和强烈的民族自豪感,系统掌握法学专业理论知识,通晓国际经贸政策和国际商务知识,专业英语水平突出,能够胜任各类初级涉外经贸法律工作,创新精神和法律实践能力出众的国际化、复合型卓越人才"。这三种培养模式各有优劣。其中,综合培养模式有利于学生形成开阔的知识视野和宽厚的专业基础,但其针对性相对较弱,涉外法治人才培养的目标不够清晰;特色实验班模式针对不同的人才需求进行单独培养,针对性较强,但覆盖面较小,难以显现规模效应;专业复合模式通过打破学科、专业之间的壁垒,通过跨专业或学科进行复合型人才培养,有助于提升涉外法治人才的适应能力和自我发展能力,但专业复合模式在课程设置和师资方面要求较高,不合理的课程安排和不充足的复合型师资容易导致"两不像"的情况。①

　　高铁走出去法律人才作为精英复合型涉外法律人才,对学院人才培养模式提出了新的要求,即除了要开设专业化的涉外法律课程,还要根据需求开设与高铁项目相关的外语、工学、管理学等课程。各大院校单独培养对接高铁走出去项目的法律人才,必须增设相关课程,形成"法律+外语+高铁"的教学培养体系。按此思路,目前能够进行高铁走出去专业化培养的院校主要是交通类院校,尤其是具有铁路行业背景的交通类院校能够做到,一般综合性大学或政法类院校都无法开设高铁相关课程。因此,学院单独培养模式并非高铁走

---

① 参见韩永红等:《面向"一带一路"需求的涉外法治人才培养——现状与展望》,《中国法学教育研究》2019年第1期。

出去法律人才培养的最佳途径,但也不能完全否认学院单独培养模式的功能及地位。只是需要在学院单独培养后再由高铁走出去企业进行专项训练和实践磨炼,经过长时间锻炼后,才能达到理想的高铁走出去法律人才需求标准。

(二)实践单位独立培养模式

我国企业走出去一直受人才短缺的制约,尤其缺少具备国际视野和国际洽谈经验的高端复合型人才。相对而言,大型企业内部会有一定的法律人才储备,可以在企业内部对法律人才进行专门化培养,使其能够配合走出去项目。而中小型民营企业对于人才的需求较为迫切,在走出去的前期投资以及项目筹备落地的过程中,企业就面临着多种风险。通常,中小型企业只能求助于法律顾问,企业内部缺少能够规避风险的关键人才,导致企业在整个投资过程中都可能遭受巨大损失,项目落地后更可能面临停摆风险。当前很多民营企业希望通过借助国家政策,加大海外投资,进一步提升企业的发展空间,但在投资过程中欠缺风险意识盲目扩张,在筹资过程中只看到了国外吸引外资的政策优惠,并没有了解国外经济发展状况以及市场情况,因此国内一些民营企业将海外企业作为主要并购对象,在国外的优惠政策支持之下,表现出一定的冲动性和盲目性。[①] 高铁走出去企业虽然也会涉及零配件出口等中小企业,但主要是大型企业,而且以大型国企为主,具备一定的培养自身储备人才的能力。但是,高铁走出去企业单独培养法律人才,由于没有前期谋划,一般只能从高校法学院引进一般涉外法律人才,再经过高铁企业的专门培训,最后还需要在实践中培养人才。这种模式培养的法律人才,一方面缺乏对高铁相关知识的储备,后期培训难度较大;另一方面法律人才需要长期实践训练,适应期较长,且即便后期进行培养训练,也难以在短时间内弥补高铁等相关知识的欠缺。因此,实践单位单独培养模式亦非高铁走出去法律人才培养的最佳模式,这种模式只是在高铁走出去法律人才极度匮乏情况下的权宜之计。

---

① 刘珺:《民营企业"走出去"面临的机遇与挑战》,《人民论坛》2020年第4期。

（三）"专业院校+实践单位"联合培养模式

法学教育不同于其他教育关起门来在实验室里面就能培养出人才来,卓越法律人才必须由学校和实务部门共同培养。① 如前所述,高铁走出去法律人才定位于研究生学历以上层次,对于研究生的培养相对较为灵活,所以"专业院校+实践单位"联合培养模式具有较大可行性。有学者指出,随着研究生队伍的不断扩大以及市场对高层次人才需求的日益增长,联合培养研究生成为研究生教育的一种培养模式。② "专业院校+实践单位"的联合培养模式对口性相对更强,能够弥补学院单独培养缺乏实践经验的短板,同时又能够弥补实践单位单独培养缺乏前期学院针对性培养的问题。有学者指出,只有学校与企业之间建立一种深度开放和资源共享的关系,才能促进单一的人才培养模式发生深刻变革。③ 尤其在高质量共建"一带一路"背景下,加强产学合作,就是要加快适应不同行业企业及学院国际化办学的需要,加快推动优质教育国际化和企业国际化发展,推动校企双方在急需学科共建、特色人才培养、科技创新及成果转化等方面深入合作,尤其是在企业所需专业和人才培养方面设置特色学科,为"一带一路"建设提供高质量的专业对口毕业生。④ 因此,高铁走出去法律人才培养,需要校企间高度合作、联合培养。

一是高铁走出去企业与学校深度合作。以高铁走出去企业现实需求为目标,按照企业的现实需求,企业与学校共同制定培养方案,深度参与培养过程。二是学校与企业分工明确。学校负责法律基础理论知识、高铁走出去所需的专业法律知识、外语知识以及高铁相关知识的培养;企业负责提供实践平台,负责实践训练。在具体培养过程中学校与企业分工明确,但合作不间断,在理

① 贾宇:《坚持社会主义法治道路 创新卓越法律人才培养》,《中国高等教育》2015 年第 6 期。
② 林芳君等:《联合培养研究生教育工作的实践和探索》,《现代城市》2018 年第 1 期。
③ 李成明:《"一带一路"战略下轨道交通国际化技术技能人才培养路径研究》,《机械职业教育》2017 年第 8 期。
④ 周秀琼:《"一带一路"人才培养模式创新及路径选择》,《学术论坛》2018 年第 3 期。

论知识授课阶段应该邀请部分实践专家参与授课指导,在实践训练阶段,学校教师亦不能完全放手,应该参与实际指导,实行双导师制。目前,中南大学和西南交通大学联合发起了"一带一路"铁路国际人才教育联盟,南京铁道职业技术学院牵头组建了中俄交通大学校长联盟和中国—东盟轨道交通教育培训联盟,广州铁路职业技术学院牵头组建了华南"一带一路"轨道交通产教融合联盟,对联合培养高铁走出去人才进行各种尝试。[1] 但是,在高铁走出去法律人才培养方面还没有校企联合培养的具体尝试。校企结合不仅需要校方和企业的共同努力形成良好的人才互动平台,政府相关部门更要为校企联盟提供政策支持与保障,助力联盟良性发展。有学者指出,政府的主要职责是明确高校涉外法治人才培养的重要地位,加强政策支持与引导;高校应当对涉外法治人才培养的基本要素进行合理配置,创新涉外法治人才培养机制;包括行业企业、社会公众、学会在内的其他社会主体应当积极营造适合高校开展涉外法治人才培养的社会空间。[2] 还有学者指出,为更有效地开展适应我国高铁走出去的铁路国际化人才培养,高等院校、政府部门和外向型企业应发挥好自己的角色功能,构建"政府主导、学校主体、企业与科研机构参与协作"的"校政企协同"的育人机制,协调推进铁路国际化人才培养工作。[3]

三、完善高铁走出去法律人才培养的基础保障条件

"一带一路"倡议下高铁走出去法律人才培养不仅需要认清培养的知识体系,确立"专业院校+实践单位"的培养模式,在此基础上还需要建立高水平

[1] 郭垂江等:《校政企协同推进铁路国际化人才培养的措施分析》,《南方职业教育学刊》2019 年第 5 期。

[2] 孟庆瑜、李汶卓:《地方高校涉外法治人才培养的目标定位与实现机制——基于我国自贸试验区建设的人才需求分析》,《河北法学》2021 年第 8 期。

[3] 郭垂江等:《校政企协同推进铁路国际化人才培养的措施分析》,《南方职业教育学刊》2019 年第 5 期。

的师资队伍和投入足够的经费作为保障。

（一）建立高水平的师资队伍

优质的师资是卓越涉外法律人才培养的关键。涉外法治人才培养的前提和基础是拥有一支高水平的师资队伍，进而承担起为涉外法学生传道授业之重任。[①] 在人才培养、学科发展以及科研水平提高过程中，教师均处于主体地位，师资队伍的国际化对于高校国际化的发展起着无可替代的作用。国内高校在涉外法治人才培养中体现出的师资封闭性，导致学生难以从根本上达到高端涉外法治人才的需求。[②] "专业院校+实践单位"培养模式存在的重大问题就是专业院校缺乏高水平的法学教师。一般而言，专业院校都会在自己特色专业配备较强的师资队伍，但法学在专业院校中一般属于弱势学科，这是专业院校培养高铁走出去法律人才的弱点。因此专业院校建立高水平师资队伍迫在眉睫，只有高水平的师资队伍才能培养出高水平的高铁走出去法律人才。有学者指出，高校教师在研究生教育国际化进程中具有主导作用，必须具有在国际视角下分析问题的能力，以及利用自身国际化知识和技能解决问题的能力，并在教育领域具有较高的竞争力，才能满足研究生国际化教育的要求。[③] "一带一路"倡议下高铁走出去法律服务市场对法律人才的理论水平和实务能力要求都非常高，所以高校的师资团队不仅要让学生获得充实的理论知识，还要具备一定的实务经验。

1. 配置具备实务经验的优秀全职教师。有学者指出，高校不缺优秀的理论教师，缺乏的是实践型教师。[④] 目前高校具有国际工程经验的师资非常紧

[①] 孟庆瑜、李汶卓：《地方高校涉外法治人才培养的目标定位与实现机制——基于我国自贸试验区建设的人才需求分析》，《河北法学》2021年第8期。

[②] 崔晓静：《高端涉外法治人才培养的理念与模式创新》，《中国大学教学》2022年第11期。

[③] 李新冬：《教育国际化背景下研究生培养模式研究》，《当代教育实践与教学研究》2020年第11期。

[④] 袁合川等：《应用型法律人才的培养模式探究》，《法制博览》2019年第20期。

缺,要加大具有国际工程项目经验师资的引进力度,充实高校的师资队伍,改善高校的师资结构,提升高校师资整体的国际化水平。[①] 相比于具有国际工程项目经验的工科教师,具有国际工程法律实务经验的法学教师更为紧缺,甚至是稀缺。因此,高铁走出去法律人才培养高校不仅需要配备具有深厚法学理论功底的理论型教师,还需要配备具有高铁走出去法律实践经验且具有较高理论水平的教师。这些教师的招聘途径应该从企业、政府等实务部门招聘,而且应该在年龄、学历等方面降低条件,注重实践经验及理论水平考察,淡化学历年龄要求。

2. 招收一定量有项目经验的兼职教师。目前高校的全职教师很难做到兼顾理论课程的教育和高铁走出去法律实务经验,高校应当有选择性地招收兼职、挂职教师。院校可以创建铁路国际化法律人才培养企业兼职教师储备库,同时遴选具有铁路国际化素质的法律教师到外向型企业挂职锻炼,让其切身感受国际化环境,提升教师的国际化素养,了解企业和员工的迫切需求。[②]

(二)投入充足的经费保障

培养优秀的高铁走出去法律人才,一方面需要高水平的师资队伍,另一方面也需要充足的经费保障。有学者指出,为丰富国际法律课程体系,国内法学院要聘请优秀国外学者或法律实务人员讲授涉外课程,按世界一流大学的薪酬标准,价格不菲,而目前国内法学院仅能提供较为微薄的课酬,一些国际学者甚至是免费授课。类似地,学生(特别是本科生)参与国际交流或国际赛事的资金支持也缺乏制度性保障。[③] 缺乏经费保障,师资队伍建设、高水平课程开设以及专门的高铁走出去法律实践经验锻炼都无法实现。因此,需要站在国家战略需求的层面,将"一带一路"倡议下高铁走出去法律人才培养作为重

---

① 郭垂江:《铁路"走出去"背景下的国际化人才培养培训:基础、问题及策略》,《石河子科技》2020年第3期。

② 郭垂江:《铁路"走出去"背景下的国际化人才培养培训:基础、问题及策略》,《石河子科技》2020年第3期。

③ 郭霁:《创新涉外卓越法治人才培养模式》,《国家教育行政学院学报》2020年第12期。

点支持对象,构建起专业院校投入、企业参与、政府支持的经费保障体系。一是专业院校要建立专门经费保障制度。专款专用支持高铁走出去法律人才培养,每年列入学校预算,按期拨付,支持优秀师资引进、学生实践锻炼等各重要事项。二是高铁企业应该根据人才需求积极进行经费支持。企业是营利机构,在众多开支项目中,拨付一定费用支持高校培养自己特殊需求人才没有太大困难,难的是企业需要认识到该项工作的重要性,需要具备高铁走出去人才培养的强烈意识。三是政府应该从国家战略需求角度给予倾斜性支持。培养国家急需人才是政府应尽的义务,在各类经费拨付中,应该建立国家急需人才培养专项资金,将高铁走出去法律人才培养列入该类基金资助范围内,通过专项资助支持校企联合培养高铁走出去法律人才。

第七章　展望与建议

本书从微观层面对高铁走出去的知识产权保护、劳动保护、环境保护、税务征收及法律人才培养五个方面进行深入研究，并提出了应对策略。高铁走出去战略的成功实施，不仅要从微观层面深入研究法律问题，还应该关注宏观层面，不仅要关注走出去相关问题，还应该关注国内高铁安全发展问题。

其一，要总体谋划，制定路线图，分层次推进实施高铁走出去战略。针对不同的目标国，应该根据其对高铁需求的强烈程度，采取不同策略逐层跟踪和推进。一是对已经中标或建成高铁项目的目标国，如雅万高铁、匈塞高铁、中老铁路、中泰铁路、马来西亚东海岸铁路等项目，应该从国家外交层面，排除各种干扰因素，力促加快施工进度，力保如期完工，已经建成通车的应该采取有力措施，力保安全运营；在企业层面，要建立严格的质量保障体系和工期保障体系，要在合理工期内兑现中国高铁工期短、成本低及性价比高等优势承诺，早日建成通车并安全运营，让目标国民众切实体会到中国高铁带来的红利，在具体实践中建立起中国高铁品牌信用。二是对于修建愿望强烈且与中国传统友好的目标国，如俄罗斯、新加坡、巴基斯坦等国家，要从外交层面力促目标国修建高铁的愿望变成实际行动，要从企业层面做好各项投标准备，从社会智库层面充分研究影响目标国高铁项目建设运营的一切因素。三是对于有修建高铁愿望，但国内争议较大的国家，如美国、印度等国家，应该密切关注，及时跟踪，提前研究目标国与高铁建设运营相关的一切因素，为未来中国高铁输入这些国家做好充分准备。

其二,要加大高铁关键技术的研发力度,确保中国高铁拥有关键技术的完全自主知识产权。知识产权是高铁走出去竞争的灵魂,尤其是关键技术的知识产权,更是各国高铁核心竞争力的具体体现。中国高铁技术经历了引进、吸收、消化和创新的过程,在短短数年内达到甚至超越了所引进国家的水平,而容易产生抄袭质疑的外观,是竞争对手攻击的薄弱环节。因此,应该持续加大关键技术研发投入,健全激励机制,提前在目标国做好知识产权合理布局,并进行适度合理宣传,以竞争对手和目标国绝对信服的技术实力赢得市场的尊重。

其三,要积极创新高铁走出去的投融资模式,确保高铁走出去资金筹集的多元化。尤其是"一带一路"共建国家多处于财力不济、资金严重匮乏的状况,在这些国家修建高铁的主要资金来源于中国高铁企业。在"一带一路"倡议下,亚投行、丝路基金和各大金融机构的贷款可以在一定程度上满足中国高铁走出去的资金需求,但高铁项目资金回收期长,单一的贷款模式难以持续支撑中国高铁走出去的长期资金需求。因此,需要不断创新融资模式,引入社会资本,以多元化的资金来源支撑中国高铁走出去的资金需求。

其四,要加大高铁走出去的人才培养力度,做好充分的人才批量储备。人才是中国高铁走出去成败的关键,而高铁走出去所需的相关人才,既需要有扎实的专业技能,还需要精通目标国的语言,了解目标国的文化,并且熟悉相关国际规则,是典型的复合型人才。这类人才的培养无法在短时间内解决,需要专业院校和实践部门联合培养。因此,在如今尚未形成批量订单情况下,应该加大投入,提前谋划,做好所需人才培养储备,为以后中国高铁大批量走出去做好充分准备。

其五,要完善高铁法治,以先进的法律制度规范高铁发展,持续引领世界高铁走向。技术的先进是高铁走出去的前提和基础,但如何保持技术的持续创新,如何能够持久地走出去并赢得国际高铁市场的长期信赖,需要有先进的国内法律制度保障。高铁强国不仅需要高铁技术先进,更需要高铁法律制度先进,只有科学合理的高铁建设制度、专用设备制造维修制度、运营管理制度和安全保障制度等制度支撑,中国高铁才能长期保持优势地位,持续引领世界高铁走向。所以,高铁走出去风险防范的第一要务是完善和健全高铁法律制度,以先进的法律制度保障高铁成功、持续地走出去。完善法律制度的近期目标是在铁路法修改中增加专门规制高铁特殊需求的相关条款,远期目标是制定一部专门的高速铁路法,从高铁建设、专用设备制造维修与运营以及安全保障等各个方面进行法律制度完善,确保高铁技术持续创新、管理持续改进、运营持续安全高效,走出去才能持续保持后劲。

其六,要培育风险防范意识,以法治思维和法治方式防范高铁走出去面临的各类风险。思想意识是一切工作得以有效开展的前提,没有思想意识的指导,一切工作都将失去开启的根源。高铁走出去面临诸多政治、社会、安全和法律风险挑战,所以无论是高铁企业,还是铁路行业政府主管部门都应该培养风险意识,加强风险管理。在高铁走出去之前要充分了解目标国文化、宗教、语言和法律等知识,并在承建合同中对各类风险防范做出合理安排;在高铁走出去过程中应建立健全各类风险管理制度,进行过程管控,动态管理,实时监控,尽量避免风险事件发生。

其七,发起设立世界高铁合作组织,推动高铁有序走出去,促进世界高铁共同发展。目前,中国高铁遥遥领先于其他各个国家,占据了引领世界高铁发展的地位,而且,随着推动共建"一带一路"走深走实,中国高铁走出去作为共建"一带一路"设施联通的重要领域,已经成为国家外交的靓丽名片。当然,中国高铁在走出去的过程中也存在一些问题:一是存在标准障碍,中国高铁标准缺乏世界认可,走出去会遭遇一些困难;二是面临政治风险、社会风险、安全风险和法律风险等各类风险较大,难以有效应对;三是国际协调机制不健全,世界高铁市场恶性竞争激烈,有时甚至导致两败俱伤;四是中国高铁一枝独秀,但其他国家修建高铁的愿望和计划难以落地生根,缺乏有效推动力。这些问题仅靠高铁企业或一国力量难以有效解决,需要专门的国际高铁机构协调推进,逐步解决。

目前,铁路国际组织主要有国际铁路联盟(UIC)和铁路合作组织(RCO)。国际铁路联盟于 1922 年在法国巴黎成立,以保护国际交通利益、加速铁路发展、提高铁路建造条件和实现标准化为目的。该组织长期被西欧国家主导,虽然后来扩大了范围,但西欧主导的性质并未改变。铁路合作组织于 1956 年成立,其宗旨是发展国际货物和旅客运输,建立欧亚地区统一的铁路运输空间,提高洲际铁路运输通道的竞争能力,促进铁路运输领域的技术进步和科技合作。在这两个组织中,中国都是参与角色,并在积极争取标准制定权,难以达到主导地位。因此,为争取中国高铁国际话语权,获取中国高铁标准的地区和世界认可,助力中国高铁装备、施工、运营管理等全产业链走出去,在目前世界缺乏专门高铁发展国际协调组织的情况下,应该发起设立世界高铁合作组织。该组织由中国主导设立,极力争取中国传统友好国家参加,尤其是中国高铁正在输出或潜在输出的目标国,同时积极争取欧美国家参加。设立该组织的宗旨主要为提高世界高铁标准化水平,协调规范世界高铁竞争市场,促进世界高铁健康快速发展,造福世界人民。分而言之,发起设立该组织的意义主要表现为以下几方面。

一是抢占先机,积极主导制定世界高铁标准,切实推动中国高铁标准走出去。中国高铁起步晚,并且是在引进、消化、吸收、创新、集成创新过程中跨越式发展起来的。虽然,我们目前具有明显的规模优势、技术优势、成本优势和运营管理经验优势,但是,日本和欧洲高铁强国有先发优势,占据了世界高铁标准的制高点,使中国高铁在走出去过程中屡遭标准限制。近年来,原来的高铁强国制定的高铁标准越来越不适应当今高铁发展需求,中国高铁标准的优越性逐渐显现。应借此机会,依托中国主导的世界高铁组织,依据中国高铁标准及时修改和制定世界高铁标准,切实推动中国高铁标准走出去。

二是切实开展高铁走出去各类风险研究,建立风险预警机制,提高市场主体化解重大风险的能力。近年来,在高铁走出去的过程中,政治风险、社会风险、安全风险和法律风险不断暴露，且难以有效防范。如泰国高铁换大米的失败、墨西哥高铁中标3天后即被撤销、美国西部快线单方终止合作、马来西亚东海岸铁路和马新高铁被当时新上任的总统叫停和取消等。这些都是政治风险的具体表现，加之"一带一路"倡议下高铁走出去的多数国家各种势力暗流涌动，政局稳定性不强等因素更加剧了高铁走出去的政治风险。而且，高铁走出去还需面对各国的历史文化、生活习惯、宗教信仰和其他人文环境差异，中国高铁管理人员和技术人员能否跟当地人民友好相处存在未知因素；除此之外，高铁走出去还面临知识产权保护风险、劳动纠纷风险、环境侵权风险、税收风险等。这些风险的防范仅靠高铁企业自身难以有效实现，需要借助中国主导的专门国际高铁组织开展全方位研究，建立预警机制，增强中国高铁企业化解防范高铁走出去重大风险的能力，及时掌握风险动态，有效进行风险防范应对。

三是协调规范世界高铁竞争市场，避免恶性竞争导致的自损行为。目前在高铁走出去的过程中，竞争异常激烈，以印尼雅万高铁为例，中日之间的竞争白热化，相互压价、降低条件和提供优厚待遇等竞争手段，使本来就很难盈利的高铁项目变成无利可图，两败俱伤。而且，在其他高铁装备制造输出、技术输出和标准输出的过程中，竞争亦非常激烈，甚至不惜采用诋毁对手商誉等不正当手段，如日本川崎重工就曾利用媒体大肆宣扬指责中国高铁侵犯知识产权。虽然，近两年中日在东南亚高铁市场的竞争有所调和，但缺乏专门的机构组织协调，各国间的恶性竞争并不能杜绝。因此，发起设立专门国际高铁合作组织，可以利用国际组织的身份，协调各个竞争主体之间的竞争关系，尤其是从双方利益角度出发对恶性竞争进行劝诫和调和，可以更好地规范国际高铁市场的竞争行为。

四是充分发挥中国高铁的引领作用，促进世界高铁健康快速发展，造福世界人民。发起设立世界高铁合作组织，利用组织优势可以在制定标准、规范市场、发布预警等过程中不断提升中国高铁在国际上的地位。同时，利用该组织的优势也可以帮助和促使目标国从高铁修建愿望走向具体实施项目，促进各国高铁发展，即在中国高铁高歌猛进的同时，结合共建"一带一路"走深走实，构建人类命运共同体的倡议,努力解决中国高铁一枝独秀,而其他国家高铁修建缓慢,愿望和计划难以落地生根等问题。在真正问题的解决中以具体行动践行引领世界高铁发展、切实造福世界人民的宗旨。

其八,制定共建"一带一路"倡议促进法,在高质量共建"一带一路"背景下规范有序推动高铁走出去。共建"一带一路"倡议自提出以来,引发全世界热烈响应,赢得共建国家的积极参与和国际社会的广泛支持,取得了辉煌的成绩。2018 年 8 月 27 日,习近平总书记在出席推进"一带一路"建设工作 5 周年座谈会时指出,经过夯基垒台、立柱架梁的五年,共建"一带一路"完成了总体布局,绘就了一幅"大写意",今后要聚焦重点、精雕细琢,共同绘制好精谨细腻的"工笔画",要在保持健康良性发展势头的基础上,向高质量发展转变。[①] 2019 年 4 月 26 日,习近平主席在出席第二届"一带一路"国际合作高峰论坛开幕式时再次强调:"面向未来,我们要聚焦重点、深耕细作,共同绘制精谨细腻的'工笔画',推动共建'一带一路'沿着高质量发展方向不断前进。"[②]2023 年 10 月 18 日,习近平主席在第三届"一带一路"国际合作高峰论坛开幕式上的主旨演讲中指出,"'一带一路'合作从'大写意'进入'工笔画'阶段,把规划图转化为实景图,一大批标志性项目和惠民生的'小而美'项目落地生根。""中方愿同各方深化'一带一路'合作伙伴关系,推动共建'一带一路'进入高质量发展的新阶段,为实现世界各国的现代化作出不懈努力。"同时宣布中国支持高质量共建"一带一路"的八项行动:构建"一带一路"立体互联互通网络,支持建设开放型世界经济,开展务实合作,促进绿色发展,推动科技创新,支持民间交往,建设廉洁之路,完善"一带一路"国际合作机制。[③]

---

① 《习近平在推进"一带一路"建设工作 5 周年座谈会上强调:坚持对话协商共建共享合作共赢交流互鉴 推动共建"一带一路"走深走实造福人民》,《人民日报》2018 年 8 月 28 日第 1 版。

② 习近平:《齐心开创共建"一带一路"美好未来——在第二届"一带一路"国际合作高峰论坛开幕式上的主旨演讲》,《人民日报》2019 年 4 月 27 日第 1 版。

③ 参见习近平:《建设开放包容、互联互通、共同发展的世界——在第三届"一带一路"国际合作高峰论坛开幕式上的主旨演讲》,《人民日报》2023 年 10 月 19 日第 2 版。

法治是推动共建"一带一路"高质量发展的重要手段,是平衡各方利益需求,构建良好秩序,共同绘制好精谨细腻"工笔画"的核心保障。良法是善治之前提,共建"一带一路"高质量发展的有序推进既需要创建更加公平公正的国际法治环境,更需要国内具体法律规范支持。因此,应该尽快制定共建"一带一路"倡议促进法,以法律的方式平衡各方利益,规范各类行为,防范各种风险,以良好的法治秩序强有力地推动共建"一带一路"高质量发展,更好地推动高铁走出去有序进行。

2015 年,经国务院授权,国家发展改革委、外交部、商务部共同发布了《推动共建丝绸之路经济带和 21 世纪海上丝绸之路的愿景与行动》,从时代背景、共建原则、框架思路、合作重点、合作机制、中国各地方开放态势、中国积极行动和共创美好未来八个方面阐述了共建"一带一路"的基本思路。2017 年,推进"一带一路"建设工作领导小组办公室发布了《共建"一带一路":理念、实践与中国的贡献》,从时代呼唤的理念到蓝图,合作框架的方案到实践,合作领域的经济到人文,合作机制的官方到民间,愿景展望的现实到未来五个方面进一步阐述了共建"一带一路"具体思路。2019 年,推进"一带一路"建设工作领导小组办公室发布了《共建"一带一路"倡议:进展、贡献与展望》,从进展、贡献和展望三个方面清晰地阐述了高质量共建"一带一路"详细思路。2023 年 11 月 24 日,推进"一带一路"建设工作领导小组办公室布了《坚定不移推进共建"一带一路"高质量发展走深走实的愿景与行动——共建"一带一路"未来十年发展展望》,从十年来共建"一带一路"的成就与启示,未来十年共建"一带一路"总体构想,未来十年发展的重点领域和方向,未来十年发展的路径和举措等方面总结和规划高质量共建"一带一路"。习近平总书记关于共建"一带一路"的系列讲话和以上四份声明清晰地向世界阐明了中国提出"一带一路"的缘由、目标、方案及未来规划,为制定共建"一带一路"倡议促进法提供了坚实的理论基础。通过制定共建"一带一路"倡议促进法,可以达到以下目标。

一是以立法方式向世界宣示共建"一带一路"倡议的理念和决心。以上四份声明虽然系统清晰地阐述了共建"一带一路"的理念、原则和具体方案，但三份声明属于政策规范性文件，位阶层次不足，难以消除世界各国对"一带一路"倡议持久性建设的顾虑，也难以表达中国持续推进"一带一路"倡议建设的恒心，无法给予参与各国期待的定心丸。制定共建"一带一路"倡议促进法，以国家最权威、最具有稳定性的方式向世界阐明中国持续推动共建"一带一路"的决心、宗旨、理念和"共商共建共享"的基本原则。以立法方式让参与各国明白共建"一带一路"是切实造福共建国家人民，推动构建人类命运共同体的中国方案，彻底打消参与各方顾虑。

二是以立法方式驳斥不同声音对共建"一带一路"倡议的质疑。共建"一带一路"倡议提出后，受到国际社会热捧，先后有 100 多个国家、地区和国际组织加入，"一带一路"倡议及其共商共建共享核心理念被写入联合国等重要国际机制成果文件，取得了辉煌的成绩。但是，也有不同声音质疑共建"一带一路"倡议，认为其阻碍了自由贸易，并指责这是中国的"新殖民主义"和"地缘政治工具"，会给参与的发展中国家造成"巨额债务"，等等。不否认有些质疑纯属遐想无恶意，但我们也不得不提防一些带有恶意的舆论攻击，试图污蔑共建"一带一路"倡议，阻碍中国健康快速发展。通过立法方式阐明中国提出共建"一带一路"倡议的宗旨、方案和具体做法，以无声对有声，依靠立法实践以国家最权威的方式驳斥质疑声音。

三是以立法方式规范共建"一带一路"倡议的各类行为。推动共建"一带一路"高质量发展的所有努力皆归结于具体行为，尤其是企业走出去的各类行为是共建"一带一路"倡议成败的关键。目前在"一带一路"倡议下走出去的大部分行为都较为规范，能够代表中国良好形象，但也存在诸如商业贿赂、恶性竞争、偷工减料、不诚信经营等行为。虽然该类行为为数不多，不代表主流，但其影响较坏，即便极少数亦会极大地毁坏中国形象，产生不良影响，形成推动共建"一带一路"倡议的障碍。以立法形式明确行为规则和行为责任，引领行为规范和威慑不规范行为,通过引领、问责和处罚效应,以法治方式规范共建"一带一路"倡议的各类行为。

四是以立法方式严控共建"一带一路"倡议各类风险。严控风险是共建"一带一路"高质量发展成败的关键。由于"一带一路"共建国家多为地缘政治特殊、政治局势不够稳定、宗教势力复杂、社会发展相对落后的国家,在共建"一带一路"高质量发展过程中,企业走出去面临政治风险、社会风险和法律风险等各类风险交织的局面。因此,共建"一带一路"高质量发展必须高度重视境外风险防范,完善风险防范体系,提高风险防范能力。以立法方式确立风险防控底线思维和理念,明确各类主体风险防范的权利、义务和责任,建立和完善共建"一带一路"高质量发展风险防范体系,以法治思维和法治方式防范各类风险。

基于以上理由,应该制定共建"一带一路"倡议促进法,将"一带一路"建设取得的积极成果以法律方式稳固,对"一带一路"倡议未来建设方向以法律方式指引。对外以立法方式阐明共建"一带一路"的宗旨、理念和原则,消除外界顾虑;对内以立法方式明确共建"一带一路"的权利、义务和责任,规范行为、防范风险。以良法促进善治,切实用法治思维和法治方式推动共建"一带一路"向高质量、精细化、更安全、更畅通的方向有序推进。在共建"一带一路"倡议促进法的指引下,高铁走出去战略将得到更加有序的推进和实施,以法律规范高铁走出去的各类行为,规避各类风险,在促进高质量共建"一带一路"的同时,实现高铁高质量走出去。

参考文献

一、中文著作类

习近平:《论坚持推动构建人类命运共同体》,中央文献出版社 2018 年版。

《习近平谈"一带一路"》,中央文献出版社 2018 年版。

《习近平关于社会主义生态文明建设论述摘编》,中央文献出版社 2017 年版。

方元明编著:《中国铁路产业"走出去"战略研究》,北京师范大学出版集团、安徽大学出版社 2010 年版。

高柏等:《高铁与中国 21 世纪大战略》,社会科学文献出版社 2012 年版。

国家信息中心"一带一路"大数据中心:《"一带一路"大数据报告 2018》,商务印书馆 2018 年版。

金晶:《"一带一路"国际铁路通道建设风险评估研究》,中国铁道科学研究院 2019 年博士学位论文。

梁咏:《中国投资者海外投资法律保障与风险防范》,法律出版社 2010 年。

马骏主编:《金融机构环境风险分析与案例研究》,中国金融出版社 2018 年版。

孙小明、郭军:《中国海外投资法律风险指引》,法律出版社 2012 年版。

孙永福等:《中国铁路"走出去"发展战略研究》,中国铁道出版社有限公司 2019 年版。

铁路企业管理论坛丛书编委会编:《2015 中国铁路发展实践与走出去战略》,中国铁道出版社 2016 年版。

王泽鉴:《法律思维与民法实例:请求权基础理论体系》,中国政法大学出版社 2001 年版。

290

王平:《论轨道滚动设备国际利益的保护——以〈卢森堡议定书〉为背景》,中国政法大学出版社 2017 年版。

夏先良等:《中国"一带一路"投资战略》,经济管理出版社 2016 年版。

徐飞:《纵横"一带一路"——中国高铁全球战略》,格致出版社、上海人民出版社 2017 年版。

宣增益:《"一带一路"战略下我国铁路走出去相关法律及对策研究》,中国政法大学出版社 2017 年版。

张奔:《中国高铁轨道产业"走出去"——基于专利路线图的发展策略研究》,社会科学文献出版社 2020 年版。

张文松:《"一带一路"倡议下中国高铁"走出去"战略研究》,经济管理出版社 2019 年版。

张文松:《中国高铁"走出去"的风险研究》,经济管理出版社 2019 年版。

甄志宏、高柏等:《欧亚大陆经济整合与中国 21 世纪大战略》,社会科学文献出版社 2015 年版。

中华全国律师协会:《"一带一路"沿线国家法律环境国别报告(第一卷)》,北京大学出版社 2017 年版。

中华全国律师协会:《"一带一路"沿线国家法律环境国别报告(第二卷)》,北京大学出版社 2017 年版。

周利梅:《中国技术贸易竞争力研究》,博士学位论文,福建师范大学,2016 年。

[美]伯尔曼:《法律与宗教》,梁治平译,中国政法大学出版社 2003 年版。

[英]罗伊·古德:《国际铁路车辆融资法律实务——移动设备国际利益公约及卢森堡铁路车辆特定问题议定书正式评述》,高圣平译,法律出版社 2014 年版。

二、中文报刊文章类

柏飞彪、侯蓉华:《海外铁路项目风险识别》,《金融经济》2015 年第 8 期。

卞娜娜:《"走出去"视角下中日版权贸易发展问题、成因及优化路径》,《河南科技》2019 年第 21 期。

曹婧:《律师代表委员谈涉外法律人才培养:科学构架 迫在眉睫》,《中国律师》2020 年第 6 期。

昌晶、吴元元:《中国铁路产品与技术出口中知识产权保护策略分析》,《中国铁路》2010 年第 5 期。

常青:《"一带一路"背景下中国高铁"走出去"的对策探析——以欧亚高铁为例》,

《现代商业》2020 年第 3 期。

常振明:《打造"一带一路"建设的保密长城》,《保密工作》2017 年第 10 期。

陈俊峰、云顶:《对"走出去"企业的一起反避税调查》,《中国税务》2012 年第 6 期。

陈明光、郑学檬:《中国古代赋役制度史研究的回顾与展望》,《历史研究》2001 年第 1 期。

陈霞:《中国高铁"走出去"的困境与对策》,《现代交际》2019 年第 20 期。

陈新光等:《中国高铁"走出去"研究》,《科学发展》2016 年第 95 期。

陈雨彤:《我国铁路产业海外投资经验与教训——以沙特麦加轻轨项目为例》,《中国外资》2021 第 12 期。

陈雨彤:《我国铁路产业海外投资经验与教训——以沙特麦加轻轨项目为例》,《中国外资》2021 第 12 期。

陈云良:《新时代高素质法治人才法律职业伦理培养方案研究》,《法制与社会发展》2018 年第 4 期。

程鹏:《海外工程项目人力资源属地化研究——以中交四航局肯尼亚蒙内铁路项目为例》,《建筑经济》2019 年第 9 期。

褚苗苗:《"一带一路"战略下中国企业海外知识产权保护问题研究》,《兰州教育学院学报》2017 年第 8 期。

崔晓静:《高端涉外法治人才培养的理念与模式创新》,《中国大学教学》2022 年第 11 期。

崔晓静、熊昕:《中国与"一带一路"国家税收征管合作的完善与创新》,《学术论坛》2019 年第 4 期。

代中强:《美国知识产权调查引致的贸易壁垒:特征事实、影响及中国应对》,《国际经济评论》2020 年第 3 期。

丹尼尔·A.维特、哈菲兹·乔杜里:《"一带一路"倡议:消除税收障碍,强化投资合作,助增长促发展》,陈新译,《国际税收》2019 年第 4 期。

党侃、董塑为:《印度尼西亚水电项目开发主要法律风险及应对策略(一)》,《国际工程与劳务》2020 年第 7 期。

邓军围:《海外工程项目劳动风险防范问题与对策》,《湖南科技学院学报》2015 年第 4 期。

邓旺强:《雅万高铁:共建"一带一路"合作的"金字招牌"》,《人民日报海外版》2023 年 11 月 30 日第 5 版。

丁国保:《海外项目劳务属地化风险识别与应对》,《建筑》2016 年第 13 期。

丁剑平等:《"一带一路"中的宗教风险研究》,《财经研究》2017 年第 9 期。

东瑞雪:《我国企业遭遇知识产权贸易壁垒的现状及策略探讨》,《内蒙古科技与经济》2018 年第 24 期。

董碧娟:《理事会成员增至 36 个,观察员增至 28 个——"一带一路"税收征管合作规模稳步扩大》,《经济日报》2020 年 6 月 6 日第 7 版。

董华英、吕宏芬:《"一带一路"倡议下"义新欧"班列运行的问题及措施》,《北方经贸》2018 年第 12 期。

杜焕芳:《涉外法治专业人才培养的顶层设计及实现路径》,《中国大学教学》2020 年第 6 期。

杜莉、马遥遥:《"一带一路"沿线国家的绿色发展及其绩效评估》,《吉林大学社会科学学报》2019 年第 5 期。

樊浩:《文化与文化力》,《天津社会科学》2019 年第 6 期。

樊一江:《高铁"走出去":世界的召唤与中国的期待》,《世界知识》2010 年第 23 期。

樊一江:《中国高铁:消除软肋,冲出阴霾》,《世界知识》2011 年第 20 期。

范冰仪:《高校涉外仲裁人才培养的困境与对策》,《中国高等教育》2023 年第 3 期。

范偶:《对标国际 打响中国涉外律师品牌》,《中国律师》2019 第 12 期。

范炜:《"走出去"企业海外维权问题——对浙江通领科技集团知识产权海外维权的深度调查》,《浙江经济》2011 年第 10 期。

方兴起:《基于马克思产业资本理论解析美国去工业化与再工业化——观察当前中美贸易摩擦的新视角》,《学术研究》2019 年第 9 期。

冯必扬:《人情社会与契约社会——基于社会交换理论的视角》,《社会科学》2011 年第 9 期。

冯飞:《中国高铁:驶出国门需警惕专利风浪》,《中国知识产权报》2015 年 10 月 21 日第 5 版。

冯刚:《国际视野下时代新人培育的理论蕴含与实践路径》,《国家教育行政学院学报》2020 年第 3 期。

冯梅:《中国铁路企业"走出去"技术标准应对措施研究》,《铁道工程学报》2017 年第 6 期。

冯晓青:《美、日、韩知识产权战略之探讨》,《黑龙江社会科学》2007 年 6 期。

冯伊诺:《高铁建设中的开发与环境保护——以日照西综合交通枢纽为例》,《齐鲁晚报》2019 年 2 月 15 日第 R03 版。

付子堂:《"一带一路"战略中法治人才培养模式分类探究》,《法学教育研究》2017

年第 1 期。

　　傅志寰:《关于我国高铁引进与创新的思考》,《中国铁路》2016 年第 10 期。

　　高健等:《"一带一路"关键语言视角下企业外语人才需求调查与分析》,《价值工程》2019 年第 27 期。

　　高戚、昕峤:《专利蟑螂:法理危机与遏制之》,《河北法学》2016 年第 10 期。

　　高燕:《打造国际商事仲裁目的地 加强涉外法律人才队伍建设》,《国际法研究》2020 年第 3 期。

　　辜胜阻:《推动企业"走出去"实施"一带一路"战略的对策思考》,《中国人大》2017 年第 1 期。

　　郭垂江等:《校政企协同推进铁路国际化人才培养的措施分析》,《南方职业教育学刊》2019 年第 5 期。

　　郭垂江:《铁路"走出去"背景下的国际化人才培养培训:基础、问题及策略》,《石河子科技》2020 年第 3 期。

　　郭建封:《浅谈"一带一路"背景下的建筑施工企业税收风险管理》,《税务研究》2019 年第 6 期。

　　郭霭:《创新涉外卓越法治人才培养模式》,《国家教育行政学院学报》2020 年第 12 期。

　　郭敏等:《"一带一路"建设中中国企业"走出去"面临的风险与应对措施》,《西北大学学报(哲学社会科学版)》2019 年第 6 期。

　　郭伟等:《新时代涉外法律人才培养——访商务部条约法律司原副司长、清华大学法学院教授杨国华》,《世界教育信息》2018 年第 4 期。

　　国际商会:《"一带一路"倡议面临的税收挑战》,刘曦明译,《国际税收》2019 年第 4 期。

　　国家税务总局河南省税务局课题组:《"一带一路"视野下"走出去"企业面临的税收风险及应对》,《税务研究》2019 年第 12 期。

　　韩良秋、钱振华:《美国对我国发起"337 调查"的现状、原因以及影响》,《对外经贸》2019 年第 8 期。

　　韩永红等:《面向"一带一路"需求的涉外法治人才培养——现状与展望》,《中国法学教育研究》2019 年第 1 期。

　　何力:《建筑企业"走出去"税务风险防》,《国际商务财会》2020 年第 5 期。

　　何培育:《中欧国际贸易知识产权纠纷与对策》,《重庆理工大学学报(社会科学)》2014 年第 5 期。

何燕华：《新时代我国高校涉外法治人才培养机制创新》，《中南民族大学学报（人文社会科学版）》2023 年第 7 期。

洪永红、黄星永：《"一带一路"倡议下中企对非投资劳动法律风险及应对》，《湘潭大学学报（哲学社会科学版）》2019 年第 3 期。

侯露露：《中国高铁，拉美之旅故事多》，《人民日报》2015 年 1 月 21 日第 23 版。

胡德胜、欧俊：《中企直接投资于"一带一路"其他国家的环境责任问题》，《西安交通大学学报（社会科学版）》2016 年第 4 期。

胡键：《谨防"一带一路"倡议的风险》，《党政论坛》2017 年第 11 期。

胡晓敏：《"新工科"背景下应用型高校大学生人文素养教育探索与实践》，《改革与开放》2019 年第 9 期。

花勇：《"一带一路"建设中海外劳工权益的法律保护》，《江淮论坛》2016 年第 4 期。

黄惠康：《借新冠疫情污名化中国，于法不容》，《人民日报》2020 年 4 月 24 日第 16 版。

黄培昭：《"铁路让我们的日子越过越好"（共创繁荣发展新时代）》，《人民日报》2022 年 8 月 12 日第 3 版。

黄贤涛：《中国高铁"走出去"的知识产权机遇和挑战》，《中国发明与专利》2011 年第 8 期。

黄岩、巫芊桦：《"一带一路"倡议下越南的劳动管制政策及其中资企业的应对策略》，《中国人力资源开发》2019 年第 7 期。

黄阳华、吕铁：《深化体制改革中的产业创新体系演进——以中国高铁技术赶超为例》，《中国社会科学》2020 年第 5 期。

黄烨：《墨西哥高铁"毁约"背后》，《国际金融报》2014 年 11 月 17 日第 25 版。

黄云权、李宏伟：《八载耕耘硕果盈枝 爪哇岛国高铁梦圆——中铁股份雅万高铁建设纪实》，《施工企业管理》2023 年第 10 期。

黄震：《中华法系与世界主要法律体系——从法系到法律样式的学术史考察》，《法学杂志》2012 年第 9 期。

贾德忠：《国际化人才助力"一带一路"战略》，《中国科学报》2017 年 1 月 24 日第 8 版。

贾宇：《坚持社会主义法治道路 创新卓越法律人才培养》，《中国高等教育》2015 年第 6 期。

蒋姮：《"一带一路"地缘政治风险的评估与管理》，《国际贸易》2015 年第 8 期。

焦捷：《两大战略的契合点：知识产权战略与中国"走出去"战略》，《清华大学学报

（哲学社会科学版）》2008 年 S2 期。

　　金水英等：《中国高铁"走出去"可持续发展研究》，《西亚非洲》2019 年第 4 期。

　　靳若城、韩洁：《美国西部快线高铁等中美合作三大项目亮相》，《人民日报》2015 年
9 月 18 日第 3 版。

　　景昆明、邵振江：《中国"铁军"南美修高铁》，《人民日报海外版》2013 年 12 月 13 日
第 10 版。

　　景玥、黄培昭：《"亚吉铁路为我们的发展增添动力"（共建一带一路）》，《人民日报》
2019 年 2 月 25 日第 3 版。

　　卡洛斯·奥亚、弗洛林·薛弗、齐昊：《中国企业对非洲就业发展的贡献——基于一
项大规模调查的比较性分析》，《政治经济学评论》2020 年第 6 期。

　　康均心、虞文梁：《论企业在涉外经济活动中的商业秘密保护——以"力拓案"为视
角》，《武汉公安干部学院学报》2015 年第 1 期。

　　蓝相洁、蒙强：《"一带一路"背景下高新技术产业税收优惠政策的优化》，《税务研
究》2017 年第 10 期。

　　雷升祥：《中国高铁如何更好"走出去"》，《施工企业管理》2015 第 2 期。

　　冷帅：《中国涉外法律服务业探析（上）》，《中国律师》2017 年第 5 期。

　　李宝仁：《中国铁路"走出去"若干问题的思考》，《中国铁路》2010 年第 1 期。

　　李彩霞、盖地：《税收成本与非税成本研究：回顾与展望》，《税务与经济》2013 年第
3 期。

　　李成明：《"一带一路"战略下轨道交通国际化技术技能人才培养路径研究》，《机械
职业教育》2017 年第 8 期。

　　李凤奇、王宝筠：《专利侵权赔偿的现状分析及调整路径》，《河北法学》2017 年第
4 期。

　　李晗等：《中国中央企业印度尼西亚投资风险管控：基于印度尼西亚巨港轻轨与沙
特阿拉伯麦加轻轨的双案例比较研究》，《东南亚纵横》2020 年第 3 期。

　　李继宏：《中国高铁"走出去"面临的机遇与挑战》，《对外经贸实务》2015 年第 1 期。

　　李建忠：《论高校涉外法律人才培养机制的完善》，《浙江理工大学学报（社会科学
版）》2017 年第 4 期。

　　李聚广：《肯尼亚蒙内铁路的绿色发展之道》，《施工企业管理》2018 第 8 期。

　　李林子等：《"一带一路"沿线国家环境空气质量标准比较研究》，《中国工程科学》
2019 年第 4 期。

　　李猛：《"一带一路"中我国企业海外投资风险的法律防范及争端解决》，《中国流通

经济》2018 年第 8 期。

李卫海:《中国海上航运的安保模式及其法律保障——以应对 21 世纪海上丝路的海盗为例》,《中国社会科学》2015 年第 6 期。

李文沛:《"一带一路"战略下境外劳动者权益保护的法律系统建构》,《河北法学》2017 年第 6 期。

李香菊、王雄飞:《"一带一路"战略下企业境外投资税收风险评估——基于 Fuzzy-AHP 模型》,《税务研究》2017 年第 2 期。

李香菊、王雄飞:《"一带一路"战略下企业税收风险与防控研究》,《华东经济管理》2017 年第 5 期。

李晓鸣:《从"丝绸之路经济带"看构建知识产权保护新机制》,《中国知识产权报》2016 年 8 月 26 日第 8 版。

李新冬:《教育国际化背景下研究生培养模式研究》,《当代教育实践与教学研究》2020 年第 11 期。

李昱晓、黄玉烨:《中国高铁驶出国门的专利战略研究》,《科技管理研究》2015 年第 22 期。

李志伟、吕强:《亚吉铁路承载经济发展心愿——访吉布提铁路公司总经理达巴尔》,《人民日报》2018 年 7 月 31 日第 3 版。

李智彪:《非洲工业化战略与中非工业化合作战略思考》,《西亚非洲》2016 年第 5 期。

林芳君等:《联合培养研究生教育工作的实践和探索》,《现代城市》2018 年第 1 期。

林利民:《"环球高铁"建设前景及其地缘政治影响》,《现代国际关系》2014 年第 5 期。

刘丹:《中日竞投印尼高铁的焦点及启示》,《国际融资》2015 年第 11 期。

刘化龙:《产品"走出去"品牌"走上去"》,《人民日报》2019 年 1 月 7 日第 11 版。

刘慧玲:《提高大学生人文素养对策研究》,《吉林工程技术师范学院学报》2020 年第 5 期。

刘佳芳:《知识产权提速"企业国际化"——三一"龙吞象"背后的思考》,《发明与创新》2012 年第 3 期。

刘健西、邓翔:《"一带一路"东南亚沿线国家投资的劳工风险研究》,《四川大学学报(哲学社会科学版)》2022 年第 1 期。

刘俊芳:《"一带一路"背景下云南企业"走出去"的法律风险控制》,《云南行政学院学报》2018 年第 6 期。

刘珺:《民营企业“走出去”面临的机遇与挑战》,《人民论坛》2020 年第 4 期。

刘磊等:《“一带一路”共建背景下国际税收治理体系建设研究》,《国际税收》2022 年第 12 期。

刘明、岳伟:《中西方纳税意识的文化差异及其启示》,《理论导刊》2008 年第 8 期。

刘文革等:《地缘政治风险与中国对外直接投资的空间分布——以“一带一路”沿线国家为例》,《西部论坛》2019 年第 1 期。

刘鑫、赵婷微:《产业安全视角下全球高铁专利质量测度与风险识别》,《科技管理研究》2021 年第 4 期。

刘亚军:《国际文化产品贸易中的知识产权保护逻辑》,《当代法学》2016 年第 3 期。

刘燕:《我国涉外版权冲突对知识产权文化建设的启示》,《兰州学刊》2011 年第 9 期。

刘志温、王秉辰:《蒙内铁路:与绿色同行的生态名片》,《交通建设与管理》2017 年第 6 期。

刘中民:《在中东推进“一带一路”建设的政治和安全风险及应对》,《国际观察》2018 年第 2 期。

刘子嫕、王强:《中国高铁赴美之路受阻的原因及应对措施分析》,《对外经贸》2020 年第 1 期。

柳春:《浅析我国企业预防海外专利纠纷的策略》,《安徽科技》2020 年第 1 期。

卢海君、王飞:《“走出去”企业知识产权风险研究》,《南京理工大学学报(社会科学版)》2014 年第 2 期。

卢山冰:《以实际成效力证“一带一路”巨大生命力》,《光明日报》2020 年 6 月 5 日第 5 版。

陆兵:《中国企业走向中亚市场的风险和防范措施》,《新疆师范大学学报(哲学社会科学版)》2017 年第 4 期。

陆兵:《中国企业走向中亚市场风险和防范措施》,《大陆桥视野》2017 年第 3 期。

陆娅楠:《上半年中欧班列开行量同比增 36%月开行量再创新高》,《人民日报》2020 年 7 月 11 日第 1 版。

鹿铖:《“一带一路”建设成果筑牢中缅合作共赢根基》,《光明日报》2019 年 7 月 30 日第 12 版。

路铁军:《高铁“走出去”的问题与路径分析》,《科技进步与对策》2016 年第 16 期。

路遥:《“一带一路”倡议下国际投资中跨国公司环境责任研究》,《求索》2018 年第 1 期。

吕磊:《中国高铁拥有自主知识产权毋庸置疑》,《中国发明与专利》2011 年第 8 期。

吕强:《蒙内铁路助力肯尼亚经济发展》,《人民日报》2018 年 11 月 12 日第 21 版。

罗兰:《中国高铁即将驶入俄罗斯》,《人民日报海外版》2015 年 5 月 6 日第 2 版。

罗兰:《中国高铁落户美国西部》,《人民日报海外版》2015 年 9 月 19 日第 2 版。

罗丽英:《中国汉族与哈萨克斯坦哈萨克族的交往禁忌文化》,《艺海》2020 年第 6 期。

罗伟:《适应中国高铁"走出去"国际化人才的培养研究》,《山东工业技术》2017 年第 8 期。

罗运武等:《全过程规划建设中老铁路绿色长廊》,《铁路节能环保与安全卫生》2022 年第 6 期。

马斌:《中欧班列的发展现状、问题与应对》,《国际问题研究》2018 年第 6 期。

马怀德:《加强涉外法治人才培养》,《红旗文稿》2023 年第 24 期。

马军:《中华商标协会海外维权委员会连续三年发布会员国际商标监测预警报告》,《中华商标》2020 年第 4 期。

马晓慧:《"中国企业走出去"的专利问题》,《中国发明与专利》2014 年第 10 期。

马勇幼:《"一带一路"倡议下的互利共赢之路》,《光明日报》2018 年 1 月 3 日第 12 版。

马勇幼:《中老铁路带来实实在在的利益——访老挝副总理宋沙瓦·凌沙瓦》,《光明日报》2015 年 12 月 3 日第 12 版。

马勇幼:《中老铁路项目举行全线开工仪式》,《光明日报》2016 年 12 月 26 日第 12 版。

马震:《"一带一路"视角下的国际税收协调研究》,《经济体制改革》2018 年第 6 期。

蒙玉英:《开启国际税收新征程 服务高水平对外开放》,《国际税收》2023 年第 3 期。

孟庆瑜、李汶卓:《地方高校涉外法治人才培养的 目标定位与实现机制——基于我国自贸试验区建设的人才需求分析》,《河北法学》2021 年第 8 期。

米涛、沈美兰:《在缅中资企业劳资问题研究——以莱比塘铜矿项目为例》,《红河学院学报》2019 年第 5 期。

聂资鲁:《高校国际化法律人才培养模式比较研究》,《大学教育科学》2015 年第 2 期。

《努力造就一支高素质涉外法律服务人才队伍更好维护国家主权、安全和人民群众利益》,《人民政协报》2020 年 4 月 22 日第 3 版。

欧丹:《互联网＋思维下的"一带一路"知识产权纠纷解决机制创新》,《民主与法制》2018 年第 7 期。

潘玥、陈璐莎:《"一带一路"倡议下中国企业对外投资的劳工问题——基于肯尼亚和印度尼西亚经验的研究》,《东南亚纵横》2018 年第 1 期。

潘玥:《"一带一路"背景下印尼的中国劳工问题》,《东南亚研究》2017 年第 3 期。

潘玥:《中国海外高铁"政治化"问题研究——以印尼雅万高铁为例》,《当代亚太》2017 年第 5 期。

庞淑芬等:《"一带一路"下我国企业"走出去"的税收风险解析》,《国际税收》2017 年第 1 期。

裴勇涛、娄生超:《高速铁路振动产生的噪声分析及防治措施》,《铁道运营技术》2012 年第 3 期。

戚德祥:《"一带一路"背景下中国图书境外版权保护策略》,《中国出版》2020 年第 3 期。

戚建刚:《风险规制的兴起与行政法的新发展》,《当代法学》2014 年第 6 期。

齐盛:《"一带一路"沿线国家司法辅助制度的优化图式》,《河北法学》2019 年第 3 期。

钱颜:《企业走出去,劳动用工合规了吗?》,《中国贸易报》2019 年 10 月 10 日第 7 版。

乔继红等:《中印尼共建"一带一路"合作的"金字招牌"——记习近平主席关心推动的雅万高铁正式开通运营》,《光明日报》2023 年 10 月 18 日第 3 版。

曲欣:《法律英语助推我国涉外法治人才培养体系建设》,《中国 ESP 研究》2019 年第 2 期。

冉奥博等:《中国高速铁路"走出去"战略下的专利策略》,《科学学研究》2017 年第 4 期。

饶世全、陈家红:《中国高铁"走出去"的知识产权战略模式选择》,《中国科技论坛》2017 年第 2 期。

饶思锐:《补齐人才短板 用好人才资源》,《海南日报》2018 年 12 月 29 日第 A2 版。

人民日报评论部:《把"一带一路"建成繁荣之路——推动共建"一带一路"高质量发展》,《人民日报》2023 年 9 月 6 日第 6 版。

人民日报社代表团:《雅万高铁,树立务实合作新标杆(出访归来)》,《人民日报》2019 年 1 月 15 日第 17 版。

任杰、郭继文:《孟加拉国栋吉——派罗布·巴扎尔铁路总承包项目经验与启示》,《中国铁路》2016 年第 9 期。

任维东、张伟明：《绿色大道通万象——写在中老铁路开通之际》，《光明日报》2021年12月3日第10版。

沙首伟、李静等：《高铁"走出去"海外人才培养研究——基于能力素质和知识结构联动的视角》，《北京联合大学学报（人文社会科学版）》2019年第1期。

《商务部新闻发言人就美国贸易代表办公室公布"2011年特别301报告"发表谈话》，《商业研究》2011年第6期。

石剑宝：《国企海外项目当地雇员管理难点及对策探讨——基于疫情防控常态化背景》，《企业改革与管理》2021年第15期。

石佑启、韩永红：《论涉外法律人才培养：目标、路径和教学模式》，《中国大学生就业》2012年第16期。

《世行报告认为：中国高铁经验可供他国借鉴》，《参考消息》2019年7月12日第14版。

宋剑、孙玉兰：《境外铁路合作项目管理实践与探索》，《中国铁路》2020年第3期。

宋汝欣：《高铁"走出去"面临的政治风险及作用机制》，《社会科学文摘》2018年第1期。

宋汝欣：《中国推进高铁"走出去"面临的政治风险及其作用机制分析》，《当代亚太》2017年第5期。

宋兴义：《中国深度参与国际税收全球治理策略研究》，《国际税收》2020年第1期。

孙广勇等：《铁路建设 高质量共建"一带一路"的生动实践（共建"一带一路"·铁路建设）》，《人民日报》2023年10月11日第17版。

孙广勇：《东南亚国家稳步推进铁路互联互通》，《人民日报》2023年3月14日第17版。

孙南申：《"一带一路"背景下对外投资风险规避的保障机制》，《东方法学》2018年第1期。

孙永福等：《中国铁路"走出去"发展战略研究》，《中国工程科学》2017年第5期。

孙佑海：《绿色"一带一路"环境法规制研究》，《中国法学》2017年第6期。

唐礼智、刘玉：《"一带一路"中我国企业海外投资政治风险的邻国效应》，《经济管理》2017年第11期。

唐新华、邱房贵：《"一带一路"背景下海外投资的知识产权保护战略思考——以中国企业投资东盟为例》，《改革与战略》2016年第12期。

唐学东：《中国高铁"走出去"之专利战略展望》，《北京交通大学学报（社会科学版）》2016年第1期。

万猛等:《卓越涉外法律人才专门化培养模式探析》,《中国大学教学》2013年第2期。

汪嘉波:《莫斯科—北京高铁具有重大意义——中俄双边企业家理事会俄方主席季姆琴科访谈》,《光明日报》2014年11月27日第8版。

汪嘉波:《"一带一路"推动中国高铁走进俄罗斯》,《光明日报》2016年9月22日第12版。

王斌:《中国高铁"走出去"的形象建构阻力与传播优化分析》,《新闻知识》2017年第12期。

王传军:《西部快线项目受挫不会阻碍中国高铁走出去》,《光明日报》2016年6月15日第8版。

王传军:《在东非高原描绘新蓝图》,《光明日报》2023年3月19日第08版。

王春芳:《中国高速铁路知识产权现状、风险及对策研究》,《铁道建筑技术》2016年第2期。

王贵:《中国铁路走出去的优势、不利因素及对策》,《中国科技投资》2009年第9期。

王宏:《"一带一路"视域下高校涉外法律人才培养路径探究》,《改革与开放》2017年第22期。

王宏:《"一带一路"战略下的知识产权保护问题》,《人民论坛》2016年第17期。

王辉、王亚蓝:《"一带一路"沿线国家语言状况》,《语言战略研究》2016年第2期。

王辉:《我国海外劳工权益立法保护与国际协调机制研究》,《江苏社会科学》2016年第3期。

王慧慧:《"一带一路"沿线国家的环境保护问题》,《中国战略新兴产业》2018年第40期。

王晋琪、安源:《铁路行业知识产权保护与管理分析研究》,《中国铁路》2010年第8期。

王雷:《铁路隧道路基不同施工中的粉尘噪声情况分析》,《中国工业医学杂志》2013年第2期。

王敏、安文:《从地板锁扣专利案谈对华337调查涉案企业积极应诉策略》,《经济师》2006年第11期。

王敏等:《知识产权贸易壁垒特征与中国的防范对策——以337调查为例》,《江苏社会科学》2016年第1期。

王平:《服务"一带一路"建设税收大有作为——专访国家税务总局国际税务司司长廖体忠》,《国际税收》2017年第5期。

王仁宏、初梓瑞:《患难见真情 共同抗疫情》,《人民日报》2020 年 6 月 5 日第 17 版。

王树文:《"一带一路" PPP 模式中风险分析及风险规避路径选择》,《东岳论坛》2016 年第 5 期。

王素荣、付博:《"一带一路"沿线国家公司所得税政策及税务筹划》,《财经问题研究》2017 年第 1 期。

王伟域:《"一带一路"国际税收争端解决机制的中国策略》,《税务研究》2019 年第 12 期。

王文静等:《企业跨境并购税务风险及对策分析——以中国企业"走出去"到哈萨克斯坦为例》,《国际税收》2017 年第 9 期。

王文、杨凡欣:《"一带一路"与中国对外投资的绿色化进程》,《中国人民大学学报》2019 年第 4 期。

王星皓:《我国"一带一路"沿线技术合作的法律护航》,《人民论坛》2019 年第 19 期。

王雅卿:《中国中车:从业务全球化到品牌国际化》,《国资报告》杂志 2023 年第 5 期。

王彦田等:《首趟中老铁路国际旅客列车正式开行"友谊之路"再添新活力》,《人民日报》2023 年 4 月 14 日第 6 版。

王宇鹏、罗知之:《中老铁路万象站正式开工建设》,《人民日报》2020 年 7 月 5 日第 03 版。

王宇:《中国铁建:"一带一路"上的知识产权尖兵》,《中国知识产权报》2015 年 10 月 9 日第 1、2 版。

魏晖:《"一带一路"与语言文化交流能力》,《文化软实力研究》2020 年第 1 期。

魏庆坡:《"一带一路"投融资绿色化的法律保障体系研究》,《环境保护》2019 年第 19 期。

魏忠杰、陈汀:《高质量共建"一带一路"成绩斐然——二〇二一年共建"一带一路"进展综述》,《中外投资》2022 年第 3 期。

吴殿朝:《"一带一路"背景下高校知识产权保护对策》,《中国高校科技》2018 年第 11 期。

吴汉东:《知识产权的制度风险与法律控制》,《法学研究》2012 年第 4 期。

吴汉东:《知识产权法的制度创新本质与知识创新目标》,《法学研究》2014 年第 3 期。

吴萍、崔启亮:《CATTI 与 MTI 衔接的现状、问题及对策》,《上海翻译》2018 年第

1 期。

吴秋余:《降低企业税负,助力企业"走出去"避免双重征税 我国已签订 99 个税收协定(政策解读)》,《人民日报》2015 年 5 月 22 日第 2 版。

吴舒钰:《"一带一路"沿线国家的经济发展》,《经济研究参考》2017 年第 15 期。

伍振等:《沙特麦麦高铁上的"中国队"》,《人民日报海外版》2018 年 9 月 28 日第 10 版。

席来旺、庄雪雅:《中国与印尼签署合建雅万高铁协议——将成为印尼乃至东南亚地区的首条高铁》,《人民日报》2015 年 10 月 17 日第 11 版。

夏翔:《中国企业如何应对 337 调查》,《中国经贸》2011 年第 12 期。

向鹏成、牛晓晔:《国际工程总承包项目失败成因及启示——以波兰 A2 高速公路项目为例》,《国际经济合作》2012 年第 5 期。

向世欢等:《蒙内铁路项目的 HSE 管理》,《国际工程与劳务》2016 年第 6 期。

肖蓓:《中国企业投资"一带一路"沿线国家的生态环境风险及法律对策研究》,《国际论坛》2019 年第 4 期。

肖海霞:《FIRRMA 对中国企业赴美投资的不利影响》,《河北企业》2020 年第 2 期。

肖姝、张新娟:《浅谈"丝路书香工程"背景下的科技图书策划》,《出版参考》2018 年第 3 期。

熊昕:《中国与"一带一路"沿线国家税收情报交换制度的完善》,《法学》2018 年第 9 期。

熊选国:《大力发展涉外法律服务业 开创涉外法律服务工作新局面:在学习贯彻〈关于发展涉外法律服务业的意见〉座谈会上的讲话》,《中国律师》2017 年第 3 期。

徐多戈:《蒙内铁路运营主要风险及应对策略》,《工程技术研究》2018 年第 12 期。

徐飞:《中国高铁的全球战略价值》,《人民论坛·学术前沿》2016 年第 2 期。

徐飞:《中国高铁"走出去"的十大挑战与战略对策》,《人民论坛·学术前沿》2016 年第 14 期。

徐飞:《中国高铁"走出去"战略:主旨、方略、举措》,《中国工程科学》2015 年第 4 期。

徐慧、周婕:《中国企业"走出去"遇到的知识产权问题及其原因探析》,《中国发明与专利》2015 年第 6 期。

徐科威:《是知识产权之争更是贸易保护攻防战——江苏申锡公司在美诉讼二审再胜的启示》,《市场周刊(理论研究)》2012 年第 4 期。

徐献军等:《"一带一路"上的宗教风险与防范》,《杭州电子科技大学学报(社会科学版)》2018 年第 3 期。

徐妍:《"一带一路"税收争端解决机制法律问题研究》,《社会科学战线》2018 年第 8 期。

许新承、许步国:《论"一带一路"视域下我国企业知识产权的风险防范与应对策略》,《法制与经济》2019 年第 5 期。

许飔:《"一带一路"背景下艺术类图书如何"走出去"》,《新闻研究导刊》2019 年第 24 期。

许佑顶等:《中国铁路工程建设技术标准"走出去"战略研究》,《铁道工程学报》2016 年第 5 期。

薛桂芳:《"一带一路"视阈下中国—东盟南海海洋环境保护合作机制的构建》,《政法论丛》2019 年第 6 期。

《雅万高铁项目暂时停工 14 天》,《国际日报》2020 年 3 月 2 日第 A2 版。

闫东伟、李星亿:《知识产权案件中恶意诉讼之探讨》,《中国发明与专利》2020 年第 1 期。

严小青:《印度尼西亚电力市场概况及投资前景分析》,《中外能源》2017 年第 6 期。

颜欢等:《共建一带一路,让高铁跑出新天地》,《人民日报》2021 年 2 月 7 日第 3 版。

颜晓峰:《习近平总书记关于防范风险挑战重要论述的三维释读》,《求索》2020 年第 4 期。

杨达、李超:《"一带一路"生态环境风险防范的绿色治理路径创新——以澜沧江—湄公河次区域为例》,《探索》2019 年第 5 期。

杨积堂:《"一带一路"国际合作的法律服务需求与供给定位——首届"一带一路"涉外法律服务论坛综述》,《北京联合大学学报(人文社会科学版)》2017 年第 3 期。

杨力:《国际化法科人才培养格局及协同》,《法学》2015 年第 6 期。

杨文生:《铁路与社会习俗的变迁——以 1909—1937 年间的平绥铁路为中心》,《华南师范大学学报(社会科学版)》2007 年第 2 期。

杨舟、罗俊铭:《中泰铁路一期明天开工》,《人民日报海外版》2017 年 12 月 20 日第 1 版。

姚亚奇、温源:《中国元素闪耀蒙内铁路》,《光明日报》2018 年 8 月 30 日第 1 版。

叶建木、潘肖瑶:《"一带一路"背景下中国企业海外投资风险传导及控制——以中国铁建沙特轻轨项目为例》,《财会月刊》2017 年第 33 期。

叶琪:《"一带一路"背景下的环境冲突与矛盾化解》,《现代经济探讨》2015 年第 5 期。

叶旭:《埃塞俄比亚—吉布提铁路 EPC 总承包工程项目风险管理研究》,《工程技术研究》2020 年第 5 期。

《"一带一路"税收征管合作机制简介》,《国际税收》2019 年第 4 期。

伊佳:《刚果(金):投资林业开发宜暂缓》,《国际商报》2012 年 12 月 17 日第 C03 版。

阴医文等:《"一带一路"背景下我国对中东直接投资:战略意义、政治风险与对策》,《国际贸易》2017 年第 4 期。

于腾群:《中国高铁的国际化进入模式研究》,《铁道工程学报》2019 年第 1 期。

元龙:《行驶在希望的东非大地上》,《光明日报》2019 年 4 月 20 日第 6 版。

袁达松、黎昭权:《构建包容性的世界经济发展与环境保护法治框架——以"人类命运共同体"理念为基础》,《南京师大学报(社会科学版)》2019 年第 2 期。

袁海龙:《我国外贸企业应对 337 壁垒策略探析——以长江经济带背景下安徽外贸企业为视角》,《政法论丛》2015 年第 3 期。

袁合川等:《应用型法律人才的培养模式探究》,《法制博览》2019 年第 20 期。

岳淇:《墨西哥劳务法律风险以及应对措施》,《国际工程与劳务》2022 年第 2 期。

曾惠芬等:《广州市知识产权人才现状及发展需求的调查与分析》,《科技创新发展战略研究》2018 年第 2 期。

曾令良:《卓越涉外法律人才培养的"卓越"要素刍议》,《中国大学教学》2013 年第 1 期。

曾文革、白玉:《论"一带一路"战略下我国对外投资的税收制度安排》,《江西社会科学》2017 年第 5 期。

詹清荣:《"一带一路"跨国投资经营战略的税务风险防控要点》,《国际税收》2015 年第 6 期。

詹芮:《论中国企业对孟加拉国投资的劳动法律风险及应对》,《中国应急管理科学》2020 年第 7 期。

张长立等:《"一带一路"背景下中国海外知识产权保护路径研究》,《科学管理研究》2015 年第 5 期。

张法连:《法律英语学科定位研究》,《中国外语》2019 年第 2 期。

张法连:《提高涉外法治专业人才培养质量的思考》,《中国高等教育》2022 年第 Z2 期。

张帆:《劳动权利保障的制度困境与法律维度》,《河北法学》2018 年第 7 期。

张红辉、周一行:《"走出去"背景下企业知识产权海外维权援助问题研究》,《知识产权》2013 年第 1 期。

张洪成:《全日制法律硕士研究生课程体系和学方法改革探索》,《学位与研究生教育》2014年第10期。

张健:《"一带一路"发展及中国企业"走出去"过程中的属地化管理问题分析》,《中国管理信息化》2018年第21期。

张凯:《优化"走出去"企业税收争议解决机制的若干思考》,《国际税收》2017年第1期。

张乃根:《"一带一路"倡议下的国际经贸规则之重构》,《法学》2016年第5期。

张鹏禹、曹瀛月:《中国轨道车辆凭啥在海外生了根?》,《人民日报海外版》2019年8月9日第10版。

张平、孙阳:《"一带一路"倡议新时期"走出去"企业税收风险:防范、问题与对策》,《税务研究》2018年第6期。

张清、刘艳:《新时代涉外法治人才的多语能力培养探索——中国政法大学的人才培养实践》,《外语界》2023年第5期。

张锐连等:《"一带一路"倡议下海外投资社会风险管控研究》,《经济纵横》2017年第2期。

张先军:《"一带一路"倡议下中国高铁"走出去"的风险和挑战》,《华南理工大学学报(社会科学版)》2018年第2期。

张晓君:《"一带一路"国别投资法治环境评估体系的构建》,《法学杂志》2018年第11期。

张友兵等:《中国高铁"走出去"的优势和建议》,《铁路通信信号工程技术》2016年第1期。

张友棠、杨柳:《"一带一路"国家税收竞争力与中国对外直接投资》,《国际贸易问题》2018年第3期。

张原等:《"一带一路"倡议下国际劳动合作的机遇与挑战》,《国际贸易》2017年第5期。

章建华、郑志华:《中老铁路建设惠及老挝百姓》,《人民日报海外版》2019年02月26日第10版。

章建华:《中老铁路建设为老挝山区带去新气息》,《光明日报》2017年5月29日第4版。

赵成军:《海外铁路运营项目面临的风险和几点处理建议》,《中华建设》2022年第6期。

赵德勇:《海外工程项目劳动风险防范问题与对策》,《中国集体经济》2017年第

16 期。

　　赵建国:《中国高铁:专利作支撑 加快"走出去"》,《中国知识产权报》2015 年 6 月 24 日第 1、3 版。

　　赵凌:《"一带一路"背景下税收协定仲裁机制发展评析》,《云南财经大学学报》2019 年第 10 期。

　　赵萍:《企业税务风险原因分析与应对探讨》,《财经界(学术版)》2020 年第 16 期。

　　赵伟:《"一带一路"战略下中国高铁"走出去"政治风险研究》,《对外经贸》2016 年第 8 期。

　　赵星:《警惕海外业务知识产权风险加快布局知识产权竞争资源》,《国际石油经济》2014 年第 8 期。

　　赵艺帆:《"一带一路"倡议下我国装备制造业"走出去"对策研究——以高铁为例》,《商讯》2019 年第 16 期。

　　赵益普:《中老铁路桥梁首架仪式在万象举行》,《人民日报》2018 年 12 月 3 日第 21 版。

　　赵赟:《国际法视域下"一带一路"建设中的法律风险及防范》,《理论学刊》2018 年第 4 期。

　　郑曦、廖建灵:《西部地区涉外法治人才培养的困境与出路》,《云南大学学报(社会科学版)》2023 年第 5 期。

　　郑晓明:《"一带一路"建设与人力资源国际合作研讨会会议综述》,《劳动经济研究》2018 年第 3 期。

　　支红妍:《中国企业海外工程项目涉税风险——印尼补征部分 EPC 项目"最终税"案例启示》,《国际商务财会》2018 年第 1 期。

　　中共交通运输部党组:《加快建设交通强国》,《求是》2020 年第 3 期。

　　中共交通运输部党组:《努力当好中国现代化的开路先锋》,《求是》2022 年第 4 期。

　　《中华老字号企业海外维权第一案"王致和"在德打赢商标侵权案》,《中国经贸》2009 年第 5 期。

　　《中美贸易战时间线》,《公关世界》2019 年第 11 期。

　　《中泰老推进高铁项目建设》,《参考消息》2019 年 4 月 26 日第 16 版。

　　钟超:《亚吉铁路:横贯东非的钢铁丰碑》,《光明日报》2016 年 10 月 6 日第 1 版。

　　钟贺晖:《中非互利合作转型升级新样板》,《光明日报》2016 年 10 月 7 日第 3 版。

　　钟准、李佳妮:《国际基础设施建设的法律风险及应对——以"一带一路"代表性铁路项目为视角》,《法治论坛》2021 年第 4 期。

周平：《"一带一路"面临的地缘政治风险及其管控》，《探索与争鸣》2016 年第 1 期。

周秀琼：《"一带一路"人才培养模式创新及路径选择》，《学术论坛》2018 年第 3 期。

周扬：《中国高铁引进专利始末》，《中国发明与专利》2011 年第 8 期。

朱国华、陈元芳：《美国关税法 337 条款与 TRIPs 协议的相悖性探析》，《暨南学报（哲学社会科学版）》2010 年第 2 期。

朱梅等：《国际国外高速铁路技术法规及标准体系分析》，《铁道技术监督》2011 年第 7 期。

朱青：《鼓励企业"走出去"与改革我国避免双重征税方法》，《国际税收》2015 年第 4 期。

朱青、李志刚：《2022 年世界税收十件大事点评》，《国际税收》2023 年第 2 期。

朱伟东、王婷：《中非避免双重征税协定存在的问题及对策》，《国际贸易》2019 第 11 期。

朱武、陆黎梅：《中国海外知识产权维权援助体系建设研究——以广州出口企业为背景》，《淮南职业技术学院学报》2020 年第 3 期。

卓武扬、张莹：《"一带一路"倡议下我国高铁"走出去"研究——以东盟为例》，《金陵科技学院学报（社会科学版）》2019 年第 1 期。

三、电子文献

《5 月份出口增长 1.4%》，2020 年 7 月 11 日，见 http://www.customs.gov.cn/customs/xwfb34/302425/3114926/index.html。

《澳法院作出背包客税无效裁决 多少人能获益?》，2020 年 7 月 4 日，见 https://www.sohu.com/a/352218769_120052021。

《白皮书：指责中国"盗窃"知识产权毫无依据》，2020 年 7 月 15 日，见 https://news.163.com/19/0602/10/EGLKA9KJ0001899N.html。

包雪琳：《马新高铁延期 两国有意重谈》，2020 年 7 月 7 日，见 http://www.xinhuanet.com/world/2020-06-02/c_1210642016.htm。

陈家琦：《属于蒙内铁路的"一带一路"》，2020 年 7 月 6 日，见 http://news.gaotie.cn/gaige/2019-09-27/513691.html。

陈丽荣：《2022 年全球高铁行业技术全景图谱》，2021 年 11 月 22 日，见 https://www.qianzhan.com/analyst/detail/220/211122-a5b57ebc.html。

陈知瑜：《乍得暂停中石油开采活动 称其违反环境法规》，2020 年 7 月 2 日，见 https://world.huanqiu.com/article/9CaKrnJBNSu。

《成兰铁路遇"环保劫"环评问题成铁路建设多发症》，2020 年 7 月 22 日，见 http://district.ce.cn/newarea/roll/201212/20/t20121220_23958370. shtml。

《抵制中国制造？印度禁用 59 款中国 APP，富士康同样受到影响》，2020 年 7 月 5 日，见 https://news.china.com/international/1000/20200630/38418503.html。

杜涛：《中国企业出海警惕"被坑税"！税总为"一带一路"外派驻税官》，2020 年 7 月 16 日，见 http://www.eeo.com.cn/2017/0514/304607. shtml。

《俄副总理：莫斯科—喀山高铁项目未被取消 先前是在讨论开工顺序》，2019 年 8 月 20 日，见 http://dy.163.com/v2/article/detail/EDG20J0R0511T04N.html。

《俄媒报中国木材企业在俄远东地区非法采伐现象严重》，2020 年 7 月 5 日，见 http://ru.mofcom.gov.cn/article/jmxw/201310/20131000342852. shtml。

《恶意炒作"7·23"动车事故 中国高铁发展付出沉重代价》，2020 年 7 月 28 日，见 http://finance.takungpao.com/gscy/q/2014/0923/2748503_print.html。

《分学科研究生数（总计）》，2019 年 8 月 12 日，见 http://www.moe.gov.cn/s78/A03/moe_560/jytjsj_2018/qg/201908/t20190812_394203.html？from＝singlemessage。

《高铁走出去 努力"闯三关"》，2020 年 7 月 19 日，见 https://www.chnrailway.com/html/20140519/374873. shtml。

国家税务总局国际税务司国别投资税收指南课题组：《中国居民赴阿根廷投资税收指南》，2020 年 7 月 22 日，见 http://www.chinatax.gov.cn/chinatax/n810219/n810744/n1671176/n1671206/c3418995/5131985/files/88b 808c0bda14e91afe1433bf424bd82.pdf。

国家税务总局国际税务司国别投资税收指南课题组：《中国居民赴奥地利投资税收指南》，2020 年 7 月 21 日，见 http://www.chinatax.gov.cn/chinatax//n810219/n810744/n1671176/n1671206/c2352675/5116159/files/81 ee1436e7764313bb197ca823f1e1b2.pdf。

国家税务总局国际税务司国别投资税收指南课题组：《中国居民赴法国投资税收指南》，2020 年 7 月 22 日，见 http://www.chinatax.gov.cn/chinatax//n810219/n810744/n1671176/n1671206/c2581097/5116171/files/15 b299d55412423a91d0a8dfec490a95.pdf。

国家税务总局国际税务司国别投资税收指南课题组：《中国居民赴加拿大投资税收指南》，2020 年 7 月 22 日，见 http://www.chinatax.gov.cn/chinatax//n810219/n810744/n1671176/n1671206/c2183119/5116164/files/ce cc669ea6e64583a23aa27ea161773f.pdf。

国家税务总局国际税务司国别投资税收指南课题组：《中国居民赴马尔代夫投资税收指南》，2020 年 7 月 21 日，见 http://www.chinatax.gov.cn/chinatax//n810219/n810744/n1671176/n1671206/c3739386/5116213/files/24 8d9b935a234856b041c7c33693f71b.pdf。

国家税务总局国际税务司国别投资税收指南课题组:《中国居民赴马来西亚投资税收指南》,2020 年 7 月 22 日,见 http://www. chinatax. gov. cn/chinatax/n810219/n810744/n1671176/n1671206/c3317853/5116147/files/50e84f736cf74ac8b71743cb5427e975.pdf。

国家税务总局国际税务司国别投资税收指南课题组:《中国居民赴塞尔维亚共和国投资税收指南》,2020 年 7 月 21 日,见 http://www.chinatax.gov.cn/chinatax//n810219/n810744/n1671176/n1671206/c2582219/5116205/files/d0f43033e408448595fa0082d1f08b60.pdf。

国家税务总局国际税务司国别投资税收指南课题组:《中国居民赴文莱投资税收指南》,2020 年 7 月 21 日,见 http://www. chinatax. gov. cn/chinatax//n810219/n810744/n1671176/n1671206/c2069834/5116151/files/1da73f6774bc46da838f7afd9980719b.pdf。

国家税务总局国际税务司国别投资税收指南课题组:《中国居民赴越南投资税收指南》,2020 年 7 月 21 日,见 http://www. chinatax. gov. cn/chinatax//n810219/n810744/n1671176/n1671206/c2582500/5116193/files/ac31f7e89edd401eb3fd714759ea52d3.pdf。

国家铁路局:《国家铁路局工作会议在京召开》,2023 年 1 月 30 日,国家铁路局网:https://www.nra.gov.cn/xwzx/xwxx/xwlb/202301/t20230113_339564. shtml。

《国家知识产权局与铁道部签署知识产权战略合作框架协议》,2016 年 6 月 25 日,见 http://www.sipo.gov.cn/jldzz/hh/zyhd/201310/t20131025_867918.html。

《国税地税携手并进 护航企业海外畅行——中国税务凸显"合作"理念助推"一带一路"新发展》,2020 年 7 月 4 日,见 http://www. chinatax. gov. cn/chinatax/n810219/n810724/c2611743/content.html。

《哈尔滨铁检机关针对高铁建设中的环境保护问题开展专项监督》,2020 年 7 月 22 日,见 https://www.spp.gov.cn/spp/gyssshmhsh/201910/t20191008_450967. shtml。

呼双鹏:《甘肃税收服务"一带一路"税企座谈促"走出去"企业发展》,2020 年 7 月 4 日,见 http://gs.people.com.cn/n2/2017/0427/c183348-30099792.html。

《记者调查:环保部三道指令未能叫停胶济高铁》,2020 年 7 月 20 日,见 http://www.china-eia.com/hpzcbz/201107/t20110721_611544. shtml。

《柬埔寨首相下令暂停大坝建设 称不会影响中柬合作》,2020 年 7 月 1 日,见 http://www.xinhuanet.com/world/2015-02/25/c_127514736.htm。

《减税降费助外贸企业突围"中国制造"加快拓展海外市场》,2020 年 7 月 4 日,见 http://www.chinatax.gov.cn/chinatax/n810219/n810724/c5139359/content.html。

《教育部 中央政法委关于坚持德法兼修实施卓越法治人才教育培养计划 2.0 的意

见》，2020 年 7 月 8 日，见 http://www.moe.gov.cn/srcsite/A08/moe_739/s6550/201810/t20181017_351892.html。

《津巴布韦爆发军人干政 中企投资被波及》，2020 年 7 月 4 日，见 https://v.ifeng.com/c/7wPylwkoyHY？fromvsogou＝1。

《看江苏企业如何应对涉外知识产权纠纷》，2020 年 7 月 7 日，见 https://finance.sina.com.cn/roll/2019-04-12/doc-ihvhiqax2057708.shtml。

《拉伊铁路项目成为中尼合作新标志》，2019 年 12 月 20 日，见 http://www.scio.gov.cn/31773/35507/35510/Document/1646777/1646777.htm。

《老挝检查到很多企业生产活动对环境的负面影响》，2020 年 7 月 4 日，见 https://dy.163.com/article/E44PALLL0534067W.html。

《老中铁路为老挝人民提供数万个工作岗位》，2020 年 1 月 28 日，见 http://prabang.china-consulate.org/chn/lqxw/t1643431.htm。

黎俊：《中国工人在吉与当地人冲突我使馆称并非针对中国》，2020 年 1 月 3 日，见 https://world.huanqiu.com/article/9CaKrnJxtQU。

刘爱民：《随着企业大量"走出去"人才匮乏是必然现象》，2020 年 7 月 4 日，见 http://finance.sina.com.cn/meeting/2018-09-09/doc-ihivtsyk4597424.shtml。

刘文杰：《开通运营 18 个月 中老铁路交出亮眼成绩单》，2023 年 8 月 5 日，见 https://www.yidaiyilu.gov.cn/p/0O7MGNFA.html。

林昊、刘彤：《马新公司为高铁项目发布联合招标声明》，2019 年 8 月 16 日，见 http://www.xinhuanet.com/2017-12/20/c_1122141949.htm。

林昊等：《推翻马新高铁 马哈蒂尔打的什么"牌"》，2019 年 8 月 16 日，见 http://www.xinhuanet.com/world/2018-05/29/c_1122906880.htm。

林茂阳：《中铁二十四局曾因福平铁路项目环境问题受到行政处罚》，2020 年 7 月 23 日，见 https://www.sohu.com/a/312989213_99932064。

刘洁妍、杨牧：《防疫情稳生产，印尼雅万高铁建设平稳有序推进》，2020 年 7 月 6 日，http://world.people.com.cn/n1/2020/0630/c1002-31765465.html。

刘彤、林昊：《马来西亚总理说将取消马新高铁项目》，2019 年 8 月 16 日，见 http://k.sina.com.cn/article_2810373291_a782e4ab02000jxgx.html。

刘彤、林昊：《马新高铁项目获得马来西亚公众广泛支持》，2019 年 8 月 16 日，见 http://www.xinhuanet.com/world/2018-02/08/c_1122389837.htm。

路炳阳：《中车海外订单额再降中国铁路装备走出去遇挑战》，2019 年 8 月 23 日，见 http://www.cb.com.cn/index/show/zj/cv/cv13430911261。

路炳阳:《中泰铁路一期工程完成设计 争取年内全面开工》,2019 年 8 月 8 日,见 ht-tp://www.cb.com.cn/index/show/zj/cv/cv13455301260。

吕斌:《〈中国企业涉 337 调研报告〉发布"走出去"首先要有底气》,2016 年 1 月 19 日,见 http://www.legaldaily.com.cn/index_article/content/2016-01/18/content_6450223. htm? node=5955。

马德芳:《为人民群众提供最广泛的交通运输服务》,2019 年 8 月 17 日,见 http://yn.xinhuanet.com/live/zf2019/zlft/jtys.htm。

马克·印基:《老挝的香蕉园:就业与污染同在》,2020 年 7 月 2 日,见 https://www. thepaper.cn/newsDetail_forward_4700518。

《美国"专利流氓"四处状告侵权,中国高科技企业已被盯上》,2020 年 7 月 14 日,见 https://www.thepaper.cn/newsDetail_forward_1574846。

《缅甸工人罢工还打砸抢 中资服装厂这两月经历了啥》,2020 年 7 月 7 日,见 http://news.sohu.com/20170225/n481692187.shtml。

《缅甸中资铜矿因环境问题遭抗议》,2020 年 7 月 5 日,见 http://news.163.com/pho-toview/00AO0001/29798.html#p=8HPPJGII00AO0001。

《南非:薪资谈判陷入僵局 金矿工人罢工将继续》,2020 年 7 月 8 日,见 http://intl. ce.cn/specials/zxgjzh/201107/27/t20110727_22568946.shtml。

《南京一企业 IPO 前遭专利诉讼,知识产权部门助其顺利上市》,2020 年 7 月 5 日,见 https://new.qq.com/omn/20191227/20191227A0FX1H00.html? pgv_ref=aio2015。

《南微医学靓丽年报背后:诉讼缠身,专利纠纷赔偿风险或在眼前》,2020 年 7 月 4 日,见 http://finance.ifeng.com/c/7vtvputktYf。

《内蒙古:创新"一带一路"税收服务助企业"远航"》,2020 年 7 月 4 日,见 http://www.chinatax.gov.cn/chinatax/n810219/n810739/c4314588/content.html。

《能抱团出海啦! 德国法兰克福有了济南的境外企业联盟》,2020 年 7 月 5 日,见 ht-tps://www.qlwb.com.cn/detail/8127537。

钮东昊:《国家中长期教育改革和发展规划纲要(2010—2020 年)全文》,2010 年 3 月 1 日,见 http://www.china.com.cn/policy/txt/2010-03/01/content_19492625_5.htm。

《欧盟调查中国提供贷款的匈塞铁路的财务可行性》,2019 年 7 月 8 日,见 ht-tp://www.ccpit.org/Contents/Channel_3902/2017/0223/764617/content_764617.htm。

彭融等:《江苏海安:税收服务助力企业"走出去"》,2020 年 7 月 4 日,见 https://k. sina. cn/article _ 7175376779 _ 1abaf8f8b00100xgr2. html? wm = 13500 _ 0055&sinawapssharesource=newsapp&vt=4。

《品牌出海防抢注 商标护航助远行》,2020 年 7 月 7 日,见 http://ip.people.com.cn/n1/2018/1016/c179663-30344165.html。

《普京否决莫斯科至喀山高铁建设项目》,2019 年 8 月 20 日,见 https://www.russia-online.cn/News/000_1_34404.shtml。

齐慧:《中国铁建助推"一带一路"高质量发展——这些新地标都是"中国造"》,2020 年 7 月 6 日,见 http://ydyl.people.com.cn/n1/2019/0507/c411837-31071484.html。

《前三季度我国对"一带一路"沿线国家新增投资破百亿美元》,2019 年 12 月 20,见 http://www.gov.cn/shuju/2019-10/16/content_5440743.htm。

《浅谈国外的环境污染责任保险》,2020 年 7 月 20 日,见 https://www.sohu.com/a/161277820_277917。

《青岛平度:多措并举稳外资 点对点助力企业"走出去"》,2020 年 7 月 5 日,见 http://news.bandao.cn/a/363801.html。

屈伟明:《打造一流装备企业可让"中国高铁"海外高歌化》,2015 年 11 月 20 日,见 https://www.chnrailway.com/html/20151120/1314094.shtml。

邵鹏鸣:《中铁建竞标墨西哥高铁失败的原因及启示》,2015 年 8 月 10 日,见 http://intl.ce.cn/specials/zxxx/201505/06/t20150506_5293866.shtml。

申亚欣:《海外项目建设平稳开展 铁路人这样战"疫"》,2020 年 7 月 6 日,见 http://society.people.com.cn/n1/2020/0319/c1008-31639760.html。

《厦深铁路工程后遗症害苦周边居民 铁路与施工方踢皮球》,2020 年 7 月 11 日,见 http://news.eastday.com/eastday/13news/auto/news/china/u7ai630065_k4.html。

《市政府就高铁工程环保突出问题约谈施工方》,2020 年 7 月 20 日,见 http://www.sxgp.gov.cn/xxgk/xwzx/zwdt/content_64610。

《收购 TikTok,微软捡到"金蛋"?》,2020 年 8 月 5 日,见 https://baijiahao.baidu.com/s?id=1674162669382195068&wfr=spider&for=pc。

《税收翅膀助民族信息产业飞向世界》,2020 年 7 月 4 日,见 http://sd.ifeng.com/a/20170809/5899903_0.shtml。

《斯里兰卡上千工人集会 抗议政府叫停中企港口项目》,2020 年 7 月 1 日,见 https://world.huanqiu.com/article/9CaKrnJIIFN。

《斯里兰卡政府暂停中国投资项目》,2020 年 7 月 17 日,见 http://www.xinhuanet.com/world/2015-03/06/c_1114539327.htm。

苏水:《税收春风护航苏商"走出去"》,2020 年 7 月 4 日,见 http://js.ifeng.com/a/20180426/6532378_0.shtml。

孙宏涛、衣红蕾：《"走出去"企业的环境污染责任风险及其转移》，2020 年 7 月 20 日，见 http://chsh.sinoins.com/2018-01/18/content_252947.htm。

《塔吉克学者担忧大批中国劳工的存在》，2020 年 1 月 3 日，见 http://tj.mofcom.gov.cn/aarticle/jmxw/200806/20080605573123.html。

《泰国故意拖延高铁项目 中国：请作正确决定》，2020 年 7 月 23 日，见 https://baijiahao.baidu.com/s？id=1585285710932042492&wfr=spider&for=pc。

《泰国伟华工业园区赵迪：后疫情期间，中国企业将必然"走出去"》，2020 年 7 月 3 日，见 https://finance.sina.com.cn/meeting/2020-06-18/doc-iirczymk7714243.shtml。

田文静等：《金杜：高铁"走出去"——知识产权战略先行》，2015 年 1 月 29 日，见 http://www.acla.org.cn/html/lvshiwushi/20150129/19583.html。

《歪曲中国知识产权保护，美国的理由苍白无力》，2020 年 7 月 15 日，见 http://opinion.people.com.cn/n1/2019/0814/c1003-31294216.html。

《王鹏：委内瑞拉高铁项目为什么黄了?》，2019 年 8 月 16 日，见 https://www.guancha.cn/wangpeng2/2016_05_20_360987.shtml。

《我国签订的多边税收条约》，2020 年 7 月 12 日，见 http://www.chinatax.gov.cn/n810341/n810770/index.html。

吴长伟、柳志：《13 年筑起一条中非友谊铁路》，2019 年 10 月 5 日，见 http://www.xinhuanet.com/world/2019-10/04/c_1125071945.htm。

《西伯利亚不相信眼泪：造福当地的中资项目为何接连遭遇抵制?》，2020 年 7 月 5 日，见 https://dy.163.com/article/EAJ8TO970524P29Q.html。

奚应红：《"西部快线"搁浅：美国为什么拒绝了中国高铁?》，2020 年 7 月 7 日，见 https://view.news.qq.com/original/intouchtoday/n3553.html。

新华网：《自主创新炼成中国高铁名片》，2022 年 9 月 20 日，见 http://www.news.cn/tech/2022-09/20/c_1129016953.htm。

谢雄雄：《建设金山银山，勿忘绿水青山》，2020 年 7 月 11 日，见 http://m.tielu.cn/48/178770.html。

《匈塞高铁最迟必须在 2023 年底前完工》，2019 年 7 月 8 日，见 http://www.mofcom.gov.cn/article/i/jyjl/m/201806/20180602756369.shtml。

徐厚广：《中国企业专利奖排行榜发布中国中车位居第二位》，2015 年 8 月 23 日，见 http://www.peoplerail.com/rail/show-475-285331-1.html。

《许昌人在非洲》，2020 年 7 月 4 日，见 https://m.sohu.com/a/164306217_268282。

许维娜、夏晓伦：《发改委下达 2 亿元支持中欧班列集结中心示范工程建设》，2020

年7月8日,见 http://finance.people.com.cn/n1/2020/0706/c1004-31772675.html。

杨永前:《匈外长称匈塞铁路项目匈牙利段预计 2020 年底开工》,2019 年 7 月 8 日,见 http://www.xinhuanet.com/world/2017-11/27/c_1122017692.htm。

《"一带一路"上的精彩税事——四个企业故事折射税务系统齐抓共管服务"走出去"》,2020 年 7 月 4 日,见 http://www.chinatax.gov.cn/n810219/n810724/c2611922/content.html。

《"一带一路"税收征管合作规模稳步扩大》,2020 年 7 月 11 日,见 http://www.gov.cn/xinwen/2020-06/06/content_5517598.htm。

《"一带一路"沿线国家语言情况研究》,2018 年 8 月 4 日,见 http://m.sohu.com/news/a/128121259_488431803-07。

《已同中国签订共建"一带一路"合作文件的国家一览》,2020 年 7 月 13 日,见 https://www.yidaiyilu.gov.cn/info/iList.jsp? tm_id=126&cat_id=10122&info_id=77298。

伊晓俊等:《2262 名中国涉外律师大数据分析》,2020 年 4 月 7 日,见 http://www.acla.org.cn/article/page/detailById/28319? from=singlemessage&isappinstalled=0。

《印尼民众传播阴谋论 称中国拿辣椒当生物武器》,2020 年 7 月 5 日,见 http://economy.southcn.com/e/2016-12/18/content_161889256.htm。

于娟等:《疫情之下,我国企业还能"走出去"吗?》,2020 年 7 月 5 日,见 https://m.sohu.com/a/393354384_436079/? pvid=000115_3w_a。

《援非洲国家工程项目风险案例分析》,2022 年 10 月 20 日,见 https://api.goalfore.cn/a/484.html。

《越南宝成鞋厂数千员工大规模罢工!》,2020 年 7 月 6 日,见 https://www.sohu.com/a/226553936_100083393。

《越南罚排污台企 5 亿美元 调查工作由越总理亲自督办》,2020 年 7 月 4 日,见 https://world.huanqiu.com/article/9CaKrnJWeHQ。

《越南反华打砸中资企业事件波及台商 示威者哄抢外资工厂产品》,2020 年 7 月 6 日,见 https://www.guancha.cn/Neighbors/2014_05_15_229807.shtml? ZXW。

《赞比亚科蓝煤矿血案》,2020 年 7 月 12 日,见 https://business.sohu.com/20120807/n350011940.shtml。

《赞比亚中资煤矿血案敲响警钟》,2020 年 7 月 16 日,见 https://www.yicai.com/news/1981931.html。

《长虹公司 7 年跨国专利诉讼终获胜利》,2020 年 8 月 3 日,见 http://www.cipnews.com.cn/cipnews/news_content.aspx? newsId=108262。

詹彩霞：《匈塞铁路，中国高铁挺进欧州的桥头堡！》，2020 年 7 月 6 日，见 http://news.gaotie.cn/pinglun/2020-05-22/540477.html。

赵名浩：《哈萨克斯坦发生中哈工人群殴事件无人死亡》，2020 年 1 月 3 日，见 https://world.huanqiu.com/article/9CaKrnJNkJd。

《中电投：对缅甸搁置密松电站项目不解》，2020 年 7 月 4 日，见 http://news.ifeng.com/c/7faVC0y6za8。

《中国高铁，自主创新的领跑者》，2020 年 7 月 15 日访，见 http://ip.people.com.cn/n1/2018/1122/c179663-30415584.html。

《中国高铁须正确应对知识产权质疑》，2014 年 6 月 5 日，见 http://www.chinairn.com/news/20140519/162221843.shtml。

《中国高铁知识产权保护体系亟需建构》，2020 年 7 月 28 日，见 https://www.spp.gov.cn/llyj/201708/t20170816_198375.shtml。

《中国高铁走出去需人才支撑 铁路院校责无旁贷》，2020 年 8 月 3 日，见 http://politics.people.com.cn/n/2015/0609/c70731-27125267.html。

《中国国家铁路集团有限公司工作会议在京召开》，2021 年 4 月 20 日，见 http://www.china-railway.com.cn/xwzx/ywsl/202101/t20210104_111518.html。

《中国海关自主知识产权保护企业"走出去"》，2020 年 7 月 5 日，见 http://www.xinhuanet.com//2017-04-26/c_1120877711.htm。

《中国海外最大铜矿项目被智利暂停》，2020 年 7 月 1 日，见 http://energy.people.com.cn/n/2014/0331/c71661-24776813.html。

《"中国经济在海外"系列之五中色赞比亚罢工事件》，2020 年 7 月 12 日，见 http://topics.caixin.com/2011-11-05/100322836.html。

《中国企业被曝在非洲不道德采矿破坏当地环境，遭村民联合抵制！》，2020 年 7 月 4 日，见 https://dy.163.com/article/DUU20CRT0528SSJ6.html。

《中国企业如何应对欧洲市场知识产权纠纷？》，2020 年 7 月 17 日，见 https://www.sohu.com/a/238856320_1186222。

《中国企业泰国租地种香蕉 抽水灌溉引当地人不满》，2020 年 7 月 2 日，见 http://news.cnr.cn/native/gd/20160404/t20160404_521784642.shtml。

《中国企业在德国电子遭查抄》，2020 年 8 月 3 日，见 http://news.sina.com.cn/c/2008-09-04/021814398686s.shtml。

《中国铁建：打造知识产权引擎 助推高铁技术远行》，2020 年 8 月 3 日，见 http://www.sipo.gov.cn/ztzl/zscqzldzcywzcx/alzsz/1123060.htm。

《中国有色金属赞比亚项目被关闭 被指藐视环保法》，2020 年 7 月 2 日，见 https://money.163.com/13/1206/10/9FDEL6FH002524SO.html。

《中国在知识产权上不输理》，2020 年 7 月 15 日，见 https://www.thepaper.cn/newsDetail_forward_3541274。

中国中车股份有限公司：《中国中车科技创新体系建设概述》，2016 年 8 月 29 日，见 http://www.crrcgc.cc/g4878.aspx。

《中国中车营收利润均增 2019 年订单计划趋保守》，2019 年 8 月 24 日，见 https://finance.sina.com.cn/stock/relnews/hk/2019-03-29/doc-ihsxncvh6679821.shtml。

《中铝、中钢、鞍钢、中信泰富等国企海外铁矿投资五大失败案例》，2020 年 7 月 11 日，见 https://www.sohu.com/a/146784460_796605。

《中缅莱比塘铜矿被迫停工两月 抗议者让中国人滚》，2020 年 7 月 10 日，见 http://news.cnr.cn/gjxw/yz/201301/t20130122_511831704.shtml。

《中缅战略铁路计划投资 200 亿美元遭民众抗议搁浅》，2020 年 7 月 1 日，见 http://news.cnr.cn/native/gd/201407/t20140722_516002397.shtml。

《中欧班列》，2019 年 3 月 4 日，见 https://www.yidaiyilu.gov.cn/zchj/rcjd/60645.htm。

《中欧班列建设发展规划 2016—2020 年》，2019 年 7 月 24 日，见 http://www.ndrc.gov.cn/zcfb/zcfbghwb/index_2.html。

《中企否认乌干达工人"拖欠工资"指控：对违规零容忍》，2020 年 7 月 9 日，见 http://www.hqrw.com.cn/2017/0106/59859.shtml。

《中企投资韩国济州岛麻烦不断 欲送大礼仍遭驱赶》，2020 年 7 月 1 日，见 https://finance.huanqiu.com/article/9CaKrnJztYd。

《中石油被曝在蒙古国污染环境 拖欠数百万元罚款》，2020 年 7 月 1 日，见 http://green.sohu.com/20130925/n387220690.shtml。

《中铁墨西哥项目被再次搁置，中企海外发展风险与挑战并存》，2015 年 8 月 10 日，见 http://finance.haiwainet.cn/n/2015/0205/c352345-28388575.html。

《中铁饮恨波兰高速公路：低价竞争的中国速度不可复制》，2020 年 7 月 11 日，见 http://finance.sina.com.cn/chanjing/gsnews/2016-08-23/doc-ifxvcsrm2267022.shtml?from=wap。

《中远收购的比雷埃夫斯港发生工人罢工》，2020 年 7 月 9 日，见 http://stock.eastmoney.com/news/1354,20160224597536252.html。

《中资企业承建的厄瓜多尔里奥布兰科金矿项目遭抗议，被控破坏环境》，2020 年 7 月 2 日，见 http://www.globalview.cn/html/societies/info_25004.html。

《中资企业因污染问题遭巴新政府暂时关闭》，2020 年 7 月 4 日，见 http://cdn.australia51. com/article/A1E88AFD-741A-627E-09B9-AA7D73B66998/。

《专利侵权，华为手机在英国惨遭禁售》，2020 年 8 月 3 日，见 https://www.sohu. com/a/149026422_453997。

《"走出去"遇难题 税务中介来支招》，2020 年 7 月 16 日，见 http://www.chinatax. gov.cn/chinatax/n810219/n810744/n1671176/n1671191/c1710363/content.html。

祖晓雯：《非洲员工暴力讨薪"中非友谊象征"艰难转型》，2020 年 7 月 7 日，见 http://news.sohu.com/20160309/n439841944. shtml。

四、外文文献

Abdullah Almutairi."Labour Dispute Resolution Process and Its Impact on the Rights of Low-Skilled Temporary Foreign Workers in the Absence of a Labour Court in Saudi Legal System:A Critique".*International Law Research*,Volume 7,Issue 1. 2018.

Abdul Rachmad Budiono."Labor Law in Indonesia".*Journal of Law ,Policy and Globalization*,Vol.21,2014.

Adnan Hamid."The Contemporary Study of the Theory and Applications of Pancasila Industrial Relations from the Perspective of Indonesian Labor Law".*International Journal of Law and Society*,Volume 5,Issue 3. 2022.

Ahmad Hunaeni Zulkarnaen."The Implementation of Criminal Sanction in Corporation of the Labour Law Perspective (case Study on Corporations in Cianjur District, Indonesia)". *Journal of Legal ,Ethical & Regulatory Issues*,Volume 21,Issue 2. 2018.

Arudsothy Ponniah."Labor Law and Industrial Relations in Malaysia".*Labour & Industry : A Journal of the Social and Economic Relations of Work*,Volume 1,Issue 3. 2013.

Dionisius Narjoko;Chandra Tri Putra. "Industrialization, Globalization, and Labor Market Regime in Indonesia".*Journal of the Asia Pacific Economy*,Volume 20,Issue 1. 2015.

Hamid et al."The Urgency of Labor Law for Informal Sector Workers in the Welfare State Concept:An Evidence in Indonesia", *International Journal of Research in Business & Social Science* 11(6)(2022)

James Harrison, "Ben Richardson and Adrian Smith,Working Beyond the Border？ A New Research Agenda for in EU Trade Agreements",*International Labour Review*,2015.

Jašarevi Senad."Harmonization of the Law and Practice in the Area of Workers´ Participation", Serbia and EU. Zbornik Radova:Pravni Fakultet u Novom Sadu, Volume 45,

Issue 3. 2011.

Jašarevi Senad R. "Labour Law of Serbia in the XX and XI Century". Zbornik Radova: Pravni Fakultet u Novom Sadu, Volume 52, Issue 3. 2018.

James Harrison, Ben Richardson and Adrian Smith, "Working Beyond the Border? A New Research Agenda for in EU Trade Agreements", *International Labour Review*, 2015.

Lipták Katalin; Musinszki Zoltán. "Local Employment Development and Sustainable Labour Market in Northern Hungary Since the Regime Change". *Visegrad Journal on Bioeconomy and Sustainable Development*, Volume 10, Issue 2. 2021.

Mckinsey, "Dance of the Lions and Dragons-How are Africa and China Engaging, and How Will the Partnership Evolve?" *Mckisey& Company*, 2017.

Minh Anita; O'Campo Patricia; Guhn Martin; McLeod Christopher B.. "Out of the Labour Force and Out of School: A Population-representative Study of Youth Labour Force Attachment and Mental Health". *Journal of Youth Studies*, Volume 23, Issue 7. 2020.

Nikhil Bugaliaa, Yu Maemurab, Kazumasa Ozawa, "Organizational and Institutional Factors Affffecting High-speed Rail Safety in Japan", *Safety Science* 128 (2020).

OECD(2020), "Revenue Statistics in Asian and Pacific Economies 2020, OECD Publishing, Paris, 2020", at 9, https://doi.org/10. 1787/d47d0ae3-en.

Popović Aleksandra. "Labour Law Protection of Breastfeeding Women in the Law of the Republic of Serbia and the European Union". Collection of Papers, Faculty of Law, Niš, Volume 57, Issue 78. 2018.

Ibrahim, Zulkarnain. "The Wage Law of Indonesia: Islam and the Indonesian Legal System". *Al-Qasemi Journal of Islamic Studies*, Volume 4, Issue 1. 2019.

Imron Ali. "Legal Reasoning of the Deconstruction of Protection Patters Ambiguity to Home-Based Workers in Indonesia's Labor Law". *Mediterranean Journal of Social Sciences*, Volume 10, Issue 6. 2019.

Sale Jonathan. "Harmonisation of Labour Laws: an Arduous Journey for ASEAN". Labour & Industry: a Journal of the Social and Economic Relations of Work, Volume 30, Issue 1. 2020.

Sale Jonathan. "Labour Law and the Labour Market: A Case Study of Malaysia". *New Zealand Journal of Employment Relations*, Volume 43, Issue 3. 2018.

后　记

　　本书从"一带一路"倡议下高铁走出去的实践分析出发,梳理出高铁走出去面临的问题和风险,并从法律视角对"一带一路"倡议下高铁走出去的知识产权保护、劳动保护、环境保护和税务征收问题进行了深入研究,同时对"一带一路"倡议下高铁走出去的法律人才培养问题进行了深入分析,针对问题、风险及产生原因提出了相关对策,部分成果获国家有关部门采用,顺利完成了国家社科基金项目研究和博士后科研任务。当然,本书虽进行了一定程度的尝试性研究,但在具体的研究过程中,相关资料的收集较为困难,尤其是相关国际经验借鉴的资料匮乏,使得研究难以深入,未能很好突出研究的特殊性。而且,本书重点选择了知识产权保护、劳动保护、环境保护以及税务征收四方面的相关法律问题进行了研究,对高铁走出去的政治风险、社会风险和安全风险未进行深入研究,对其他方面的法律问题亦未进行深入研究,这不得不说是本书的缺憾,这些缺憾也是后续研究的主要方向。

　　纵观"一带一路"倡议下高铁走出去的实践与未来,虽然当前高铁走出去市场不佳,困难不少,但从长远趋势分析,高铁作为当今最重要的交通工具之一,具有高速、便捷、安全、舒适、环保以及受天气影响小等显著优势,与未来新发展趋势高度吻合,相信会逐渐被大多数国家接纳,成为世界各国主要交通工具。我国作为拥有世界上最先进技术、最丰富运营经验的高铁强国,必将为未来世界各国高铁修建和运营提供最优质的服务,因此,高铁走出去的前景将会越来越美好,对高铁走出去的研究也必将越发兴盛。

本书在撰写和出版过程中得到诸多人士的帮助,在此一并致谢。特别感谢博士后合作导师马长山教授的精心指导,感谢国家社科基金匿名评审专家和博士后出站答辩专家的积极肯定和中肯建议,感谢课题组成员在研究过程中提供的各项帮助,更要感谢我的研究生曹琪伟、闫映宇、黄淑雯、赵层、刘心昱、王佳、孟春成、王晓曦、杜雨薇等同学在具体研究过程中提供的帮助,同时要感谢人民出版社的江小夏先生,没有他的帮助,本书难以顺利出版。

2023 年 10 月 20 日于石家庄

责任编辑：江小夏

封面设计：胡欣欣

图书在版编目（CIP）数据

高铁走出去的法律保障研究 ／ 亏道远著. -- 北京 ：
人民出版社，2024. 10. -- ISBN 978－7－01－026916－0

Ⅰ. D920.4

中国国家版本馆 CIP 数据核字第 2024QW428 号

高铁走出去的法律保障研究

GAOTIE ZOUCHUQU DE FALÜ BAOZHANG YANJIU

亏道远　著

人民出版社 出版发行

（100706　北京市东城区隆福寺街 99 号）

北京中科印刷有限公司印刷　新华书店经销

2024 年 10 月第 1 版　2024 年 10 月北京第 1 次印刷

开本：710 毫米×1000 毫米 1/16　印张：20.75

字数：300 千字

ISBN 978－7－01－026916－0　定价：99.00 元

邮购地址 100706　北京市东城区隆福寺街 99 号

人民东方图书销售中心　电话（010）65250042　65289539